understanding of

MANAGEMENT

개정판

경영학의 이해

이 규 만

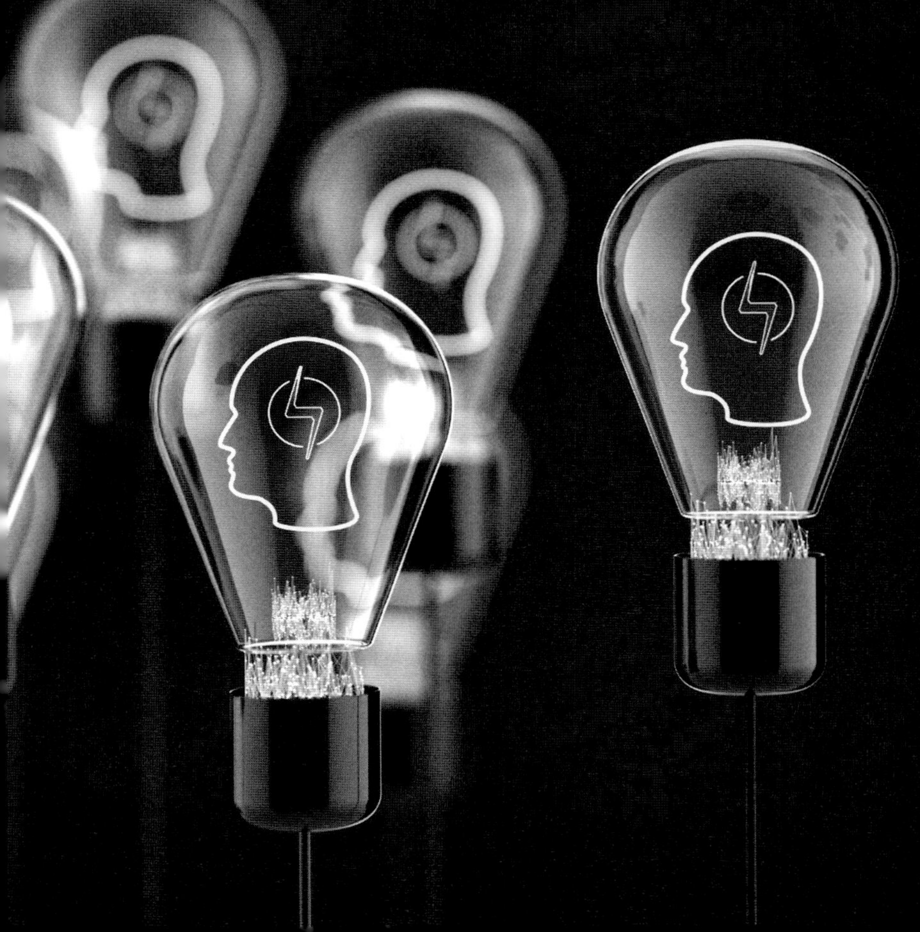

publishing and culture

피앤씨미디어

개정판 머리말

최근 기업조직의 화두는 4차산업혁명 시대에 따른 산업구조의 변화, 친환경을 강조하는 ESG경영, 메타버스, 디지털 역량강화 등 대외적인 경영환경과 대내적으로 MZ세대와 기성세대 간의 소통, 코로나19로 인한 재택근무시스템 확산에 따른 업무방식의 변화 등이라고 할 수 있다. 오늘날의 조직은 그 규모가 크든 작든 지속가능경영을 위해서는 끊임없는 경영환경변화 속에서 조직을 어떻게 관리하고 경영하느냐가 주된 관건이라고 생각된다. 경영이란 조직이 추구하는 목표를 달성하기 위해 여러가지 자원을 효율적으로 활용하는 과정이며, 이러한 활동을 체계적으로 연구하는 학문이 곧 경영학이라고 할 수 있다. 특히 오늘날과 같은 무한경쟁 시대에 각 조직이 우수인재를 필요로 한다는 측면에서 경영학의 역할은 매우 크다고 할 수 있겠다.

본서는 저자가 그동안 대학에서 경영학과 관련된 과목들을 강의하고 연구해 오면서 느낀 내용들을 중심으로 정리한 것이며, 어떻게 하면 학생들이 경영학의 기초개념에 쉽게 접근할 수 있는가에 초점을 두고자 노력하였다. 따라서 본서는 경영학을 공부하는 전공학생은 물론 평소 경영학에 관심을 갖고 있는 비전공학생 내지는 기업에 종사하는 실무자에게도 도움이 되도록 하는데 역점을 두었다. 요즈음에는 대학의 한 학기 과정이 대개 15주로 편성되어 있기 때문에 여기에 맞추어 본서도 14개 장으로 구성하였다. 이를 구체적으로 살펴보면 다음과 같다. 제1장은 조직과 경영, 제2장은 경영학의 본질, 제3장은 경영학의 발전과정, 제4장은 기업형태론, 제5장은 창업과 중소기업 경영, 제6장은 경영자론, 제7장은 기업환경론, 제8장은 경영전략과 조직문화, 제9장은 경영의사결정, 제10장은 경영계획, 제11장은 경영조직, 제12장은 경영지휘, 제13장은 경영통제, 그리고 제14장에서는 기업의 경영혁신 등을 소개하였다. 앞서 언급한 이러한 내용들을 정리하는데는 기존에 나와 있는 국내·외 여러 교재들을 참고하였으며, 제한된 시간 내에 준비하다 보니 선학연구자분들에게 사전에 허락을

구하지 못한 부분에 대해서는 깊은 양해를 얻고자 한다. 본서를 마무리하면서 처음 의도했던 것과는 다르게 그 내용이 미흡한 부분이 많을 것으로 보인다. 앞으로 오탈자나 잘못된 부분의 경우 지속적으로 자료를 수집하여 수정 및 보완해 나갈 것이지만 향후 개정작업에서는 독자 여러분의 기탄없는 지적과 가르침을 적극 반영하여 본서가 좀 더 알차게 꾸려지도록 노력할 것임을 다짐해 본다.

본서를 집필할 수 있도록 도움을 주신 경영학과의 은사님과 교수님들의 가르침에 감사드리며, 또한 상지대학교 대학원 경영학과 박사과정을 졸업하신 여상회 회원님들께 이 자리를 빌어 감사를 드린다.

끝으로, 본서의 출판을 위해 기꺼이 허락해 주신 피앤씨미디어의 최준규 전무님과 편집부의 김인숙 과장님 및 임직원 여러분에게 깊은 감사의 말씀을 드린다.

2022년 6월

우산동 연구실에서

차 례

제 1 장 조직과 경영

제 2 장 경영학의 본질

제 3 장 경영학의 발전과정

제 4 장 기업형태론

제 5 장 창업과 중소기업

제 6 장 경영자론

제 7 장 기업환경론

제 8 장 경영전략과 조직문화

제10장 경영계획

제11장 경영조직

제14장 기업의 경영혁신

1

조직과 경영

제1장
조직과 경영

제 1 절 조직의 개념

1 조직의 정의

경영이란 개념을 이해하기 위해서는 먼저 조직(organization)이 무엇인지를 살펴볼 필요가 있다. 우리 사회에는 수많은 조직이 존재하는데 예를 들면 학교, 정부기관, 군대, 병원, 은행, 기업, 종교단체 등이 그것이다. 이러한 조직들은 우리 사회에서 서로 다른 역할을 하며 사회구성원인 인간에게 많은 영향을 미친다. 우리 인간들은 조직과 더불어 서로 상호작용하면서 살아가고 있고, 또한 인간의 역사는 조직의 역사라 해도 과언이 아니다.[1)]

예를 들면 신생아들은 산부인과라는 병원조직을 통해 출생을 하여 가족의 일원으로 살아간다. 또한 일정한 연령이 되면 초·중·고·대학이라는 학교조직에 입학하여 교육을 받으며 사회화되고, 졸업 후에는 기업조직에 입사하여 직장생활을 영위한다. 그러다가 일정한 연령 내지는 개인사정에 의해 기업조직을 퇴사하고 사회생활을 하다가 늙게 되면 장의사조직에 의해 생을 마감하고 행정조직 기관에 주민등록 말소를 끝으로 망자로 분류된다.

이처럼 인간은 태어나서 죽을 때까지 어떠한 형태로든 조직과 직·간접적인 관

1) 유봉식 외 4인, 신경영학원론, 학현사, 2004, p.23.

련성을 맺고 살아가는 존재인 것이다. 현대사회에서 조직은 대부분의 사람들에게는 사회적·정치적·경제적 그리고 개인적 목적을 달성하기 위한 중요한 수단이 된다. 뿐만 아니라 조직은 다양한 재화나 서비스를 생산, 판매함으로써 인간생활의 질(quality of life)을 향상시킨다. 따라서 현대사회에서 조직은 다음과 같은 중요성을 갖는다.

첫째, 조직은 경제생활의 기초를 마련해 준다. 학교, 병원, 군대, 관청, 기업, 은행, 종교단체 등의 조직들이 모여 조직화된 사회를 형성하고 있으며, 현대인은 조직 속의 인간, 즉 조직구성원의 일원으로서 생활하면서 자신의 삶을 영위하게 된다. 이와 같은 조직은 재화나 서비스의 생산 및 공급, 생활환경의 제공 등 그 역할과 기능을 수행하면서 우리의 삶에 많은 영향을 미치고 있다.

둘째, 오늘날 기업은 규모의 경제적 이익 때문에 대규모화되고 있다. 기업규모의 확대는 경영기능의 복잡성을 초래하고, 이러한 복잡한 경영기능을 효과적으로 수행하려면 조직적인 활동을 해야만 한다. 즉 조직구성원들에게 역할을 부여하고, 권한과 책임을 명확하게 규정해야 보다 합리적이고 효과적인 직무수행이 가능한 것이다.

셋째, 현대의 조직환경은 다이나믹하게 변화하고 있다. 그리고 이러한 동태적인 환경에 효과적으로 적응하기 위해서는 무엇보다 조직화된 활동이 요구된다.

따라서 이러한 내용을 중심으로 조직을 정의하면 조직이란 다수의 사람들이 공통된 목적을 달성하기 위해 상호작용하고 조정하는 유기적인 집합체라고 할 수 있다.[2)] 다시 말하면 특정의 목적을 달성하기 위해 함께 일하는 사람들의 집단을 말한다.

2 조직의 특성

조직에 관한 정의를 토대로 조직으로서 갖추어야 할 공통된 특성을 살펴보면 다음과 같다.[3)]

2) 윤종훈 외 3인, 경영학원론, 학현사, 2008, p.30.
3) 이상호, 조직과 리더십, 북넷, 2009, pp.23-24.

첫째, 조직은 목적지향적이다. 모든 조직은 구성원들이 나름대로 추구하는 공동의 목적을 가지고 있기 때문에 목적달성을 위한 수단이 된다. 조직의 목적은 미션이나 비전, 또는 전략목표, 운영목표 등으로 표현되기도 하며, 이러한 목적은 명시화되기도 하지만 암묵적으로 공유되기도 한다.

둘째, 조직은 사회적 집합체이다. 즉 조직은 목적달성을 위해 일하는 사람들로 구성되어 있기 때문에 사람 없이는 성립할 수 없는 것이다. 이는 조직의 연구대상으로서 사람이 중요한 이유이기도 하다.

셋째, 조직은 2인 이상 복수의 구성원들로 이루어져 있다. 복수의 구성원으로 구성되어 있기 때문에 조직은 한 개인의 역량을 넘어서는 일을 수행할 수 있으며 동시에 이러한 복수의 구성원들 간 이해관계를 조정하고 통합하는 협력체계의 구축이 필요하다. 일례로 조직의 일들은 분업화되어 있다. 업무를 그 특성에 따라 세분한 다음 구성원의 능력에 따라 분담해서 추진하면 보다 전문성이 높아져 효율적으로 높은 성과를 거둘 수 있다. 근대 경제학의 시초가 되는 영국의 아담 스미스(A. Smith)는 『국부론』에서 분업의 중요성을 강조하였다. 즉 핀(pin)을 만드는 공장에서 노동자 1명이 전 공정을 담당했을 때는 하루 20개 정도의 완성품 밖에 만들지 못하지만, 10명의 노동자가 일을 분담하여 작업했을 때 하루 생산량이 4만 8천여 개로 증가한 예를 들고 있다. 이처럼 인간은 분업을 통해서 목표달성이 가능하다는 것을 알기에 조직을 구성하는 것이다.

넷째, 조직은 공식적인 구조를 가지고 있다. 즉 조직은 과업의 분류, 부서 간 업무의 할당, 구성원들 간 역할 규명, 그리고 역할 간 관계를 결정하는 규정과 절차를 정하고 있다. 이를 바탕으로 구성원들은 목적달성을 위해 상호작용하면서 업무를 수행한다.

조직에 대한 공통적인 특징 중 특히 첫 번째의 목적지향성과 두 번째의 사회적 집합체라는 특징은 조직을 정의하는 가장 본질적인 요소라고 할 수 있다. 따라서 조직은 목적달성을 위해 모인 사람들과 그들이 해야 할 과업으로 구성되어 있는 것이다.

3 조직의 성과측정 지표: 효율성과 효과성

1) 효율성과 효과성

경영은 조직목표를 달성하되 효율적으로 그리고 효과적으로 달성해야 한다. 효율성(efficiency, 능률성)이란 어떤 일을 올바르게 수행하는 것(doing things right)으로 투입(input)과 산출(output) 간의 관계를 의미한다. 즉 최소한의 투입으로 최대한의 산출을 얻는 것과 관련이 있다. 만일 주어진 투입물(노동, 원재료, 시간 등)에 비해 더 많은 산출물을 얻었거나 투입물을 적게 하고 동일한 산출물을 얻은 경우에 효율성이 증가하였다고 할 수 있다. 이러한 점에서 효율성은 자원의 활용정도와 관련이 있는 개념이다. 경영은 조직의 목표를 달성하기 위하여 이용하는 제 자원의 비용을 최소화하는데 중점을 둔다.

반면에 효과성(effectiveness, 유효성)이란 올바른 일을 수행하는 것(doing the right things)으로 올바른 목표의 선택 및 달성여부와 관련이 있다. 즉 조직의 목표가 달성되었다면 효과성을 달성했다고 할 수 있다. 예를 들어 소형승용차의 수요가 증가하고 있는데도 중대형 승용차의 생산에만 치중을 한다면 아무리 효율성을 최대화하였다 해도 부적절한 목표를 선택한 것으로 효과적이라고 할 수 없다. 따라서 효과성은 조직목표의 달성정도와 관련이 있는 개념이다.[4)]

이상의 효율성과 효과성은 조직성과를 측정하기 위한 지표가 된다. 여기서 성과는 경영활동의 결과를 나타내는 것으로, 목표달성의 정도와 목표를 달성하기 위한 자원의 활용정도를 기준으로 다음 〈표 1-1〉과 같이 네 가지로 분류할 수 있다. 여기서 가장 이상적인 것은 효율성과 효과성을 동시에 확보하는 경우이다.

표 1-1 효율성과 효과성의 비교

구 분		목표의 달성정도	
		효과적	비효과적
자원의 활용정도	효율적	목표달성 자원절약	목표미달성 자원절약
	비효율적	목표달성 자원낭비	목표미달성 자원낭비

---

4) 박정민 외 3인, 최신 경영학의 이해, 비엔엠북스, 2011, p.14.

2) 효율적 경영과 효과적 경영

효율적 경영이란 그동안 들인 노력에 비해 얼마만한 결과를 얻었느냐의 문제이다. 이것은 경제학자들이 이야기하는 생산성의 개념과 유사하며 목표를 달성하기 위해 들어간 비용을 고려하는 개념이다. 즉 투입량에 대한 산출량의 비율로서 표현되며 이 비율이 커질수록 효율적인 경영이라고 할 수 있다.

예를 들면 기업이 원하는 공장부지를 매입하여 가동한다고 할 때 원자재 획득, 노동력 확보, 운송비, 시장 및 고객과의 근접성 등 소요되는 제 비용이 적게 발생했다면 그 경영은 효율적이라고 볼 수 있을 것이다.

반면에 효과적 경영이란 소기의 목표를 달성하는 것을 의미한다. 다시 말하면 의도한 목표를 양적·질적으로 달성했는지의 여부이다. 예를 들면 기업이 생산목표량을 달성했다는 것은 기대한 수준의 품질을 유지하면서 계획기간 내에 생산하고자 하는 목표를 달성한 것과 같다. 그러나 이 말은 목표달성을 위해 사용된 자원의 크기는 고려하지 않고 있다. 자원을 낭비하더라도 목표만 달성하면 일단은 효과적이라고 볼 수 있다. 즉 구체적으로 측정할 수 있는 목표의 완수 여부를 두고 산출측면에서 하는 표현이다.

그렇다고 효과적인 경영이 반드시 효율적인 경영이 된다는 것은 아니다. 생산목표량을 달성하기 위해 거기에 소요되는 비용을 엄청나게 지출했다면 그것은 효과적인 경영이라고 할 수 없다.

유능한 경영자라면 조직을 경영함에 있어 효율성과 효과성의 균형유지를 고려해야 한다. 왜냐하면 목표를 달성하는데 필요한 자원비용을 최소화하는 것도 중요하지만 그보다 적절한 목표를 선정하여 그것을 달성하는 것이 더 어렵기 때문이다.

드러커(P. F. Drucker)는 “일을 잘 하는 것과 해야 할 일을 하는 것”을 구분하면서, 타당하지 못한 과업을 100% 완수하는 것보다 올바른 과업을 60% 달성하는 것이 훨씬 더 낫다고 역설하였다. 이처럼 일을 제대로 하는 것과 올바른 일을 하는 것을 논할 때 일을 효율적으로 할 수 있는 능력도 필요하지만 올바른 일을 효과적으로 수행할 수 있는 능력 또한 중요한 것이다.[5)]

5) 서성무·이지우, 경영학의 이해, 형설출판사, 2003, p.20.

제2절 경영의 개념

1 경영의 정의

우리 사회에 다양한 조직이 존재하는 이유는 각 조직이 달성하고자 하는 나름대로의 독특한 목표가 있기 때문이다. 따라서 조직이 자신의 목표를 달성하지 못한다면 존재해야 할 이유가 없기 때문에 모든 조직은 목표를 달성하기 위하여 나름대로 최선의 노력을 다해야 한다. 그렇다면 어떻게 해야 추구하는 목표를 달성할 수 있을까? 이러한 의문은 경영이라는 개념에서 찾을 수 있겠다.

경영이란 단어처럼 우리 주위에서 흔하게 사용되는 용어는 아마 드물 것이다. 그러나 경영이 무엇이냐고 물으면 제대로 대답하지 못하는 사람도 많다. 경영을 영어로 하면 business management이지만 혹자는 business 또는 management라고 하기도 한다.

경영이란 "다른 사람들을 통해서 일을 효과적이고 효율적으로 수행해 가는 과정"이라고 정의할 수 있다.[6] 다시 말하면 "조직의 사명이나 경영목표를 효과적으로 달성하기 위하여 여러 가지 자원을 효율적으로 활용하는 과정"이라고 할 수 있다.[7] 왜냐하면 기업이 가지고 있는 자원은 한정되어 있기 때문에 의도된 목적을 달성하기 위해서는 효율적으로 이용해야 하기 때문이다. 그리고 [그림 1-1]에서 보는 바와 같이 기업을 비롯한 조직은 자원을 활용하여 성과를 달성하고자 하며 그 과정을 효과적으로 만드는 것이 경영기능이다. 즉 기업은 목적을 달성하기 위해서 계획을 세우고, 업무를 분담하여 조직을 만들고, 함께 일하는 사람들이 열심히 노력하도록 독려하고, 또한 일이 진행되는 동안 확인을 하고 만약 잘못될 경우 시정조치를 취하는 일들을 반복하게 되는데, 이러한 일련의 과정을 경영기능이라고 할 수 있다. 여기에서 조직에 투입되는 자원에는 노동력, 자본, 원자재, 기술, 정보 등이 있으며, 성과에는 목표달성, 제품, 서비스, 효율성 및 효과성 등이 있다.

---

6) Robbins, S. P., DeCenzo, D. A. & M. Coulter, *Fundamentals of Management*, 7th ed., Prentice-Hall, 2011, p.32.

7) 윤종훈 외 3인, 전게서, p.6.

[그림 1-1] 경영의 기능과 과정

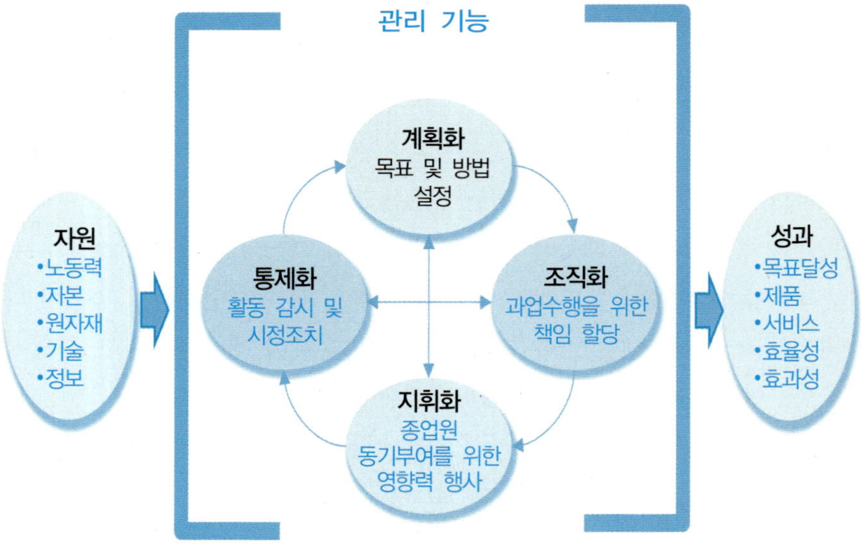

자료원: 오종석·조영복, 경영학원론, 탑북스, 2011, p.30.

따라서 경영(management)이란 주어진 자원을 활용하여 조직의 공통목표를 달성하는데 필요한 여러 활동들을 계획, 조직, 지휘, 통제하는 일련의 관리기능을 통해 최종산출물을 생산해 내는 과정이라고 할 수 있다. 그리고 이러한 경영의 개념은 좁은 의미로는 영리조직인 기업의 경영만을 의미하지만, 넓은 의미로는 기업을 포함하여 가계나 국가, 학교, 종교단체 등 비영리조직의 경영까지도 포함한다. 특히 글로벌화가 추진되면서 국가도 이제는 국가세입으로 정해진 세출활동만을 하는 데서 벗어나 글로벌 경쟁의 주체로서 다른 국가와 경쟁하여 영리를 추구해야 하는 성격을 가지므로 경영의 원리가 그대로 적용되는 조직체가 되었다. 따라서 이제는 국가경영, 군대경영, 학교경영, 병원경영, 교회경영과 같은 말들을 흔히 접할 수 있다. 이는 경영의 개념이 이제까지의 좁은 의미로서가 아니라 넓은 의미로서 받아들여져야 함을 의미하는 것임과 동시에 영리조직과 비영리조직을 포함하는 모든 조직운영의 기본원리로 적용하고 있음을 알 수 있다.[8]

8) 윤종훈 외 3인, 전게서, p.8.

2 경영의 기능

경영의 기능은 크게 관리기능과 업무기능으로 구분된다.

1) 관리기능

관리기능이란 경영을 효율적으로 달성하는데 필요로 하는 기본적인 기능이다. 이러한 관리기능은 조직의 규모가 확대되고 업무가 복잡해짐에 따라 더욱더 요구되는 기능으로서 여기에는 계획화·조직화·지휘화·통제화가 있다.9)

(1) **계획화**(planning)는 목표를 설정하고 이러한 목표를 달성하기 위하여 무엇을 해야 할 것인가, 즉 수행할 업무의 계획을 수립하는 것을 말한다. 최고경영층이 기업의 사명, 비전, 목적, 목표 등을 설정하고 이들을 달성할 전략을 수립하면 하위관리층은 이러한 전략적 계획을 수행할 구체적인 운영계획을 수립·집행하게 된다.

(2) **조직화**(organizing)란 기업이 수립한 계획을 어떻게 성공적으로 수행할 것인가를 결정하는 일로서 이에 필요한 여러 가지 인적·물적 자원을 조달하고 배분하고 조정하는 기능을 말한다. 즉 조직화는 활동과 자원이 어떻게 그룹화되어야 하는가를 결정하는 기능이다. 조직화를 통해서 경영자는 수행할 과업(task)이 무엇이며 이를 누가 수행할 것인가 그리고 이들 과업을 어떻게 관리하고 조정할 것인가를 결정하게 된다. 경영자는 정보, 자원, 과업이 조직에서 원활하게 이루어지도록 작업집단과 조직구성원을 편성해야 한다.

조직문화라든지 인적자원관리 등은 이러한 기능의 핵심이다. 조직구조는 전략적 및 운영적 목적을 달성할 수 있도록 형성되어 기업환경의 변화에 쉽게 적응할 수 있도록 해야 한다.

(3) **지휘화**(leading)는 기업의 목표를 달성하기 위해 각 구성원들에게 수행해야 할 업무를 지시하고 독려하는 행위를 말한다. 지휘는 구성원들로 하여금 높은 성과를 이루도록 자극하는 것이다. 즉 지휘란 작업자들과 개인적으로 또는 그룹으로 의사소통하고 이들을 이끌고 동기부여하는 것을 의미한다.

(4) **통제화**(controlling)는 각 구성원이 행하는 업무가 제대로 추진되고 있는가

---

9) 유필화 외 4인, 글로벌시대의 경영학, 오래, 2010, pp.18-19.

를 감시·감독하고 계획과 실제 결과 사이의 편차를 규명하는 기능을 말한다. 경영자는 전략적 및 운영적 계획을 실행하는 과정에서 진척상황은 물론 현재의 업무성과를 감시하고 평가할 필요가 있다. 계획대로 진행되지 않으면 시정조치를 강구해야 한다. 예를 들면 원래의 계획을 공격적으로 추구한다든지 또는 현재의 상황에 맞도록 계획을 조정할 수 있다. 통제기능은 기업이 목적을 달성하는 방향으로 갈 수 있도록 방법을 제시해 준다는 의미에서 중요한 기능이라고 할 수 있다.

2) 업무기능

업무기능은 기업경영의 활동인 인사관리, 생산관리, 마케팅 관리, 재무관리, 회계, 경영정보 시스템 등으로 나눌 수 있다.

인사관리란 기업에서 사람과 관련된 모든 관리활동으로 채용, 교육훈련, 배치, 인사고과, 보상, 이직 등의 활동을 가리킨다. 생산관리는 필요한 모든 자원을 활용하여 고객이 원하는 제품이나 서비스를 창출하는 활동을 말한다. 마케팅 관리는 고객의 욕구를 충족시키기 위해 제품과 서비스를 홍보, 판매하는 것과 관련된 활동이다. 재무관리는 사업의 경제성을 분석하며 자본을 효율적으로 조달하고 운용하는 관리활동이다.

회계는 기업활동을 수치로 요약, 정리하는 것과 관련된 활동이며, 경영정보 시스템은 경영의사결정을 돕기 위하여 구축된 정보 시스템을 의미한다.[10] 기업이 부서를 만드는 경우 이러한 업무영역별로 부서를 설치하는 것이 가장 일반적인 방법이다.

모든 업무기능이 효율적으로 이루어지기 위해서 기업은 업무영역에 관리의 4가지 기능인 계획화·조직화·지휘화·통제화를 적용시켜 업무능력을 효율적으로 만들어야 한다. 이처럼 관리기능과 업무기능은 서로 분리된 개념이 아니라 서로 밀접하게 관련되어 있다.

예를 들면 조직의 하부 시스템의 기능부서인 인사부서 또는 마케팅 부서에서 그들의 공동목표를 달성하기 위해서 계획을 세워야 하고, 수립된 계획에 따라 인적·물적자원을 조직하고, 계획을 성공적으로 실행하도록 하기 위해서 계획의 실행 전, 실행 중 또는 실행 후에 통제과정이 필요하다.[11]

10) 김석진, 글로벌시대 에센스 경영, 청람, 2007, p.20.
11) 이봉수, 경영학원론, 형설출판사, 2002, p.21.

한편 경영의 기능은 기업형태별로도 구분해 볼 수 있는데 업종별로는 제조업과 서비스업 등이 있으며, 규모별로는 대기업, 중견기업, 중소기업 등이 있다. [그림 1-2]는 기업의 경영기능을 업무적 기능과 관리적 기능으로 설명하고 있는데 예를 들어 빗금 친 부분은 '제조기업의 생산에 대한 계획활동'을 표시한 것이다.

[그림 1-2] 경영기능의 구조

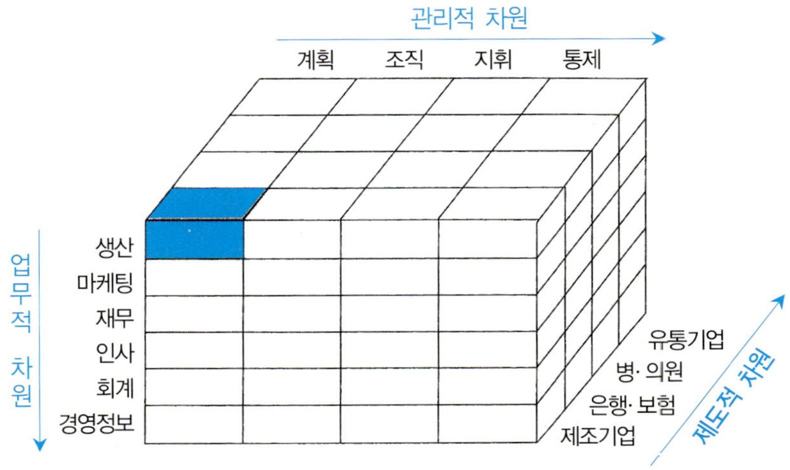

어떻게 하면 CEO가 될 수 있나?

직장인이라면 누구나 CEO가 되고 싶어 한다. 아니 되고 싶어 해야 한다. 누구는 가늘고 길게 살겠다고 하지만 입사 처음부터 그러지는 않았을 것이다. 중앙 공무원들이 장관이 되고 싶어 하고, 지방 공무원들이 자치단체장이 되고 싶어 하는 것도 마찬가지다. 각종 청문회에서 쏟아지는 야유와 질타 속에서도 꿋꿋이 사과와 변명으로 맞서는 것도 따지고 보면 자리에 대한 욕심이 아니겠는가? 조직에 속해 있다 보면 어떤 형식으로든지 조직원들로부터 인정받고 싶어 하는 것이 사람의 생리다. 자리를 초개같이 보는 사람들도 있지만 그런 사람들은 아예 조직에 들어가지 않는 것이 맞다. 아무튼 조직에 들어갔으면 조직의 장이 되도록 노력해야 한다.

그러면 어떻게 해야 기업에서 CEO가 되는가?

첫째는 CEO가 어떤 자리인지를 분명히 알아야 한다. CEO가 큰 사무실에서 큰 차를 타고 활동비 팍팍 쓰는 것으로 오해해서는 안 된다. 어떤 자리의 혜택에 초점을 맞춰서 그 자리를 이해하면 안 된다. 혜택이 큰 이유는 그만큼 의무와 위험이 따르기 때문이다. CEO는 누리는 자리가 아니라 희생하는 자리이다. 시시각각으로 변하는 어려운 경영환경에서 조직원들을 설득하고 리더로서 많은 사람들을 이끌어가야 한다. 솔선수범과 자기희생이 없이는 리더가 될 수 없다. 혜택만 챙기는 CEO는 리더가 아니다. CEO는 백척간두에 서서 피 말리는 결정도 해야 한다. 뭐 그렇게까지 할 필요 있느냐고 하는 CEO가 있다면 그 CEO는 직무를 유기하고 있는 거다. 낙하산이 문제인 것은 과거의 경력 때문이 아니라 그 자리에 임하는 자세의 문제다. 조직이 크든 작든 조직의 발전에 노심초사하는 조직의 장은 24시간 365일을 조직 운영에 몰두해야 한다. 나아가 조직의 미래를 도모해야 한다. 그러려면 강인한 체력과 뛰어난 집중력이 있어야 한다. CEO가 그런 자리라는 것을 충분히 이해해야 내가 왜 어떻게 어떤 CEO가 될 것인지를 정할 수 있다.

둘째는 자기가 이상적이라고 생각하는 CEO 상이 확정이 되면 그러한 CEO의 자격을 갖추기 위해 지속적인 자기 계발을 해야 한다. 성공한 CEO들 중에 인생을 설렁설렁 산 사람은 없다. 그냥 사람이 좋고 관계가 좋다고 해서 성공한 CEO가 되는 것은 아니다. 꾸준한 독서와 학습을 통해 스스로의 오류를 줄이려는 노력을 해야 한다. 마치 스님들이 득도한 것을 스승을 찾아가 인증 받듯이 성공한 멘토들을 정기적으로 찾아 가서 물어보고 검증 받아야 한다. 성공한 CEO는 후회하지 않는다. 후회하지 않기 위해서는 지혜로워야 한다. 지혜는 지식이 쌓여야 하고, 지식은 끊임없는 학습을 통해서 가능하다. 자기계발은 정신과 육체 양면에서 조화롭게 이루어져야 한다. 건강을 잃으면 모든 것을 잃는 것이다. 정신은 학습을 통해서, 육체는 운동을 통해서 발전시켜 나가야 한다. 정신과 육체의 균형 있는 자기 계발이 필수다. 셋째, 마음가짐이 긍정적이어야 한다. 긍정적이라는 뜻을 많은 사람들은 결국에는 매사가 잘 풀릴 것이라고 믿는 경향이 있다. 그러나 어떤 경우에도 자기의 노력 없이 저절로 문제가 풀리는 일은 없다. 만약 그랬다면 그것은 처음부터 문제가 아니었을 가능성이 크다. 어떤 방식으로든 자기 스스로 노력을 해야 한다. 그 노력의 시발점을 자기 자신으로 출발하면 긍정적인 사람이 되고, 노력의 시발점을 자기 밖에서 찾으면 부정적이 된다. 그래서 성공하는 CEO는 문제의 근원을 항상 자기 자신에서 찾는다. 실패하는 CEO는 문제의 근원을 항상 밖에서 찾는다. 스스로에서 문제를 찾기 위해서는 긍정적인 사람이 되어야 한다. 매사에 긍정적인 사람은 무슨 문제가 생겼을 때 다른 사람들은 다 나를 도와주려고 하는데 내가 준비가 안 되어, 자격이 없어서 문제가 생겼다고 생각한다. 부정적인 사람은 자기는 문제가 없는 데 다른 사람들 때문에 지금 이런 문제가 생겼다고 생각한다. 그렇기 때문에 성공적인 CEO가 되기 위해서는 모든 사고를 자기 자신의 준비상태와 자격여부에서 출발해야 한다. 다른 사람들을 바꾸기는 어렵다. 자기 자신을 바꾸는 것은 쉽지는 않지만 할 수는 있다. 그렇게 생각해야만 긍정적이 되고 성공한 CEO가 될 수 있다.

세상에 여러 종류의 CEO가 있다. 활달하고 천재 끼가 있는 CEO도 있고, 교과서 같은 근엄한 CEO도 있다. 오래 했다고 해서 꼭 성공한 CEO도 아니고, 짧게 했다고 꼭 실패한 CEO도 아니다. 마찬가지로 열심히만 한다고 해서 CEO가 되는 것도 아니고 잔머리 굴린다고 CEO가 되는 것도 아니다. 이렇듯 CEO로서의 성공의 기준과 성공에 이르기까지의 길은 여러 갈래가 있지만 그 밑바탕에는 변함없는 진리가 있다. 그것은 자기가 왜 CEO가 되려고 하는지를 정의할 수 있어야 하고, 그 목표를 향해서 끊임없이 자기 계발을 해야 하고, 자기 자신을 변화시키려고 하는 긍정적이 사람이어야 한다는 것이다.

(이강태/전자신문 2015. 3. 8)

2 경영학의 본질

제2장

경영학의 본질

제 1 절 경영학의 개념

현대를 살아가는 우리는 실로 다양한 욕구를 갖고 있다고 할 수 있다. 그리고 이러한 다양한 욕구를 충족시키기 위해 우리는 지속적으로 계획적인 활동을 하지 않으면 안 된다. 이처럼 욕구충족을 위한 계획적인 활동을 경제생활 내지는 경제활동이라고 말한다.

원시사회의 경우 이러한 경제활동은 모두 자기 혼자의 힘에 의해 이루어지는 이른바 자급자족의 생활이었다. 그러나 오늘날과 같은 고도산업사회에서 우리가 영위하는 경제활동은 각기 다른 사람에 의해 생산·유통 및 소비되는 교환경제라고 할 수 있다. 우리가 경제생활을 합리적으로 영위하기 위해서는 한 나라 전체로서의 국민경제와 함께 그러한 국민경제의 실질적인 구성단위가 되는 개별경제에 관해서도 자세히 이해하지 않으면 안 된다. 즉 한 나라 전체경제를 연구하는 학문으로는 오늘날 단순하게 경제학이라고만 불리는 국민경제학이 발달되고 있는 것처럼 그러한 국민경제의 구성체가 되는 개별경제, 이를테면 기업, 병원, 교회, 관청, 상점 등에 대해서도 그것을 전문적으로 연구하는 학문이 필요한 것은 당연하다. 경영학(business administration)이란 바로 이러한 필요에서 생성된 학문으로서 경제학과 함께 우리들 인간의 경제활동이나 경제생활과 관련된 학문의 양대 축을 이루고 있다.

여기서 경제학은 주로 국민경제를 그 연구대상으로 거시적인 관점에서 추구하는 학문인 데 반해, 경영학은 국민경제의 구성단위가 되는 개별경제를 그 연구대상으로 미시적인 관점에서 추구하는 학문이라는 점에서 경제학과는 다른 그 나름대로의 특성이 있다. 그렇지만 경제학이나 경영학이 어디까지나 인간의 경제활동이나 경제생활에 관한 똑같은 범주의 학문이라는 점에서 이 양자를 포괄해서 흔히 경제과학이라 일컫는다. 따라서 인간의 경제활동이나 경제생활에 대해 연구하고자 할 경우 경제학과 경영학의 총괄학문으로서의 경제과학은 절대적인 학문일 수밖에 없다.

경제과학으로서의 경영학은 한 사회현상으로서의 경영의 경제적 측면을 그 연구대상으로 하는 학문이다. 물론 그 연구대상과 관련하여 독일경영학에서와 같이 정태적인 존재로서의 '경영체'에 그 초점을 둘 것이냐? 아니면 미국경영학에서와 같이 그러한 경영체 내에서 발생하는 동태적인 경영현상, 즉 관리활동에 초점을 둘 것이냐? 하는 질문이 제기될 수 있다. 그러나 이들 가운데 어느 하나만으로는 경영의 참된 구조와 기능을 이해할 수 없기에 실체로서의 경영조직과 동태적인 측면으로서의 관리활동 모두를 연구대상으로 하고 있다고 봄이 옳을 것이다.

이와 같이 경영학이란 조직체의 경영현상을 지속적으로 관찰하여 어떠한 인과법칙 내지는 보편타당한 원리·원칙을 발견하기 위한 학문으로, 그 결과를 경영실무의 능률화 내지 합리화를 위해 적용하려는 데서 그 존재의의를 찾아볼 수 있을 것이다. 오늘날과 같은 변혁의 시대, 무한경쟁의 시대에 특히 절대적으로 부족한 자원과 기술환경 하에서 국가경쟁력 제고를 위해 경영학이 갖는 의의는 매우 크다고 할 수 있다.

제 2 절 경영학의 연구대상과 지도원리

1 경영학의 연구대상

1) 기업과 경영

어떤 학문이든 그것을 연구함에 있어서는 그 학문만이 갖는 고유의 독자적인 연구대상을 찾아야 한다. 따라서 경영학도 그의 연구에 있어서는 구체적인 연구의 대상을 밝힐 수 있어야 한다. 이 경우 경영학의 학문적 연구대상으로서 기업경영

(business administration)을 들 수 있다.

이를 보다 구체적으로 설명해 보면, 경영학의 연구대상으로 우선 기업이라는 조직(organization)을 생각할 수 있다. 물론, 경영학의 연구대상 실체로서 여러 가지의 조직체를 열거하고 있는 견해를 볼 수 있겠다. 예를 들면, 공통적인 이념과 철학 그리고 목적을 같이 하는 사람들, 다시 말해서 통일의사를 가진 사람들에 의하여 구성된 모든 조직체는 경영학의 연구대상이 될 수 있다. 가정, 학교, 군대, 교회, 기업, 국가 등과 같은 경제단위가 이에 해당된다.

그러나 이 같은 견해는 경영학의 연구대상 실체를 지나치게 추상적이고 포괄적으로 다루기 때문에 우리가 연구의 대상으로 하는 보다 구체적인 경영학의 연구대상으로서는 부적합하다. 여기에서 경영학의 연구대상을 통일의사체 중에서 경제성을 지극히 중요시하는 경제적 경영체로 한정시키려는 견해가 나타난다. 이는 이상의 많은 통일의사체 중에서도 기업과 가정만이 경제적 경영체로서의 특성이 강한 통일의사체가 되기 때문에, 이들 조직체만이 경영학의 연구대상이 된다는 견해이다. 하지만 이 같은 견해도 우리가 연구의 대상으로 하려는 구체적인 경영실체가 되지는 못한다. 따라서 경영학의 연구대상 실체를 통일의사체로서의 경제적 경영체 중에서도 생산경제단위체로서의 기업조직을 생각해 볼 수 있다.

한편 경영학의 연구대상을 기업이라는 조직체 그 자체만으로도 한정시킬 수는 없다. 왜냐하면 기업조직은 경영이라는 행위(behavior)가 수반됨으로써, 비로소 그 존재가치를 찾을 수 있기 때문이다. 따라서 경영학의 연구대상은 경영의 행위적 측면에서도 구하여야 한다. 경영학은 경영에 관한 학문이고, 경영은 곧 자본을 조달해서 생산활동을 하고 그것을 판매함으로써 다시 자본을 회수해야 하며, 이를 위해 계획하고 조직하고 지휘하고 통제하는 일련의 활동이 요구되기 때문에 경영학의 연구대상은 이 같은 행위에서도 찾아야 한다. 따라서 경영학의 연구대상은 기업이라는 조직과 경영활동이라는 두 가지 모두를 포괄하는 것으로 이해할 수 있겠다.

2) 기업과 경영의 관계

기업은 영리를 목적으로 경영활동을 수행하는 개별경제의 단위이며, 경영은 기업의 그 목적을 수행하기 위하여 갖추지 않으면 안 될 기술상의 조직 또는 수단이라 보고 있다. 이와 같이 기업은 경영이라는 수단을 통하여 그 목적을 달성하게 되므로 경영은 기업의 모든 경제적 활동을 의미한다.

기업과 경영에 대한 관계 및 차이는 뚜렷한 한계를 설정하기는 매우 미흡하지만, 일반적으로 여러 견해와 학설을 통해서 다음과 같이 요약할 수 있다.

첫째, 기업은 경영의 소유단위이고, 경영은 기업의 생산단위이다.

둘째, 기업의 지도원리는 수익성 혹은 영리성에 있으나, 경영의 지도원리는 경제성 혹은 생산성에 있다.

셋째, 기업은 법률적·금융적 단위이나, 경영은 물적·기술적 단위이다.

넷째, 기업은 모두가 경영이나, 경영의 전부는 기업이 아니다. 왜냐하면 비영리적인 조직도 있기 때문이다. 이런 의미에서 경영은 기업보다 상위개념이라 할 수 있다.

한편 경영과 관리라는 단어가 의미상 구분없이 사용되어지는 경우가 많다. 경영이라는 개념과 관리라는 개념을 구분하여 사용할 것인가, 아니면 동일한 개념으로 취급할 것인가에 대해서는 통일된 견해는 없다.[1)]

프랑스의 페이욜(H. Fayol)은 경영과 관리의 개념을 다음과 같이 제시하였다. 즉 기업의 종류나 규모와는 관계없이 기업 활동에는 ① 기술적 활동(생산, 제조, 가공), ② 상업적 활동(구매, 판매, 교환), ③ 재무적 활동(자본의 조달과 운용), ④ 보전적 활동(기업의 재산, 종업원 보호), ⑤ 회계적 활동(재산목록, 대차대조표, 원가계산, 경영통계 등), ⑥ 관리적 활동(계획, 조직, 지휘, 조정, 통제)의 여섯 가지 활동이 있다고 하였다. 경영이란 기업이 갖고 있는 자원으로 최대의 성과를 올릴 수 있도록 이들 여섯 가지 활동을 통해 기업의 목적을 달성할 수 있도록 도모하는 것을 말한다.

따라서 기업에서 그 전체 활동에 대해 계획하고 그 집행을 지도하는 것은 경영인 데 반하여, 기업의 여러 활동 가운데서 인사, 생산, 판매 등과 같은 한 부문만의 계획이나, 그 집행을 지도하는 것은 관리이다. 요컨대, 경영이란 종합적 관리이고, 관리란 인사관리, 생산관리, 재무관리 등과 같은 부문관리이며, 각각의 부문관리를 전체적으로 통합하여 관리하는 것이 곧 경영이다. 이러한 관계에서 볼 때 경영은 관리보다도 상위의 개념이라고 할 수 있다. 경영과 관리의 관계를 도시하면 [그림 2-1] 및 [그림 2-2]와 같다.

---

1) 윤종훈 외 3인, 전게서, p.11.

[그림 2-1] 경영과 관리의 포괄관계

[그림 2-2] 경영과 관리의 상하관계

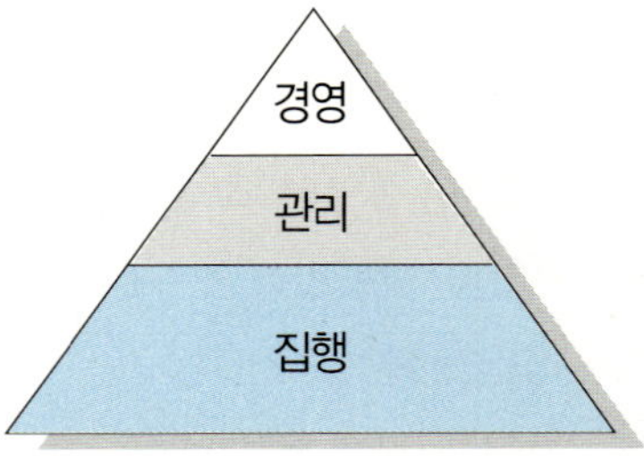

2 경영의 지도원리

경제현상을 대상으로 경제학이, 법률현상을 대상으로 법률학이 성립되는 것과 같이 경영학은 경영의 제현상을 고찰하여 거기에 존재하는 보편타당성 있는 법칙을 규명하고, 이를 실천적 목적에 적용하려는 것이다. 따라서 경영자가 경영활동을 수행하는데 있어서 준수해야 할 기본적인 행동원리 내지 선택원리를 경영의 지도원리라고 한다.[2)]

1) 수익성

경영학의 연구대상을 자본주의 경제체제 하의 기업이라 할 때, 그 지도원리는 필연적으로 수익성에서 찾게 된다. 이 원리는 '영리원칙'이라 하여 투하자본에 비해 이익이 크면 클수록 좋다는 원칙이다.

결국 어떻게 하면 수익률을 높일 수 있느냐에서 기업경영의 행동원리를 찾는 것이다. 이 경우 수익성 원칙은 기업활동의 대가로서 최대·최고의 수익성 이른바 '이윤극대화의 원칙'과 직결된다. 이제까지 전통적인 기업목적관은 수익성 원칙이라는 목표와 함께 이윤추구에 그 초점이 놓여 있었다고 할 수 있다.

$$\blacktriangleright\ \text{수익성} = \frac{\text{이익}}{\text{투입자본}} = \frac{\text{이익}}{\text{매출액}} \times \frac{\text{매출액}}{\text{투입자본}}$$

2) 김세중 외 3인, 최신 경영학이해, 무역경영사, 2002, pp.14-15.

2) 경제성

경제성은 최소의 비용(희생)으로 최대의 성과를 달성하고자 하는 행동원리를 말한다. 경제성 원칙은 기업경영의 행동원리로서뿐만 아니라 모든 형태의 개별경제에 공통적으로 적용되는 선택원리이기도 하다. 즉 재정경영이나 가정경영, 그 외의 기타경영(학교, 병원, 군대 등)에서도 이 원칙은 적용된다.

경제성은 기업활동의 결과로서 얻어진 성과와 이를 얻기 위하여 소비된 희생과의 비율로서 표시된다.

$$\text{▶ 경제성} = \frac{\text{성과(효과)}}{\text{희생(비용)}} = \frac{\text{목표}}{\text{수단}}$$

3) 생산성

경제성을 인간행위의 합리성 원칙이 지향하는 바를 가치적으로 표현한 것이라면, 그것을 가치적이 아니라 물량적으로 표현할 때 일반적으로 생산성이라고 부른다. 생산성이란 생산을 위하여 투입된 여러 생산요소의 양에 대한 생산물의 산출량(output)의 비율을 말하며, 생산활동의 합리성을 나타내는 정도를 의미한다. 즉 인력, 자재, 시설 등 경영자원의 합리적 이용을 통하여 동일한 투입량으로 최대의 성과를 올려 생산비의 절감과 생산수준의 향상을 꾀하려는 것이다.

이와 같이 생산성은 생산을 위해 투입된 제요소가 어떻게 효과적으로 사용되는가 하는 척도로서 다음과 같이 표시된다.

$$\text{▶ 생산성} = \frac{\text{생산량(output)}}{\text{투입량(input)}}$$

생산성은 투입요소와 산출요소의 선정방법 여하에 따라서 여러 가지 생산성을 고려할 수 있으나 생산성의 측정가능성과 비교가능성의 견지에서 노동생산성(생산량/노동투입량), 자본생산성(생산량/자본), 부가가치생산성(부가가치/종업원 수) 등이 있다.

이상에서 살펴본 수익성, 경제성, 생산성 간의 관계를 도시하면 다음 [그림 2-3]과 같다.

[그림 2-3] 수익성, 경제성, 생산성 간의 관계

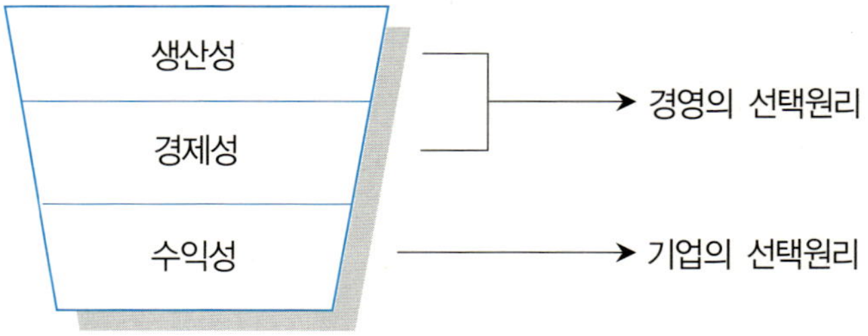

제3절 경영학의 학문적 성격

1 이론과학과 실천과학으로서의 경영학

지금까지 경영학의 학문적 성격과 관련하여 경영학이 이론과학인가? 아니면 실천과학인가?를 둘러싸고 오랫동안 논란이 있어왔다. 이때 주로 이론과학에서 그 학문적 편향성을 찾게 되는 경영학을 이론적 경영학이라 하며, 실천과학에서 학문적 편향성을 찾게 되는 경영학을 실천적 경영학이라 부르게 된다.

이론경영학이란 이론과학 또는 순수과학으로서의 경영학을 말한다. 이는 경험적으로 성립시켜 온 기업의 목적이 어떠한 방법 또는 수단에 의하여 달성되고 있는가를 사후적으로 밝혀 내려는 것으로 그간의 경영에 대한 경험적 사실을 분석하여 새로운 원리나 법칙을 끌어내려는 것을 주된 사명으로 한다. 따라서 이는 지식의 체계라고 할 수 있는 과학, 특히 경영에 관한 지식체계로서의 과학을 현실에 존재하는 경영에 관한 제 현상에 입각하여 그것을 관찰하고 예측하며 연역하고 가설을 검증하는 방법을 통해서 하나의 원칙으로서 확증시켜 나간다.

특히, 이와 같은 연구방법이 논리·실증적인 분석체계를 따르게 될 때 우리는 이것을 기술과학(descriptive science)이라 부른다. 기술과학적 연구방법이란 검증이 불가능한 추상적인 법칙을 수립하는 것이 아니라, 검증 가능한 가설을 세워 이것을 관찰이나 실험에 의해 검증함으로써 새로운 이론 내지 모형을 구축하는 것을 말한다.

한편, 실천경영학은 실천과학으로서의 경영학을 의미하고, 이는 경영목적을 실천적으로 유용한 제반의 관리기술이나 처방이 어떤 것인가를 규명하려는 경영학을 말한다. 이는 있는 그대로의 경영현상을 분석의 대상으로 하는 것이 아니라 기업이 가진 목적을 달성하기 위하여 어떤 수단이나 방법을 선택하는 것이 가장 유익하겠는가를 고려하여 선택적 제언을 하게 되는 소위 응용과학으로서의 특성을 갖는다.

그러므로 실천경영학은 논리적 경영학에서 개발되고 정립된 모든 이론을 현실적인 경영에 적용 가능하도록 모든 이론을 실천 가능한 관리기술로써 구체화시켜 나간다. 따라서 실천을 전제로 한 당위로서의 경영원리를 끌어내려는 실천적 연구방법은 규범과학적(normative science) 연구방법과 서로 통하게 된다.

실천적 연구방법이 규범론적 연구방법과 상통하는 이유는 규범론적 연구방법이 단순한 경험적·논리실증적 연구방법과는 달리 당위 또는 이상으로서의 최고의 가치규범을 추구하고 여기에서 일정한 가치정립 또는 목적지시를 하기 때문이다. 규범론적 연구방법에 의할 때 우리는 현재로서의 경영이론에 비판을 가하여 일정가치가 부여된 당위로서의 이론을 제시함으로써 존재를 당위로 끌어올릴 수 있는 경영상의 제반 방법이나 수단도 모색하여야 한다.

이 경우 양 학문의 관계는 상호보완의 관계로서 다루어져야 한다. 경영학이 이론적 학문으로서의 특성을 나타낼 때 그것은 경영실무가 지향하여야 할 이론적 기초, 다시 말해서 경영실무를 위한 비전을 제시한다. 또 경영학이 실천적 학문으로서의 특성을 나타낼 때 그것은 경영이 단순한 이론을 위한 이론으로서가 아니라 이론을 바탕으로 그것을 실행에 옮김으로써 경영의 과실을 딸 수 있는 실천적 처방전을 얻게 된다. 이와 같이 이론과 실천은 상호보완의 관계를 통하여 보다 더 큰 관리적 성과를 거둘 수 있게 된다. 한 마디로 말해서 이론 없는 실천도 또 실천이 수반되지 않는 이론도 있을 수 없다는 점에서 이들 양 특성은 상호보완적이어야 한다.

2 과학과 기술로서의 경영학

경영학이 "하나의 과학으로서의 특성만 갖느냐? 아니면 기술로서의 특성도 아울러 갖느냐?"라는 문제와 관련하여 지금까지 많은 논란이 있어 왔다. 이것을 흔히

'과학·기술논쟁'(science or art controversy)이라고 하는데, 이 논쟁은 결국 "계란이 먼저냐? 아니면 닭이 먼저냐?(egg or chicken cycle)의 논쟁"으로 비유될 수밖에 없다. 일반적으로 경영학은 두 가지의 특성을 동시에 갖는다는 결론에 도달할 수밖에 없는데, 그러면 그 이유에 대해 살펴보도록 하자.

과학이란 특정 주제에 관한 일반적인 지식체계를 가져오는 체계적인 연구로 정의된다. 경영학의 역사를 보면 기원전 4000년부터 이집트에서 얼마나 체계적인 연구의 대상이 되어왔는가를 알 수 있다. 19세기 말에 들어서면서 제 문제를 해결하고 능률을 개선하기 위하여 작업장 내에서 과학적인 방법이 사용되어 왔다. 비록 경영학이 과학이냐 라는 사실에 관하여 상당한 논란이 있기는 하지만 대부분의 학자들은 경영학을 발전하고 있는 과학으로 보고 있다.

이를테면 경영자는 최적제고수준을 결정하고 작업일정을 짜며 제품과 서비스의 질을 개선하기 위해 최신 컴퓨터 프로그램을 사용한다. 그들은 제품을 신축적이고 능률적으로 생산하기 위해 복잡한 로봇 시스템을 활용하게 된다. 그들은 근로자에게 동기를 부여하고 고객이 선호하는 것을 알아내며 금융시장을 이해하기 위하여 심리학, 사회학, 인류학 기타 학문에서 나온 이론에 의존한다.

이와 같이 오랜 세월에 걸쳐 많은 관리원칙들이 연구와 적용을 위해 과학적으로 개발되어 왔다. 그러나 사람들은 어느 정도 창의적인 재능을 응용하지 않고서는 그들의 관리기술을 완전히 개발할 수 없다. 이것이 바로 경영자들이 자신들의 직무의 요구나 기회를 저울질할 때 그들 자신의 경험에 크게 의존하는 이유이다. 더욱이 관리기법과 도구에 관한 점증하는 지식체계로 인하여 경영자들 또한 직관을 활용할 필요가 있는데, 그것은 무엇을 해야 할지를 잘 모를 때 특히 그러하다. 그래서 관리관행은 객관적으로 연구·교육될 수 있는 구체적인 원칙뿐만 아니라 기술하고 분석하기가 어려운 주관적인 과정도 포함하고 있다.

이러한 맥락에서 경영학은 아울러 기술(art)이기도 하다. 실제로 학자에 따라서는 경영학을 불충분한 정보를 갖고 의사결정을 하는 기술로 정의내리기도 하였다. 기술·기법이란 바라는 구체적인 결과를 달성하기 위한 노하우(know-how)로서 질서정연한 사실체계와 법보다도 상상력, 직관력 및 관행에 보다 우선하게 된다. 이런 점에서 현대경영학은 상당부분 기법처럼 보인다.

기술적인 과정이란 일반적으로 세 가지 중요한 측면, 즉 기술, 비전 및 커뮤니케이션을 갖는 것으로 보여진다. 경영학의 과정은 세 가지 모든 경우에 기술로서의 자격을 갖추고 있다. 즉 오늘날의 전문경영자들은 과업을 달성하기 위하여 관련기술을 갖지 않으면 안 된다. 그들은 또한 혁신적인 전략을 이행하기 위하여 비전을 소유하지 않으면 안 된다. 그리고 그들은 작업환경 하에서 효과적으로 커뮤니케이션을 할 수 있어야만 한다.

그러나 만일 경영학이 기술과학이나 논리실증주의를 떠난 한낱 기술론에 불과하다면 경영자들은 개인의 경험이나 직관을 토대로 시행착오에 의한 기술에만 의존함으로써 경영학의 학문적인 가치가 전혀 없을 뿐만 아니라 어디까지나 행동을 위한 지식의 체계를 제공하는 사회적인 경영학교육 그 자체가 아무런 의미를 갖지 못하게 된다. 그렇다고 경영학이 순수한 이론으로서의 과학론에 불과하다면 이 또한 자칫 실제와 거리가 먼 공리공론이 되어 버릴 가능성이 크다.

이러한 맥락에서 경영학이란 기술인 동시에 과학이라는 주장이 더 설득력이 있다. 곧 경영과정은 기술적 과정을 위한 일반적인 시나리오를 따른다. 그러나 경영과정의 도구나 기술 측면은 오랜 시간에 걸쳐 축적되어 온 과학적인 지식체계에 기초를 둔다. 따라서 경영학이란 학문은 과학적 요소와 기술적 요소를 동시에 유지하지 않으면 안 될 것이다.

결론적으로 [그림 2-4]에서 보는 바와 같이 오늘날 이론과 동시에 실천으로서의 성격을 함께 지니는 경영학은 과학임과 동시에 기법이라는 논리적 귀결에 이른다고 할 수 있다. 지식이나 이론이 없는 기술이나 기법은 맹목적인 것이며, 기술이 없는 지식 또한 무의미한 것이라는 주장은 이를 잘 대변해 주고 있다.

[그림 2-4] 경영학의 양면성

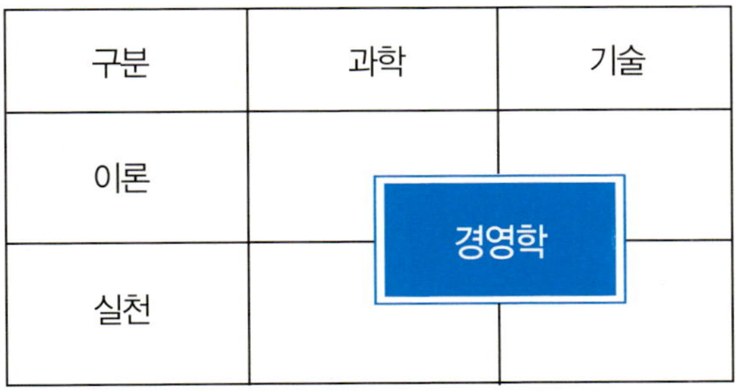

3 사회과학으로서의 경영학

앞서 살펴본 바와 같이 경영학은 경제학과 더불어 경제과학이라는 공통학문을 이루지만 보다 큰 학문적인 범주에서 본다면 엄연히 사회과학의 한 분야를 형성하게 된다. 사회과학이란 원래 "인간의 사회적 사상에 관한 모든 과학적 연구"를 총칭하는 말이다. 따라서 인간에 의해서 형성되는 개별경제와 그 속에서 이루어지는 인간의 경제적인 행동을 연구대상으로 삼고 있는 경영학은 당연히 사회과학의 한 분야로 간주되고 있다.

그러나 사회과학 분야 가운데서도 경제학이나 사회학은 개개의 인간의 주관적 행동 그 자체를 다루는 것이 아니라 인간행동의 매크로(macro)적인 종합현상을 다루는 것이기에 인간의 주체적 행동이 매크로 모형(macro model)으로 다루어짐으로써 인간 주체의 논리는 객체화된다고 할 수 있다.

이에 반해 경영학은 같은 사회과학이면서도 마이크로(micro)적인 관점에서 인간을 단순한 객체로서가 아니라 주체로서 일정한 목적을 달성하고자 합목적적 행동(purposeful behavior)을 하는 것으로 가정하고 있다. 다시 말해서 경영에 있어서의 인간은 한편으로는 노동력으로서 기계나 원재료와 같은 물적 요인으로 작용되는 객체이면서도, 다른 한편으로는 일정한 목적을 달성하기 위해 기계나 원재료 등에 작용하는 의사결정의 주체이기도 하다. 이 때문에 사회과학으로서의 경영학은 의사결정자로서의 인간이 일정한 목적을 달성하고자 행동하는 주체적 측면을 다룬다는 특성을 갖고 있다.

4 종합과학으로서의 경영학

경영학은 발전과정에서부터 여러 학문들의 영향을 받아온 종합적인 학문이다. 경영은 끊임없는 창의적 연구를 통해 무에서 유를 창조하는 것이며, 사람의 공동생활을 더 나은 모습으로 바꾸는 행위이기에 경영학을 연구하는 데는 많은 관련 분야의 응용이 필요하다. 최근 사회의 흐름은 전체와 부분을 모두 이해하는 통섭(consilience)을 강조한다. 경영학을 이해하고 적용하는데 있어서는 경제학, 사회학, 심리학, 법학, 공학, 통계학, 의학 등 다양한 인접학문의 도움을 필요로 한다. 따라서 경영학은 그 주변의 여러 과학과 긴밀한 관련성을 가지고 있는 학문으로 그 자체의 고유이론과 기술을 두 축으로 하면서 인접학문 분야의 이론과 기술을 원용하는 종합과학적 내지는 학제적인(interdisciplinary)인 성격을 갖고 있으며, 이러한 내용을 요약하면 다음 [그림 2-5]와 같다.[3]

[그림 2-5] 경영학의 인접학문

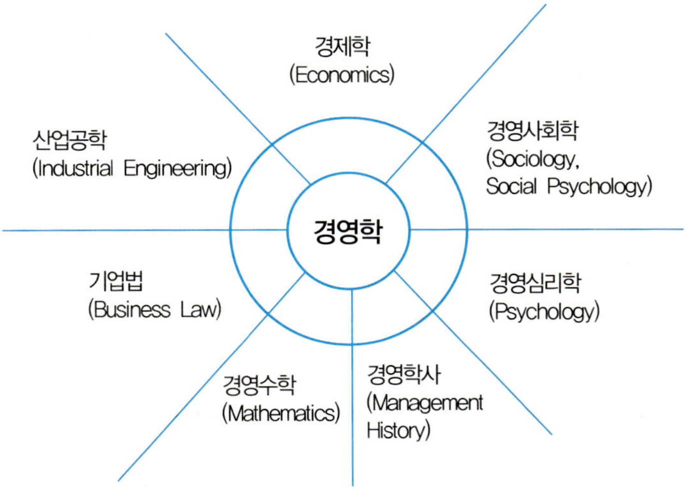

자료원: 황복주 외 2인, 경영학원론, 두남, 1999, p.33.

제 4 절 경영학의 연구방법

경영학은 사회과학으로서의 학문적 독립성을 확보하기 위하여 다양한 연구방법을 사용하고 있다. 여기에는 크게 다른 사회과학 분야에서 거의 공통적으로 사용되는 일반적인 연구방법, 경영학의 학문적 성격에만 적합한 특수한 연구방법 등이 있다. 그런데 이러한 연구방법이나 접근방법에는 한 가지 방법만을 적용하는 경우는 드물고, 몇 가지 방법들이 중복적, 상호 교차적으로 활용되는 게 일반적이다. 그러면 이들 각각에 대해 살펴보도록 하겠다.

3) 박영배 외 2인, 알기쉬운 경영학, 청람, 2013, pp.14-15.

1 일반적인 연구방법

1) 관찰적 방법

관찰적 방법(observation method)이란 '참의 인지'에 의한 연구방법으로 모든 연구방법의 첨단에 서게 되는 '연구방법 이전의 연구방법'이라 할 수 있다. 왜냐하면 실천적인 이론과학으로서의 경영학은 대부분의 경우 사실의 관찰에서부터 그 연구가 시작되는 것이 일반적이기 때문이다. 특히 이론적 순수과학으로서의 학문적 성격이 농후한 경영경제학에 있어서는 주로 후술할 귀납법이 관찰을 전제로 하여 원용되고 있다. 실천적 응용과학의 성격이 농후한 경영관리학에서도 역시 관찰적 방법이 중시되고 있다.

2) 연역적 방법

연역적 방법(deductive method)이란 귀납적 방법과 반대되는 연구방법으로서 일반적이고 보편적인 원리나 법칙으로부터 개개의 특수원리나 법칙을 이끌어 내는 방법이다. 즉 일반적 법칙을 먼저 인식하고 그에 따른 몇 개의 전제나 가설(assumption)을 세운 다음 논리적인 추리를 통하여 특정의 결론에 도달하는 것이다. 이렇게 얻어진 결론은 규범적이고 당위성을 가지는 경향이 많아 일관성과 체계가 뚜렷하지만 이론으로서 유효한지 판단하기 위해서는 제시된 전제나 가설이 타당한가를 인정받아야 하는데 이것이 흔들리게 되면 이론으로서의 가치는 떨어지게 된다.[4)]

경영학 연구에 있어서는 연역적 방법과 귀납적 방법이 서로 단계적, 중복적 또는 상호 교차적으로 이용하는 경우도 있다. 특히 가설이 직접적으로 검증되지 않고, 다만 간접적으로만 검증될 수 있을 경우 또는 이미 알고 있는 많은 법칙을 포괄적인 법칙 아래서 통일하고 조직하는 경우 등에 흔히 사용된다. 특히 이러한 경우의 연구방법을 연역적 귀납법(deductive-inductive method)이라 하는데 실제로 이러한 귀납법과 연역법의 종합으로 성취된 과학의 진보도 많다.

---

4) 조희영, 경영학원론, 민영사, 1996, pp.21-22.

3) 귀납적 방법

귀납적 방법(inductive method)은 개개의 특수한 사실들의 어떤 관계로부터 일반적이고 보편적인 진리 또는 원칙을 이끌어 내는 연구방법이다. 경영학에 귀납적 방법을 적용하는 것은 실존의 경영현상을 관찰하거나 사실들을 수집·분석하여 현상 간의 상관관계나 인과관계를 밝힘으로써 경영의 경험적인 사실들을 설명하고 그것을 이론화하려는 것이다. 따라서 이 같은 방법을 택하게 될 때 여기에서 얻게 되는 원칙들은 실무에 직접 활용 가능하다는 장점을 지닌다. 하지만 실제의 관찰과정에서 관찰이 불완전하거나 관찰된 현상이 전체 현상을 대표할 수 없을 만큼 충분한 것이 못될 때 이것이 가지는 이론으로서의 일관성과 과학성은 결여된다. 특히, 귀납적 방법은 이론적 내지 순수과학적인 경향이 짙은 독일경영학에서 주로 사용되는 연구방법의 하나이다.

4) 직관적 방법

직관(intuition)이란 대상의 전모와 본질을 파악하는 인식작용으로서 사고보다 더 고차원적이고 때에 따라서는 최고의 인식능력이다. 직관적 방법(intuitional method)은 논증적 방법과 반대되는 개념으로서 논증의 경우처럼 주어진 판단의 확실성 또는 개연성을 한정할 수 있는 근거를 밝혀주지 못하는 비논증적 연구방법이지만, 이제까지의 과학에 있어서 흔히 있어 왔다.

사실 위대한 발견은 이른바 '순간의 직관'에 의해 이루어진 경우도 많았다는 사실을 간과해서는 안 된다. 이를테면 경영학에서의 가설은 이러한 직관일 때가 많으며, 이론에 있어서뿐만 아니라 실제에 있어서도 직관이 경영자의 의사결정에 미치는 영향도 적지 않다. 결국 실천적인 이론과학이라는 현대경영학의 학문적 성격상 직관이 차지하는 방법론상의 비중도 크다고 볼 수 있다.

5) 역사적 방법

역사적 방법(historical method)이란 경영학의 역사, 즉 경영학사의 이해를 통하여 경영학을 체계적으로 연구하려는 연구방법이다. 학문의 역사를 통하여 경영학을 연구하려는 이유는 경영학 역시 다른 사회과학과 마찬가지로 연구하는 입장 내지 관점의 차이에 따라 각종의 학파가 존재해 왔으므로 과거와 현재에 있어서의 경영학의 생성과 발달을 더듬어 보고, 각 학설 내지 각 학파의 개별적 특성이나 시대적 특징을 밝히는 것이 경영학의 체계적인 연구를 위해서도 필수불가결한 전제이기 때문이다.

이 역사적 방법은 일명 기원적 내지 발생적 방법(genetic method)이라고도 하며, 경영학의 역사적 연구방법이라는 것이 학문의 형태로 집약될 때 그것이 경영학사임과 동시에 스스로 경영학의 연구방법으로서의 의미도 지니게 된다.

2 특수한 연구방법

1) 통계적 방법

통계(statistics)란 일정한 한 덩어리의 숫자의 집단을 각각 그 구성의 성분을 단위로 하여 계산한 결과로 나타낸 수학이다. 이러한 통계를 원용한 통계적 방법(statistical method)은 '특수한 연구방법'의 한 형태로서, 비단 경영학의 경우에 있어서 뿐만 아니라 기타 모든 과학에 공통적으로 원용되는 폭넓은 연구방법의 하나이다. 특히 사회과학의 한 분과인 경영학에 있어서는 통계를 활용한 연구방법론이 매우 중요하다. 왜냐하면 통계는 무엇보다도 기업이나 기업현상을 포함한 온갖 사회현상의 계량적 측면에 관한 자료를 유용하게 제공하여 주기 때문이다.

2) 실험적 방법

실험적 방법(experimental method)이란 현실에 가깝게 여러 가지 변수와 상황을 통제하면서 인위적인 조작에 의해 얻게 된 결과에서 체계적인 이론을 추구하고자 하는 방법이다. 이 실험적 방법은 이론적인 경향이 짙은 독일경영학에서보다 실천적 성격을 강조하는 미국경영학에서 더 많이 사용되고 있다.

미국경영학의 출발점이라고 할 수 있는 '테일러시스템'이나 '테일러리즘'의 기초가 실험에서 연유되었으며, 그 이후에 현대 미국경영학의 이론적인 바탕을 제공한 메이요(E. Mayo) 연구팀의 호손실험(hawthorne experiment)이나, 사이먼(H. A. Simon)에 의해 발전된 조직관리론, 최근의 행동과학 등도 그 이론적 기반은 실제로 행해진 여러 가지 실험에 의존하는 바가 크다.

3) 모형적 방법

모델(model)이란 일반적으로 어떤 현상을 설명 내지 표현하기 위하여 고안된 당해 현상에 관한 모형의 총칭을 말하는 것으로, 그 현상에 대해서 그것을 움직이고 있는 제 변수 간의 관계를 수학적 또는 비수학적으로 나타낸 것을 뜻한다.

제2차 세계대전을 전후한 전자계산기의 출현은 막대한 양의 수치적 자료(통계적 자료)를 신속, 정확하게 처리할 수 있게 하였으며, 모델을 앞세운 갖가지 수학적(수리적) 기법들의 개발과 더불어, 이른바 계량경영학이라는 새로운 경영학의 한 분야까지 형성시켜 놓을 정도로 모델에 의한 방법(model method)이 더욱 잦아지고 있다. 그 이유는 오늘날과 같은 다변화 환경 속에서 기업을 건전하게 유지·발전시켜 나가기 위해서는 과거의 경험이나 직관에 의존한 주관적 결정이나 평가보다는 실세계의 축약인 모형을 이용한 계량적인 접근이 보다 과학적일 수 있다는 근거 때문이다.

4) 사례적 방법

사례에 의한 방법(case method)이란 사례를 원용하는, 흔히 사례연구(case study)라고 일컬어지는 연구방법으로 그 기원은 법률에 있어서의 판결이나 의학에 있어서의 임상연구에서 비롯되었다고 한다. 이러한 연구방법이 경영학 분야에 처음으로 도입된 것은 1900년대 초 독일경영학에서였지만, 1912년 미국 하버드대학교 법과대학교수였던 랑델(C. Landell)에 의해 처음으로 실시된 이후 오늘날에는 미국경영학의 대표적인 연구방법이 되고 있다. 사례연구는 실제문제를 접하면서 생생한 경영문제를 집단토론 방식에 의해 해결하는 것으로 그 학습효과가 매우 크지만, 과거의 상황이 미래에 그대로 일어날 것이라 보기에는 무리한 면도 있다.

제5절 경영학의 학문적 체계

현대의 경영학이론이 미국을 중심으로 발달된 관계로 다른 나라에서는 주로 미국경영학의 영향을 받게 되었다. 그러나 거슬러 올라가면 르네상스 시대 이후에 이탈리아에서 상업의 발달이 시작되고, 최초의 상업학에 관한 이론은 파실리(L. Pacilli)

에 의한 복식부기에 관한 이론에서 시작된다. 그 후 프랑스인 사바리(J. Savary)에 의한 '완전한 상인'이 독일에 영향을 주게 되면서 18세기 독일경영학이 꽃을 피우게 된다. 영국에서는 경영학이론은 별로 발달하지 못하였고, 일본은 독일경영학의 영향을 받다가 제2차 세계대전 후 미국경영학의 영향을 받게 되었으며, 최근에는 나름대로의 일본경영학이론을 개발하고 있다. 우리나라에서는 조선시대에 실학자들에 의해 상공업의 중요성이 대두되고 한말과 일제시대를 거쳐 해방 후 미국경영학의 영향을 받으면서 경영학이 급속히 발전하게 되었다.

1 독일경영학의 체계

이론과학적 성격이 짙은 독일경영학, 즉 경영경제학의 체계는 학자에 따라 다소 다르게 분류되고 있으나 [그림 2-6]에서 보는 바와 같이 크게 일반경영경제학과 특수경영경제학의 두 부분으로 나뉘어진다. 이 중에서 일반경영경제학은 경영학원론(총론)에 해당하는 부분으로서 여기에서는 주로 경영경제학사와 경영경제에 관한 기본이론을 다룬다. 그리고 이 원론 부분에서 중점적으로 다루게 되는 경영경제에 관한 기본이론은 대략 기업창설·기업유지·기업해체 등 기업의 3단계구조에 관한 이론인 경영구조론, 경영경제의 주체인 인간에 관한 이론인 경영주체론, 경영경제의 객체인 상품에 관한 이론인 경영객체론, 관리과정에 대한 이론인 경영과정론, 그리고 경영 간 거래상의 각종 제도에 관한 이론인 경영거래론 등을 포괄하고 있다.

경제학 각론 부분에 해당하는 특수경영경제학은 편의상 생산·유통·소비라는 세 가지 관점에서 각각 생산경영경제학, 유통경영경제학, 소비경영경제학 등으로 체계화되지만 실제적으로는 생산경영경제학을 대표하는 공업경영학과 유통경영경제학을 대표하는 상업경제학으로 크게 나뉘어지는 것이 일반적이라고 할 수 있다.

이상에서 살펴본 바와 같이 독일경영학의 체계는 원론부분의 내용이 경영학사를 포함하여 매우 다채로우며, 각론부분은 생산기관·유통기관·소비기관을 중심으로 하는 기관별 체계를 따르고 있다는 점을 하나의 특징으로 들 수 있다.

[그림 2-6] 독일경영학의 일반적 체계

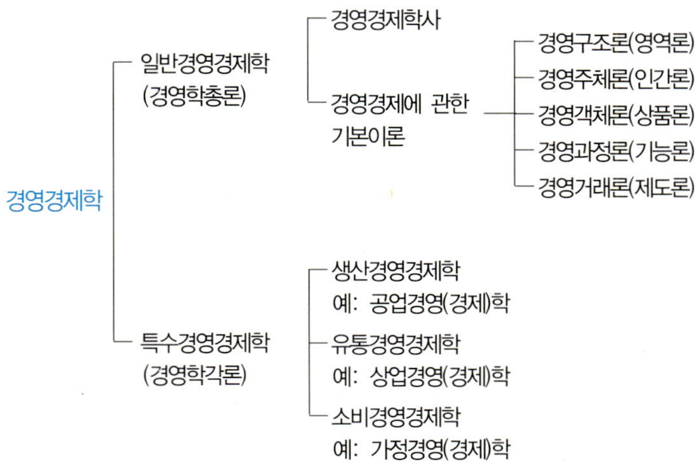

2 미국경영학의 체계

미국경영학의 기본적인 체계는 독일경영학과 마찬가지로 크게 원론부분과 각론부분으로 나뉘어진다. 그러나 그 내용면에 있어서는 독일경영학의 그것과 커다란 차이가 있다. 실천과학적 색채가 짙은 미국경영학은 그 본질이 바로 경영관리에 있다. 따라서 원론부분과 각론부분의 내용은 모두 이러한 경영관리적인 관점에 입각하여 분류되어 있다.

[그림 2-7]에서 보는 바와 같이 미국경영학체계의 원론부분은 주로 경영관리기능 내지 경영관리과정의 내용인 계획화, 조직화, 지휘화, 통제화 등이 중점적으로 다루어진다. 그러한 경영유형에서 요구되는 업무기능에 따라서 생산관리론, 마케팅 관리론, 인사관리론, 재무관리론 등으로 크게 나뉘어진다.

이상과 같이 미국경영학의 체계는 원론부분은 주로 기업의 경영관리 내지 운영의 측면을 중점적으로 다루고 있으며, 각론부분은 경영유형에 따라 발휘하게 되는 업무기능을 중심으로 하는 기능별 체계를 따르고 있다는 점을 하나의 특징으로 들 수 있다.

[그림 2-7] 미국경영학의 일반적 체계

3 경영학의 일반적 체계

경영학의 연구는 학자에 따라 연구방법에 차이가 있을 뿐만 아니라, 또한 국가에 따라서도 발전상의 특징을 보이고 있으며, 체계에 있어서도 차이가 있다. 경영학을 일반적인 사회과학의 체계로 분류하면 경영이론, 경영사, 경영정책으로 구분할 수 있으며, 인식대상의 차이에 따라 일반경영학(경영학총론), 특수경영학(경영학각론, 공업경영학, 농업경영학, 병원경영학 등)으로 구분할 수 있으나, 우리나라 경영학계의 일반적인 인식내용을 고려하여 분류하면 [그림 2-8]과 같다.

경영학방법론은 경영의 본질, 경영학의 체계, 그 보조 내지 인접과학 등에 관한 문제와 연구방법에 대한 제문제를 다룬다. 기업환경론은 경영학의 연구대상인 기업과 관련을 가지고 있는 기업주변환경의 상호관계를 파악하는 것이다. 기업형태론은 생산조직체로서의 기업의 실체와 자본의 출자 내지 귀속관계를 법률형태와 관련하여 연구하는 것이다. 경영주체론은 소유와 경영이 분리된 오늘날의 기업경영주체가 누구인가를 규명하는 것이다.

관리과정론은 기업의 실질적 활동인 구매·생산·판매 등의 요소적 활동이 합리적으로 수행되도록 계획화·조직화·지휘화·통제화 등에 관한 관리활동을 규명하는 것이다.

끝으로 전반 및 부문관리론, 즉 관리영역론은 여러 요소적 활동과 결합되어 전반관리와 아울러 저마다 다른 부문관리문제를 다루는 것으로 여기에는 생산관리·마케팅관리·인사관리·재무관리 및 회계학 등을 그 내용으로 하고 있다.

[그림 2-8] 경영학의 일반적 체계

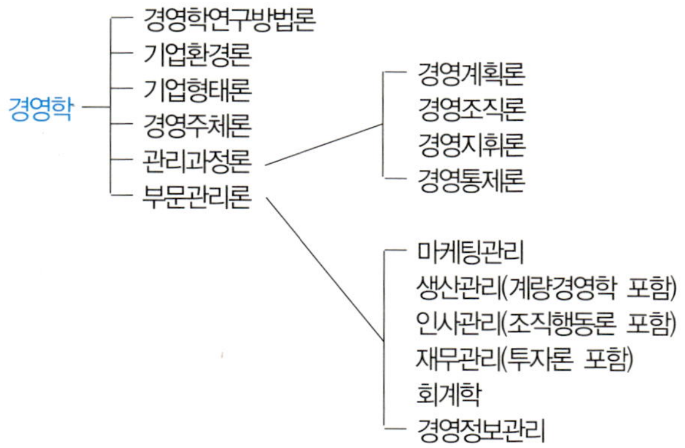

126살 두산을 180도 바꿨다 … 이 남자의 정공법

"위기 때 값나가는 좋은 기업을 팔아야 살아남는다는 걸 모르는 오너가 있겠는가. 하지만 안다고 해서 실천에 옮기는 오너는 극히 드물다. 흔적도 없이 사라진 동양그룹은 이를 잘 보여준다. 박정원 두산그룹 회장은 소중한 생살을 도려내는 결단을 내렸다. 그 차이가 동양과 두산의 운명을 갈랐다." (두산솔루스 매각에 관여한 자본시장 관계자)

"두산이 소주와 맥주를 팔고 병을 만들어 파는 기업으로 남았다면 변화 없이 그저 그런 기업에 그쳤을 것이다. 전통 제조업체 중 혁신을 이야기하는 곳은 많지만 실행에 옮긴 곳은 별로 없다. 두산은 과감하게 주력 기업을 팔고 미래 성장동력을 만들어가고 있다. 개인적으로 잘됐으면 하는 그룹 중 하나다."(글로벌 컨설팅사 관계자) 지난달 말 재무구조 개선 약정에 따른 '채권단 관리 체제'를 역대 최단 시간인 1년11개월 만에 졸업한 두산그룹 수장 박정원 회장에 대한 시장의 평가다. 경영난에 처했던 두산이 수렁에서 빠르게 벗어난 데는 박 회장의 승부사 기질과 결단력이 큰 역할을 했다는 얘기다.

두산그룹은 2020년 3월 KDB산업은행 등 채권단에 3조원 규모 긴급자금 수혈을 요청한 뒤 23개월 새 3조원이 넘는 자산 매각을 단행해 위기를 넘겼다.

박 회장은 2016년 3월 취임 이후 재무구조 개선, 미래 성장동력 확보, 현장 중시 기업문화라는 세 가지 요소에 중점을 뒀다. 그는 "재무구조 개선을 위해 사업에서 현금 창출 능력을 극대화하는 것이 본질적으로 중요하다"며 "환경 변화를 예측하기 어려운 시기에는 현장 판단과 빠른 대응이 사업 성패를 좌우한다"고 강조해왔다. 안팎으로 불확실성이 커진 시대를 맞아 현장 판단을 바탕으로 현금 창출 능력을 키우는 것이 경영의 본질이라는 점을 파악한 것이다.

현금은 어디서 창출될 수 있을까. 그는 "새로운 기술 추세를 파악해 연료전지, 협동로봇, 에너지저장장치 등 신사업에 진출했다"며 "적극적인 신사업 발굴과 육성은 두산의 또 다른 100년을 위한 성장 동력이자 밑거름이 될 것"이라고 임직원을 독려했다.

이 같은 현장 중심 경영은 소탈한 성품에서 나온다. 그는 회장에 취임한 뒤 사내 복장을 자율화하는 것은 물론 보고 자료에서 파워포인트를 퇴출시키는 등 불필요한 격식을 없앴다. 서울 중구에 위치한 한 순댓국집 사장은 "박 회장이 한 달에 한 번 정도 점심 때 직원 두세 명과 같이 와서 조용히 식사하고 자리를 뜬다"고 귀띔했다. 칼국수, 냉동삼겹살 등도 그가 즐겨 찾는 음식이다.

박 회장은 대외 노출이 뜸한 편인 데다 차분한 말투로 인해 '은둔형 경영자'라는 세간의 인식이 강하다. 하지만 그를 가까운 거리에서 봐왔던 이들의 얘기는 다르다. 복수의 전직 두산그룹 관계자는 "박 회장이 달변이 아니었던 건 사실이다. 하지만 회장이 되고 나서 '리더'로서 책임감을 강하게 느끼고 임직원과 소통을 늘리기 위해 결단력이 보이는 스피치 스타일로 변신해왔다"고 증언한다.

박 회장은 2016년 회장직에 오르기까지 '위기 극복 경영 수업'을 줄곧 받아왔다. 1896년 포목점 '박승직상점'으로 출발한 두산그룹은 창업 100주년인 1996년부터 그룹 사업 포트폴리오를 전면 재편했다. 박 회장은 그룹이 대대적 변화를 시작한 직후인 1999년부터 그룹 지주사 (주)두산 대표이사를 맡아 최고경영자 경험을 쌓았다. 이전까지 오비맥주를 비롯해 코카콜라, 버거킹, KFC, 네슬레, 코닥, 3M 등 전 세계 소비재 기업의 국내 합작 파트너로 소비재 그룹 이미지가 강했던 두산은 외환위기 직후 소비재 기업 대부분을 매각하며 변신을 꾀했다. 2000년대에 접어들며 소비재 기업 매각을 통해 축적한 현금을 바탕으로 두산중공업, 두산인프라코어, 두산밥캣 등을 잇달아 인수하며 '중후장대 산업' 중심 그룹으로 성공적으로 변신했다.

하지만 2010년대에 접어들자 해외 사업이 집중됐던 중국의 경기 부진 등으로 그룹 전체가 어려움에 빠졌다. 이 때문에 2016년 박 회장이 취임한 이후 두산그룹은 '2차 변신'에 나섰다. 두산DST, 두산공작기계, 두산인프라코어, 두산건설, 두산솔루스 등이 매각됐다. 기존 주력사가 매각되는 와중에도 두산퓨얼셀, 두산로보틱스 등 신사업 진출에 나섰고 이달에는 반도체 기업 테스나 인수 계약을 맺으며 반도체 사업에도 진출했다.

지금 두산그룹은 소비재 중심 그룹에서 전통 제조업 그룹으로 바뀐 후 가장 커다란 변화를 맞고 있다. 두산중공업 등을 중심으로 한 친환경에너지 · 수소 사업, 두산밥캣을 중심으로 한 산업기계 사업, 테스나를 바탕으로한 반도체 사업 등이 '삼각축'을 형성하고 있다. 변신을 주도한 박 회장에게 남은 과제는 신사업 포트폴리오에서 스스로 중요하다고 말해온 현금 창출 능력을 증명해 보이는 것이다. 아직까지 신재생에너지 등에서 의미 있는 영업이익을 내지 못하는 한계를 극복해야 하는 것이다.

(한우람/매일경제, 2022. 3. 20)

3

경영학의 발전과정

제3장

경영학의 발전과정

제 1 절 독일경영학의 발전

경영학은 시대적 환경 속에서 문제를 해결하고 노력하는 과정을 통해 새로운 접근방법을 발견하고 기존의 사고방식이나 지식을 수정하여 그 해결책을 찾으려는 실천지향적인 특성을 갖는 학문이다.

그러므로 경영학의 발전에 관한 역사적 기원과 발전경위를 고찰함은 경영학에 대해 포괄적이고 균형잡힌 이해를 하기 위해서이다. 경영학의 발전은 각국의 사정에 따라서 상당한 차이가 있지만 그의 근원은 선사시대부터 인류가 공동생활을 하면서 경영이라는 현상이 자연스럽게 나타났다고 볼 수 있다. 고대문명의 발생과 함께 도로나 성곽, 궁전 등이 건설되고, 조세의 징수나 군대조직의 관리를 위해 경영의 필요성이 대두되었다.

다만 이러한 경영의 실천은 고대에서부터 중세기에 이르기까지 이론적 근거나, 실질적인 사고나 실천에 있어서 상호의견의 교환 없이 개인의 독단적인 시행착오를 통해 경영이 관리되었다는 것이다.

그러나 18세기에 있어 산업혁명 등은 종래 경영의 실천에 큰 영향을 미쳐 경영사상 발전의 초석이 되었다. 특히 분업의 원리를 강조하는 아담 스미스(A. Smith)의 『국부론』(*the Wealth of Nations*)은 전문화된 노동이 가져오는 장점과 단점을 지적함으로써 공장 시스템을 위한 경제적 이론의 근거를 제공하였다. 또한 이 시기에 있어서 새로운 관리방법과 기술의 모색이 바로 경영관리사상의 태동을 시사하고 있는 것이다.

19세기 초에는 경영에 직접 관여하며 저술활동을 한 오웬(R. Owen)과 바베지(C. Babbage)와 같은 사람들의 노력에 의해 경영문헌이 등장하였으며, 이는 관리의 기능을 강조한 것이 특징이다. 관리의 방향은 기업지향적인 것으로서, 주로 원리나 원칙을 다룸으로써 관리를 이해하고 그 기반을 구축할 수 있는 계기가 된 것이 특징이다. 그것은 곧 경영관리의 제기능을 인식하는 단계였다고 할 수 있다.

19세기 말 산업사회의 도래로 각 기업들은 기업 간 경쟁이 치열해지면서 생산원료나 노동력을 효율적으로 이용하기 위한 원가의 절감과 경영의 효율을 높이는 것을 중요한 과제로 내세우는 과학적 관리의 여명기를 맞이하게 되었다.

이상과 같이 경영학이 근대적 학문으로 등장한 것은 멀리 17세기까지 올라가지만 주로 19세기 말에서 20세기 초에 걸쳐 학문적 기초가 형성되었다고 보는 것이 타당할 것이다.

경영학에 관한 연구가 활발히 이루어진 나라는 독일과 미국이다(〈표 3-1〉 참조). 그러나 두 나라는 사회적·문화적·경제적인 제조건을 달리하기 때문에 공통성과 아울러 이질적인 면이 많은데 그 발전과정과 내용을 비교해볼 필요가 있다.

표 3-1 독일과 미국경영학의 특징 비교

항목 특징	공통점	차이점(비교학적 특징)	
		독일경영학	미국경영학
학문배경	① 이론과 실체의 양면적 학문 ② 경영의 경제적 측면으로서의 인식 대상	① '사바리'(J. Savary) 이후 약 340년 역사 ② 주로 학자에 의해 기초가 이루어짐 ③ '상업경영'에서 시작됨 ④ 이론의 체계화 과정에서 이루어짐	① '테일러'(F. W. Taylor) 이후 약 110년 역사 ② 주로 기사나 실무가에 의해 기초가 이루어짐 ③ '공업경영'에서 시작됨 ④ 경영관리의 수행과정에서 필요에 의해 자연발생적으로 생성됨
		① 보다 이론과학임을 앞세움 ② 기초과학으로 간주함 ③ '學理'를 앞세워 경영의 연구보다도 '경영학의 연구'에 중점을 두고 있음	① 보다 실천과학임을 앞세움 ② 응용과학으로 간주함 ③ '실제에 입각한 기술론'임을 앞세워 '경영학의 연구'보다도 '경영자체의 연구'에 중점을 두고 있음

항목 특징	공통점	차이점(비교학적 특징)	
		독일경영학	미국경영학
학문영역	주된 학문 포괄영역으로서의 '기업'	① 기업의 창설에서 그 운영과 해체에 이르기까지의 전과정이 포함됨 ② 학문영역이 일반적으로 "넓지만 대체로 가늘고 얇다"고 인정됨	① 주로 기업의 운영(경영관리)에 중점이 두어짐 ② 학문영역이 대체로 "좁지만 그 부분만은 굵고 깊다"고 인정됨
학문체계	경영학총(원)론과 경영학각론으로 대별	① 각론부분은 기관별(생산·유통·소비) 체계에 따름 ② 총론부분은 경영학사를 포함해서 매우 다채로움	① 각론부분은 기능별(계획·조직·통제)체계에 따름 ② 총론부분은 주로 기업운영(경영관리)면에 국한됨

1 독일경영학의 생성

독일경영학은 그 어떤 조류의 경영학보다도 역사적으로 오랜 전통을 지니고 있다. 일반적으로 독일경영학이 대략 300여년 전에 생성된 것으로 추정된다. 그러나 그 기원을 어디서부터 찾아야 할 것인가는 독일경영학 자체의 성립문제와도 관계가 있는 어려운 문제로서 논자나 관점에 따라 많은 차이를 보이기도 한다. 독일경영학은 대체로 중세 이후의 상업학에서 그 기원을 찾아야 한다는 것이 일반적인 견해이다. 좀 더 정확히 말하면 많은 학자들은 프랑스 학자인 사바리(J. Savary)의 『완전한 상인』(*Le parfait negociant*)이 출판한 연대인 1675년을 그 기점으로 보고 있다.[1] 이 책은 곧 독일 최초의 상학자이자 독일상업학의 선구자로 손꼽히는 인물이기도 한 마르페르거(P. J. Marperger)에 의해 번역되어 독일에 소개되면서 상업학이 꽃을 피우게 된 것이다.

그 후 18세기 초반까지 몇몇 학자들에 의해 잇달아 상업학에 관한 저서들이 출판되었다. 그러나 이 저서들의 내용은 거의가 사바리의 저서를 모방했거나 부분적인 보완에 그친 것일 따름이었다. 그러나 18세기 중반에 이르러 루도비치(K. G. Ludovici)가 '상인사전'으로 불리우게 된 『공개상인대학』 또는 『완전한 상인사전』과 『상업의 체계』라는 책을 잇달아 펴내면서 비로소 참다운 의미에서의 독일상업학으로의 전환이 이루어지게 되었고, 그 후 로이크스(J. M. Leuchs)에 의해 『상업의 체계』라는 대작이 출판되면서 독일상업학은 나름대로의 독특한 학문체계를 갖추게 된다.

1) 한희영, 경영학원론, 법문사, 1987, pp.66-77.

사바리로부터 루도비치에 이르는 기간 동안에 출판된 문헌들은 대부분 상인이라는 인격에 그 핵심이 두어져 왔으나, 로이크스의 『상업의 체계』는 비단 상인뿐만 아니라 상업기관과 상업기능 등과 같은 상업상의 모든 문제를 체계적으로 다룸으로써 독일상업학이 하나의 학문으로서 확립되는데 결정적인 기여를 하였다고 볼 수 있다.

이상과 같은 과정을 거쳐 확립된 현대독일경영학의 전신으로서의 독일상업학은 로이크스의 저작인 『상업의 체계』가 출판된 1804년 이후부터 약 100여 년 간에 걸쳐서는 이렇다 할 연구업적을 남기지 못하면서 '상업학의 퇴보시대'가 계속되었다. 독일상업학이 이렇게 19세기 전반에 걸쳐서 퇴보의 운명을 맞을 수밖에 없었던 이유는 무엇보다도 영국의 산업혁명이 크게 영향을 미쳤기 때문이다. 즉 산업혁명은 새로운 생산방식의 개발을 통하여 다양한 신제품의 대량생산을 가능케 하였고, 이러한 신제품들은 시장에서 아무런 어려움 없이 저절로 팔려나가는 현상을 빚게 됨에 따라 모든 사람들의 관심이 이제는 매매가 위주가 되는 상업기술보다는 생산을 위주로 하는 공업기술을 습득하는 방향으로 기울어졌던 것이다. 이외의 또 다른 이유로는 당시의 상업학이 봉건 영주의 재산관리를 위한 학문인 관방학의 일부분으로 취급되고 있었는데, 이 무렵에 관방학이 경제학으로 흡수되는 와중에서 상업학 자체를 소홀히 취급했기 때문이다.

2 독일경영경제학의 발전

독일경영학의 기원을 어디서부터 찾아야 할 것인가는 논자와 관점에 따라 다소 달라지고 있다. 경영학사 연구의 발전단계를 자이펠트(R. Seyffert)는 『경영경제학의 개념, 과제 및 발전에 관하여』라는 문헌에서 다음과 같이 구분하고 있다.

① **제1기**: 초기의 거래기술 및 계산기술의 지도서 시대(1675년까지)
② **제2기**: 체계적인 상거래학 시대(1675~1804년)
③ **제3기**: 상업학의 퇴보시대(1804~1898년)
④ **제4기**: 상업기술론의 재건시기(1898~1910년)
⑤ **제5기**: 경영경제학의 체계화시기(1910~1912년 이후)
⑥ **제6기**: 경영경제학의 정착화시기(1926년 이후)

독일의 경영경제학은 1912년 제1차 방법논쟁, 1930년경의 제2차 방법논쟁과 1950년경의 제3차 방법논쟁을 거치면서 체계화되었다. 제1차 방법논쟁의 주요 초점은 사경제학 방법논쟁이었고, 사경제학의 본질과 국민경제학에 관한 관련성을 중심으로 한 것이었다. 그 결과 상업학의 중심이 되었던 상업기술을 배제하게 되었고, 이로써 사경제학이라는 명칭을 사용하게 되었다. 특히 니클리슈(H. Nicklish)는 국민경제학에서 독립하여 사경제학을 수립한 대표적인 학자라고 할 수 있다.

제2차 방법논쟁은 제1차 방법논쟁의 연장이었으며, 특히 슈마렌바흐(E. Schmalenbach)는 사경제학의 경제적·관리론적 성격을 갖는 기술론적 특징을 설명하면서 국민경제학과는 별개의 과학이라는 것을 역설하였다. 그는 동적대차대조표의 이론을 바탕으로 하여 근대회계학을 성립시켰다. 따라서 오늘날 독일의 기술론학파는 슈마렌바흐의 사상에 영향을 받은 것이라고 할 수 있다.

한편 슈미트(F. Schmit)와 리거(W. Riger)는 이론적 경영경제학의 체계화에 노력하였다. 이와 같이 독일의 경영학은 학문적 발전의 조류에 따라 학파를 분류하면 니클리슈를 중심으로 한 규범학파, 슈마렌바흐를 중심으로 한 기술학파, 슈미트와 리거를 중심으로 한 이론학파의 흐름 속에서 오늘날의 이론적이고 체계적인 형태로 발전하여 왔다.

1951년의 구텐베르그(E. Gutenberg)의 저서 『경영경제학론, 생산론』이 출판되면서 제3차 방법논쟁이 전개되었다. 오늘날의 경영경제학은 구텐베르그를 중심으로 한 이론적 경영경제학(순수과학)을 주장하는 학파와 멜러로비츠(K. Melleerowicz)를 중심으로 한 실천적 경영경제학(기술론)을 주장하는 학파 사이의 열띤 공방으로 그 내용이 체계화되면서 발전되어 왔다.

미국 경영학의 영향을 받은 구텐베르그도 미시적인 근대경제학의 연역적이고 수학적인 방법을 경영경제학에 체계적으로 도입하여 의사결정을 중시하는 구체적인 경영경제학적 기업론을 발표하였다. 또한, 하이넨(H. Heinen)은 이러한 의사결정의 관점에서 경영경제학의 체계화를 시도하여 의사결정지향적 경영경제학으로 발전하게 된 것이다.

이 영향에 의하여 오늘날의 독일경영학은 경영경제학의 전통을 이어 받으면서 '시스템적 접근방법'(systems approach), '행동과학적 접근방법'(behavior approach), '계량분석적 접근방법' 등 다양한 연구방법과 '정보이론', '컴퓨터에 의한 시뮬레이션'(simulation) 등의 기술적 방법을 도입하고 있고, 미국 경영학인 관리론의 새로운 연구도 활발히 도입하여 경영에의 대응책을 모색하는 방향에서 통일적인 이론화가 진행되고 있다.

제 2 절 미국경영학의 발전

미국은 19세기에 들어와 독립전쟁을 계기로 영국으로부터 경제적으로 독립하여 섬유공업을 중심으로 한 산업혁명을 거쳐 남북전쟁(1861~1865년) 이후 비약적인 공업화를 이룩하였다.

미국경영학은 이 같은 남북전쟁 이후 미국경제의 급속한 발전과 기업경영(특히 공업경영)의 대규모화로 말미암아 '경영관리의 실천적인 필요'라는 자연발생적인 요인으로 인해 대략 20세기 초부터 시작되었으며, 역사적으로는 비교적 짧은 전통을 가졌을 뿐이다. 그러나 그 어떤 학문의 역사가 단순히 짧다고 해서 그것이 곧 학문적인 내용이나 깊이의 평가기준이 될 수는 없다. 특히 경영학의 경우는 그 자체가 갖는 실천적 측면이 강한 학문적 성격으로 인하여 오히려 상대적으로 역사가 짧은 미국경영학이 현대 경영학의 중심이 되고 있는 실정이다.

한편 미국경영학의 출발이며, 오늘날 미국경영학의 아버지라고 불리우는 테일러(F. Taylor)나 포드(H. Ford) 등은 모두 대학교수나 학자가 아닌 공장의 기사나 단순한 기술자에 불과하였다. 물론 1930년대에 접어들면서 미국경영학의 발전도 점차 학자나 대학교수를 중심으로 이어졌지만, 적어도 초창기의 미국경영학은 주로 기술자나 기사 또는 현장에서의 실무가에 의해 지탱되었다고 할 수 있다. 이는 이른바 실용주의(實用主義: pragmatism)의 사조가 뿌리깊은 미국의 학풍에서 비롯된 결과라고 볼 수 있다. 다시 말하면 실용주의란 이론이나 인식 또는 주관을 중시하는 주지주의(主知主義)와는 대립되는 개념으로서, 오직 객관적인 결과인 실행만을 중시하는 사고방식을 가리킨다.

따라서 경영의 경제적인 측면을 똑같은 인식대상으로 삼고 있으면서도 독일경영학과는 달리, 미국경영학의 주된 관심은 기업경영을 실제로 어떻게 관리하여 나가는가에 관한 실용주의적인 입장이 중심이 되었다. 이에 따라 미국경영학을 흔히

'경영관리학' 또는 단순히 '경영관리'라고도 하며, 미국경영학사는 바로 '관리론의 역사'(history of management)라고도 할 수 있는 것이다.

이 같은 미국의 경영학사는 문헌사적(文獻史的) 측면에서 본다면 대략 다음과 같은 과정으로 구분하여 고찰할 수 있을 것이다.

① 초기의 경영학 이전 시대(1910년 이전)
② 전통적 관리론으로서의 미국경영학의 발달(1910~1930년대)
③ 인간관계적, 조직적 관리론으로서의 미국경영학의 발달(1930~1950년대)
④ 근대적 관리론으로서의 미국경영학의 발달(1950~현재)

1 고전경영이론

고전경영이론은 인간의 행동이 합리적이며 경제적 동기에 의해 이루어진다는 기본가정 위에서 성립된다. 이 경영이론은 그 내용에 따라 크게 ① 과학적 관리론, ② 관리과정론, ③ 관료제론 등 세 가지로 구분될 수 있다.

1) 과학적 관리론

미국은 19세기 전반에 면방적공업과 철강업을 중심으로 산업혁명을 경험하였고, 특히 남북전쟁을 계기로 미국경제가 급속한 공업화 과정을 밟게 되어 각지에 대규모 공장이 출현하게 되었다. 한편 이 당시의 노동자들은 대부분이 미숙련 노동자들이었기 때문에 일찍부터 분업과 작업의 단순화·기계화가 도입되었다. 이러한 분업과 기계화, 미숙련 노동자의 과잉으로 인한 실업, 장시간 노동, 저임금 등은 노동문제를 야기시켰고, 노사대립과 노동자의 태업을 가져오게 하였다.

당시의 공장관리는 여전히 경험과 직관에 의존하는 구태의연한 방법에 의존했는데, 오늘날 이러한 관리형태를 표류관리(drifting management)라고도 한다. 이러한 상황 하에서 어떻게 하면 노동자들의 조직적 태업을 방지하고 공장의 생산능률을 향상시킬 수 있을 것인지가 경영자들의 중요한 관심사가 되었다. 이렇게 해서 탄생한 것이 테일러시스템과 포드시스템이었다.

(1) 테일러 시스템

테일러 시스템(Taylor system)이란 테일러를 창시자로 하여 길브레스 부부(F. B. & L. M. Gilbreth), 에머슨(H. Emerson), 간트(H. L. Gantt) 등으로 이어오면서 체계화된 과학적 관리법을 지칭하는 것이다. 테일러의 과학적 관리법은 오늘날 미국경영학의 기초가 되었고, 산업공학 발전의 기반이 되었다.

테일러(F. W. Taylor: 1856-1915)는 『성과급제도』(*A Piece Rate System*, 1895), 『공장관리』(*Shop Management*, 1903), 『과학적 관리의 원칙』(*Principles of Scientific Management*, 1911)의 서적들을 출간하여 그의 관리체계를 제시하였다. 테일러가 말하는 과학적 관리법의 기본 정신은 '고임금·저노무비'(high wage, low labor cost), 즉 노동자에게는 높은 임금을 그리고 자본가에게는 높은 이윤을 지급함으로써 노동자와 기업주에게 만족을 주는 것이며, 또한 일류인간(the first class man)을 만드는 것을 목표로 하였다. 이것은 테일러 시스템의 기본목표로서 '테일러리즘'(Taylorism)이라고도 부른다. 테일러는 시간연구와 동작연구를 기초로 노동자의 표준과업을 정하는 과업관리(task management)를 고안하였다. 또한 과학적 관리의 목표를 달성하기 위하여 다음과 같은 과업관리의 4대원칙을 제시하였다.[2)]

① **1일의 공정한 과업량 설정**(a large daily task) : 각 노동자는 그 지위의 고하를 막론하고 모두가 명확하게 정해진 매일의 과업을 가져야 한다.

② **표준화된 제 조건**(standard conditions) : 각 노동자의 과업은 하루의 충분한 노동량이 되어야 함과 동시에, 각 노동자가 이 같은 과업을 확실히 완수하는데 필요한 표준화된 요건과 도구가 준비되어야 한다.

③ **성공에 대한 우대**(high pay for success) : 노동자가 과업을 달성할 경우에는 그에 상응하는 높은 임금이 지불되어야 한다.

④ **실패에 대한 손실**(loss in case failure) : 과업을 달성하지 못할 경우에는 노동자 자신도 손해를 보아야 한다.

그리고 테일러는 이러한 과업관리를 효율적으로 운용하기 위해서 조직 내에 임금제도로서 차별적 성과급제도, 관리조직으로서 기획부제도, 기능식 직장제도, 작업지도표제도 등을 두어야 한다고 하였다. 그러나 테일러시스템도 다음과 같은 측

---

2) 조희영, 전게서, pp.46-47.

면에서 여러 가지 문제점을 내포하고 있다.

첫째, 그 대상과 영역이 전반적인 경영관리가 아니라 공장관리나 생산관리 또는 노무관리에 한정된 것이다.

둘째, 테일러는 그의 관리법을 과학적이라고 하였으나, 과업설정의 과정이 객관적·과학적이 되지 못하고 주로 시간연구자의 주관에 의해 비과학적으로 설정되었다는 것이다.

셋째, 근로자에게 노동을 강요함으로써 인간노동을 기계시하였다는 점이다.

넷째, 노조의 존재를 부정하였으며, 과업관리는 관리자의 명령과 통제에 의한 일방적 관리라는 점이다.

다섯째, 능률저하의 원인을 노동자의 태만에만 두고 있다는 점이다.

여섯째, 하루의 표준작업량이 일류노동자에게 가능한 최대량을 일방적으로 설정했기 때문에 노동자와 사용자 간의 원만한 교섭을 저해하는 요인이 된다는 것이다.

이러한 문제점이 있음에도 불구하고 종래의 경험이나 직관에만 의존하던 주먹구구식 관리방식에서 체계적이고 합리적인 과학적 관리방식을 주장하였다는데서 테일러의 업적은 높이 평가할 만하다.

(2) 포드 시스템

포드(H. Ford: 1863-1947)는 1914년 그가 소유하고 있는 자동차 생산공장에 컨베이어 시스템(conveyor system)을 도입함으로써 대량생산과 원가절감을 달성할 수 있었다. 포드는 각 작업을 단순작업으로 분해하고, 각 작업의 소요시간을 평균화하여 일정한 속도로 이동하는 컨베이어 시스템에 따라 전 공정을 연결하여 동시에 진행시켰다. 이러한 이동조립방법에 의하여 작업능률을 향상시키고, 원가절감과 대량생산을 실현하였으며, 나아가 그의 공장에서 생산되는 자동차의 판매가격을 인하시킬 수 있었다. 이와 같은 컨베이어 시스템에 의한 유동작업을 기반으로 한 새로운 생산관리방식을 포드 시스템 또는 동시관리(management by synchronization)라고 한다.

포드 시스템(Ford system)은 기술적인 방법면에서 테일러 시스템보다 발전된 형태이나, 두 가지 모두 시간연구와 동작연구에 의한 과학적 관리방법에 입각한 것이다. 그러나 포드의 경영이념인 포디즘(Fordism)은 '고임금·저가격'(high wage and low price) 내지 '봉사주의'에 초점을 두고 있다는 데서 테일러 시스템과 차이가 있다. 여기서 봉사란 가격을 인하하고 임금을 인상함으로써 가능하다고 생각하고 기업경영을 일반대중에 대한 봉사활동으로 간주하였다.

포드는 포디즘을 실현하기 위해서는 경영합리화에 입각한 원가절감에 있다고 보고 경영합리화를 위한 구체적인 방법으로 생산의 표준화와 이동조립법(moving assembly method)을 채택하였다. 이때 컨베이어 벨트에 의한 이동조립 생산방식은 표준화가 전제되어야 하는데 생산의 표준화에 대하여 포드가 구상한 내용은 ① 제품의 단순화, ② 부품의 표준화, ③ 기계 및 공구의 전문화, ④ 공정의 전문화 등이었다. 이것을 포디즘의 3S라 하며 단순화(simplification), 표준화(standardization), 전문화(specialization)가 그것이다. 이러한 표준화에 의하여 부품의 호환성이 가능하게 되었고, 호환성 부품은 연속대량생산을 가능하게 하였으며 또한 소비자에게도 부품의 신속한 교환과 수리를 가능하게 해 주었다.

포드 시스템이 갖는 의미와 한계는 다음과 같다. 포드 시스템의 공헌으로는 첫째, 포드는 기업을 사회 봉사기관으로 봄으로써 기업의 사회적 책임에 대한 개념을 정립시켰다. 둘째, 이동조립공정을 생산작업에 도입함으로써 대량생산의 기초를 마련하였다. 셋째, 생산작업에 관한 여러 가지 요소의 표준화로 대량생산의 일반원칙인 3S(simplification, specialization, standardization)를 창안하였다.

반면에 포드시스템은 다음과 같은 점에서 비판받았다.

첫째, 작업을 유동화하여 작업자를 기계에 예속시켰다.
둘째, 하나의 작업부분에 문제가 발생하면 전체의 작업흐름에 영향을 미친다.
셋째, 제품의 단순화는 시장변화에 대한 적응력을 약화시킨다.[3)]

2) 관리과정론

테일러와 비슷한 시기에 프랑스에서는 페이욜(H. Fayol: 1841-1925)이 『산업 및 일반관리』(*General and Industrial Management*, 1916)라는 저서를 통하여 기업은 규모와 종류에 관계없이 여섯 가지 경영활동이 있다고 주장하면서, 특히 관리적 활동의 5요소와 관리의 일반원칙을 제시했다. 그는 이 책의 서문에서 "관리란 산업,

---

3) 박상범 외 2인, 현대 경영학원론, 탑북스, 2014, p.57.

상업, 정치, 종교 및 기타 모든 사업의 경영에 있어 중요한 역할을 수행하는 것"이라 하며, 최고경영자의 관점에서 경영관리의 일반이론을 전개하였다. 테일러가 '과학적 관리의 아버지'로 불리는 데 비해, 페이욜은 '경영관리론의 아버지'로 알려져 있다.

페이욜은 기업에는 그 규모나 산업의 종류에 관계없이 다음과 같은 여섯 가지 경영활동이 있다고 하였다.

① **기술적 활동**(technical activities) : 생산, 제조, 가공
② **상업적 활동**(commercial activities) : 구매, 판매, 교환
③ **재무적 활동**(financial activities) : 자본의 조달 및 운용
④ **보전적 활동**(security activities) : 재산 및 종업원 보호
⑤ **회계적 활동**(accounting activities) : 재산목록, 대차대조표, 원가계산, 통계
⑥ **관리적 활동**(managerial activities) : 계획, 조직, 지휘, 조정, 통제

그리고 그는 이러한 여섯 가지 활동 중에서 가장 중요한 경영활동은 여섯 번째에 해당하는 관리적 활동이라고 하였다.

여기서 관리적 활동이라 함은 첫째, 미래에 대한 탐색과 활동계획을 수립하는 계획기능, 둘째, 계획실행을 위한 인적·물적 자원을 준비하는 조직기능, 셋째, 종업원에게 작업방향과 각자의 담당 직무를 수행하도록 지시하는 지휘기능, 넷째, 목표달성을 위해 조직의 자원과 활동을 적절히 조화시키는 조정기능, 다섯째, 계획대로 모든 활동이 진행되는지 확인하고 필요에 따라 적절히 수정을 가하는 통제기능이 그것이다.

또한 페이욜은 관리기능의 합리적인 수행을 위해 14가지 관리원칙을 제시하고, 이는 기업뿐만 아니라 정부, 군대 등 일반조직에도 적용될 수 있는 원칙이라고 주장하였다.

① **분업의 원칙** : 작업의 분할은 작업의 전문화 및 효율성을 높일 수 있다.
② **책임과 권한의 원칙** : 권한은 통제의 원천이며, 지휘로부터 나온다.
③ **규율의 원칙** : 규율은 조직 구성 및 운영의 기본이 된다.
④ **명령일원화의 원칙** : 조직구성원은 오직 한 명의 상사로부터 명령을 받아야 한다.
⑤ **지휘일원화의 원칙** : 어떤 활동이든지 단일 계획 하에 한 명의 책임자가 담당해야 한다.

⑥ **전반적 이익에 대한 개인적 이익 종속의 원칙**: 개인이익보다 조직이익을 우선한다.

⑦ **공정한 보수의 원칙**: 보상은 공정해야 한다.

⑧ **권한집중화의 원칙**: 분업과 함께 조직의 집중화도 요구된다.

⑨ **계층조직의 원칙**: 명령의 하달경로가 명확해야 한다.

⑩ **질서의 원칙**: 조직 내의 자원은 적절히 배치되어야 한다.

⑪ **공평의 원칙**: 조직구성원들에게 공정성을 잃어서는 안된다.

⑫ **종업원의 지위안정의 원칙**: 조직구성원들의 이직률이 높아서는 안된다.

⑬ **창의존중의 원칙**: 계획을 입안하고 실천함에 있어서 종업원의 창의성을 장려함으로써 그들의 열의와 활동을 증대시켜야 한다.

⑭ **종업원 단결의 원칙**: 조직구성원들의 단결을 통한 팀워크를 중시해야 한다.

페이욜의 경영관리론은 나중에 데이비스(R. C. Davis), 쿤쯔·오도넬(H. D. Koontz & C. O'Donnell), 테리(G. R. Terry) 등에 계승되어 관리과정론으로 발전하였으며, 또한 바나드(C. I. Barnard)와 사이먼(H. A. Simon)에 영향을 주어 근대조직론의 형성에 기여하였다.[4)]

3) 관료제론

관료제 이론(bureaucracy theory)에 대한 고전적 관점은 독일의 사회학자인 막스 베버(Max Weber: 1864-1920)에 의해 제시되었다. 그는 유럽에서 정부조직을 연구한 학자로서 『사회 및 경제조직의 이론』(*Theory of Social and Economic Organizations*, 1947)을 저술하기도 하였다.

베버는 당시 관리들의 채용과 승진이 그들의 능력이나 자질보다는 혈연이나 지연 등에 따라 결정됨을 지적하고, 정부가 상당히 비효율적으로 운영되고 있음을 비판하였다. 따라서 기본적으로 조직이 제대로 운영되려면 조직관리자의 원칙없는 독단은 없어져야 하며, 그 대신 합리적인 원칙에 근거한 관리가 확립되어야 한다고 하였다.

그의 이론은 단순히 조직의 관리를 논하는 데 그치지 않고 좀 더 광범위한 사회적·정치적·경제적 구조에 관심을 기울였다. 그는 이상적인 조직, 완벽하고 합리

4) 문규현·박상철, 에센스 경영학, 교보문고, 2010, pp.28-29.

적이며 작업능률을 극대화할 수 있는 조직을 구상하려고 노력하였으며, 그것이 바로 관료조직이라고 제안하였다.[5]

베버가 생각하는 이상적인 관료조직의 원칙은 다음 〈표 3-2〉에서와 같다.

표 3-2 베버의 관료적 원칙

명확한 분업	직무는 명확하게 정의되고 전문화되어야 한다.
권한계층의 정비	조직구성원의 권한체계는 명확해야 한다.
공식적 규정과 절차	규정과 절차는 문서화되어야 한다.
공정성	규정과 절차는 누구에게나 공정하게 적용되어야 한다.
경력에 따른 승진	선발 또는 승진의 기준은 경력과 성과에 따라야 한다.

자료원: 정기한 외 5인, 경영학의 이해, 시그마프레스, 2012, p. 97.

베버에 의해 제시된 관료제는 조직의 이상형 또는 규범형을 말한다. 이 관료제는 경제학에서의 완전경쟁의 개념과 같이 현실적으로 존재한다기 보다는 현실에 대비될 수 있는 하나의 준거기준이 되는 조직의 모형이라 할 수 있다. 베버는 관료제형태를 지금까지 개발되었던 대규모 관리조직 중에서 가장 효율적인 수단이며, 또한 현대산업사회는 이에 크게 의존하고 있다고 주장한다.

하지만 베버가 주장한 이러한 관료조직에도 다음과 같은 역기능이 존재할 수 있다. 즉 머튼(R. K. Merton)에 의하면 관료제는 형식적인 규칙과 규정 및 절차에 집착하여, 그 결과 조직목표의 달성보다는 규칙이 중요시된다고 지적한다. 규칙과 목표가 대치되는 상황에서는 오직 기술주의(technicalism), 그리고 나아가서는 형식주의와 문서주의가 지배하게 되는 것이다. 또한 권한의 축적, 책임회피와 분산, 의사결정의 지연, 관료들의 방해행위, 파벌주의, 변화에 대한 저항 등을 초래하게 된다. 따라서 조직의 환경이 비교적 안정적인 정부기관이나 군대조직의 제도로는 적절하지만, 기술환경이 급변하는 기업조직의 제도로는 적합하지 못하다.[6]

5) 문규현·박상철, 전게서, p.29.
6) 김해천·김종진, 경영학개론, 한국방송통신대학교출판부, 1995, p.61.

2 신고전 경영이론

1) 메이요의 호손실험

(1) 발생배경

과학적 관리론은 생산성 증대에는 괄목할 만한 성과를 가져왔으나, 인간을 경시하는 가운데 지나치게 기계적이고 물질적인 면에 치우침에 따라 여러 가지 문제점이 발생하게 되었다. 이에 따라 인간을 중시하는 바탕 위에 대두하게 된 것이 인간관계론이다.

이러한 인간관계론은 호손실험을 계기로 발전되기 시작하였다. 호손실험(Hawthorne experiments: 1924~1932년)은 미국 시카고 근교에 있는 웨스턴 전기회사(Western Electric Co.)의 호손공장에서 미국 록펠러재단의 지원을 받아 하버드대학의 메이요(E. Mayo) 교수를 중심으로 뢰슬리스버거(F. J. Roethlisberger)와 딕슨(W. Dickson) 등에 의하여 작업장 내의 조명도를 비롯한 작업조건과 생산능률 간의 관계를 규명하기 위하여 설계되었다. 당시 호손공장에는 약 3만 명의 종업원이 있었는데, 이들은 복지후생시설이 완비되어 있음에도 불구하고 불만이 높고 작업능률이 향상되지 않았다. 이에 따라 회사에서는 그 원인을 규명하기 위해 산업에 있어서의 노동과 피로와의 관계에 대한 연구가 행해지게 되었다.

호손실험은 양키시티 조사(Yankee city research)와 더불어 인간관계론의 급속한 발전을 촉구하는 계기가 되었다. 물론 인간관계론 이전에 산업심리학의 아버지라고 불리는 뮌스터베르크(H. Munsterberg)는 인간문제를 심리학적 측면에서 체계적으로 연구하였으나, 호손실험을 통해 인간관계론이 대두되는 결정적 계기가 되었다.

(2) 호손실험의 내용

호손 공장에서 이루어진 4차에 걸친 실험내용을 요약하면 다음과 같다.[7)]

① **조명실험**(1차실험: 1924~1927년) : 조명실험은 공장 내의 조명도와 종업원의 피로도(fatigue)에 의한 생산능률 간의 상관관계를 규명하려는 실험을 말한다.

---

7) 신철우, 경영학원론, 삼영사, 2006, pp.83-85.

이 실험을 위해 작업자집단을 통제집단과 실험집단으로 나누고, 통제집단은 그 공장의 정상적인 조명 하에서 작업을 시키고, 실험집단의 경우 조명도를 변화시키면서 작업능률과의 관계를 조사하였다. 실험결과 조명도를 개선할 경우 예상했던 대로 생산능률이 증대되었으나 조명도를 낮추어도 생산능률은 그대로 지속되었다는 것이다. 이러한 결과는 조명도가 종업원의 생산능률에 영향을 미치는 많은 요인 가운데 하나에 불과하지 절대적인 요인은 아니며 따라서 또 다른 요인들을 찾기 위해 2차실험이 실시되었다.

② **계전기 조립실험**(2차실험: 1927~1928년) : 이 실험은 전화기부품인 계전기(繼電器: relay)를 조립하는 여공 6명을 상대로 그들의 작업조건과 이에 따른 생산성과의 관계를 실험하였다. 실험기간 중 휴식시간의 연장과 간식의 제공 그리고 작업시간의 단축 등을 통하여 생산성의 변동추이를 살펴보았다. 실험결과, 작업에 있어 물리적 작업조건보다는 오히려 종업원에 대한 인정, 특별한 관심, 책임감 등 심리적 만족감이 더 중요하다는 것이 밝혀졌다.

③ **면접실험**(3차실험: 1928~1930년) : 이 실험은 호손공장에 근무하는 작업자들을 대상으로 면접방법을 통해서 종업원의 불평불만, 고충, 그리고 관리방식상의 문제점에 대한 의견을 수렴하기 위하여 실행되었다. 면접조사 결과 물리적인 작업조건이 근로자의 생산성에 영향을 미친다는 종래의 학설과는 달리, 근로자의 성별·경력·종교·취미 등의 사회적 조건이 그들의 의식과 태도 그리고 생산성에 영향을 준다는 사실이 확인되었다. 다시 말하면 근로자의 근로의욕은 물리적 작업조건보다는 인간적·사회적 환경에 대한 개인의 감정에 따라 좌우되기 때문에 이에 대한 배려를 해야 한다는 것이다.

④ **배전기 전선 관찰실험**(4차실험: 1931~1932년) : 이 실험은 배전기(配電器) 전선 작업공 14명을 대상으로 자생적 조직구성원의 비공식적인 집단행동을 연구하기 위하여 실시하였다. 이 실험에서는 남자직공들 간의 대면관계(face-to-face relations)를 고찰하였는데, 이들에 대한 조사결과 근로자 상호간에는 공식적인 조직도표상에 나타나지 않는 자생적 집단인 비공식화된 조직이 형성되어 있으며, 이 조직이 작업의 성과실현에 커다란 영향을 미치고 있다는 것이었다. 연구자들은 작업자들의 작업상태를 관찰하면서 다음과 같은 사실을 확인할 수 있었다.

- 작업자들은 선임자순으로 좌석을 정하고 있었다.
- 작업자의 지능지수나 숙련도보다는 작업의욕이 능률향상에 더 큰 영향을 미친다.
- 비공식 집단 내에는 다음과 같은 집단규범이 형성되어 있었다.
  ㉠ 너무 열심히 일을 해서는 안 된다.
  ㉡ 너무 일에 태만해서도 안 된다.
  ㉢ 동료의 잘못을 상위자에게 고자질해서는 안 된다.
  ㉣ 너무 잘난 체해서도 안 된다.

이러한 호손실험의 결과는 다음과 같이 요약될 수 있다.

① 작업능률을 좌우하는 것은 임금, 노동시간 등의 작업조건과 조명, 환기 등의 작업환경뿐만 아니라 종업원의 태도, 감정 등의 내적·심리적인 요소가 중요하다.
② 종업원의 태도 및 감정을 좌우하는 것은 개인적·사회적 환경, 작업장 내의 세력관계 및 그가 속한 비공식집단이다.
③ 종업원에 대한 사회적 안정감, 귀속감 등의 욕구가 생산성에 큰 영향을 미친다.

지금까지 과학적 관리론에서는 인간은 주로 임금과 같은 경제적, 물질적 욕구에 따라 움직인다고 전제하였으나, 호손실험 결과 인간이란 결코 임금만으로 움직이는 기계가 아니고 감정이나 욕구 등 여러 가지 요인에 의해 지배되는 다면적인 존재라는 사실이 밝혀졌다.

즉 인간관계론은 "인간이란 임금과 같은 금전적인 조건뿐 아니라 근로의욕이나 작업환경과 같은 심리적이며 사회적인 조건에 의해서도 그 행동이 영향을 받게 되는 다면적(多面的) 존재"라는 점에 그 의의가 있다. 따라서 종업원의 능률, 즉 생산성을 향상시키기 위해서는 단순히 임금제도뿐만 아니라 인간의 다면적 욕구충족이 함께 이루어져야 한다는 점이 강조되면서 인간관계론이 태동하는 계기가 되었다.

(3) 인간관계론의 공헌도

과학적 관리법은 인간의 정서적·심리적 측면을 무시하고 경제적 측면과 같은 물질적 요인의 충족을 통해 생산성 향상을 기하고 노사문제를 해결하려고 하였다.

이에 반해 인간관계론은 종업원의 작업능률은 심리적·정신적 요인에 의해서도 영향을 받는다는 것과 또 과학적 관리론에서 경시되어온 비공식 조직(informal organization)의 존재와 그 기능을 밝힘으로써 인사관리상에 새로운 방향을 제시하였다.

그러나 인간관계론은 인간을 중시하는 바탕에서 지나치게 심리적이며 감정적인 면에 치우쳐 있고, 조직 내에서 인간의 문제를 비공식적인 집단의 차원에서 주로 다루었으며, 노동조합의 역할을 소홀히 한 점 등에 대한 비판과 논란이 있어 왔다. 이 같은 인간관계론에 대한 메이요 팀의 연구는 그 후, 인간행동의 미시적 측면에 대한 연구로서 모티베이션 이론과 리더십 이론이 중심이 되는 행동과학이론과 인간행동의 거시적 측면을 중심으로 조직의 공식적 측면과 비공식적 측면의 상호작용을 다루는 조직행동이론의 기틀을 제공하였다.

2) 행동과학의 발전

행동과학(behavioral science)은 인간행동에 영향을 미치거나 이를 결정하는 요인에 관한 지식을 체계화하려는 학문이다. 사회과학연구에서 원용하고 있는 과학적 방법은 일정한 한계를 지니고 있다. 왜냐하면 인간행동은 복잡하고 가변적이며 예측이 불가능하기 때문이다. 인간행동의 정수를 알아낼 수 있는 객관적 절차, 즉 시험같은 방법이 불완전하며, 인간에게는 예측을 뒤집을 수 있는 능력이 있으므로, 사회과학연구에 있어서 인간에 대한 연구를 과학적으로 분석하고 기술하는 것은 쉽지 않은 일이다.

더구나 오늘날과 같은 기술혁신에 따른 산업사회의 급속한 변화는 기업 혹은 조직을 둘러싸고 있는 외부환경을 매우 복잡하게 만들고 있으며, 이에 따라 조직의 구성요소인 인간은 많은 변화와 문제에 직면하게 되었다.

이러한 인간을 둘러싼 문제를 해결하기 위하여 그 동안 정치학·법학·사회학·심리학·문화인류학 등 여러 사회과학이 이용되었으며, 어느 특정의 연구만으로는 문제의 규명과 해결이 불가능하게 되었다. 이에 따라 서로의 전문지식을 활용하는 공동연구의 필요성을 느끼게 되었으며, 이러한 인식을 바탕으로 행동과학이 탄생하게 되었다.

이러한 행동과학의 특징을 요약하면 다음과 같다.

첫째, 행동과학은 인간행동에 관한 연구이다. 즉 조직 내 인간관계와 조직과 인간의 갈등, 그리고 조직의 의사결정에 대한 연구 등과 관련이 있는 인간행동을 연구한다.

둘째, 행동과학은 종합과학적 및 학제적 연구이다. 인간의 행동은 다면적이기 때문에 종래의 사회과학의 한 면에만 의존하여서는 그 연구가 불가능하다. 따라서 각 학문분야에 있어서의 연구성과를 원용하고 협력함으로써 보다 높은 차원의 문제를 해결할 수 있다.

셋째, 행동과학은 기술적이고 규범적인 연구방법을 이용하고 있다. 기술적 연구방법이란 현상을 있는 그대로 관찰·분석하고, 이를 바탕으로 하나의 가정을 세워 그 가정이 진실한가를 사실과 실험 및 시뮬레이션에 의하여 검증함으로써 이론을 정립하는 절차이다. 한편, 경험과학, 기술적 연구방법이 단순한 사실을 규명하는 학문인 데 비하여 규범적 연구방법은 마땅히 있어야 할 규범, 즉 이상이나 목적을 달성하기 위한 법칙과 원리의 설정을 바탕으로 한다. 초기의 행동과학에 기여한 사람으로는 매슬로우, 아지리스, 맥그리거 등을 들 수 있다.

(1) 매슬로우의 욕구단계설

매슬로우(A. H. Maslow: 1908-1970)는 『동기와 성격』(*Motivation and Personality*, 1954)이라는 저서에서 인간 내부에는 다섯 가지 욕구계층이 존재하고, 저차원의 욕구가 충족되어야만 고차원의 욕구가 발생한다는 욕구단계설(needs hierarchy theory)을 제시하였다. 그는 인간의 욕구를 5단계, 즉 저차원의 욕구인 생리적 욕구(physiological needs), 안전·안정의 욕구(safety needs), 소속감 및 애정의 욕구(belonging and loving needs), 존경의 욕구(esteem needs), 그리고 가장 고차원인 자아실현의 욕구(self-actualization needs)로 구분하였다. 매슬로우는 개인의 행동을 결정짓는 동기요인으로서 이상의 다양한 욕구체계를 제시함으로써 인간행동이론에 있어서 동기를 이해하는데 많은 기여를 하였다(이 부분은 제12장에서 자세히 다룸).

(2) 아지리스의 미성숙-성숙 이론

아지리스(C. Argyris: 1923-)는 『개인과 조직』(*Personality and Organization*, 1957) 이라는 그의 저서에서 개인은 조직생활을 통하여 성장·성숙할 수 있는 충분한 잠재력을 갖고 있으며, 성숙한 인간은 미성숙단계에서 성숙단계로 발전한다고 보았다(〈표 3-3〉 참조). 하지만 합리적인 공식조직의 특징 예컨대 과업의 전문화, 지휘계통에 의한 명령과 통제, 관리의 폭, 명령일원화의 원칙 등은 개인의 잠재력 발휘를 저해할 수 있는 요인으로 작용하여 종업원으로 하여금 미성숙상태에 머물게 한다는 것이다. 특히 지나친 통제는 종업원을 위축시켜 수동적이고 의존적인 행동을 하게 하고 또한 작업에 대한 좌절감과 불만족의 원인이 되어 조직의 목표달성에 장애가 될 수 있다. 따라서 경영자는 종업원에게 적절한 책임부여를 통해 조직 속에서 성장할 수 있는 기회를 제공해야 한다는 것이다.

표 3-3 아지리스의 미성숙-성숙 상태의 특징

미성숙 상태	성숙 상태
· 수동적, 소극적 활동 · 의존적 상태 · 한정되고 단순한 행동 · 우연적이고 얕은 관심 · 단기적 전망 · 종속적 지위에의 만족 · 자아의식 결여	· 능동적, 적극적 활동 · 자주적 내지 대등적 상태 · 다양하고 복잡한 행동 · 보다 깊고 강한 관심 · 장기적 전망 · 대등 내지 우월적 지위에의 만족 · 자아의식 및 자기통제

(3) 맥그리거의 X-Y이론

맥그리거(D. McGregor: 1906-1964)는 호손실험과 매슬로우의 욕구단계설을 토대로 새로운 이론을 제시하였다. 그는 자신의 저서인 『기업의 인간적 측면』(*The Human Side of Enterprise*, 1960)에서 경영자들이 인간에 대해 갖고 있는 가정을 두 가지, 즉 X이론과 Y이론으로 구분하고 있다. 여기서 X이론은 인간의 부정적 측면을 강조하는 전통적인 인간관이라고 한다면 Y이론은 인간의 긍정적 측면을 강조하는 새로운 인간관이라고 할 수 있다.

먼저 X이론의 가정에 대한 특성은 다음과 같다.[8]

- 보통 종업원은 게으르며, 일을 싫어하고 가능한 한 일을 적게 하려고 한다.
- 종업원들을 열심히 일하도록 만들기 위해서는 관리자는 그들을 철저히 통제, 감독해야 한다.

8) Jones, G. R. & J. M. George, *Contemporary Management*, 7th ed., McGraw-Hill Irwin, 2011, p.91.

- 관리자는 종업원들을 통제하기 위해서는 엄격한 작업규칙을 만들고 보상과 처벌제도를 실시해야 한다.

반면에 Y이론의 가정에 대한 특성은 다음과 같다.

- 종업원들은 본래 게으르지 않으며, 기회가 주어지면 조직을 위해 무엇이든 할 것이다.
- 조직의 관심속에 종업원들이 일하도록 만들기 위해서는 관리자는 그들 스스로가 일을 찾아서 할 수 있는 분위기를 만들어야 한다.
- 관리자는 종업원들에게 권한과 함께 조직목표를 달성하는데 필요한 자원을 제공해야 한다.

즉 맥그리거는 이상의 가정 중 X이론과 같은 전통적인 관점으로는 구성원의 욕구를 충족시킬 수 없기에 경영자는 Y이론에 입각하여 경영을 추구해야 한다고 주장하였다. Y이론에 입각한 경영관리 방식은 다음의 예가 될 수 있을 것이다.

첫째, 통제의 폭을 넓혀 주고 권한을 위임해 준다.
둘째, 직무확대를 실시한다.
셋째, 참여에 의한 관리방식을 택한다.
넷째, 개인이 스스로 목표를 설정하고 스스로 자신을 평가할 수 있는 목표관리제도를 도입하는 것이다.[9)]

(4) 행동과학론의 평가

행동과학론자들은 작업자들의 행동과정이나 인간관계의 중요성을 인식하고, 더 이상 인간을 작업도구로 취급해서는 안 된다고 주장하였다. 행동과학론은 개인의 동기부여, 집단행동, 작업장에서의 대인관계 등이 작업생산성에 영향을 미친다는 사실을 밝혀냄으로써 작업자들의 심리적·사회적 요인이 물리적 보상만큼이나 중요하다고 제시하고 있다. 그러나 조직의 전체적인 관점에서 볼 때 개인의 심리적 및 사회적 요인은 조직의 성과 중 일부 밖에 설명하지 못한다는 한계로 지적되고 있다.[10)]

9) 백기복, 조직행동연구, 법문사, 2000, p.145.
10) 문규현·박상철, 전게서, p.35.

3 현대경영이론

1) 근대적 관리론

(1) 바나드의 협동체계적 조직론

뉴저지 벨 전화회사(New Jersey Bell Telephone)의 사장이며, 록펠러 재단(Rockefeller Foundation)의 이사장을 역임한 바나드(C. I. Barnard: 1886-1961)는 근대조직론의 기초가 되는 『경영자의 기능』(*The Functions of the Executive*, 1938)이라는 저서를 출간하였다.[11] 물론 바나드 이전에 조직론이 없었던 것은 아니다. 예를 들면 과학적 관리론에도 기능식 조직의 도입에 의한 조직론의 활용이 있었고, 인간관계론에서도 비공식적 조직의 중요성을 강조함으로써 조직론의 연구를 이미 실행한 바 있다. 그러나 테일러가 중심이 된 과학적 관리론은 조직에서의 인간성을 경시함으로써 'organization without people'이란 시각에서 조직을 운영하였고, 또 메이요가 중심이 된 인간관계론은 'people without organization'의 이론을 전개함으로써 공식조직의 문제를 경시하는 오류를 범하고 있다.

이에 비해 바나드이론은 바로 이 양자를 종합하여 근대적인 조직이론으로 발전시켜 하나의 독자적인 이론체제를 정립시킴으로써 바나드 혁명(Barnard revolution)을 이룩하였다. 이에 따라 바나드는 오늘날 '근대조직론의 아버지'로 높이 평가되고 있으며, 그의 조직적 관리론을 요약하면 다음과 같다.

첫째, 바나드는 공식조직(formal organization)을 "2인 이상의 사람들에 의해 의식적으로 조정된 활동 내지 제력의 체계"(a system for consciously coordinated activities of two or more persons)로 보고 있다. 이러한 정의에는 개인이 갖고 있는 능력에는 한계가 있기 때문에 목표를 달성하고자 할 때에는 구성원들이 서로 협력하지 않으면 안 된다는 협동체계(a system of cooperation)의 중요성을 내포하고 있다. 다시 말하면 조직이란 개인이 생물학적 한계를 극복하여 목적을 달성하기 위한 수단으로서 형성하게 되는 인간의 협동적 노력의 결정체, 즉 협동 시스템으로 보고 있다. 그리고 이러한 공식조직이 성립하기 위해서는 다음의 세 가지 요건을

---

11) Barnard, C. I., *The Function of the Executive*, Harvard University Press, Boston, 1938.

충족시켜야 한다고 주장하였다.12)

① **공통목적**(common purpose) : 구성원의 활동을 총괄할 공동의 목적이 있어야 한다.

② **공헌의욕**(willingness to contribution) : 구성원의 조직에 대한 공헌의욕이 있어야 한다.

③ **커뮤니케이션**(communication) : 구성원 각각의 활동을 통일하기 위한 의사소통이 가능해야 한다.

둘째, 바나드는 유인과 공헌(inducement and contribution)의 관계를 통해 조직균형(organizational equilibrium)의 개념을 제시하고 있다. 조직의 관리목표는 조직전체로서의 협동체계의 확보에 있으며, 그 목표는 조직자체가 갖는 목표와 조직에 참가하는 구성원의 목표를 둘 다 충족시킬 수 있을 때 가능한 것이다. 따라서 이러한 양자의 목표충족을 위해서는 각 구성원이 조직을 위해 바치는 공헌의 정도와 이 같은 공헌의 대가로써 조직이 개인에게 제공하는 유인의 크기가 같거나 그 이상일 때 조직이 생존하고 발전할 수 있다고 주장하였다. 또한 그는 이러한 조직의 대내적 균형뿐만 아니라 조직이 대외적인 환경여건에의 적응을 통해서 대외적인 균형도 확보해야 한다고 하였다.

셋째, 바나드는 또한 권한수용설(acceptance theory of authority)을 주장하였다. 이 이론에 의하면 하위자가 상위자의 명령을 받아들이는 것은 상위자가 무엇을 요구하는지를 하위자가 알고 있고, 그 명령이 조직목표 달성과 일치하며, 또한 명령을 따르는 것이 긍정적인 효과를 가져올 것이라고 인식하기 때문이다.13)

(2) 사이먼의 조직적 의사결정론

사이먼(H. A. Simon: 1916-2001)은 시카고대학에서 행정관리론을 전공하면서 경제학·사회학·통계학을 함께 공부한 후 『경영 행동』(*Administrative Behavior*, 1945)이란 저서를 발표함으로써 독자적인 조직이론을 전개하였다.14) 그는 바나드의 이론을 계승·발전시켰으며, 사회학적으로는 폴레트(M. P. Follett)에 가까운 조직론학자

12) 김해천·김종진, 전게서, pp.69-70.
13) 양춘희 외 3인, 경영학의 이해, 삼영사, 2013, p.92.
14) Simon, H. A., *Administrative Behavior*, N. Y: McMillan, 1945.

요 행동과학의 선구자로서 1978년 이 부문 최초의 노벨상 수상자가 되었다.

사이먼의 조직이론은 의사결정과정에 대한 체계적 분석을 시도함으로써 의사결정이론의 발전에 커다란 공헌을 하였다. 인간은 어떤 행동을 유발하기 전에 그 같은 행동을 유발해야 할 것인가의 여부에 관해서 우선 신중히 의사결정을 하기 때문에 그의 이론은 행동전제로서의 의사결정론을 조직적인 측면에서 다루고 있다는 데 그 특징이 있다. 그의 이론은 관리적 행동에 대한 체계적 분석을 통해 조직이론을 행동과학으로 전개하였다는 점에서 행동과학의 선구자가 되기도 한다.

사이먼은 조직을 성립시켜 존속시키는 조건이 바로 '관리'라는 사고방식을 앞세워, 그 조건의 중심이 되는 것이 조직적 의사결정론이라고 주장하였다. 그는 여기에서 경제학에서 가정하고 있는 초합리적 경제인을 비현실적인 것으로 파악하고, 그 대신 '제한된 합리성'(bounded rationality)을 보다 현실적인 것으로 보고 있다.

사이먼에 의하면 의사결정은 가치전제와 사실전제에 따라 이루어지게 된다. 의사결정은 가치전제로부터 출발해야 하지만 이는 경험적으로 검증이 불가능한 반면 의사결정의 사실전제는 검증이 가능하다. 즉 목적이 주어져 있으면 그 수단의 옳고 그름은 검증할 수 있다는 것이다. 그러므로 의사결정의 옳고 그름의 문제는 정해져 있는 목적을 달성하기 위한 적절한 수단을 선택하고 있는가, 그렇지 않는가의 문제로 귀착된다. 이러한 사이먼의 관점에서 보면 합리적 의사결정, 즉 객관적 의미의 합리적 의사결정이란 주어진 목적과 상황 하에서 그 목적을 최대한 실현시킬 수 있는 수단을 선택하는 의사결정인 것이다.

경제학에서 가정하고 있는 '객관적 또는 초합리적 의사결정'이 성립되려면 첫째, 가능한 모든 대안을 고려해야 하고 둘째, 이러한 행동 모두에 대해서 각각으로부터 발생되는 모든 결과를 파악하고 셋째, 이러한 결과전체를 가치체계에 기초하여 비교·평가한 후 모든 대안 중에서 가장 좋은 하나를 선택할 때 비로소 '객관적 합리성'이 달성될 수 있다. 그러나 현실적으로 이러한 합리성을 달성하는 것은 매우 어렵다. 왜냐하면 객관적 합리성은 가능한 모든 대안의 열거를 요구하지만 현실적으로 우리는 그 중 일부만을 열거할 수밖에 없다. 또한 객관적 합리성은 모든 대안의 결과에 대해 완전한 지식을 요구하지만 우리가 갖고 있는 지식은 불완전하고 단편적인 지식에 불과하다. 설사 결과에 대한 지식이 완전하다고 할지라도 우리는 그 모두를 완전한 형태로서 평가하기도 어렵다. 따라서 이러한 여러 가지 이유 등으로 인해 우리는 시간, 정보, 자원 등의 제약 속에 합리적인 의사결정을 내릴 수밖에 없다. 결국 우리의 현실적인 합리성은 '제한된 합리성'에 불과하다는 것이다. 이 제한된 합리성은 주관적으로 합리적이라고 생각한다는 의미에서 주관적 합리성이라 부를 수 있다. 사이먼은 '제한된 합리성'밖에 달성할 수 없는 현실의 인간을 '관리인'(administrative man)이라 하여 객관적 합리성을 달성할 수 있는 '경제인'(economic man)과 구분하였다.[15)]

2) 시스템 이론

경영조직을 포함하여 모든 조직을 하나의 시스템으로 보고 조직효율성을 제고시킬 이론을 모색하는 것이 시스템 이론이다. 프렌치(W. French)는 "시스템이란 어떤 하나의 목적을 가지고 이를 성취하기 위하여 여러 구성인자가 유기적으로 연결되어 상호작용하는 결합체"라고 정의하였다. 이는 시스템이 통일된 전체를 구성하고 있는 상호관련되고, 상호의존적인 부분들의 집합이라는 것을 의미한다. 경영 시스템의 주된 관점은 조직을 하나의 전체 시스템(total system)으로 보고, 그것이 어떻게 분석 가능한 여러 개의 하위 시스템(sub system)으로 구성되는가를 강조한다. 따라서 경영학의 관점에서 시스템 이론은 경영활동을 부분적으로 이해하고 설명하는 것이 아니라 전체적인 시스템으로 파악하고 상호간의 관계를 종합·분석하는 이론이라고 할 수 있다. 이러한 관점에서 시스템의 속성을 살펴보면, 첫째, 시스템은 목표지향성(goal-orientation)이라는 속성을 가지고 있다. 조직과 그 하위 시스템은 목표지향적이라 할 수 있다. 각 시스템은 모두 다목적성(multiple purpose)을 가지고 있는데 그 중에서도 기본적인 중심업무가 있다. 예컨대 자동차의 목표지향적 중심업무는 운반이며, 기업은 경제적 제품 또는 서비스를 생산하는 데 있으며, 우리 인간에게는 생활이라는 목적적 중심업무가 있다. 그런데 시스템의 목적은 각 시스템의 가치기준(value criteria)에 따라 우선순위를 결정하게 되며, 가치기준의 설정에는 양(quantity)과 질(quality), 시간(time), 그리고 비용(cost)의 4가지 척도가 주로 이용되고 있다. 일반적으로 시스템의 목적은 부분 간의 균형을 합하여 시스템 자체를 계속 유지하고 발전시켜 전체적 조직을 더욱 성장시키는 것이다.

둘째, 시스템은 상호관련성(interrelatedness)을 가지고 있다는 점이다. 상호관련성은 시스템과 환경과의 상호작용뿐만 아니라, 시스템 내 여러 부분 간의 상호작

15) 김해천·김종진, 전게서, pp.71-73.

용 모두를 포함하는 것이다. 또 이들 부분은 상위 시스템과 하위 시스템으로 구성되며, 한 하위 시스템의 산출은 다른 하위 시스템의 투입이 되는 등의 관계가 존재하므로 시스템 간의 경계를 구분하기가 매우 어렵다.

셋째, 시스템은 개방성(openness)이라는 속성을 가지고 있다. 조직이 존속·성장·발전하기 위해서는 조직의 내·외적 여건과 상호작용하면서 동태적인 균형(dynamic equilibrium)을 유지해야 한다. 즉 시스템이 형성·유지되기 위해서는 구성인자가 유기적으로 연결된 구조를 지니고 있어야 하는데 이들 구조는 부분과 부분, 그리고 부분과 전체 간의 상호관련성을 가지게 된다. 이러한 구조는 수직적 차원(사장·이사·부장·과장·계장·사원)의 계층분화로 구분할 수 있는가 하면, 수평적 차원(생산부·판매부·인사부·경리부 등)으로 분류할 수도 있다.

그런데 오늘날 경영은 이러한 내부구성인자도 중요하지만 기업을 둘러싼 환경과 직·간접적으로 관계된 외부인자와의 상호관련성 또한 중요하다고 하겠다. 즉 종업원이나 기술, 제품의 품질 등과 같은 통제가능한 요인(controllable factors)인 내부인자보다 통제불가능한 요인(uncontrollable factors)인 고객, 공급업체, 정부, 경쟁기업, 금융기관, 지역사회 등 외부환경인자에 대해 적극적으로 대응하고 도전하는 것이 현대경영의 핵심이라고 해도 과언이 아닐 것이다.

오늘날과 같은 글로벌 경쟁 하에서는 통제가 불가능한 외부환경인자에 능동적으로 대처하기 위하여 종래 폐쇄적 시스템(closed system)으로부터 개방적 시스템(open system)으로 전환하여 동태적인 균형을 유지해야 한다.

넷째, 시스템은 전체성(wholism)을 가지고 있다. 전체는 부분의 합 이상이라는 개념, 즉 하나의 전체는 부분의 합보다 크다는 시너지 효과(synergy effect)를 지니고 있다. 이것은 시스템 내부의 분화에 따른 통합의 중요성을 나타내는 것이다. 부분의 수준에서 결정된 것은 항상 상호의존적이고, 상호작용하는 다른 부분의 경향을 고려하여 전체수준에서 검토되어야 한다. 부분과 부분과의 대립적 요소를 전체수준에서 통합·조정함으로써 조직의 유효성이 증대되는 것이다.

다섯째, 시스템은 통제 메커니즘(control mechanism)이라는 속성을 가지고 있다. 시스템은 변화하는 환경과 내부의 요구에 민감하게 반응하여 안정적 균형을 유지해야 한다. 시스템이 유지·존속하기 위해서는 피드백(feedback)을 통한 자기통제적 수단을 지녀야 하는 것이다. 즉 환경이나 시스템 내부의 변화에 대응하여 안정을 유지하고, 적응을 통하여 성장하기 위해서는 조직에 투입된 것과 산출된 것을 끊임없이 분석하고, 조정하는 피드백이 지속되어야 한다.

[그림 3-1]은 개방 시스템의 일반적인 모형을 설명하고 있다.[16] 기업과 경영 시스템 측면에서 보면 기업은 독립된 폐쇄 시스템이 아니라 산업, 경제, 사회 시스템의 하위 시스템으로서 외부환경과 밀접하게 연관되어 상호작용하는 개방 시스템임을 알 수 있다. 외부환경 변화에 어떻게 대처하느냐가 오늘날 경영자들이 당면한 가장 어려운 문제로 대두되고 있다. 따라서 시스템적 접근법은 이러한 문제의 해결책을 모색하는데 공헌하고 있다.

먼저 기업은 외부로부터 노동, 원자재, 기계설비, 기술, 정보 등을 투입하여, 이를 거시적 외부환경의 일부인 고객이 원하는 제품과 서비스를 산출하기 위해 효율적·효과적 경영활동을 통한 변환과정을 거치게 된다. 이런 과정을 통해 산출물은 고객에 의해 구매되거나 평가되어 다시 피드백됨으로써 재투입 자원이 된다.

[그림 3-1] 경영의 시스템적 접근

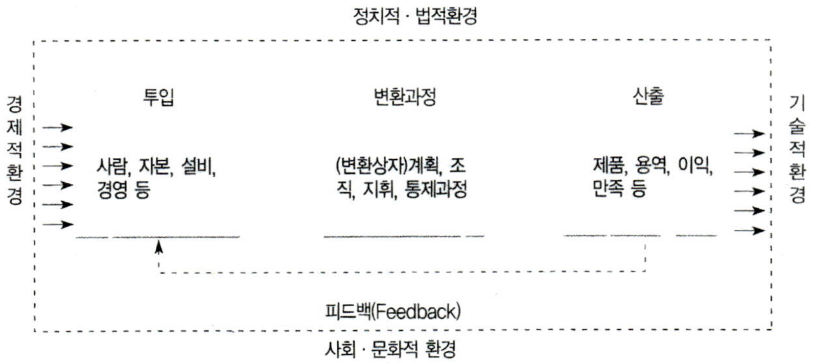

경영에 있어서 시스템적 접근법은 조직 내의 다양한 활동은 상호의존성이 있다는 점을 강조한다. 또한 조직을 개방 시스템의 관점에서 이해함으로써 조직이란 독립적인 실체라기보다는 외부환경과 상호작용하면서 존재하기 때문에 환경을 이해하는 것이 중요하다는 점을 강조한다.

16) 문규현·박상철, 전게서, pp.38-39.

3) 상황이론

(1) 상황이론의 의의

상황이론(contingency theory)은 보다 일반적인 차원에서는 환경 또는 상황요인을 조건변수로 하고 조직의 내부특성변수와 성과(업적)의 관계를 특정화하는 이론이라고 할 수 있다. 전통적 이론의 접근방법들은 환경이나 조건에 관계없이 모든 조직에 공통적으로 유효한 조직원칙을 도출하는 데 초점을 두었다. 그러나 현대 조직연구의 결론은 이러한 보편주의를 부정하고 모든 환경에 적용할 수 있는 최선의 조직은 있을 수 없으며, 환경이 달라지면 유효한 조직도 달라진다는 것이며, 이러한 견해가 곧 상황이론의 요체이다.

상황, 즉 contingency라는 용어를 최초로 사용한 로렌스(P. R. Lawrence)와 로쉬(J. W. Lorsch)에 의하면 상황이론은 "여러 가지 환경의 변화 및 요구에 효율적으로 대응하기 위하여 조직이 어떠한 특성을 갖추어야 할 것인가를 규명하기 위한 이론"이라고 정의하고 있다.[17] 상황이론의 기본적 특징은 객관적 결과와 조직의 환경적응을 중시하고, 조직을 분석단위로 하는 분석 및 중범위이론의 지향 등으로 요약할 수 있다.

(2) 상황이론의 특징

첫째, 상황이론은 객관적 결과를 중시한다. 일정한 조직특성이 어떤 의도에서 만들어졌는가 하는 원인보다는 그 의도와는 독립된 결과를 중시한다. 이러한 결과중시의 지향성은 현실적 조직현상을 단순히 분석하는 것으로 끝나는 것이 아니라 유효한 관리 시스템이나 그 운영방안을 강구한다는데 의의를 갖는다. 다시 말하면 객관적인 결과로서의 조직성과에 치중하면서 상황과 조직특성의 적합관계를 규명한다.

둘째, 상황이론은 조직과 환경 또는 기술과의 관계를 중시한다. 환경이나 기술 등의 상황요인과 조직특성의 적합성이 성과를 결정하는 상황이론의 기본적 사고이다. 조직이 보다 많은 성과를 지향하는 한 조직특성을 환경이나 기술에 적응시켜야만 하는 것이다.

그런데 이러한 현상에 대한 이론적 분석은 그 동안 경시되어 왔으며 상황이론

---

17) Lawrence, P. R. & J. W. Lorsch, *Organization and Environment,* Homewood, Ill: Richard D. Irwin, 1969.

이전의 조직론에서는 환경의 적응보다 조직구성원의 만족, 동기부여 등만을 강조하였다. 상황이론은 이러한 편향성에 시정을 가하는 것이다.

물론 조직구성원의 동기부여가 중요하냐 아니면 조직의 기술이나 환경에의 적응이 중요하냐 또는 양자가 대립적인가 상호적인가 하는 문제는 경험적인 문제이지 선험적인 판단이나 신념의 문제는 아니다. 그러나 지금까지 상황이론의 연구성과는 조직의 환경 또는 기술에의 적응이라는 관점에서 실증적 결과에 대한 일관된 해석을 가능케 한다. 급격한 기술혁신에 직면하고 있는 현대기업의 경영조직문제에 있어서 조직의 환경 또는 기술에의 적응이라는 관점이 풍부한 통찰력을 제공하고 있는 것이다.

셋째, 상황이론은 행동주체로서의 조직 그 자체를 분석단위로 한다. 그리고 조직형태·부문 간의 세력관계·관리체계 등의 구조적인 특성과 조직에 대한 기능 및 역기능에 초점을 맞추고 있다. 따라서 상황이론은 조직 간의 개인 또는 집단의 행동이나 동기에 중점을 두는 것이 아니다. 조직의 구조적 특성과 그 기능에 주목하고 거기에 존재하는 객관적 법칙을 지향하는 것이다.

넷째, 상황이론은 조직에 대한 실증분석, 특히 조직의 비교분석을 통한 경험적인 이론구축을 지향한다. 머튼(R. K. Merton)은 사회현상에 관한 특수이론의 통합 중에서 사회현상에 대한 일반적인 통찰을 만들어 내려는 이론을 중범위이론이라고 부르고 있는데, 이는 극히 한정된 상황에서의 이론구축을 행하는 특수이론과 범위가 크고 일반적이긴 하지만 경험적 내용이 부족한 일반이론과 대비되는 이론이다.

상황이론은 조직이나 인간의 행동을 관리하는데 있어 유일 최선의 방법이 없다는 전제를 두고 있기에 성과를 확보하기 위해서는 [그림 3-2]와 같이 조직관련 변수와 상황변수가 조화를 이루어야 한다고 본다.

[그림 3-2]에서 보는 바와 같이 조직변수와 상황변수가 조화를 이룬다면 성과는 높아지게 되며, 그렇지 않다면 성과수준은 낮아지게 된다는 것이다. 그러므로 성과는 결국 조직변수와 상황변수의 적합성의 함수로 볼 수 있다. 이러한 모형을 통해서 볼 때 기업의 성과향상을 이루는 관리방법이나 이론에는 보편적인 최선의 방법이 있다기보다 상황변수와 적합성이 이루어지도록 조직변수를 조정·통제하는 것이 필요할 것이다.[18]

18) 오종석·조영복, 전게서, p.164.

[그림 3-2] 상황이론의 모형

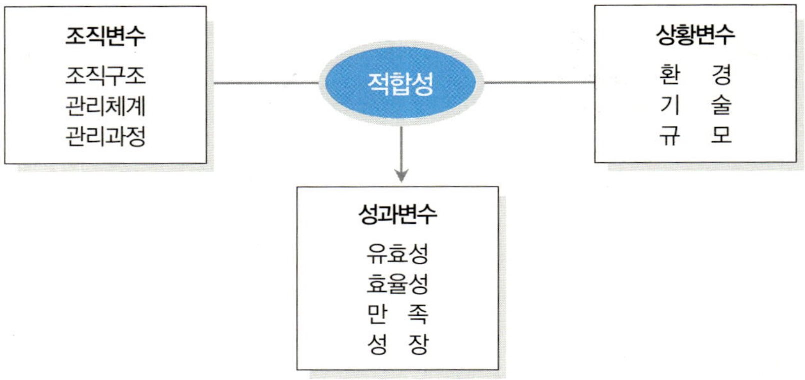

자료원: 오종석·조영복, 전게서, p.165.

현대적인 의미의 조직이란 조직목표를 달성하기 위하여 그 하위 시스템들이 유기적으로 상호작용을 하면서 조직의 외부환경에의 적응을 통해 안정과 성장을 도모하는 개방 시스템(open system)이라 할 수 있다. 이와 같이 조직을 시스템적 관점에서 이해하고, 조직의 추상적 내용을 실증적인 방법으로 구체화하여 조직현상을 연구하는 것이 상황이론이다. 이처럼 상황이론은 모든 이론에 적용할 수 있는 최선의 방법(one best way)이 존재한다는 보편주의적 입장을 부정함으로써 일반이론으로서의 조직론이나 경영관리이론이 특정한 상황에서는 설명할 수 없는 제한성을 극복한 점에서 그 의의가 크다.

(3) 상황이론의 한계

그러나 이 이론은 그 성격상 다음과 같은 문제점을 가지고 있다. 우선 환경과 조직의 구별이 불분명하며, 환경을 불확실한 면으로만 생각하여 소비자·지역주민·종업원요구 등에 대한 고려가 부족하다. 또한 대량생산으로 안정된 기업에 대하여 경영참가 등 그 조직의 유연성을 위한 재편의 방향을 제시하지 못한다. 그러므로 보수적 이론이라는 비판을 면치 못하고 있다. 그리고 환경의 유형별 분류와 그 대응 기업에 대한 실증적 연구가 충분치 못하며, 환경이 변화됨에 따라 조직도 변화한다고 하지만, 조직이 환경의 변화에 적응해 가는 과정에 대한 인식이 부족하다는 문제점도 있다. 아울러 환경이 조직을 규제하기보다 조직이 환경을 선택할 수도 있으며, 정치적·권력적 작용은 오히려 의사소통을 저해할 수 있다고 생각된다.

경영패러다임의 변화

사회생활을 하다보면 경영이라는 말을 자주 듣게 된다. 직장에서도 가정에서도 심지어 인생도 경영해야 한다는 말이 있을 정도로 경영은 우리의 삶과 밀접한 연관이 있다. 그렇다면 경영이란 무엇일까. 접근하는 방식 및 관점에 따라 다양한 정의를 내릴 수 있지만 경영의 본래 의미는 조직을 관리하고 운영하는 것이다. 이를 조직의 목표와 연관시켜 이해한다면 '조직의 목표를 달성하기 위한 일련의 과정 및 활동'으로 정의할 수 있다. 여기서 조직은 기업, 기관, 가계 등을 포함한다. 하지만 산업혁명 이후 기업의 역할과 비중이 점차 커지게 되면서 현대사회에서는 경영을 주로 기업경영으로 이해하고 있다.

지금 이 순간에도 시간은 흐른다. 이는 모든 것들이 변화하고 있음을 의미한다. 경영도 마찬가지이다. 경영은 시대적 요청에 따라 새로이 등장하고 변화되어 왔다. 새 시대에는 새로운 사고방식과 행동양식이 요구되며, 세계적인 조류에 부합한 가치체계와 경영패러다임의 전환이 중요한 관심사가 되었다.

미국의 과학사학자인 Kuhn(1962)은 그의 저서『과학적 혁명의 구조』에서, 패러다임(paradigm)을 '현상이나 사물을 이해하는데 있어 독특한 규칙이나 사고의 체계'라고 정의하였다. 패러다임의 사전적 의미 역시 '전형적인 사고의 틀 또는 패턴'이다. 경영패러다임은 특정 시대에 기업경영에서 나타나는 수많은 현상들을 이해하는 사고의 틀이다. 따라서 경영환경의 변화는 새로운 경영패러다임의 변화를 초래하며, 결국 성공적 기업경영을 위한 변화를 요구한다.

경영자들은 오랜 시간의 경험과 지식을 통해 어떻게 하면 효과적으로 목표를 달성할 수 있을지, 더 높은 생산성을 올릴 수 있을까 등에 대한 고민을 하면서 생산과 소비 그리고 욕구의 추구와 만족 또는 좌절의 경험을 체계화시켰다. 이를 시대적 흐름에 따라 살펴보면, 1930년대까지는 생산성 향상과 작업의 합리화를 위한 생산중심의 사고가 주류를 이루었다. 1950년대까지는 기업의 내적인 문제 및 구성원들의 인간화를 위한 인간중심의 사고에 초점이 맞춰졌다. 그러나 1960년대 중반부터는 경영환경의 급격한 변화에 따라 관심이 기업의 내적인 문제에서 외적인 문제로 바뀌게 되었다. 따라서 기업들은 급변하는 경영환경에 적응하기 위해 끊임없는 변화와 혁신을 추구해야만 했다. 이러한 변화에 적응하지 못하는 순간, 그 기업은 쇠퇴할 수밖에 없기 때문이다.

미국기업의 생존 현황을 조사한 맥킨지 보고서에 따르면 앞으로 변화의 예측이 더욱 어려워지고 위협요인은 복잡한 형태로 다가온다고 한다. 그 결과 기업의 수명은 점차 짧아지는 추세를 보이고 있다. 우리 앞에 다가온 4차 산업혁명은 변화의 속도뿐만 아니라 엄청난 힘으로 모든 방향에서 밀려온다. 자연환경의 변화처럼 점진적인 것이 아닌 혜성의 충돌처럼 급격한 변화처럼 느껴진다. 기업이 근본적이고 혁신적인 변화를 추구해야 하는 이유이다.

역사학자들에 따르면 나폴레옹이 패전한 원인 가운데 하나는 변화에 대처하지 못한 그의 전략이라고 한다. 전쟁 초기에 그는 카리스마적 리더십으로 군을 단결시키고, 적시에 적군을 공격하는 시간차 전략을 구사하면서 연전연승을 거두었다. 그러나 점점 급박하게 변하는 상황 속에서도 시간차 공격 전략을 무리하게 고집하는가 하면, 상명하복의 위계질서를 지나치게 강조하다가 상황대처 능력을 상실했다는 것이다. 즉, 변화를 적시에 수용하지 못한 경직된 전략이 자기 자신은 물론 군대 전체를 종국으로 치닫게 한 것이다.

이와 같은 역사의 한 대목이 예측불허의 경영환경 속에서 고전하는 기업들에게 좋은 시사점을 던져주고 있다. 기업경영은 주어진 환경에 순응하는 것이 아니라 환경을 변화시키고 사회적 가치를 창조하는 행위이다. 불확실성과 위험이 도사리고 있는 환경 속에서 기민하고 유연하게 변화를 수용할 수 있는 기업만이 생존할 수 있다는 것이다.

(이종민/경기신문, 2022. 3. 19)

4

기업형태론

제4장

기업형태론

제 1 절 기업의 의의

1 기업의 개념과 특성

기업이란 이윤추구를 목적으로 제품과 서비스의 생산 및 마케팅과 같은 경영활동을 경제성 원칙에 입각하여 운영되는 공동체라고 할 수 있다. 이러한 기업의 정의를 통해 현대기업이 갖고 있는 특성을 살펴보면 다음과 같다.

첫째, 기업은 이윤을 추구하는 조직체이다. 기업은 재화와 서비스를 사회에 제공하기 위해서 운용되는 경제단위이지만 그것은 이윤추구와 불가분의 관계에 있다. 기업의 존재이유가 이윤추구에 있다는 것은 자본주의 경제체제에서는 너무나 잘 알려진 사실이다. 기업이 이윤추구를 위한 활동을 전개하지 않는다면 장기적으로는 존속할 수 없다. 물론 현실의 기업이 오로지 이윤추구만을 목적으로 행동해서는 안 되지만 이윤추구 그 자체를 부정하거나 의도적으로 이윤을 올리지 않으려는 행동을 한다면 기업은 존속할 수 없는 것이다. 이러한 의미에서 이윤추구는 자본주의 경제체제 하에서 기업의 행동원리이며 존재이유라고 할 수 있다. 여기에서 이윤이라는 개념은 생산성·수익성·경제성 등과 유사한 개념이다. 그런데 이윤추구가 아무리 당연한 기업의 목표라고 할지라도 사회적 저항이나 희생을 전제로 하는 무차별적 극대이윤의 추구는 결코 바람직스럽지 못할 뿐만 아니라 용납될 수 없는 것이다. 기업의 이윤추구는 기업과 관련된 여러 이해집단이 수용하는 한도 내에서 행해져야 하는데, 이는 사회지향적인 이윤개념으로서 적정이윤·최저이윤·만족이윤 개념과 유사한 것이다.

둘째, 기업은 경제적 특성을 갖는다. 기업은 생산·판매활동을 비롯한 각종의 경영활동을 수행함에 있어서 경제적 사고에 근거해야 한다. 판매가격은 고시가격으로 인해 조정불가능한 상태에서 지나치게 비싼 원자재를 사용한다든지, 생산일정이 오래 걸려서 적자를 감수할 입장이라면 경제적이라고 할 수 없다.

셋째, 기업은 기술적 특성을 갖는다. 이는 기업이 생산에서 판매에 이르기까지 고도의 숙련도와 기술수준을 요구하고 있다는 것을 의미한다. 요즈음은 기술변화의 속도와 규모가 커서 기업이 이와 같은 급격한 기술변화에 적절히 대처하지 못하면 존립 자체를 위협받게 된다.

넷째, 기업은 사회적 특성을 갖는다. 기업은 인간집단에 의해 구성되는 사회적 유기체로서 구성원 간의 원만한 이해와 협동이 선행될 때 경영의 효과는 더욱 증대될 수 있는 것이다. 물론 기업의 생산요소로서 노동력 이외에 시설과 자금·기술·과업·구조 등이 있으나 그 중에서 인적 구성이 제일 중요한 의미를 지닌다.

다섯째, 기업은 생산경제의 주체라는 특성을 지닌다. 여기에서 생산이라는 개념은 인간의 욕구충족을 실현시킬 수 있는 제품 및 서비스 등을 창출하는 것을 가리킨다. 한 나라의 국민경제는 가계, 기업, 국가 등과 같은 개별경제로서 구성되는데, 가계가 소비경제의 단위체라면, 기업은 생산경제의 단위체이고, 국가는 생산 및 소비경제의 단위체가 된다.

마지막으로, 기업은 개방 시스템의 특성을 갖는다. 기업은 정부·고객·경쟁업체를 비롯한 각종 조직으로 구성된 거대한 사회 시스템 속의 부분적 시스템으로서 이들 외부집단과 지속적으로 상호작용을 해야 함을 의미한다. 그리고 기업 자체는 수많은 내부 시스템으로 구성되어 있어서 이들 내부 시스템이 그 기능을 다하고 원만한 조화를 이룰 때 기업의 경영목표 달성이 더욱 용이하게 될 수 있다. 기업의 내부 시스템으로는 생산·판매·인사·재무 등의 기능 시스템, 이사·과장·작업자와 같은 계층 시스템이 그 예이다.

2 기업의 기능과 역할

기업은 국민경제와 사회 전체를 위해 다음과 같은 고유한 역할과 기능을 담당하고 효율적으로 수행하고 있기 때문에 그만큼 중요한 것이다.

1) 제품과 서비스의 제공

기업은 국가적으로 필요로 하는 제품과 서비스를 생산·유통시켜 소비자를 만족시키고 이익을 창출할 수 있도록 합리적인 경영을 해야만 한다.

2) 고용창출과 생활기반의 제공

기업은 지속적으로 취업기회를 제공함으로써 노동인구에게 생활기반을 확충하는 데 필요한 소득원을 제공하고 있다. 이를 위해서 정부는 규제완화 등을 통해 일하기 좋은 기업환경을 조성함으로써 기업의 고용창출 기회를 촉진해야 할 것이다.

3) 경제재생산에 필요한 이익의 창출

기업은 이익을 추구하고 창출하기 위해 제품과 서비스를 재생산·취업기회의 확대 등 고유한 역할과 기능을 다해야 한다.

4) 사회·경제적 성장과 발전의 촉진

기업은 경제를 성장·발전시키는 추진력으로서의 역할과 기능을 수행해야 한다. 그 결과 우리 모두의 생활수준과 복지향상은 물론 국가발전의 밑거름이 될 수 있는 것이다.

5) 사회적 욕구의 충족과 삶의 질 향상

오늘날 기업은 경제적 내지 물질적인 것들의 공급 외에 공해의 방지와 생태환경의 보호, 불공정거래의 방지와 소비자보호, 사회적 책임의 수행 등 사회적 욕구를 적절히 충족시키고 삶의 질을 향상시키는 역할과 기능을 수행해야 한다.

제 2 절 기업의 경영목적

1 기업목적의 개념과 특성

1) 기업목적의 개념

기업은 사회 속에서 맡은 바 역할을 담당하는 사회의 한 기관이다. 따라서 기업목적의 개념은 기업을 사회와 관련시키는 제도적 목적으로서, 주로 사회목적의 달성을 위하여 사회 속에서 기업이 담당해야 할 역할을 의미한다.

현실적으로 기업을 소위 경제(자본)가치적 측면을 말해주는 '기업'과 조직·인간적 측면을 말해주는 '경영'으로 구분한다면 기업목적과 경영목적은 반드시 일치하지 않는 별개의 개념일 수 있다. 즉 자본주의의 초기에는 기업의 목적이 중시되고 논의되었으나 소유와 경영이 고도로 분산된 고도산업사회에서는 '기업'보다는 '경영'이 우위를 차지함으로써 경영목적이 중시되어 논의되기에 이른다.

기업목적이란 기업활동이 지향하는 최종적인 성과 내지 결과로서, 기업활동의 평가기준이다. 그런데 기업의 경영목적(management purpose)은 명확한 기업활동의 범위와 경영노력의 방향을 제시해주는 의도된 목표를 경영행동을 통하여 실현하려는 도달상태를 의미한다. 경영목적을 바람직한 도달상태라고 표현할 경우, 거기에는 '희망한다'라는 가치판단의 측면과 '도달상태'라는 사실판단의 측면이 있는데, 전자는 경영이념(management ideology)에 해당하고, 후자는 경영목표(management objective)에 해당한다고 할 수 있다. 즉 경영이념은 경영자가 품고 있는 신념·신조·이상·이데올로기 등의 가치이며, 경영목표는 이러한 경영이념을 실현하기 위해 설정된 구체적인 도달상태이다. 따라서 경영목적은 경영이념과 경영목표의 양자를 통합하는 상위개념이라고 규정할 수가 있다.

기업은 환경변화에 적응하고 존속·발전하기 위해서 항상 환경상황에 적합한 경영목적을 설정하는 것이 필요하다.

2) 기업목적의 특성

기업목적은 효율적인 경영관리의 우선순위와 자원배분의 근본이 되고 있다. 이러한 기업목적은 현대기업의 특성에 적합하게 설정되어야 한다.

현대기업이 과거와 다른 특성을 갖도록 하는 배경요인이 되고 있는 것은 거대기업의 출현, 전문경영자의 등장, 정부규제의 증대, 다국적기업의 성장, 사회문제와 관련된 사회적 압력의 증가 등이다. 이러한 문제에 대응하기 위해서 현대기업은 다양한 이해자집단의 관심사를 고려한 다원적인 기업목적을 전략적 차원에서 설정하지 않으면 안 된다.

따라서 현대기업이 그 본질을 구현하기 위해서는 어떤 특성의 기업목적을 설정해야 하는가를 살펴보기로 한다.

첫째, 기업이 현재 어떠한 상태에 있으며, 미래에 어떻게 될 것이며, 어떻게 되어야 하는가에 대한 분석과 예측을 바탕으로 기업목적이 설정되어야 한다. 왜냐하면 기업의 목적은 바로 기업의 근본적인 전략이기 때문이다.

둘째, 기업의 목적은 이용 가능한 자원과 노력을 집중할 수 있도록 기업의 여러 목표 가운데서 근본적인 것을 기업의 목적으로 선택해야 한다.

셋째, 현대기업의 목적은 단일목적보다 오히려 다원목적이어야 한다. 왜냐하면 기업을 경영하는 것은 다양한 욕구와 목표를 조화시키는 것이며, 여기에 다원적인 다양한 목적이 요청되기 때문이다.

넷째, 기업의 목적은 기업의 유지·존속이 달려 있는 모든 영역에서 필요하다. 모든 기업은 먼저 고객창조(customer creation)라는 동일한 요인에 의존해야 한다. 그렇지 않으면 경쟁에서 뒤지기 때문이다.

다섯째, 기업은 본질적으로 이윤추구에 대한 욕구를 가지고 있기 때문에 이를 기업목적에 반영해야 한다. 왜냐하면 이윤추구는 모든 활동에 필요한 비용을 조달할 수 있으며, 또한 항상 위험이 수반되기 때문에 위험을 충당할 이윤이 요청되기 때문이다.

이상에서 기업목적의 특성을 일반적인 관점에서 살펴보았다. 기업목적은 기업의 규모와 산업의 성격이라는 내적인 요인과 경제적·기술적·사회적 그리고 정치적 등 외적 영향요인과도 관련이 있기 때문에 기업은 계속적으로 새로운 특성을 갖도록 기업목적을 재설정하지 않으면 안 된다.

2 기업목적론의 동향

기업목적은 기업 시스템의 발전에 따라 기업가의 경제적 이윤추구를 목적으로 하는 단일목적론에서 소유와 경영의 분리에 따라 전문경영자가 출현하면서 경영자의 비경제적 목적을 포함하는 다원목적론으로 변화되어 왔다.

1) 단일목적론

전통적인 기업론에서 보면 단일목표론이 지배적인데 이는 경영목적을 이윤극대화에 두고 그것에 의해 기업의 행동원리를 추구하는 것이다. 기업을 지배하고 있는 사람은 소유경영자로서의 기업가들이었으며, 그들의 목적은 출자와 경영을 통하여 수익성을 높이려는 데 있으므로 '기업의 목적'은 바로 '기업가의 목적'이 되게 된다. 즉 이윤추구 그 자체가 기업의 목적인 것이다.

2) 다원목적론

다원목적론이란 현대기업이 두 개 이상의 목적을 동시에 추구한다는 주장이다. 이러한 주장의 근거로는 첫째, 이해관계자의 다양화에 따른 다원적 요구를 현대기업은 충족시켜야 하기 때문이다. 즉 이익극대화라는 경제적 목적만으로는 기업의 장기적 존속과 성장이 가능하지 않다는 의미이다. 둘째, 현대 경영이론이 만족화의 원리나 기업의 사회적 책임 등을 거론하면서부터 기업목적의 내용이나 형식이 변하게 되었기 때문이다.

다원목적론 중 대표적인 예로 드러커(P. F. Drucker)의 고객창조설에 대해 알아보기로 하자. 이 이론은 고객이 기업의 기반이며 기업존속을 결정하므로 '고객창조'(to create a customer)를 위해 다음과 같은 8개의 목적으로 구성된 다원목적시스템을 제시하였다.

① 수익성에 관한 목적
② 생산성에 관한 목적
③ 혁신에 관한 목적

④ 시장지위에 관한 목적
⑤ 물적·재무적 자원에 관한 목적
⑥ 경영자의 업적과 육성에 관한 목적
⑦ 종업원의 업적과 태도에 관한 목적
⑧ 공공책임에 관한 목적

드러커의 다원목적론은 이익을 최상의 목적으로 삼는 것에는 반대하지만, 다원목적 중 하나로서 이익의 필요성에 대해서는 부정하지 않는다. 즉 모든 목적의 정당화와 균형화를 전제로 한 이익극대화라는 점이다.[1)]

제3절 기업의 제 형태

1 기업형태의 분류

기업의 형태(form of enterprise)란 출자자의 수와 범위, 경영의 원리, 주요기관 및 구조와 같은 기업의 분류요건에 의한 기업의 종류를 말한다. 이는 보는 관점에 따라 여러 가지로 나눌 수 있을 것이다. 또 학자에 따라 다른 의견을 제시하고 있으나 기업의 규모, 업종, 출자자, 법제도, 정부와의 관계 등을 토대로 다음과 같은 분류기준을 제시할 수 있다.

① 규모에 의한 분류

기업의 규모를 결정하는 매출액, 종업원 수, 자본금에 따라서 대기업·중기업 및 소기업으로 분류할 수 있다.

② 업종에 의한 분류

기업이 종사하고 있는 업종에 따라서 공업, 상업, 광업, 금융업, 통신업 등으로 구분할 수도 있다.

---

1) 최용식, 경영학원론, 창민사, 2010, p.87.

③ 출자성격에 의한 분류

기업의 출자자를 공·사별로 나누어 공기업·사기업 또는 공사공동기업 등으로 구분할 수 있다. 즉 공기업은 정부나 공공단체에서 출자한 것이고, 사기업은 민간인이 출자한 것이며, 또한 공사공동기업은 민간인과 정부 혹은 공공단체가 공동으로 출자한 기업의 형태이다.

④ 법률에 의한 분류

법률상의 규정에 따라 합명회사·합자회사·유한회사 또는 주식회사 등으로 구분할 수 있다.

⑤ 소유방식에 의한 분류

소유 및 지배를 중심으로 하여 개인기업·소수(인적)공동기업·다수(자본적)공동기업 등으로 구분할 수 있다.

이와 같이 기업의 형태를 분류하는 기준은 여러 가지가 있겠으나 기업자본의 출자관계에서 본 '기업의 법률형태'와 경영활동의 견지에서 실질적인 출자에 따르는 책임부담의 관계에서 본 '기업의 경제형태'에 의한 분류가 일반적이다. 기업의 경제형태와 법률형태의 분류는 다음 [그림 4-1]과 같다.

[그림 4-1] 기업형태의 분류

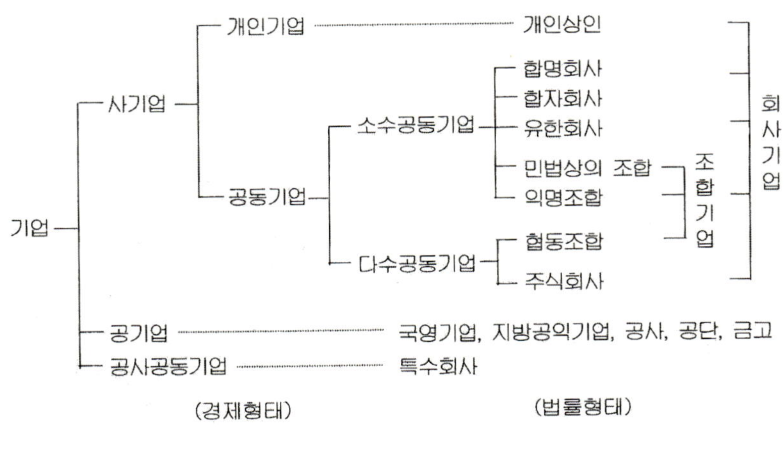

자료원: 신철우, 전게서, p.110.

2 사기업

사기업에는 크게 개인기업과 공동기업이 있는데 각 기업의 형태와 특징을 설명하면 다음과 같다.

1) 개인기업

개인기업(private enterprise)이란 사기업 중 가장 오랜 기간 동안 존재해 왔으며, 가장 단순한 형태의 기업이다. 이는 한 사람이 출자, 경영, 소유 및 지배를 하는 기업, 다시 말하면 개인이 전액 출자하여 직접 경영하고 채권자에 대해서는 무한책임을 지는 기업형태이다. 따라서 경영상의 모든 이익과 손실도 그 개인에게 귀속된다. 개인기업의 장·단점은 다음과 같다.[2)]

(1) 개인기업의 장점

① 기업의 설립 및 폐쇄가 용이하다.
② 경영활동에 있어서 신속한 의사결정이 가능하다.
③ 위험부담과 이윤취득을 혼자서 하기 때문에 기업경영에 전념하게 된다.
④ 법률상의 제약과 규제가 가장 적다.
⑤ 기업의 비밀유지가 가능하다.
⑥ 세제면에서 법인세가 없고, 이윤에 대한 개인소득세만 납부하기 때문에 세제상의 혜택을 누릴 수 있다.

(2) 개인기업의 단점

① 자본조달이 개인 한 사람에 의해 이루어지기 때문에 한계가 있다.
② 부채에 대하여 소유자가 무한책임을 진다.
③ 기업의 규모가 커지면 관리능력에 한계가 발생한다.
④ 기업의 운명이 경영자인 기업가의 한 사람에 의해 좌우된다.

---

2) 박정민 외 3인, 전게서, pp.183-184.

2) 소수공동기업

(1) 합명회사

합명회사(general partnership)는 2명 이상의 출자자가 공동으로 출자하며 기업의 채무에 대해 전원이 연대무한책임을 지는 기업형태이다. 무한책임사원의 특징상 혈연관계에 있거나 이와 유사한 관계에 있는 사람들 간에 이루어지는 기업형태이다. 따라서 개인기업과 비슷하여 친밀한 관계에 있는 소수의 사람들이 인적 신용을 기초로 설립하는 것이 보통이다.

합명회사는 본래 중세 이탈리아의 육상상업도시에서 발달된 소키에타스(societas)에서 유래되었다. 소키에타스는 가족단체를 중심으로 한 출자자 상호간의 신뢰성을 바탕으로 조직된 것을 특징으로 하였다.

합명회사는 회사의 운영에 대한 의사결정과 사원[3]의 지분양도에 있어서 전 사원의 동의가 필요하다. 그러나 개인기업의 특성을 지니고 있기 때문에 자본조달의 한계로 소규모기업에 적당한 기업형태라고 할 수 있다.

(2) 합자회사

합자회사(limited partnership)는 무한책임을 지는 출자자와 유한책임을 지는 출자자로 구성되며, 합명회사의 단점을 보완한 형태이다. 경영은 무한책임을 지는 출자자가 담당하며 유한책임을 지는 출자자는 출자에 따른 이익의 분배만을 받을 뿐이다. 따라서 책임과 권한의 크기는 무한책임사원이 더 크며 합명회사에 비해 자본조달이 용이하다.

합자회사는 중세 이탈리아의 해상상업도시에서 발달한 코멘다(commenda)에 그 기원을 두고 있다. 코멘다는 일종의 위탁계약관계로 위탁자(commendator)가 수탁자(tractator)에게 상품 또는 자본을 위탁하여 수탁자가 얻은 이윤의 분배 및 손실의 분담에 대해 양자 간에 맺은 계약을 말한다. 여기서 위탁자는 귀족, 상인 및 지주였으며, 수탁자는 대부분 해상무역업자이었다. 당시 위탁자는 출자를 한도로 유한책임을 진 반면 수탁자는 무한책임을 지었다.

합자회사에서 유한책임사원은 책임이 한정되고 일상 업무는 수행하지 않으며 출

---

3) 기업의 출자자를 법률관계에서는 사원(社員)이라고 부르며, 이는 일상생활에서 임금을 받고 회사에 근무하는 사람을 일컫는 종업원 성격의 사원과는 구별된다(이한재, 경영학원론, 탑북스, 2014, p.134).

자분에 대한 배당만 받는다. 한편 지분의 양도에 있어서 유한책임사원의 지분은 무한책임사원의 전체동의가 있으면 양도가 가능하지만, 무한책임사원의 지분은 전 사원의 동의를 얻어야만 승인되기에 지분양도가 어렵다.

(3) 유한회사

기업이 합명회사나 개인기업과 같이 무한책임사원만으로 구성되면 채권자보호에는 유익하지만, 출자자의 입장에서 보면 이와 같은 무한책임은 사원들에게 지나친 부담이 된다. 따라서 유한회사는 출자자의 이와 같은 불편을 줄이고 또 가족기업과 같은 소규모의 기업으로서 유지·성장될 수 있도록 하기 위해서 창안된 기업의 형태이다.

유한회사(private company)는 50명 이하의 사원이 출자액을 한도로 하여 기업채무에 대해 유한책임을 지는 전원 유한책임사원으로 구성되며 주식회사보다 설립이나 조직절차가 간편하여 중소기업에 적합한 기업형태이다. 유한회사는 전 사원이 유한책임을 진다는 점에서 주식회사와 비슷하지만 소수의 출자자에 의한 소액의 자본조달과 지분의 양도시 사원총회의 승인을 얻어야 한다. 유한회사의 총자본금은 1천만 원 이상으로 제한하고, 결의권은 출자좌수를 따르며, 결의에는 특수결의와 일반결의가 있다. 기관으로는 사원총회와 이사회 및 감사가 있으나, 감사는 법정 필수기관이 아닌 임의기관으로 그 설치 여부는 자유이며, 또한 회사는 재무상태를 공시하지 않아도 된다.

(4) 민법상의 조합

민법상의 조합(civil code partnership)은 2명 이상이 공동 출자하여 공동으로 사업을 경영할 것을 약정함으로써 그 효력이 발생한다. 민법상의 조합은 일시적 거래로 공동사업을 경영하거나 공채·사채·주식 등의 유가증권의 공동인수를 통해서 사업의 설립을 돕기 위한 증권인수단(syndicate)을 결성할 때 또는 프로젝트와 같은 단기적 사업의 기업형태가 필요한 경우 사용된다.

따라서 이는 일시적인 기업 또는 과도기적인 기업으로서의 특성을 가지므로 법인이 아니고 조합이다. 조합이기 때문에 권리의무의 주체는 조합이 아니고 조합원이며, 자산도 조합자산이 아니고 조합원의 자산이다. 이의 운영은 조합원에 의해서 이루어지며, 이 경우 조합원 전원은 무한책임을 지고 업무집행은 조합원 과반수의 찬성으로 결정한다.

(5) 익명조합

익명조합(undisclosed association)은 합자회사와 같이 이탈리아의 코멘다에서 비롯된 것으로서, 업무를 직접 담당하는 무한책임 영업자인 현명조합원과 유한책임을 지는 익명출자자인 익명조합원으로 구성되는 조합으로 상법상의 조합이라고도 한다. 익명조합원은 채권자의 입장을 취하고 영업에는 직접 참가하지 않으며 자기의 신분을 노출시키지 않고 투자하는 사람이다. 영업자의 입장에서는 경영권의 잠식 없이 자본을 조달할 수 있다는 장점이 있으나, 출자자와 자본금액이 공표되지 않기 때문에 사회적 신용을 얻기 힘든 단점이 있다.

3) 다수공동기업

(1) 주식회사

① 주식회사의 의의

주식회사(stock company, corporation)는 여타 형태의 기업과는 달리 경영의 여러 이론이 직접적으로 적용될 수 있는 기업형태이기 때문에 더욱 큰 의미를 갖는다. 주식회사는 합명회사와 합자회사가 발전한 것으로 자본주의 체제에서 대규모의 기업을 운영하는데 필요한 대규모의 자본을 조달하는 중요한 수단이 되고 있다. 따라서 주식회사는 자본주의 경제체제의 대표적인 기업형태이며, 현대 경영학의 학문적 연구에 있어서 중심을 이루고 있다.

주식회사는 자본적 공동기업의 대표적인 형태로 다수인의 출자에 의해서 성립되는 자본단체이다. 자본단체란 주주의 출자재산을 바탕으로 설립된다는 것을 의미한다. 따라서 자본의 결합이 중요한 반면에 인적 결합은 그다지 중요하지 않다.

주식회사가 자본주의의 기업형태로 각광을 받는 이유는 다수인의 자본참가가 용이하고 대규모의 자본을 조달할 수 있다는 이점 때문이다. 이 때문에 주식회사는 기업규모의 대형화와 규모의 경제를 향유할 수 있는 기업형태이다. 또한 주식회사는 다수로부터 대규모의 자본을 조달함과 동시에 위험을 분산시키고 전문경영자에 의한 경영관리가 가능한 기업형태이다.

② 주식회사의 특징

주식회사의 특징으로 유한책임제도, 자본의 증권화제도, 소유와 경영의 분리 등을 들 수 있다.

(가) 유한책임제도

유한책임제도는 주주의 회사에 대한 개인적 책임이 출자액의 한도 내에서 부여되기 때문에 주주는 안심하고 기업에 출자할 수 있는 것을 말한다. 유한책임제도는 개인의 자본능력에 따라 책임한계가 결정되므로 개인은 자신의 자본능력을 감안하여 선별적 투자를 행할 수 있으며, 회사는 다수인으로부터 대규모의 자본조달이 가능하다. 이것은 주식회사는 주주의 재산과 회사의 재산이 명백히 구별된다는 것을 의미한다. 따라서 회사의 부채가 아무리 많아도 주주의 개인재산에까지는 그 위험이 미치지 않는다. 또한 법적 실체(legal entity)로서의 주식회사는 주주가 바뀌더라도 자체의 재산확보를 확실히 할 수 있도록 자본확정, 자본충실 및 자본유지의 원칙을 법으로 강요하고 있다.

(나) 자본의 증권화제도

자본의 증권화란 주식이라는 유가증권(securities)을 통해 출자의 단위를 소액단위의 균일한 주식으로 세분하여 출자를 용이하게 하고, 이를 주식시장에서 매매가 가능하도록 하여 소유권의 이전을 용이하게 하는 것을 말한다.[4)]

주식회사의 자본금은 주식이라고 하는 유가증권을 분할 발행하여 주주에게 매각함으로써 조달할 수 있고, 이때 주식을 매입하는 주주는 출자자로서의 권한인 주주권을 갖게 된다. 그리고 주식은 주식시장을 통해 매매양도가 가능하고(유통증권화), 출자자는 임의로 주식의 매입을 통해 투자를 행할 수 있으며(주주자격 취득), 주식의 매각을 통해 출자분을 회수할 수도 있다(주주자격의 포기). 이러한 특성으로 인하여 주식회사는 대규모의 자본조달이 용이하고, 자본의 규모를 확대시킬 수 있다.

(다) 소유와 경영의 분리

주주의 종류에는 사업주주, 투자주주, 투기주주 등 세 종류가 있다. 사업주주는 출자의 목적이 사업에 참여하는데 있고, 투자주주는 출자의 목적이 이익배당과 주식시세 차익에 따른 이익획득에 있으며, 투기주주는 출자의 목적이 주식시세 차익에 의한 이익획득에 있다. 그런데 오늘날의 주식회사의 출자형태를 보면 투자주주나 투기주주가 많은데, 이들은 경영에 참여하기를 원치 않기 때문에 소유와 경영이 분리되고 있다. 다시 말하면 다수의 소액투자자들은 자기들의 지분율에 비례하

---

4) 문규현·박상철, 전게서, p.95.

여 회사의 소유권을 가지지만 경영에 직접 참가하기에는 그 수가 많고 전문적 지식이 부족하여 전문적 식견이나 능력을 가진 전문경영자를 고용하여 경영을 담당토록 한다는 것이다. 이로 인해 회사의 소유기능은 주주가 맡고 경영기능은 중역인 전문경영자(professional manager)가 맡게 되어 소유와 경영의 분리현상이 나타나는데, 이를 중역제도 또는 대리경영제도(representative management system)라고도 한다. 따라서 주식회사의 경영참가자도 소유경영자에서 고용경영자로 다시 전문경영자의 형태로 바뀌고 있다. 그러므로 주식회사에서 볼 수 있는 전문경영자에 의한 경영활동의 수행은 소유와 경영의 분리를 가속화시키고 있다. 자본주의가 자본가사회로부터 경영자사회로 바뀌어 가는 현상을 버남(J. Burnham)은 경영자 혁명(managerial revolution)이라고 하였다.[5)]

③ 주식회사의 장·단점

먼저 주식회사의 장점으로는, 주주의 유한책임, 소유권 이전의 용이, 조직의 장기적인 수명, 대규모 자본조달에 따른 기업성장의 용이, 전문경영자의 활용 등을 들 수 있다. 반면에 주식회사의 단점으로는, 세금의 종류가 많고, 설립절차가 복잡하며, 비용이 많이 들고, 정부규제가 심하며, 기업경영상 비밀유지가 어려울 뿐만 아니라 기업활동의 확대는 정관의 변경에 의해서만 가능하다는 것 등이다.

④ 주식회사의 기관

주식회사의 기관에는 최고 의사결정 기관인 주주총회, 경영 담당 기관인 이사회, 주주의 권익을 보호하는 감사 등이 있다.

(가) 주주총회

주주총회는 주주로서 행사할 수 있는 권한의 범위 내에서 회사의 중요안건처리에 참가하는 주식회사의 최고 의사결정기관이다. 주주로서의 의사결정권이란 법령과 정관에 정하는 사항에 대한 것인데, 이에는 ㉠ 정관의 변경, 자본의 증가, 영업의 양도·양수 및 합병 ㉡ 이사, 감사, 검사인, 청산인의 임면에 관한 사항 ㉢ 주식배당, 신주인수권, 계산서류의 승인 등에 관한 사항이 포함된다.

총회는 소집시기에 따라 정기총회와 임시총회로 구분된다. 정기총회는 매년 1회 일정한 시기에, 임시총회는 필요에 따라 수시로 소집된다.

---

5) 조희영, 전게서, p.96.

(나) 이사 및 이사회

이사는 주주총회에서 선임되고, 최소 3인 이상이어야 하며, 임기는 3년이다. 또한 이사 중에서 대외적으로 회사를 대표하고 대내적으로는 업무집행을 하는 대표이사를 선임해야 한다. 특히 최근에는 이사회 구성원 대부분이 내부 경영자들로 구성되어 있어 자신들의 경영활동을 자신들이 평가해야 하는 모순을 해결하기 위하여 사외이사제도를 채택하는 기업이 증가하고 있다. 사외이사제도의 장점으로는 첫째, 사내이사가 갖지 못하는 넓은 시야와 경험으로 기본방침결정에 적극 공헌하며, 둘째, 사장의 좋은 조언자가 되며, 셋째, 사장 외의 집행기관에 대해서도 자유로운 비판자가 되며, 넷째, 경영자 지배적 독선 내지는 전제를 방지한다. 다섯째, 섭외활동을 담당하며, 여섯째, 이사회에 대한 감사기능을 담당한다. 이처럼 사외이사제도는 이사회의 투명성과 기업의 사회성을 제고하기 위해 도입된 제도라고 할 수 있다.

이사회는 주주총회로부터 업무집행에 관한 일체의 권한을 위임받은 수탁층(trusteeship zone)으로서 경영에 관한 의사를 결정하기 위하여 이사전원으로 구성되는 주식회사의 상설기관이다. 이사회는 주로 회사의 업무집행에 관한 모든 의사결정을 할 권한이 있다. 이사회의 결정사항으로는 회사의 업무집행, 지배인의 선임 및 해임, 지점의 설치·이전 또는 폐지, 이사의 직무집행에 대한 감독, 주주총회의 소집, 대표이사의 선정과 공동대표의 선정, 업무집행의 감독, 이사와 회사 간의 거래에 대한 승인, 발행사항의 결정, 사채발행의 결정사항 등이 있다.

(다) 감사

감사는 주주총회에서 선임되며, 회사의 회계감사 및 업무감사를 담당하는 주식회사의 필요 상설기관이다. 감사의 임기는 2년이며, 인원수의 제한은 없다. 감사의 자격에 있어서는 그 직능상 경영에 관한 풍부한 지식과 경험이 필요하기 때문에 엄격한 자격제한을 하거나 공인회계사와 같은 전문가를 통한 외부감사제도를 채택하기도 한다.

(2) 협동조합

① 협동조합의 의의

협동조합(cooperatives)은 자본주의 경제의 발달과 대기업의 등장으로 경제적 약

소위치에 있는 소비자, 소규모 생산자, 중소기업인 또는 민간인들이 경제적 약점을 보완하기 위하여 상호협조와 협동정신을 바탕으로 공동출자하여 조직하는 공동기업의 형태이다. 이는 영리를 목적으로 하는 기업형태가 아니며 출자자 자신이 이용하기 위해서 설립하는 것이다.

협동조합은 1844년 영국의 맨체스터 지방의 로치데일시에서 28명의 가난한 방직공들이 1파운드씩 돈을 내어 소비조합을 결성한데서 비롯되어 오늘날 전세계에 보급되었는데, 원래는 19세기초 영국의 오웬(R. Owen)의 협동이념 사상에 힘입어 만든 것으로 그 당시의 이름은 로치데일 소비조합(Rochdale Society of Equitable Pioneers, 공정개척자조합)이었다.

그 후 이 제도가 독일과 프랑스에 보급되어 프랑스에서는 생산조합이, 독일에서는 신용조합이 각각 생겨났다.

② 협동조합의 특징

협동조합은 일반 기업과는 달리 다음과 같은 자주적 특성을 가지고 있다.

㉠ **상호부조주의**: 협동조합은 협동을 통한 상호이익을 추구한다. 즉 협동조합은 개인주의가 아닌 협동주의를 목표로 영리보다 조합원의 상호부조를 목적으로 한다.

㉡ **민주주의**: 조합원의 임의 가입과 탈퇴가 허용되며, 조합의 운영은 주식회사의 1주 1표제와는 달리 각 조합원은 출자액에 관계없이 1인 1표제(one man one vote)의 평등한 의결권이 부여된 민주적 관리방식을 따른다.

㉢ **이용주의**: 조합은 영리주의 원칙에 따라 운영되지 않고 이용주의 원칙에 따라 조합원의 이용과 편익제공을 목적으로 운영된다. 아울러 잉여금이 발생한 경우 조합원의 이용 정도에 비례하여 배분한다.

③ 협동조합의 형태

협동조합은 주체가 누구인가에 따라 소비자협동조합, 생산자협동조합, 신용조합으로 분류할 수 있다.

(가) 소비자협동조합

소비자협동조합은 조합원의 생활에 필요한 물자를 공동구매함으로써 조합원의 경제적 이익을 증대시키는데 목적이 있다. 소비자협동조합은 회사, 학교, 종교단체와 같이 직장별로 조직할 수도 있고, 동일한 거주지에 사는 주민을 중심으로 지역조합을 결성할 수도 있다.

(나) 생산자협동조합

생산자협동조합은 중소생산업자들이 자신들의 이익을 목적으로 설립한 조합으로서 사업내용에 따라 판매조합, 구매조합, 이용조합, 생산조합 등이 있다.

판매조합이란 조합원이 생산한 생산물을 협동판매하는 조합이다. 구매조합이란 조합원이 필요로 하는 원료, 기계 등을 공동구입함으로써 구매비용을 절감하기 위해 결성하는 조합이다. 이용조합이란 시설 등을 공동으로 이용하기 위하여 결성된 조합을 말한다. 생산조합이란 공동원료의 확보, 공동생산, 공동판매를 목적으로 결성되는 조합을 말한다.

(다) 신용조합

19세기 독일에서 처음으로 설립되었으며, 조합원에게 자금을 융통하여 줄 목적으로 설립된 조합이다. 그 형태로는 농업협동조합, 수산업협동조합, 중소기업협동조합, 축산업협동조합, 신용협동조합 및 새마을금고 등이 있다.

3 공기업

공기업(public corporation)은 국가나 지방자치단체 또는 지방공공단체가 출자자로서 공익을 목적으로 사업체를 경영하는 기업이다. 따라서 이는 국가 또는 공공단체가 소유·경영하는 기업으로서 특히 국가가 소유하는 기업을 국영기업, 공공단체가 소유하는 기업을 공영기업이라 한다.

그런데 공기업의 경영은 일반적으로 공익을 증진시키기 위하여 수행하는 공익사업인데, 공익사업은 공기업에 의해서만 운영되는 것이 아니므로 공기업은 대개 공익사업이지만 반대로 공익사업이 곧 공기업이라 할 수는 없다. 공기업은 영리, 비영리를 불문하고 공적 자본의 조달과 공적 관리가 행하여지는 기업형태라고 할 수 있다.

공기업은 재정수입을 확보하여 독립채산제로 운영되는데 서민생활안정과 실업구제와 같은 공공의 이익증진, 민간 기업이 할 수 없는 산업의 육성과 거대한 자본이 필요한 사업(예: 서울 지하철), 공익사업의 자유경쟁으로 인한 폐해제거, 기간산업의 국영화에 의한 산업통제, 국토방위와 사회안전을 위한 사업 등을 목적으로 설립된다.

공기업의 예를 들면 전화, 철도, 전기, 수도, 도로, 항만, 한국은행, 산업은행, 대한주택공사, 한국조폐공사, 한국담배인삼공사 등이다.

그런데 공기업은 방만한 경영이라든가 구성원들의 나태로 인한 비효율적인 요소가 많아 정부가 주식지분을 50% 이상을 소유하고 있던 은행이나 일부 공기업이 민영화가 되고 있는 추세이다.6)

4 공사혼합기업

공사혼합기업(mixed ownership government corporation)은 공기업과 사기업이 공동출자하여 경영관리 및 경영상의 책임을 부담하는 기업형태이다. 따라서 경영자는 정부에서 일부를 임명하고 민간인 또는 민간출자자로부터 나머지를 선임하여 사업을 운영한다. 이러한 공사공동기업은 공기업의 장점인 대규모 자본조달의 용이와 사기업의 장점인 경영능률의 증진을 도모할 수 있다는 점이다.

공사혼합기업의 예를 들면 국민은행, 중소기업은행, 포항제철, 한국증권선물거래소, 국정교과서주식회사 등이다.

존리 "주식투자는 기업과 동행…기다리면 부자 된다"

존리 메리츠자산운용 대표는 오래전부터 같은 말을 반복해 왔다. 외제차 · 명품백 살 돈으로 주식을 사라고. 진짜 부자도 아니면서 부자처럼 느껴지는 사치품에 취하면 노후가 고달파진다고. 또 그는 자식들 사교육도 시키지 말라고 했다. 차라리 그 돈을 어려서부터 금융 투자에 쓰게 하라고. "사교육에 목돈 쓰는 게 명문대 보내서 잘살게 하려는 거잖아요. 그럼 그냥 바로 부자 되는 법을 알려줘요." 존리 주변 사람은 귀에서 피가 나도록 들은 말이다.

생경한 주장을 확신에 차 반복하니 자연스레 적도 늘었다. 존리 대표는 개의치 않았다. 되레 그는 TV와 라디오에 더 나가고, 유튜브 채널을 열고, 책을 써서 같은 주장을 이어 갔다. 어느새 유튜브 구독자 수는 34만 명을 돌파했고, 책은 쓰는 족족 베스트셀러 선반에 놓인다. "주식은 계속 모으는 개념인데, 스펙큘레이터(Speculator·투기자)만 넘쳐난다. 한국인의 금융 지식은 문맹(文盲)에 가깝다." 존리의 쓴소리는 멈출 줄 모른다.

주식투자에 대한 국민의 관심이 어느 때보다 뜨겁다. 높은 관심은 코스피 지수 3000 돌파라는 수치로 나타났다. 수많은 주린이(주식과 어린이의 합성어·주식 초보 투자자)가 신분 상승을 꿈꾸며 주

6) 유필화 외 4인, 전게서, pp.96-97.

식투자에 뛰어들고 있다. 이런 상황에서 존리 대표는 개미들에게 어떤 조언을 하고 싶을까. 1월 28일 오후 서울 계동 메리츠자산운용 사옥에서 그를 만났다.

코스피 지수 3000 시대가 열렸다. 지금이라도 주식투자에 뛰어들어야 할까.

"당연하다. 지수는 아무런 의미가 없다. 코스피 지수가 2000이면 들어가고 3000이면 기다리는 식으로 접근하면 안 된다. 가장 좋은 투자 타이밍은 '지금'이다."

왜 지수는 의미 없다고 말하나.

"주식은 모으는 것이니까. 사고파는 게 아니고 계속 모으는 건데 숫자가 무슨 의미인가. 주식투자는 마라톤이다. 서울에서 출발해 차근차근 부산을 향해 나아가는 여정이다. 그런데 상당수 개인 투자자가 100m 달리기하듯 주식투자를 한다. 그런 이들은 내게 와서 '삼성전자 주식 사서 20%나 올랐다'고 한다. 수백만원 벌었다는 것이다. 잠깐 기분은 좋겠지. 하지만 그걸로 경제적 자유를 얻을 수 있나."

그렇다고 비판적으로 볼 필요가 있나.

"수익률에 일희일비(一喜一悲)하는 사람이 주식을 꾸준히 모으는 건 불가능에 가깝다. 주식투자의 유일한 목표는 노후 준비다. 노후 준비는 평생 해야 한다. 매달 월급 일부로 주식을 사 모아 30년 후 수십억원을 만나는 것이 정상적인 투자법이다. 주식시장은 변동성을 수반한다. 이건 누구도 예측할 수 없다. 우리의 영역이 아니라는 말이다. 그런데 많은 투자자가 변동성에 맞서 가격을 맞히려 들고, 단기 매매에 집착한다. 그건 투자가 아니라 투기다. 성공하기 힘들다."

주식을 모으는 일도 말처럼 쉽지 않다. 투자 원칙을 더 자세히 말해달라.

"당신이 직장인이라면 주식투자에 앞서 자신의 퇴직연금부터 점검하라. 한국은 퇴직연금 가입자의 60% 이상이 보수적으로 운용되는 확정급여형(DB)을 택했다. 자산도 대부분 예·적금과 같은 원리금 보장형 상품에 방치돼 있다. 퇴직연금을 확정기여형(DC)으로 전환하고 적극적으로 운용 지시를 해, 자신의 노후 자금이 몸집을 불릴 수 있도록 해야 한다. 그다음 차례는 연금저축 펀드에 가입하는 것이다. 연금저축 펀드는 1년에 400만원을 투자하면 세액공제로 60만원을 돌려준다. 주식 400만원어치 사서 60만원 버는 게 쉽다고 보나. 이런 기본적인 혜택도 챙기지 않으면서 부자가 되겠다는 건 어불성설(語不成說)이다. 주식투자는 퇴직연금과 연금저축 펀드를 해결한 다음 시작해도 늦지 않다."

1·2단계를 거쳤다고 치자. 주식투자는 어떻게 하면 좋을까.

"옥석을 고를 때 가장 중요한 체크 포인트는 '오너·경영진의 자질'이라고 본다. 똑똑한지, 도덕적인지, 주주 이익을 극대화하려고 노력하는지 등을 봐야 한다. 금융투자 업계에 오래 있다 보니, 결국 기업 가치를 끌어올리는 건 경영진이더라. 이들의 경영 철학을 꼭 점검하자. 두 번째로 볼 건 '사업 확장성'이다. 가령 우리가 당구장을 운영한다고 치자. 당구장은 확장성이 약하다. 공간에 넣을 수 있는 당구대 수가 제한적이니까. 카카오 같은 플랫폼 기업 주가가 오르는 건 확장하기 쉬워서다. 커다란 공장을 짓지 않아도 이런저런 서비스를 연결해 시너지 내기 쉽고, 수천만 명에 이르는 메신저 이용자를 대상으로 새로운 서비스를 제공하기도 쉽다. 테슬라 주가가 폭발적으로 오른 것도 전기차 시장의 확장성에 거는 기대감 때문이다. 경쟁자가 들어오기 쉬운 업종인지 여부도 살펴야 한다. 진입장벽이 낮아 차별화가 힘들어지면 저가 경쟁으로 갈 수밖에 없다. 그런 건 좋은 투자 대상이 아니다. 브랜드 파워도 무시할 수 없다."

좋은 주식을 찾아 모으기 시작했어도 팔아야 하는 순간이 올 수 있지 않나.

"기본적으로 주식은 팔지 않는 것이지만, 예외가 있다. 훌륭한 경영진이라고 판단했는데 알고 보니 엉터리였다든지 높았던 진입장벽이 허물어졌다면, 매도를 고려할 수 있다. 은행이 절대권력이던 시절이 있었다. 지금은 핀테크 산업이 크게 성장하면서 토스·카카오뱅크 같은 도전자가 은행 오프라인 지점을 불필요하게 만들었다. 투자 대상으로서 은행주의 매력은 당연히 내려갔다. 패러다임이 넘어갔다면 매도를 고려해볼 수 있다."

돈도 좋지만 한 번뿐인 인생 즐기면서 살자는 젊은이도 많다.

"자기 인생은 스스로 택하는 것이니까 원하는 대로 하면 된다. 대신 노후에 가난하고 힘들게 살면 된다. 은퇴 후 40~50년을 더 살아야 하는데 그 준비를 안 하면서 뭘 믿고 당당한지 모르겠다. 한국은 '남이 나를 어떻게 볼까'가 너무 중요한 나라다. 때 되면 해외여행 가고, 명품 사고, 비싼 차 뽑으면서 나를 과시한다. 가난해지면서 즐거움을 느낀다."

늘 직설적으로 말한다. 안티도 생겼다. 소신 발언을 쉬지 않는 이유는 뭔가.

"한국은 역동적인 나라다. 국민은 정말 똑똑하다. 그런데 금융 교육을 제대로 받지 않아 부자의 길을 놓치는 이가 많은 현실이 너무 안타깝다. 유대인은 13세부터 투자하게 시킨다. 그들은 돈을 '신이 준 선물'이라고 한다. 한국은 반대로 돈을 멀리하라고 가르친다. 나는 젊은 사람들에게 누구나 부자가 될 수 있다는 희망을 주고 싶다. 주식을 산다는 건 그 기업과 동행한다는 의미다. 그렇다면 회사가 성장하는 동안은 참고 기다려줘야 한다."

끝으로 묻겠다. 그래서 당신은 부자인가.

"난 부자가 됐다. 룰을 다 지켜서."

(전준범, 안상희 기자/이코노미조선, 2021. 2. 17)

5

창업과 중소기업

제5장
창업과 중소기업

제 1 절 경영이념과 기업가정신

1 경영이념

경영이념(management philosophy, management ideology)이란 경영자가 기업의 경영과 관련하여 갖고 있는 가치, 태도, 행동기준이나 신념체계를 말한다. 따라서 이는 경영자의 가치관이나 경영태도로서 경영자의 정신구조라고 할 수 있는데, 근본적으로 타인의 의견과 행동에 영향을 미치고자 하는 데에 그 목적이 있으며 사회적 책임의 기초가 된다.

이러한 경영이념은 경영 이데올로기, 경영철학, 경영이상 또는 경영관이라고도 하며, 회사의 사시나 기본방침으로서 명문화되기도 하고, 이것이 발전하게 되면 사풍이 될 것이다.

이와 같이 경영이념은 경영자가 가지는 기업관 내지 경영관에 입각하여 형성되는 행동원리 내지 지도원리이므로, 이는 기업의 전체 경영활동을 지배하는 역할을 수행하게 된다. 따라서 이는 당연히 객관적 논리성을 가지며 최고경영자의 의사가 강하게 반영되기 마련이다. 사실 경영이념의 논의는 가치판단을 수반하는 것이며, 이러한 경우 가치판단은 윤리적인 척도라기보다는 기업활동을 합리적으로 수행함에 있어서 필요한 척도로서 이해하여야 할 것이다.

한편, 경영이념은 시대상황의 변화에 따라 변하기 마련이지만 근본적으로 산업민주주의와 산업인본주의에 입각하여야 할 것이다. 산업민주주의란 기업과 이해관계를 가지고 있는 모든 집단의 자주적인 이해를 대등하고 공정한 입장에서 고려하여야 한다는 것이며, 산업인본주의란 기업이라는 협동조직체에 참여하고 있는 모든 참가자가 인간으로서의 가치를 인정받고 또한 그들이 삶의 보람을 느끼면서 인간으로서의 만족을 얻게끔 하여야 한다는 의미이다. 이와 같은 입장에서 볼 때 현대적 의미의 경영이념에는 다음과 같은 내용이 포함되어야 할 것이다.

첫째, 소비자 지향성(consumer orientation)이다. 이는 소비자가 갖고 있는 욕구를 충족시켜 그들의 질적·양적 생활가치가 높아지도록 하여야 함을 뜻한다.

둘째, 기업목적 지향성(business objective orientation)이다. 이는 기업과 이해관계를 가지고 있는 모든 이해관계자 집단의 이해를 조정하고 그들의 욕구를 충족시켜 주어야 함을 뜻한다. 이는 바로 고부가가치 지향성으로서 흔히 직접적인 이해관계자인 소비자, 주주, 종업원 모두의 이익을 실현하는 것으로 보기도 한다.

셋째, 사회적 책임 지향성(social responsibility orientation)이다. 여기에는 크게 나누어 소비자에게는 생활자원, 종업원에게는 생활자금인 임금, 주주에게는 배당금을 지급한다는 경제적 책임과, 생활인으로서 인간이 가지는 문화적 가치를 창조, 증대시켜야 한다는 의미에서의 문화적 책임, 그리고 공해 등 자연환경을 오염 내지 파괴시켜서는 안 된다는 생태적 책임 및 사회문제해결과 관련되는 윤리적 및 법률적 책임 등이 있다.

넷째, 전사적 경영관리 시스템 지향성(total management system orientation)이다. 이는 기업의 모든 활동을 기업환경에 적응시키기 위해서는 전사적 내지는 통합적인 관점에서 체계적으로 조정·통합하여 수행해야 함을 뜻한다.

2 기업가정신

1) 기업가정신의 개념

기업가정신(entrepreneurship)을 나타내는 'entrepreneur'(기업가)의 어휘는 불어로서 원래 중간자라는 의미를 담고 있었으나 이 개념이 기업활동에 적용되면서 서서히 변질되어 왔다. 중세기에는 '배우'나 '대형 프로젝트를 수행하는 사람'을 지칭하였으며, 17세기경에는 정부에 납품하는 일을 수행하는 '관납업자'를 가리켰다.

이때의 기업가의 의미는 "자신의 사업을 수행하기 위해서 자금을 필요로 하는 사람"을 뜻하였는데, 근래에 와서는 "새로운 기술과 혁신을 추구하는 사람"으로까지 그 개념이 진화되고 있다. 경영학적 의미로 기업가는 일정한 수익을 목적으로 사업을 구상하고 시작한 사람으로 창업자라고도 하는데 그 사업에 대한 조직화, 방향설정, 지휘·감독의 책임을 가진 사람으로 정의하고 있다. 즉 기업가란 기업의 미래에 비전과 목표를 분명히 제시하고, 시간과 금전적 손해를 감수할 용의가 있으며, 목표를 수행할 강인한 추진력을 가지며, 생산이나 판매 등 각 경영분야에서 혁신을 주도할 준비가 되어 있는 사람, 고객이나 경쟁업체 등의 이해당사자들과 원만한 관계를 유지할 수 있는 사람이라고 할 수 있다.

그렇다면 기업가는 어떠한 이유로 사업을 구상하고 창업에 이르게 되는가? 이는 강인한 도전정신, 성취욕구, 위험감수 성향, 혁신 추구, 추진력, 창의성으로 특징지어지는 기업가정신에서 발원된다고 할 수 있다.[1)]

기업가와 관련된 정의가 다양한 만큼 기업가정신의 의미 또한 복합적일 수밖에 없으나, 중심이 되는 어휘는 '조직의 결성', '혁신', '위험'이라고 할 수 있다.

경제학자인 슘페터(Shumpeter)는 기업가정신을 '창조적 파괴'로 정의한 바 있다. 다시 말해 기업가란 새로운 상품, 시장 및 생산, 경영방식을 개발하는 존재라고 하였으며, 자본주의의 발전도 바로 이러한 혁신(innovation)을 추구하는 기업가정신에서 비롯된다고 주장하였다. 슘페터 교수 이외에도 기업가정신에 대해서는 여러 정의가 있다. 예를 들면, 히스리치(Hisrich)와 브러시(Brush)는 "기업가정신이란 위험부담과 그에 상응하는 보상을 전제로 하여 가치있는 그 무엇을 새롭게 창조하는 과정"이라고 정의하였다. 카오(Kao)는 "기업가정신이란 사업기회의 인지, 위험부담의 적절한 관리, 적절한 자원동원의 기술을 통하여 가치를 창출하려는 시도"라고 하였으며, 이장우는 "기업가정신을 자원의 현실적 제약을 무릅쓰고 포착한 기회를 사업화하려는 행위 또는 과정"이라고 정의하였다. 따라서 이들의 견해를 종합해 볼 때 기업가정신이란 "불확실한 미래 환경 속에서 기업을 창업하여 과감히 수익 창출에 대한 모험을 감행하고자 하는 마음 자세 또는 정신"이라고 할 수 있다.[2)]

1) 유필화 외 4인, 전게서, p.110.
2) 이한재, 전게서, pp.120-121.

2) 기업가정신의 결정요인

성공적 기업가와 실패한 기업가의 구별요인은 무엇인가? 이를 규명하기 위해서는 기업가정신에 영향을 미치는 몇 가지 원인을 고찰할 필요가 있다. 기업가정신, 또는 기업가에게 영향을 미치는 요인에는 개인적 특성·성장배경 그리고 환경적 요소가 있다.

(1) 개인적 특성

성공적 기업가에게서 목격되는 특성은 리더의 특성에서와 같이 그 종류가 실로 다양하지만 다음의 몇 가지로 요약할 수 있다.

① 높은 성취동기

높은 성취동기를 가진 기업가는 자신들의 노력을 통하여 원하는 결과를 얻을 수 있도록 상황을 전환시키는 능력이 뛰어나며, 항상 높은 목표를 추구하고, 자신들의 작업내용과 결과에 대한 반응을 수용할 수 있는 자세를 갖추고 있다.

② 강력한 자기통제

성공적인 기업가에게서 발견되는 또 다른 특징은 노력을 통하여 자신들의 운명을 개척해 나간다는 강한 신념과 감정의 제어력을 갖고 있다는 것이다. 이는 흔히 실패한 사람들이 실패의 원인을 외부여건이나 운명탓으로 돌리는 현상과는 대조되는 것이다.

③ 불확실성 하에서의 높은 인내성

성공적인 기업가가 일반경영자와 구분되는 또 하나의 특징은 자신이 불확실한 상황 하에 놓여있다 해도 꾸준히 참고 견딘다는 것이다. 새로운 사업을 시작할 때 기업가들은 상당수준의 불확실성에 직면하게 되는데, 이때 그들은 묵묵히 또 성실하게 자신들이 해야 할 일을 수행하는 인내력을 갖고 있다는 점이 일반경영자들과 다르다.

(2) 성장배경

성공적인 기업가를 만드는데 영향을 미치는 성장배경 요인으로 유년시 가정환경, 교육수준, 연령, 그리고 경력 등이 있다.

① 유년시의 가정환경

유년시의 가정환경과 관련된 사항의 경우 성공한 기업가 중에는 부모의 관심과 사랑을 많이 받고 책임감이 강한 장자가 많다는 것이다.

② 교육수준

우리나라의 많은 기업에 있어 창업주들의 교육수준은 그다지 높지 않았으나, 전대의 사업을 이어받아 더욱 큰 규모로 확장시키는 데 성공한 2세 기업가들이나, 새로운 아이디어와 도전의욕으로서 모험기업을 큰 기업으로 부상시킨 젊은 기업가들의 대부분은 대졸 이상의 높은 교육수준을 보인다.

③ 연령

연령 역시 기업가의 성장배경과 관련된 주요 항목으로 대개 성공적 기업가는 20대와 같은 젊은 나이에 사업을 시작하는 경우가 흔하다. 현재 우리나라 재벌그룹의 창업주들은 혈기왕성한 젊은 나이에 사업을 시작하였으며, 일본 송하전기의 고송하, 미국 애플(Apple)의 스티브 잡스(Steve Jobs) 같은 사람들도 일찍이 20대에 사업에 뛰어들었다. 그러나 늦은 나이에 새로운 도전을 시도하여 성공한 기업가도 결코 적지 않다. 맥도날드(McDonald) 햄버거사의 레이 크록(Ray Kroc)은 50세에 창업한 기업가이기도 하다.

④ 경력

경력 또한 결코 무시할 수 없는 성장배경으로서, 과거 직장생활의 경험을 토대로 그간의 축적된 기술이나 원만한 대인관계를 바탕으로 하여 동일한 업종에서 사업을 시작하여 발군의 업적을 이루는 경우가 종종 있다. 특정 출판사에 근무하다 퇴직하여 새로운 회사를 설립한 후에 과거에 근무하던 회사의 실적을 능가하는 좋은 업적을 보이는 기업가가 그 예이다.

(3) 환경적 요소

기업가에게 영향을 미치는 환경적 요소로는 불만스러운 작업환경, 인생의 시련기, 전직의 기회, 조력자의 존재, 그리고 선결요소의 확보가 있다.

① 불만스러운 작업환경

불만스러운 작업환경이란 현재 근무하고 있는 직장의 작업내용이나 상사의 감독에 대한 불만이 고조되어 현 직장을 떠나서 새로운 사업을 시작하고 싶은 충동을 느끼는 경우이다. 혹은 기발한 아이디어의 제안이 고용주로부터 무시되었을 때도 제안자는 홀로 사업을 시작하려는 결심을 하게 된다. 1992년 미국 대통령선거에 출마하여 초반에 돌풍을 일으켰던 로스 페롯(Ross Perot)은 일찍이 소비자에게 컴퓨터 하드웨어는 물론 소프트웨어를 끼워팔자고 IBM사에 제안하였으나 거절당하자 Electronic Date Servies를 설립하여 억만장자의 기틀을 다지기도 하였다.

② 인생의 시련기

직장에서 해고당하거나 이혼을 하거나, 부부 중의 한 쪽을 사별하거나, 중년이 되거나, 이민을 가서 다른 지방이나 다른 나라에 정착을 해야 할 때, 우리는 흔히 새로운 신변의 변화를 모색하게 되는데, 기업가가 창업을 시도할 때도 이러한 인생의 시련기에 봉착했을 때이다. 국내 모 재벌그룹의 총수는 북한에서 월남하여 쌀장수에서 세계적 기업을 만들었으며, 현재 미국의 유수한 기업들 가운데 듀퐁(DuPont)처럼 유럽이나 아시아로부터 이민간 사람들이 시작한 회사가 상당수에 달한다.

③ 전직의 기회

학업이나 학위를 마친다거나, 군복무를 마치고 전역할 때, 그리고 중요한 프로젝트를 마칠 때가 이에 해당되는데, 전직 학원강사나 교사 출신들이 시작한 택배교재회사인 대○문화나 ○진IQ사 등이 그 예라고 할 수 있다.

④ 조력자의 존재

조력자란 개인이 기업가로서 사업을 시작할 때 물심양면으로 도움을 주는 스승·고객 또는 동업자를 말한다. 이들은 장래의 기업가에게 적극적 조언이나 물리적 지원을 마다 않고 유리한 분위기를 조성해줌으로써 그들이 사업을 쉽게 시작하도록 도와준다.

⑤ 선결요소의 확보

앞에서 언급한 환경요소 이외에 창업에 필요한 제반 선결요소가 확보되어야 한다. 그러한 선결요소로는 자본, 숙련공, 원료의 공급처, 토지와 시설, 운송수단, 정부의 지원, 그리고 지역사회의 생활여건 등이다. 이러한 여러 가지 선결요건이 사전에 확보되기 어려운 때는 제요소가 중앙집중식으로 제공되는 기관을 저렴한 비용으로 이용하는 것이 가능하다. 이런 기관을 일컬어 창업학교 또는 창업기관이라고 한다.

3) 기업가정신의 효과

최근 들어 기업가정신에 대한 관심이 고조되는 이유는 이것이 중소기업의 창업에 기여함은 물론 경제적·사회적으로 미치는 효과도 크기 때문이다.

(1) 경제성장 기여

기업가정신은 많은 기업이 신설되도록 함으로써 경제성장을 촉진시키는 결과를 가져다준다.

(2) 혁신

새로운 아이디어와 기술로써 창업되는 모험기업은 우리의 의·식·주생활에 편리성과 윤택함을 제공한다. 국내의 모 제약회사에 의해 개발된 염가의 국산 간염 백신제품은 우리를 간염의 공포에서 벗어날 수 있게 하였다.

(3) 고용기회의 창출

많은 중소기업이 창업되면 수많은 인력이 필요하게 되는데, 이는 새로운 일자리가 늘어남을 의미하게 된다. 우리나라 전체 고용인구 중 대기업에 일자리를 갖고 있는 비중은 불과 40%이며 나머지 비중은 중소기업임을 보더라도 중소기업의 고용창출효과는 지대하다. 특히 경영부진 등의 이유로 대기업이 대규모 감원을 행하면, 실직한 사람의 상당수는 중소기업에서 새로운 일자리를 찾으려고 한다.

(4) 여성이나 미숙련 노동자에게 기회제공

중소기업은 여성인력이나 저학력 소지자 혹은 미숙련 노동자에게 유리한 창업기회나 고용기회를 제공하게 된다. 이들이 대기업에 고용될 때에는 낮은 직급이나 임금을 감수해야 하는 차별대우를 받게 되는데 중소기업에 고용되는 경우 여러 불이익을 피할 수 있다. 또한 자신의 능력이나 노력여하에 따라 높은 사업의 성과를 올릴 수 있거나 고용된 경우에도 승진이 빨라서 중소기업은 여성들이나 미숙련 노동자에게 유리한 기업형태이다.

4) 바람직한 기업가정신의 방향

기업가에게는 타인이 알지 못하는 사업기회의 포착능력, 조직의 관리능력은 물론 이해관계자들로부터 이해와 협조를 구하는데 필요한 사회적 능력 등이 요구된다. 이러한 특성을 포함하여 바람직한 기업가정신을 발휘하기 위해서는 다음과 같은 사항이 필요하다.[3)]

(1) 전략적 사고의 함양

1980년대까지만 하더라도 기업은 전략적 사고에 대해 별로 관심을 두지 않았다. 왜냐하면 기업의 이해관계자로서 정부가 절대적인 비중을 차지하고 있기에 기업은 정부의존과 관련된 전략 이외에는 다른 전략수립의 필요성을 느끼지 못했다. 하지만 1990년대 이후 기업의 이해관계자들이 다양해지면서 전략의 수립 여부가 기업의 성패를 가늠하는 중요한 요인으로 대두되었다.

한편 공급자를 포함하여 경쟁자들은 기존의 경쟁조건 하에서의 상생을 통해 각자의 이익을 증대시킬 수 있을 뿐만 아니라 경쟁조건의 변화를 통해 상생의 효과를 높일 수도 있다. 즉 새로운 기업가정신에 필요한 전략적 사고란 공급자와 경쟁자, 그리고 다양한 이해관계자를 조정하면서 파이를 늘려 나가는 고도의 전략이라고 할 수 있다. 나아가 그런 전략을 구체적으로 실행에 옮길 수 있는 협상능력도 매우 중요한 요소라고 할 수 있다.

(2) 인간중심 전략

인간중심 전략은 경영자와 종업원 간의 신뢰, 종업원 각 계층 간, 계층 내의 신뢰, 기업과 정부 간의 신뢰, 기업과 소비자 간의 신뢰를 중시하는 전략이다. 특히 기술과 조직의 혁신에 있어서는 관련 당사자 간의 신뢰관계 구축이 매우 중요하다. 그 이유는 기술과 조직의 혁신에 필요한 정보의 축적은 관련 당사자 간의 신뢰가 없으면 원활하게 수행될 수 없기 때문이다. 일반적으로 정보 네트워크 사회에서 통신기술을 통한 정보축적의 효율성만이 강조되는 경향이 있지만 사람들 간의 직접적인 교류에 의한 정보축적의 효용성 또한 중요한 것이다.

---

3) 이상석·고인곤, 기업가정신과 창업, 학현사, 2004, pp.8-10.

(3) 정보화 전략

인간중심의 상생전략을 통한 기업가정신을 발휘하기 위해서는 효율적 네트워크 구축이 병행될 필요가 있다. 이를 위해서는 첫째, 정보화 수준을 향상시키기 위한 정보화 설비에 대한 투자가 요구된다. 둘째, 정보설비의 효율적 이용은 쏟아져 들어오는 정보들을 어떻게 효과적으로 처리하고 실질적인 노하우와 경쟁무기로 실현하느냐에 초점이 맞추어져야 한다. 셋째, 정보를 노하우, 기술, 시스템, 경쟁무기 등으로 전환하는 정보 시스템의 구축이 요구된다. 넷째, 입수된 정보에 입각하여 신속하게 판단하고 그것을 실행에 옮길 수 있는 능력이 요구된다.

제2절 기업의 창업

1 창업의 개념

기업의 창업은 재화나 서비스를 생산·판매하는 하나의 시스템을 구축하는 일로서 일반적으로 사업을 새로이 개시(start-up)하는 것을 말한다. 다시 말하면 이익을 실현할 목적으로 사업환경을 분석하여 구체적인 사업기회와 아이디어를 가지고 자본·기술·인력·시설·노하우 등 기업자원을 결합하여 사업계획을 수립하고 시스템을 형성하여 기업을 착수하는 것을 의미한다.[4)]

기업을 창업하려면 [그림 5-1]에서 보는 바와 같이 창업자, 사업 아이디어, 창업 자본 등 세 가지 기본요소를 구비하여야 한다.

(1) 창업자

창업자(start-up entrepreneur)는 사업 아이디어를 기초로 하여 기업을 설립하는 사람을 말한다. 창업자는 기업가로서의 정신적 특성을 가지고 능동적인 역할을 수행하는 창업의 주체이다. 그러므로 창업자의 재능·지식·기회포착·능력·위험감수능력·결단력·추진력·리더십 등은 창업되는 기업의 생존과 성장발전에 가장 큰 영향을 미치는 중요한 요소이다.

---

4) 신철우, 전게서, pp.132-133.

[그림 5-1] 창업의 세 가지 요소

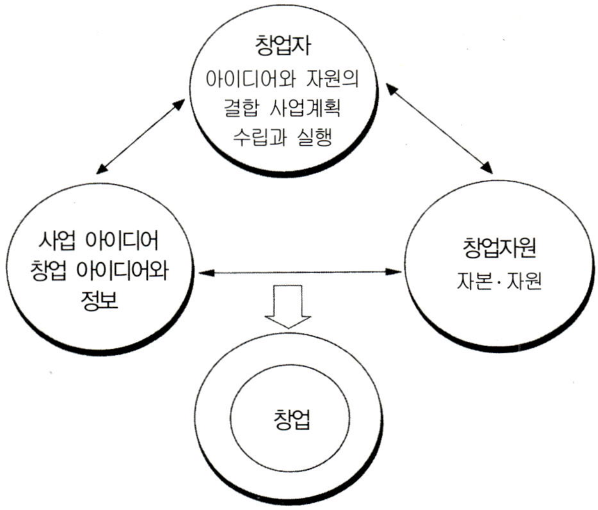

자료원: 신철우, 전게서, p.132.

이러한 창업자형 경영자의 특징은 ① 기술 및 지식이 축적된 현장 경험자가 많고, ② 자금력이 부족한 대신 왕성한 사업의욕을 가지고 있으며, ③ 일반적으로 이러한 경영자는 경영관리 의식이 부족하다.

(2) 사업 아이디어

사업 아이디어(business idea)는 창업하려는 기업이 어떠한 제품 서비스를 생산·판매할 것인가에 대한 사업내용을 말한다. 이러한 사업 아이디어를 창출할 수 있는 원천에는 현장경험, 신상품의 개발, 취미, 우연한 발견, 적극적인 제안 등이 있다. 그러나 새로운 사업 아이디어라고 해서 모두가 상품화될 수 있는 것은 아니기 때문에 다각적이고 타당성 있는 검증을 통해 기업에 적합한 아이템을 선정하는 것이 중요하다.

(3) 자본

자본은 창업자가 의도하는 기업을 실현하는데 필요한 기계설비, 원자재, 인력 등을 동원하기 위한 자금을 말한다. 창업자본을 제공하는 사람은 창업자 자신 또는 개인투자자, 모험자본가, 정부, 금융기관 또는 창업투자회사 등이다. 창업과정에서 소요되는 창업자금과 창업 후의 운전자금을 어떻게 운용할 것인지, 그리고 장·단기자금을 어떤 자금원천으로부터 조달할 것인지, 장기적으로 안정된 자금수혈을 위해서 어떻게 할 것인지를 전략적으로 구상하여야 한다.5)

2 창업의 과정

창업 아이디어를 상품화하기 위해서는 우선적으로 사업타당성 분석이 이루어져야 한다. 사업타당성 분석은 시장분석·기술분석·재무분석으로 구분하여 실시한다. 이러한 사업타당성 분석결과가 긍정적으로 평가되면 구체적으로 사업계획을 세우게 된다. 그리고 사업계획이 수립되면 일련의 법률적 절차를 거쳐 창업이 이루어지게 되는데 이러한 과정은 [그림 5-2]에서 보는 바와 같다.

[그림 5-2] 창업과정의 절차

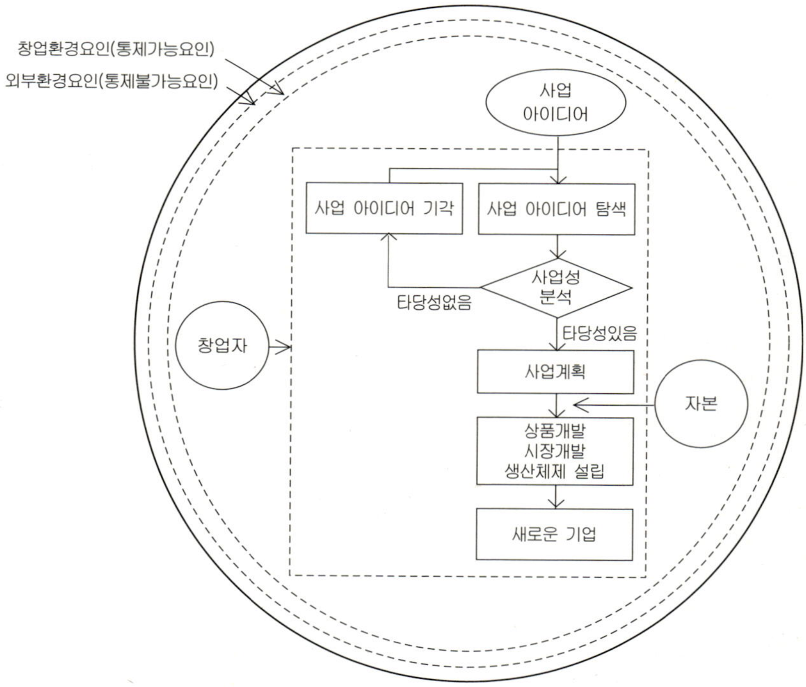

자료원: 박상범·김계인, 전게서, p.93.

5) 이상석·고인곤, 전게서, p.58.

1) 사업성 분석

기업을 창업하고자 하는 기업가는 구체적인 사업계획의 수립에 앞서 사업의 타당성을 분석하는 사업성 분석을 실시해야 한다. 사업타당성 분석은 창업 아이디어를 상품화할 수 있는지, 시장수요를 창출할 수 있는지, 사업의 성공가능성이 있는지를 체계적이고 합리적인 방법으로 분석하는 것이다. 사업성 분석은 시장분석, 기술분석, 재무분석을 통해 실시할 수 있다.[6)]

(1) 시장분석

기업가는 사업을 시작하기 전에 생산·판매하고자 하는 제품 및 서비스의 판매가능성(marketability), 즉 시장의 크기와 성장잠재력의 정도, 시장경쟁에서의 성공가능성을 파악할 필요가 있다. 시장조사단계에서 수요량을 추정할 때는 다음과 같은 사항을 고려한다.

① **시장의 특성**: 시장의 위치, 수송방법, 유통조직, 거래조건 등
② **수요분석**: 목표시장과 고객, 예상소비량, 소비총액 등
③ **공급분석**: 기존기업의 공급능력, 기존제품의 가격·품질·판매전략 등
④ **미래수요의 분석**: 생산품에 대한 미래수요를 측정
⑤ **시장점유율 추정**: 수요·공급·경쟁자의 위치와 구상하고 있는 사업의 판매계획 등을 고려하여 계획한 상품의 시장점유율을 추정한다.

(2) 기술분석

기술분석은 창업하고자 하는 사업계획의 기술적 타당성과 함께 추정 제조원가의 정보를 위한 기초자료를 제공하고, 사업에 영향을 미치는 여러 가지 기술관련 요인을 고려하게 된다. 기술분석 단계에서는 다음과 같은 사항을 검토해야 한다.

① 제품의 용도, 제품의 물리적·기계적·화학적 특성에 관련된 사항
② 제조공정에 대한 사항
③ 수요량을 생산할 수 있는 공장규모의 결정
④ 구입할 기계의 규격, 가격, 대금지불방식, 설비의 신뢰성과 성능, 예비부속품

6) 박상범·김계인, 중소기업경영론, 탑북스, 2013, pp.93-98.

의 조달가능성, 설비유지비 등을 고려하여 기계를 선정

⑤ 기계의 장·단점을 충분히 비교·검토한 자료 및 기계의 배치

⑥ 예상되는 폐기물의 종류, 양, 처리방식 및 처리비용

(3) 재무분석

재무분석은 경제성이나 수익성을 측정하는 여러 가지 지표를 이용하여 창업하고자 하는 사업의 타당성 여부를 검토하고, 사업에 소요되는 필요자본에 관한 여러 가지 재무지표를 작성하는 것이다.

① 사업비용의 총액, 초기 투자액, 시간변동에 따른 사업의 재무상태 변동 등을 나타낸 재무제표 작성

② 총사업비의 명세, 초기 자본소요액 및 사업에 관련된 현금수지분석

③ 손익계산서, 대차대조표, 현금수지분석표에 기초를 둔 미래의 재무구조 예측

④ 재무예측을 뒷받침하는 보조자료로서 판매대금의 회수기간, 재고수준, 구매제품 및 경비의 지불기간, 생산원가의 항목, 판매, 관리, 재정적 비용 등

⑤ 수익에 관한 재무분석을 하기 위해 투자수익률, 주당수익률, 손익분기점, 생산량, 가격분석 등

2) 사업계획서 작성

사업타당성 분석이 끝나면 분석결과를 기초로 사업계획을 세우고 본격적인 사업 착수에 들어간다.

(1) 사업계획의 필요성

사업계획(business plan)은 창업자가 추진할 구체적인 사업내용과 일정계획을 결정하고, 기업을 적정한 입지에서 합리적인 방법으로 설립하여, 지속적으로 성장·발전시키고자 하는 구체화된 의지를 체계적으로 정리·기술한 서류이다. 사업계획서의 작성은 창업과정에서 계획사업에 관련된 제반사항, 즉 제품시장의 구조적 특성·고객의 성격·시장확보의 가능성과 전략·적정 투자규모·자금의 조달계획·생산 및 판매계획·인력수급계획 등을 체계적으로 요약하는 것이다.

합리적인 계획서 작성은 사업성공의 가능성과 경영효율 향상에 도움이 된다. 특

히 신규창업의 자금조달이 필요한 경우 투자자의 신뢰를 얻을 수 있는 근거자료로서, 전문성과 독창성을 갖춘 보편타당한 사업계획서의 작성이 요구된다.

또한 창업자들은 사업계획을 통하여 자신의 주관적인 사업구상이 아닌 객관적이고 체계적인 사업성을 분석함으로써 창업투자의 위험을 줄이고 수익성을 향상시킬 수 있다.

(2) 사업계획서의 내용

새로운 사업은 예기치 못한 원인에 의하여 성패가 좌우될 수 있으므로 사업계획의 내용은 객관적이고 합리적이어야 하며, 근거자료는 명료하고 포괄적이어야 한다.

사업계획서의 내용은 용도에 따라 차이가 있을 수 있으나 사업계획의 내용들은 보편적으로 이해관계자의 이해와 관심을 끌 수 있도록 표현되어야 된다. 사업계획서에 포함되는 주요 내용은 〈표 5-1〉과 같으며, 여기에서 제시되는 내용은 일반적인 사항이므로 창업사업의 특성과 내용에 따라 필요사항을 적절히 추가하거나 조정하여 사용할 수 있다.

사업계획서 작성시 유의할 사항은 다음과 같다.

① 사업계획서는 계획사업의 종합적인 결론으로서 설득력 있는 내용으로 간결하고 명료하게 작성한다.
② 주요 생산제품에 대하여 집중적으로 기술한다.
③ 향후 기술개발 가능성과 사업의 잠재력을 강조한다.
④ 인력의 수급과 경영진에 대한 내용을 기술한다.
⑤ 전문적인 용어의 사용은 피하고 단순하고 보편적인 어휘를 사용한다.
⑥ 근거가 불충분한 자료 혹은 비논리적인 추정은 피한다.
⑦ 계획사업의 잠재된 문제점과 향후 발생 가능한 위험요소를 기술하고 그에 대한 대책을 제시한다.
⑧ 자금조달의 원천과 자금운용의 용도를 금액 및 일시별로 자세히 기술한다.

표 5-1 사업계획서의 주요 내용

구분	내용
사업계획서 요약문	사업개념 및 사업배경, 기업 및 제품에 대한 개요, 틈새 및 기회, 경쟁우위, 수익성, 성장전망 및 비전, 사회에의 공헌도(필요성 부여) 등을 간단히 서술
기업 및 산업 개요	1. 기업개요: 기업명, 기업이념, 목표, 성격 등 2. 사업개념: 어떠한 사업이며 추구하는 상품이 무엇인지에 대한 설명 3. 사업배경: 산업현황 및 전망, 성장추이, 기회 등
사업 및 제품 (서비스) 개요	1. 제품(서비스)의 특성 및 용도 2. 기술 인력 및 제품(서비스) 개발계획 3. 경쟁 제품(서비스)과의 차별성
시장환경분석	1. 목표시장 2. 시장규모 및 성장추이 3. 경쟁 및 경쟁우위전략 4. 시장진입 및 성장전략 5. 예상 매출 규모 6. 수익잠재력 7. 차기 아이템
마케팅 계획	1. 주요 마케팅 전략 2. 제품전략 3. 가격전략 4. 유통전략 5. 촉진전략
생산 계획	1. 생산전략 2. 원자재 수급계획 3. 설비 및 필요 기자재 4. 운영주기 5. 공장입지 및 법적인 규제
재무계획	1. 채산성 분석 2. 추정 재무제표(3~5년) 3. 비용관리계획 4. 자금조달계획
조직 및 인적자원	1. 조직도 2. 핵심창업인력 3. 경영능력 4. 인사정책 및 계획 5. 외부자문 및 지원인력
위험요소 및 대책	
사업추진일정	

자료원: 유필화 외 4인, 전게서, p.122.

3 창업의 전략

기업가정신을 실현하기 위한 창업전략에는 세 가지 접근방법이 있다. 새로운 기업을 신설하는 방법, 기존사업체를 인수하는 방법, 독점판매권(franchise)에 가입하는 방법이다.

1) 신설창업 전략

창업자가 새로운 기업을 만드는 것으로 기존의 회사를 인수할 때보다 훨씬 더 자유로운 의사결정을 할 수 있다. 따라서 기업가들은 사업을 시작하고자 할 때 기존업체를 인수하기보다는 신설창업을 선호는 경향이 있다. 신설창업에 따른 장·단점은 다음과 같다.

(1) 장점

① 기업의 본질을 시장수용에 따라 임의로 규정할 수 있다.
② 마음에 드는 입지, 설비와 형태를 선택할 수 있다.
③ 최신기술, 공정, 장비 및 원자재 등을 임의로 선택가능하다.
④ 새로운 상품전략으로 신고객과 신시장개척이 가능하다.
⑤ 창업자 임의로 임직원의 구성과 조직편성이 가능하다.
⑥ 새롭고 합리적인 경영방식을 채택할 수 있다.

(2) 단점

① 판매나 이익목표의 예측이 불확실하다.
② 입지, 건물, 기계시설, 직원채용 등의 결정이 어렵다.
③ 유통경로, 시장확보의 어려움이 있다.
④ 통제 및 관리시스템의 채택이 어렵다.
⑤ 계획이 미흡하거나 부적절할 수 있다.
⑥ 경쟁자의 반응양상을 예측할 수 없다.

2) 기업인수 전략

또 다른 창업방법은 기존업체를 인수하는 것이다. 기존업체를 인수하여 창업하려는 사람은 전문가에 의뢰하여 엄격하고 객관적인 진단을 받아 기업의 가치를 평가하는 것이 필요하다. 즉 기존업체가 생산·공급하고 있는 제품이나 서비스가 우리의 전문성에 부합하는가? 시장성·수익성·사회성 측면에서 매입할 가치가 있는 사업인가? 현재의 재무상태는 양호한가? 앞으로 발전가능성이 있는가? 인수가격은 적당한가? 등을 고려하여야 한다. 진단의 결과 인수해도 좋겠다는 판단이 서게 되면 인수단을 구성하여 법률적·실질적인 인수절차에 들어가게 된다. 기존업체를 인수할 때의 장·단점은 다음과 같다.

(1) 장점

① 수익이 즉시 발생한다.
② 입지, 고객확보, 재고이용이 유리하다.
③ 기존시설을 이용할 수 있어 생산시간이 단축된다.
④ 직원과 공급업자가 확보되어 있다.
⑤ 금융거래가 이루어지고 있다.

(2) 단점

① 생산성 및 수익성이 둔화될 수 있다.
② 문제가 있는 직원이 고용승계될 가능성이 있다
③ 기업입지가 부적합할 수 있다.
④ 변화나 혁신에 대한 대응이 곤란하다.
⑤ 불리한 계약조건을 그대로 인수하면 상당한 부담이 된다.

3) 프랜차이징 전략

중소기업을 창업하여 운영할 수 있는 또 다른 방법은 독점판매권 사업에 가맹하거나 기존의 가맹점을 매입하는 것으로 프랜차이징 전략(franchising strategy)이라고도 부른다. 본사(franchiser)와 가맹자(franchisee) 간에 계약을 체결하여 본사는 다양한 기술료나 로열티(royalty)를 받는 대가로 가맹점에 상표나 상호를 사용할 권리를 인정하고 제품이나 서비스를 생산하도록 하며 다양한 원료나 서비스를 제공하는 전략이다. 그리고 본사는 가맹점의 종업원 훈련, 마케팅 기법, 점포운영방법 등 경영의 여러 분야에 걸쳐 조언과 통제를 실시한다. 한편, 가맹점은 본사의 탁월한 전문성과 경험을 바탕으로 손쉽게 사업을 착수할 수 있다는 이점이 있다. 패스트푸드(fastfood) 산업의 KFC, Pizza Hut, McDonald 같은 기업들은 프랜차이징 전략의 좋은 예이다. 프랜차이징을 통해 창업할 때의 장·단점은 다음과 같다.

(1) 장점

① 시장이나 제품면에서 우수하다.
② 본사의 광고효과를 이용할 수 있다.
③ 위치선정, 종업원 훈련, 경영기법을 본사가 지원한다.
④ 본사가 소요자금을 저금리로 지원한다.
⑤ 원재료나 제품의 외상구입이 가능하다.

(2) 단점

① 경영의 자율권이 제한된다.
② 본사로부터 고가의 이전가격을 감수해야 한다.
③ 높은 로열티·기술료를 지불해야 한다.
④ 가맹조건이 상당히 까다롭다.

제3절 중소기업의 본질

1 중소기업의 의의

중소기업(small and medium business)이란 대기업에 대한 상대적인 개념으로서 기업의 규모, 경영형태, 종업원의 수, 자산총액 내지 판매액 등을 기준으로 일정한 범주에 속하는 기업을 가리키는 것인데, 그 범주는 어느 특정 국가의 경제적·사회적 여건, 그리고 시대에 따라서도 달라질 수 있다.

중소기업에 대해서는 보다 구체적인 종업원 수나 자산총액 등과 같은 양적 척도에 의해 이를 규정하는 것이 일반적이며, 이러한 양적 척도에 의한 기업규모가 대기업에 비하여 상대적으로 열위의 상태에 놓여 있는 기업을 중소기업이라고 정의한다. 우리나라의 경우 중소기업기본법에 따르면 제조업은 상시 종업원 수 50인 이하를 소기업으로, 50인 이상 300인 이하를 중기업으로 규정하고 있다. 또한 서비스업의 경우 10인에서 20인까지를 중기업으로 본다. 한편 중소기업은행법의 구분기준은 종업원 수와 총 자산액을 설정하여 두 기준 중 어느 하나만을 충족시키면 중소기업으로 간주하고 있다.[7)]

한편 중소기업은 대기업에 비하여 양적 규모가 작기도 하지만 질적인 면에서도 대기업과는 다른 특징을 갖고 있다.

첫째, 중소기업의 시장점유율이 상대적으로 낮다. 사실상 중소기업은 자사의 재화나 서비스의 가격, 공급량에 영향을 미칠 힘이 없고 경쟁상대가 과다하여 시장점유율이 높지 못하다. 따라서 시장에서 지배적인 역할을 수행하지 못한다.

둘째, 중소기업의 소유자는 개인의 판단에 따라 기업을 운영한다. 기업의 모든 경영활동에 있어서 소유자가 적극적으로 관여하고 의사결정과정에 주요한 역할을 담당한다. 또한 소유자를 보좌하기 위한 중간관리자나 전문적인 능력을 갖고 있는 종업원에게 경영을 맡길 수도 있지만 어디까지나 소유자만이 중요한 의사결정을 행하게 된다.

셋째, 중소기업의 독립성이다. 중소기업은 대기업의 일부를 구성하고 있는 계열사 기업이 아니며, 소유자인 경영자가 중요한 의사결정을 행함에 있어서 외부의 지배를 받지 않는다. 물론 외부의 통제나 지배가 전혀 없는 것은 아니지만 보통 중소기업은 독립적으로 운영된다.

2 중소기업의 특성

종업원의 수나 매출액 규모 등의 양식기준에 의하여 중소기업을 정의하는 것은 정확한 방법이 아니므로 위에서 살펴본 질적인 정의와 유사한 중소기업의 제반 특

7) 양춘희 외 3인, 전게서, p.196.

성을 고려할 필요가 있다. 따라서 중소기업은 대개 아래와 같은 특성을 갖는 경향이 있다.

(1) 종업원 수와 매출액 규모가 작다

이는 앞서의 양적 기준을 설명한 것으로서 중소기업의 가장 중요한 특성이다. 물론 대기업과 구분되는 정확한 분류기준은 국가별·업종별 그리고 연도별로 가변성을 띤다. 우리 주위에서 흔히 볼 수 있는 편의점(CVS)이나 노래연습실, 가전제품 대리점 등은 고용원과 매출액 규모가 작은 소기업에 해당한다.

(2) 소규모 자본으로 창업과 폐업이 용이하다

중소기업은 일반적으로 투자자본의 규모가 작아서 누구나 쉽사리 사업을 시작하거나 철수하는 것이 가능하다. 영세자본의 특징은 기업형태에 있어서도 대부분의 경우에 개인기업이나 합명·합자회사를 탄생시키고 있으며 주식회사인 경우는 그리 많지 않다. 앞으로의 성장전망이 밝은 산업에 독창적 아이디어나 기술을 가진 몇 사람이 개척자로서 진출하는 것을 벤처기업(venture business)이라고 부른다. 이들은 소규모 자본으로 쉽게 창업될 수 있으며, 전자·통신·기계·컴퓨터·특수기술 등의 분야에서 성공적 창업사례가 목격되기도 한다. DOS 프로그램으로 출발한 빌 게이츠(Bill Gates)의 마이크로소프트(Microsoft) 회사도 처음에는 벤처기업이었다.

(3) 소유와 경영이 분리되어 있지 않다

개인이나 소수의 몇 사람이 출자를 하고 이들이 경영일선에서 직접 경영에 참여하기 때문에 경영층은 소유경영자가 대부분이며 기업의 소유와 경영은 밀착되어 있다. 따라서 신속한 의사결정이 가능하며 엷은 관리계층으로 인한 경영의 효율성이 예상되기도 한다. 그러나 이는 소유경영자가 미래에 대한 정확한 선견력과 업무 추진력을 갖고 있을 때 가능한 것이다.

(4) 단순한 조직구조와 비체계적 의사결정 절차를 따른다

중소기업의 조직구조는 부서화(departmentalization)가 아직 진행되어 있지 않거나, 가장 단순한 형태의 기능식 조직구조를 갖는 특징이 있다. 서비스업의 경우 대개 영업부서와 관리부서로 양분되어 있거나 생산시설을 가진 제조업인 경우일지라도 영업부서와 관리부서 이외에 생산부서를 추가하는 것이 고작이다.

부서의 단순화뿐만 아니라 경영계층의 수도 적기 때문에 최고경영자가 하위 작업부문의 일상적 업무를 소상히 파악할 수 있다. 이는 조직의 권력이 소유경영자인 최고경영층에 집중되는 집권적 조직형태를 띤다는 의미이다. 또한 제반 의사결정도 체계적인 절차를 따르기보다는 비공식적이며 즉흥적으로 되기가 쉽다.

(5) 생산기술과 제품의 종류가 단순하다

중소기업은 대개 대기업에 납품하는 단순부품을 생산하는 경우가 많아 복잡한 생산기술이나 공정이 요구되지 않는다. 대기업이 사전에 지정하거나 요구한 주문에 의하여 수동적으로 생산하기 때문에 대기업의 매출상황에 따라서 중소기업의 영업실적이 좌우된다. 또한 중소기업은 자본력의 취약성이나 대기업에의 의존성으로 인하여 독자적인 연구개발을 소홀히 하는 경향이 있다. 부품생산이 아닌 경우라도 중소기업은 다양한 종류의 제품을 생산하지 않으며, 한두 가지의 단일제품에 의존하는 경우가 많다.

(6) 전국 규모의 판매망이 어렵다

중소기업이 생산하는 제품이나 서비스는 전국적이거나 국제적인 판매망을 갖고 있지 못해 일부 제한된 지역에서만 판매하는 실정이다.

(7) 행정의 혜택보다 규제를 많이 받고 있다

중소기업은 대기업에 비해 금융·세제·기술지원·창업·해외진출 등 영업의 각 부문에 걸쳐 행정기관으로부터의 많은 간섭을 받고 있다. 종래의 대기업 위주의 경제지원책이 상당부분 중소기업 쪽으로 옮겨왔다고 하지만, 아직도 중소기업은 금융기관 접근의 문턱이 높아 부도율이 상대적으로 높은 편이다. 중소기업 고유업종인 유통이나 서비스업분야에 대기업이 진출하는 것을 행정기관이 방관하는 것도 또 하나의 예라고 할 수 있다.

3 중소기업과 벤처기업

1) 벤처기업의 개념

벤처기업의 용어는 미국에서 기술 집약적 신생기업(New Technology-Based Firm: NTBF) 또는 첨단산업중소기업(High Technology Small Firm: HTSF)으로 불려지고 있으며, 일본에서는 벤처비즈니스(Venture Business), 한국에서는 벤처기업(모험기업, 기술집약적 중소기업)으로 알려져 있다.8)

벤처기업의 정의에 대해서 나라마다 다양하게 정의하고 있는데, 먼저 미국의 경우 "위험성이 크나 성공할 경우 높은 수익이 기대되는 신기술 및 아이디어를 독립기반으로 하여 영위하는 신생기업"이라고 정의하였다. 일본은 "중소기업으로 R&D 투자비율이 매출액의 3% 이상인 기업으로 창업 후 5년 미만인 기업"으로 보고 있다. OECD는 "R&D의 집중도가 높은 기업" 또는 "기술혁신이나 기술적 우월성이 성공의 주요 요인인 기업"이라고 하였다. 반면에 한국의 경우 이장우(1983)는 "위험이 많은 첨단기술개발에 과감히 도전하여 새로운 시장을 개척하는 사업 또는 높은 위험성에도 불구하고 성공가능성을 보고 이에 과감히 도전하는 기업"이라고 정의하였다. 그런가 하면 이진주(1986)는 "모험기업이란 기술수준이 높은 신규기술의 기업화를 위해 기업가정신이 강한 기술창업인 또는 기존기업인이 창업 또는 점진적 기술축적을 통해 위험부담은 높으나 성공시 기대수익이 큰 사업을 운영하는 중소기업"이라고 정의하였다.9)

이러한 정의로부터 벤처기업의 특징을 요약하면 다음과 같다.10)

첫째, 소수의 기술적 배경지식을 가진 기업가가 기술혁신의 아이디어를 사업화하기 위해 설립한 신생기업이다.

둘째, 높은 위험부담은 있지만 성공할 경우 매우 높은 기대이익을 예상할 수 있다.

셋째, 모험적 사업에 대한 도전의식이 강한 기업가에 의해 주도되는 경향이 있다.

---

8) 이상석·고인곤, 전게서, p.68.
9) 이덕훈 외 3인, 최신경영의 이해, 두남, 2012, pp.150-151.
10) 유필화 외 4인, 전게서, p.126.

이처럼 벤처기업은 수익성과 성장의 주요 목적을 가지고 혁신적이며 전략적인 업무를 수행한다는 데에 그 특징이 있다. 이러한 벤처기업들은 산업사회에서 다음과 같은 역할을 할 것으로 기대된다.

첫째, 벤처기업은 중소기업 전체의 활성화를 선도한다. 벤처기업은 진취적인 기업가정신을 바탕으로 독자적인 기술과 경영의 노하우를 가지고 성장·발전해 갈 수 있기 때문에 우리나라 중소기업 전체의 활성화를 선도해 가는 역할을 수행할 수 있으리라고 기대한다.

둘째, 벤처기업은 기술개발 기반을 강화한다. 최근의 기술혁신의 성격은 수요면에서 다양화, 개성화를 배경으로 하며, 기술 그 자체도 세분화되는 경향이 있다. 이러한 상황에서 벤처기업은 대기업의 기술개발에 의하여 충족되지 못하는 분야, 즉 응용기술 분야 등에서 독자적인 기술개발로 성공하고 있으며, 앞으로 폭넓은 기술영역에서 더 많은 벤처기업의 기술개발이 기대되고 있다. 이처럼 벤처기업이 연구개발을 적극적으로 실행함으로써 우리나라 산업 전체의 기술기반이 강화될 수 있을 것으로 기대된다.

셋째, 벤처기업은 지역경제의 활성화에 공헌한다. 지방에 있는 벤처기업의 발전은 고용창출 등 지역경제 전체의 활성화에 크게 기여할 것으로 보인다.

넷째, 벤처기업은 산업조직의 활성화에 기여한다. 벤처기업은 독립적 지향성이 강하며 일반적인 중소하청기업과는 달리 특정 대기업의 지배를 받는 것을 좋아하지 않는 특성을 지니고 있으며, 기술개발에 있어서도 독자적인 연구개발의 성과를 거두고 있다. 이와 같이 벤처기업의 성장과 발전은 산업조직에 대하여 경쟁촉진을 유발하는 등 산업조직의 활성화에 기여할 것으로 기대된다.

2) 벤처기업의 성공요인[11)]

벤처기업의 성공요인에 관한 기존연구를 살펴보면 기업가정신, 전략, 환경적 요인 등이 성공요인으로 지적되고 있다. 우리나라의 경우 성공한 19개 벤처기업을 대상으로 성공요인 등을 살펴보면 다음과 같다.

11) 이상석·고인곤, 전게서, pp.77-78.

(1) 핵심성공요인

벤처기업가들이 상대적으로 중요시하는 성공요인은 리더십과 의사결정능력, 도전정신, 창업팀 구성 및 인재확보, 그리고 기술 및 마케팅에 대한 지식과 경험 등의 순이다. 반면에 정부의 제도적·법률적 지원, 자금지원 그리고 인맥 및 파트너 관계 등은 상대적으로 덜 중요한 요인으로 꼽았다. 하지만 상대적 중요성이 떨어진다고 해서 성공요인이 되지 못하는 것은 아님을 유의할 필요가 있겠다.

(2) 기업가 특성

기업가들은 심리적 특성에 있어서는 정직과 긍정적 사고를 중요시하였다. 반면에 위험감수성향이나 헝그리 정신은 상대적으로 낮은 중요도를 보였다. 이는 위험감수성향과 성취욕구를 강조하는 기업가에 관한 기존연구와는 차이가 있다. 행동적 특징에 있어서는 대내·외적 신뢰확보와 적극적 사업추진 자세를 중요한 특성으로 들었다. 반면에 사교성이나 신중한 의사결정은 상대적으로 중요도가 낮았다. 경영관리능력에 있어서는 명확한 비전과 목표, 합리적인 의사결정을 중요한 기업가 특성으로 보고 있는 반면에 보수적 자금관리나 공동체의식의 조성능력 등은 덜 중요한 기업가 특성이라고 하였다.

(3) 벤처기업 전략

성공한 벤처기업가들은 기술혁신 차별화, 마케팅 및 서비스 차별화, 지속적인 품질개선, 시장선점 전략을 보다 중요한 전략으로 평가했다. 반면에 약한 틈새시장 침투, 모방, 원가절감 및 저가전략, 동맹 및 제휴 전략은 상대적으로 덜 중요한 전략요인으로 평가하였다.

4 중소기업의 육성방안

우리나라 경제구조상 중소기업이 갖고 있는 여러 가지 문제점 및 개선방안을 살펴보면 다음과 같다.

1) 중소기업의 문제점

(1) 일인다역의 문제점

일반적으로 중소기업은 1인에 의하여 창업되고 그 사업내용이 창업자 1인의 특정기술에 의해 좌우되는 경우가 많다. 즉 창업 이후의 기업활동(기획, 재무, 생산, 판매, 인사관리 등)이 계속하여 창업자 1인의 기술, 지적 수준, 가치판단에 의해 이루어질 경우 생산기술 자체는 전문화될 수 있겠지만 그 이외의 영업이나 조직관리 부문은 소홀해 질 수밖에 없는 것이 현실이다.

(2) 인력확보의 어려움

자본의 규모가 취약한 중소기업이 경쟁에서 이기기 위해서는 고급인력의 활용과 고급기술을 보유한 기술인력을 중시해야 한다. 그러나 이러한 당위성에도 불구하고 중소기업은 고급인력은 커녕 단순한 현장작업자, 기능공의 확보도 어려워 안정적인 기업활동에 위협을 받고 있다. 왜냐하면 중소기업은 대기업에 비하여 낮은 임금, 작업환경의 어려움, 복지후생제도의 미흡, 자기개발 기회의 부족 등 종업원에 대한 처우수준이 열악하기 때문이다.

(3) 자금확보의 어려움

대기업에 비하여 신용도가 낮고 담보물도 적은 중소기업은 자금조달의 어려움으로 인해 경쟁력이 약화되고 나아가 기업부실화의 원인이 되고 있다.

(4) 연구개발력의 미흡

기업의 연구개발에 대한 투자는 기업의 장기적이고 지속가능한 경쟁력 향상을 위해 매우 중요하다. 하지만 중소기업은 자금조달의 어려움도 문제이지만 설사 자금문제가 해결되었다해도 연구개발투자나 시설투자 등에 인색할 경우 문제는 더 심각해 질 수 있다.

(5) 가격경쟁력 확보의 어려움

과거에는 기업이 시장경쟁력을 확보하기 위해서 낮은 가격을 통해 시장점유율을 높이는 전략을 많이 사용하였다. 낮은 가격은 생산의 전문화 및 표준화, 설비의 자동화, 작업의 분업화, 생산규모의 대량화 등으로 기대할 수 있는 것이다. 그런데 중소기업은 자금력이 부족하여 생산원가를 낮출 수 있는 최신설비나 첨단설비에 대한 투자여력이 없다. 따라서 시설은 노후화되어 생산성이 낮고, 생산성이 낮으면 제조원가가 높아지므로 대기업에 비하여 가격경쟁력이 뒤떨어 질 수밖에 없다.

(6) 특허보호의 어려움

현실적으로 중소기업도 시장에서 성공하는 제품이나 서비스를 생산하는 경우가 매우 많다. 성공적인 중소기업이 되기 위해서는 이러한 히트 상품을 토대로 그 다음 단계의 새로운 제품을 개량하거나 개선할 수 있는 능력을 보유하여야 한다.

그러나 대부분의 중소기업은 이러한 히트 상품의 후속생산을 가능케 하는 아이디어, 기술, 정보가 부족한 것이 사실이다. 또한 기존제품의 생산에 동원되었던 아이디어나 기술이 보호대상이 되어야 하는데도 보호받지 못하는 경우가 많다.

(7) 기술수준의 낙후

우리나라 중소기업의 기술수준은 외국의 선진기업이나 국내 대기업에 비해서 낙후되어 있는 실정이다. 특히 중소기업은 제조기술, 공정기술, 검사기술 등의 여러 가지 기술면에서 전근대적인 수준으로 기업활동을 영위하고 있는 경우가 많다. 특히 자본력의 취약으로 기술투자를 제때 하지 못하는 중소기업일수록 기술수준이 저하되는 경우가 더 많다.

(8) 판매부진

중소기업이 직면하고 있는 경영상의 큰 어려움 중 하나는 판매나 유통경로를 확보하기가 용이하지 못하다는 점이다. 중소기업이 좋은 아이디어의 제품을 개발한다고 해도 유통경로가 확보되지 않아 성공하지 못하는 경우도 많다. 특히 경기침체로 인해 수요가 감소되면 중소기업은 마케팅 능력의 미약함을 더욱 절감하게 되는데, 재고는 증가하고 자금압박은 가중되어 조업을 단축하거나 도산하기도 한다.

(9) 원자재 확보의 어려움

원자재 확보의 어려움 중에는 가격 및 구입조건에서 중소기업은 불리함을 가지고 있는데, 자금여력이 없기 때문에 필요한 원자재를 일시에 대량으로 확보하기가 어려워, 대량구매에 따른 가격할인을 기대할 수 없다. 즉 불리한 구매조건을 감수하여야 하는데, 이것은 결국 중소기업의 경쟁력 약화의 원인이 되기도 한다.

2) 중소기업의 개선방안

(1) 정책적인 면에서의 개선

우리나라의 경우 경제개발계획을 수립한 1960년대 초부터 대기업 위주의 정책을 전개함에 따라 중소기업은 상대적으로 소홀하게 다루어져 왔던 것이 사실이다. 최근에 와서 국가발전에 중소기업이 중요하다는 인식이 과거 어느 때보다 강조되고 있다. 따라서 정부는 정책적으로 중소기업을 위한 환경개선 여건을 조성하고자 하는 노력이 필요하다. 그 내용으로 대기업과의 기술이전 연계방안, 연구개발 역량을 높이기 위한 세액공제, 부족한 인력의 지속적 수급방안, 대기업과 중소기업의 거래관행 개선, 각종 자금지원제도 등을 들 수 있다.

(2) 전략적 사고의 요구

기업이 지속 가능한 발전을 위해서 꼭 필요한 요소 중 하나가 경영자의 전략적 사고이다. 현대와 같이 기업환경이 불확실하고 급변하며 예측이 어려운 상황에서는 미래에 대한 전략적 사고가 중소기업 운영에 무엇보다 중요하다. 경영자는 올바른 전략적 사고를 통해 미래의 위험을 사전에 예측하여 대비할 수 있고, 보다 더 능률적이고 합리적인 의사결정을 할 수 있는 것이다.

(3) 기술존중의 풍토

과거에 비하여 많은 변화는 있지만 아직도 기술자를 경시하는 유교적인 관습이 존재하는 한 기업은 필요한 기술자의 부족현상과 기술의 발전속도가 늦어 질 것이다. 기술자나 기술을 경시하는 사회인식은 유능한 인력의 현장근무를 회피하게 하며, 근무한다 하더라도 사기가 저하될 수밖에 없다. 또한 이러한 사회의 인식은 현장에서 숙련공의 숫자를 줄이고, 현장에서의 노동생산성을 낮추게 한다. 따라서 과거의 제도나 인식에서 탈피하여 기술과 기술자를 진정으로 아끼는 사회풍토 조성에 노력하여야 한다.

(4) 연구개발 투자

기업의 연구개발 투자는 지속가능 경영을 가능케 하는 중요한 요인이다. 그러나 중소기업의 경우 매출액 대비 연구개발에 투자하는 금액이 크게 떨어지고 있음은 기술면에서의 취약성을 나타내며, 이것은 외부에 기술을 의존하거나 라이센스를 활용하여 기술문제를 해결하고 있음을 나타내는 것이다.

라이센스를 통하여 기술을 확보하면 단기적으로는 기업에 도움이 될지 모르지만 장기적으로는 기술의 축적가능성이 저하되고, 기술사용료(royalty)의 부담 등이 뒤따르게 된다.

(5) 적정설비 투자에 따른 품질개선

중소기업의 문제점으로 지적될 수 있는 또 하나의 요인은 설비의 노후화이다. 중소기업이 설비 노후화 문제를 해결하기 위해서는 설비에 대한 투자규모를 계속 증가시켜야 하지만, 과대설비투자는 상대적으로 운영자금의 압박을 가져오게 되며 결국 재무구조의 불균형을 초래하게 된다. 전문설비의 도입은 상당한 자금과 노력이 소요되기 때문에, 자본력이 빈약한 중소기업은 기존 설비의 개량과 개선을 우선 고려해야 한다. 즉 설비에 대한 축적된 경험과 기술을 바탕으로 제품의 품질개선과 차별화를 시도하는 것이 바람직하다.

(6) 고급인력의 유인

중소기업의 고급인력 부족현상은 항상 문제점으로 대두되고 있다. 고급인력이 중소기업을 회피하는 이유는 우선 작업환경이 열악하고 복리후생 면에서 불리하기 때문이다. 또한 중소기업에서 상당한 경험을 축적한 고급인력이 대기업에 스카우트되기 때문이다.

이러한 인력문제를 해결하기 위해서는 중소기업 스스로 작업환경, 임금, 복리후생 측면에서 적극적인 유인책을 수립해야 한다. 현대는 과거와 달리 중소기업의 적극적인 고급인력 유인책이 인력부족현상을 해결하는 가장 빠른 방법이기도 하다. 또한 현재 근무 중인 종업원들이 타 조직으로 이탈되지 않도록 지속적으로 동기부여를 해나가는 것도 중요하다.

주목받는 청년 창업 성공사례 '족발제작소'

최근 힘든 취업난으로 인해 절망하는 이들이 많지만 어려운 과정을 극복하고 새로운 도전을 위해 창업을 시작하는 청년들도 점점 늘고 있다.

그중 '족발제작소'는 김동현(27) 점장의 오랜 성장 스토리가 담긴 족발 포장 전문점으로 청년 창업의 성공사례로도 크게 떠오르고 있다.

김동현 점장은 학창시절부터 수많은 아르바이트를 통해 사회 경험을 쌓았고 대학교 졸업 후 노점 닭꼬치 장사를 시작하지만 AI(조류인플루엔자)로 인해 큰 파장을 맞아 장사를 접게 된다. 하지만 위기의 상황에도 포기하지 않고 새로운 시작을 위해 모아둔 자금으로 10평 규모의 작은 점포를 마련하게 되고, 이후 오랜 친구인 손범수(27), 백종혁(24) 등 젊은 청년들이 똘똘 뭉쳐 각자의 역할을 맡아 특색 있고 차별화된 족발 전문점을 준비하며 함께 운영을 이어가고 있다.

족발제작소는 도안동, 가수원동, 관저동, 정림동 등 부근에서 족발 맛집으로 입소문 나며 고객들의 높은 만족도를 얻고 있다. 가장 인기 있는 메뉴는 '족제 반반'으로 직화 향이 살아있는 매운 불족과 야들한 식감의 일반 족발을 동시에 맛볼 수 있다.

족발의 원재료는 국내산 암퇘지 생족을 사용하며 이 외 기타 식재료는 매일 직접 식자재 거래처에서 구매하여 사용한다. 또한 한의사에게 자문을 구해 16가지의 계절별 맞춤 한약재를 첨가하고 표준화 된 레시피의 족발 육수를 개발해 족발 특유의 식감과 풍미를 살리고 항상 일정한 맛을 유지하고 있다.

김동현 점장은 "대박난 족발 맛집의 비결이 오랜 시간 끓여 온 씨육수라는 편견을 깨고 싶어 족발제작소를 준비했던 5개월간 수백 개의 족발을 삶고 맛에 대한 연구 끝에 직접 레시피를 개발하게 됐다"며 "비록 포장 전문점이라 고객의 눈에는 보이지 않을 수 있지만 기본 재료를 손질하거나 족발을 삶는 과정 하나 하나 꼼꼼히 살피고 청결하게 준비하며 언제나 내 가족이 먹는다는 생각으로 정성을 다해 제공해 드린다"라고 전했다.

족발제작소는 대전시 서구 가수원동 우미린 풀하우스 아파트 정문 부근에 위치하고 있으며 매일 오후 5시와 7시에 맞춰 하루 총 40족만 삶아 당일 소진을 원칙으로 한다.

현재는 매장 안 4개의 테이블을 마련하여 홀 영업을 함께 운영 중이며 차별화된 족발을 위해 신메뉴 개발도 꾸준히 진행중이다.

(장준영/부산제일경제, 2018. 10. 26)

6

경영자론

제6장

경영자론

제 1 절 경영자의 의의와 유형

1 경영자의 의의

경영자(manager, executive)는 기업을 비롯한 모든 조직을 대표하며 해당 조직의 운영에 관한 지휘·감독 권한을 갖고 계획된 목표의 달성 결과에 대하여 총체적으로 책임지는 경영관리의 책임자를 의미한다. 따라서 경영자는 조직의 향후 진로에 관한 비전을 제시하고 조직의 구성원과 내부의 조직활동을 총괄적으로 지휘·감독하며, 기업의 새로운 가치창조와 이윤극대화를 통한 지속가능한 경영(sustainable management)이 실현되도록 경영 전반에 걸친 운영에 책임을 진다.

즉 경영자는 정해진 기업의 목표를 달성하기 위해 기업이 소유하고 있는 모든 투입요소, 즉 인적·물적 자원, 자본, 지식, 정보, 기술, 기업가정신 및 독특한 기업문화 등의 제 자원을 효율적으로 사용하기 위한 계획-조직-지휘-통제의 관리기능을 수행하며 내부조직(기획, 인적자원관리, 생산, 마케팅, 재무, R&D 등)에 대한 효과적 운영과 관리를 담당하는 경영의 주체이다.[1]

특히 경영자는 경영활동을 수행하는 과정에서 여러 가지 의사결정을 통해 조직목표를 달성하고자 노력하게 된다. 이러한 이유로 인하여 경영자를 의사결정자

1) 김진철, 경영학의 이해, 형설출판사, 2010, pp.76-77.

(decision-maker)라고도 한다. 그러나 조직의 모든 구성원을 경영자라고 할 수는 없다. 조직 내에서 조직의 구성원은 다음과 같이 크게 두 가지의 범주로 나눌 수가 있다.

첫째, 어떤 직무나 과업을 직접 수행하면서 다른 사람의 작업이나 활동을 감독할 책임이 없는 구성원을 들 수 있다. 이러한 구성원을 작업자(operatives)라고 한다. 예를 들어서 자동차 조립공장의 조립라인에서 직접 작업을 하는 사람은 그 조직에서 작업자라고 할 수 있다.

둘째, 조직 내에서 다른 사람의 활동을 지휘하고 감독하는 구성원이 있는데 이를 경영자라고 한다. 따라서 조직 내에서 경영자는 일반적으로 지휘하고 감독할 대상의 하위자가 있다. 앞의 조립라인의 작업자를 지휘하고 감독하는 공장장은 경영자라고 할 수 있다.[2)]

2 경영자의 유형

경영자는 여러 가지 관점에 따라 다양하게 구분될 수 있으나, 오늘날 일반적으로 경영자는 다음과 같은 세 가지 유형으로 나누어지고 있다.

1) 경영체제 방식에 따른 분류

(1) 소유경영자(owner manager)

소유경영자란 기업의 출자자임과 동시에 경영자로서 흔히 기업가(entrepreneur)라고도 불린다. 이러한 소유경영자는 오늘날에도 생산기술이나 방법 등이 복잡하지 않고 기업의 규모가 그다지 크지 않은 소규모 내지는 중소기업에서 볼 수 있고, 또한 대기업의 경우라도 주주이면서 이사 또는 경영자로 기업경영에 직접 참여하고 있는 경우는 이에 해당된다.

(2) 고용경영자(employed manager)

기업의 규모가 점차 확대되고 경영활동이 더욱 복잡성을 띠게 되면 소유경영자 스스로가 모든 경영기능을 감당할 수 없게 된다. 따라서 소유경영자는 자신의 대

---

2) 유봉식 외 4인, 전게서, p.32.

리인을 고용하여 경영상의 지휘·감독에 대한 업무의 일부를 분담하게 되는데, 이들을 고용경영자라고 부른다. 그러나 이 형태의 경영자는 비록 경영기능의 일부를 책임지고 있다고는 하나 경영전반에 대한 책임은 소유주인 기업가에게 주어져 있어 이들은 단순한 유급경영자(salaried manager)에 불과하다. 따라서 고용경영자는 기업가의 대리인으로서 경영 내지 관리기능의 일부를 위임받을 뿐이므로 그 성격상 기업가의 이익을 대변하게 되어 실질적인 권한은 그다지 많지 않다고 볼 수 있다.

(3) 전문경영자(professional manager)

기업의 규모가 대형화되고 기업의 활동범위가 넓어짐에 따라 경영활동의 내용도 복잡하고 전문화되었다. 따라서 이러한 대규모 기업을 합리적으로 경영하기 위해서는 전문적인 지식과 능력 그리고 풍부한 경험이 있는 경영자가 필요하게 되는데, 이들을 전문경영자라고 부른다. 전문경영자는 기업의 소유자로부터 경영권을 위임받아 실질적으로 기업을 경영한다. 따라서 전문경영자는 출자기능을 제외하고 혁신과 위험부담기능을 포함하여 경영활동 전반에 걸쳐 포괄적으로 영향을 미치게 된다. 다음 〈표 6-1〉에는 전문경영자의 유형이 제시된다.

표 6-1 전문경영자의 유형

유 형	전문경영자의 역할
CEO(Chief Executive Officer)	최고경영자로서 기업의 최종 의사결정자
CIO(Chief Information Officer)	정보시스템을 담당하는 총괄책임자
CFO(Chief Financial Officer)	금융, 자금 분야 전체를 담당하는 총괄 책임자
CTO(Chief Technology Officer)	기술개발 전체를 담당하는 총괄책임자
CKO(Chief Knowledge Officer)	지식경영과 학습을 담당하는 총괄책임자
CCO(Chief Customer Officer)	주요 고객, 이해관계자들을 관리하는 총괄책임자
CMO(Chief Marketing Officer)	마케팅 부문 전체를 담당하는 총괄책임자
CCO(Chief Communication Officer)	홍보, IR부문을 책임지는 총괄책임자
COO(Chief Operating Officer)	기업의 내부 운영을 담당하는 총괄책임자
CSO(Chief Satisfaction Officer)	고객중심의 상품개발과 서비스 분야의 총괄책임자

자료원: 박정민·유병남, 경영학원론, 청람, 2014, p.34.

또한 오늘날의 대규모 기업은 주주, 종업원, 고객, 지역사회, 협력업체 등의 다양한 이해관계자 집단과 직·간접적으로 관련을 맺고 있기 때문에 기업의 경영활동은 이들 공중의 생활에 지대한 영향을 미치게 된다. 그러므로 이 같은 기업의 사회적 또는 공중적 성격에 비추어 볼 때 현대기업의 경영은 소유경영자가 추구하는 투자자본의 가치중심의 목적만이 아니라 기업에 요청되고 있는 사회적 책임을 완수한다는 입장에서 전문경영자가 필요하게 되는 것이다.

앞에서 언급한 바와 같이 주식회사는 소유와 경영이 분리되는 경향이 있으며, 회사의 경영은 경영에 대한 전문적 지식이나 식견을 가진 전문경영자에 의해 좌우되는 현상을 경영자지배[3]라고 부른다. 경영자에 의한 기업의 지배가 가능하기 위해서는 주식의 소유가 고도로 분산되고, 경영조직이 전문화·복잡화되어 전문경영자가 아니면 도저히 기업을 운영할 수 없는 경우가 전제되어야 한다. 자본주의 경제체제 하에서 경영자지배현상이 심화되어 경영자들이 지배계급을 형성하여 사회의 변혁을 주도하게 되는 현상을 경영자혁명[4]이라고 부른다. 그러나 전문경영자들이 무작정 그들의 경영지배권을 향유할 수 있는 것은 아니다. 오늘날 주식회사는 특히 수많은 이해관계자집단들과 대내·외적으로 상호 관련을 맺고 있으며, 이들과

---

3) 버얼(A. A. Berle)과 민즈(G. C. Means)는 미국 대기업에 있어서 주식소유의 분산과 경영의 지배형태를 실증연구했다. 그들은 1929년 미국에서 금융업을 제외한 200개의 대규모 주식회사를 대상으로 주식분산의 실태를 규명해 냈는데, 그들의 연구결과는 『근대주식회사와 사유재산제도』라는 저서로 발표되었으며, 조사결과에 나타난 경영의 지배형태는 다음과 같이 다섯 가지 유형으로 설명하였다.

- 완전소유지배: 개인 또는 소집단이 전부 또는 대부분(80% 이상) 주식을 소유함으로써 기업을 지배하는 경우
- 과반수지배: 과반수(50-80%) 주식을 소유함으로써 기업을 지배하는 경우
- 법적 수단에 의한 지배: 과반수의 주식을 갖지 않고 의결권주, 무의결권주, 의결권신탁 및 지주회사 등의 방법에 의해 기업을 지배하는 경우
- 소수지배: 20-30%의 소주식을 보유하고도 군소주주의 의결권포기 또는 위임장의 수집을 통해 기업을 지배하는 경우
- 경영자지배: 고도의 주식분산에 따라 대주주의 지주비율이 작아졌기(20% 미만) 때문에 대주주지배가 불가능하게 되어 경영자의 수중에 놓이게 되는 경우 이와 같은 실증적 연구에서 도출된 현상을 경영자지배라고 하고, 이를 중심으로 하는 경영이론을 '경영자지배론'이라 한다(김세중 외 3인, 전게서, pp.180-181).

4) 버남(J. Burnham)은 그의 저서 『경영자혁명론(*managerial revolution*)』에서 종래의 사회체제는 자본주의와 사회주의의 양자택일적인 입장에서 일반적으로 자본주의사회 다음에 오는 것은 사회주의사회라고 하는 이론에 대해 반론을 펴고, 자본가에 대체되는 지배계급은 노동자가 아니라 경영자이며, 그러한 사회를 경영자사회(managerial society)라고 하였다. 그리하여 현대는 바로 이러한 신사회체제로 변환되어 가는 사회적 변혁기라고 하고, 이러한 변혁과정을 가리켜 경영자혁명이라고 하며, 미래의 사회는 사회주의사회가 아니라 경영자가 지배계급이 되어 사회를 변혁하고 경영자사회를 성립시킬 수 있다고 주장하였다(김세중 외 3인, 전게서, p.176).

원만한 관계를 유지할 때 비로소 경영목표는 달성될 수 있는 것이다.[5]

2) 경영관리 계층에 따른 분류

기업의 규모가 커지고 기업활동의 내용이 복잡해지면 한 사람의 경영자가 모든 업무를 혼자서 수행할 수 없으므로, 경영자의 직능에 따르는 권한과 책임이 분화되어 여러 경영자가 생겨나게 된다. 이것이 바로 경영관리 계층(hierarchy of management)이다.

경영자의 직위(직급)에 따른 경영자의 유형은 일반적으로 다음과 같은 세 가지 계층으로 나누어지는데, 이들 각 계층의 경영자가 수행하는 역할은 [그림 6-1]에서 보는 바와 같다.

[그림 6-1] 경영관리 계층과 역할

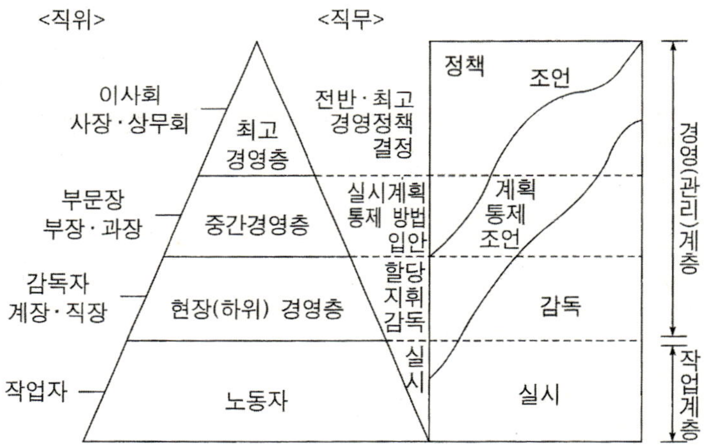

(1) 최고경영층(top management)

최고경영층은 기업의 장기적 목표·전략 등을 결정하고 혁신기능과 함께 기업의 사회적 책임을 지는 경영자로서 기업전체에 장기적으로, 또 전반적으로 영향을 미치는 의사결정을 주로 하게 된다. 최고경영층은 대표이사(사장), 부사장, 이사(중역) 등이 해당된다.

5) 김영규, 경영학원론, 박영사, 1999, pp.17-18.

(2) 중간경영층(middle management)

중간경영층은 최고경영층이 설정한 경영목표·전략·정책을 집행하기 위하여 전사적인 방침에 따라 각 부문의 활동, 예를 들면 생산, 마케팅, 재무, 인사 및 구매 등과 같은 기업활동을 관리하는 계층으로 중간관리층이라고도 한다. 또한 하위경영자를 지휘·감독하는 것은 물론 때로는 작업자에게 직접 명령·지시를 하기도 한다. 이들은 양계층 간의 중간에서 상호간의 관계를 조정하는 교량역할을 한다. 중간경영층은 각 부서의 부서장에 해당하는 실장, 국장, 부장, 차장, 과장 등이 해당된다.

(3) 하위경영층(low management)

하위경영층은 현장에서 실제로 작업을 하는 근로자나 일반 사무원을 직접 지휘·감독하는 경영층으로서 일선감독층이라고도 한다. 일반적으로 생산현장에서는 직장, 조장, 반장 등의 감독자(supervisor)와 사무직의 경우에는 계장 또는 대리급이 이에 해당된다.

3) 직무의 범위에 따른 분류

경영자의 임무 또는 직무활동의 범위에 따른 경영자 유형으로는 전반경영자와 부문경영자의 두 가지 형태로 생각할 수 있으며, 이는 [그림 6-2]에서 보는 바와 같다.

[그림 6-2] 전반경영자와 부문경영자의 차이

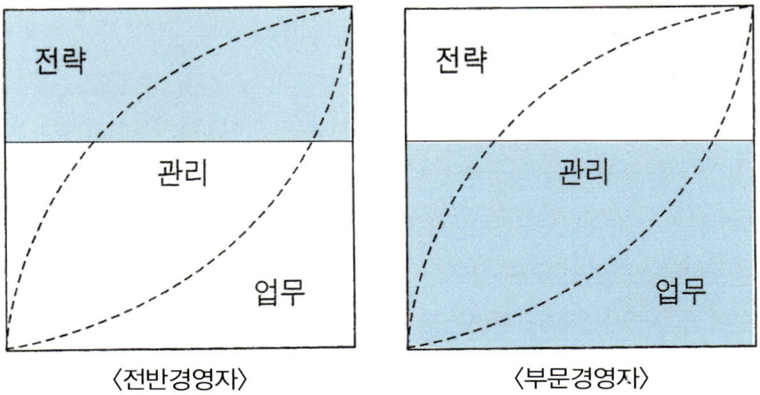

(1) 전반경영자(general manager)

전반경영자란 기업 전체의 총체적인 차원에서 경영하는 사람을 말하며, 기업의 궁극적인 책임자인 동시에 기업목표를 설정하고 이를 달성하기 위한 전략을 담당한다. 흔히 최고경영자와 전반경영자를 혼용하여 사용하고 있는데 엄격한 의미에서 최고경영자는 경영자의 계급 또는 직위를 나타낸 표현이고, 전반경영자는 그의 임무 또는 직책을 나타낸 표현이다.

예를 들면 어느 제조업체의 공장장이 이사급의 직위를 가지고 있을 경우, 그는 당연히 경영자의 신분을 가지고 있다고 볼 수 있다. 그러나 그의 임무가 조직전체의 전략을 수립한다기 보다는 기업의 한 부문인 공장의 책임자로서 상부에서 결정되는 생산량, 품질, 원가 등에 대한 효과적이고 효율적인 관리의 책임만을 갖고 있다면 그는 전반경영자가 아닌 부문경영자라고 하여야 할 것이다.

이와 반대로 사업부제 조직을 채택하고 있는 기업의 경우, 하나의 사업부를 담당하는 책임자가 부장의 직위에 있다면 그는 최고경영자라고는 일컬을 수 없을 것이다. 그러나 그가 독립채산제를 채택하고 있는 사업부의 매출액과 비용 그리고 이의 결과인 이익의 극대화에 대한 전반적인 책임을 지고 있고, 이러한 책임을 완수하기 위하여 독자적으로 전략을 수립해야 할 임무를 가지고 있다면 그는 전반경영자의 역할을 담당하고 있는 것이다.

(2) 부문경영자(divisional manager)

부문경영자란 직능경영자(functional manager)라고도 하는데, 생산·마케팅·인사·재무 등 기업의 어느 한 부문활동에 책임을 지고 있는 경영자를 말한다. 그런데 이들 부문경영자는 기업전체의 균형을 고려하지 않고 각 부문별로 주요 관심분야에만 중점을 둘 수 있다. 예를 들면 영업부문을 담당하는 부문경영자는 판매량의 증대, 시장점유율의 확대, 고객의 이미지제고 등에만 관심을 두게 되는 데 비해, 연구개발부장은 신기술의 개발, 최고품질의 제품 등에만 매달려 오히려 기업전체의 입장을 고려하지 않을 수도 있다. 이와 같이 각 부문경영자는 서로 상반된 이해관계를 가질 수 있기 때문에 전반경영자는 다양한 각 부문의 경영활동을 조정, 통합하는 역할을 수행해야 한다. 따라서 부문경영자와 전반경영자 간에는 상호관계가 잘 정립되어 있어야 하며, 중간경영자와 하위경영자가 부문경영자에 해당된다면 최고경영자는 전반경영자에 속한다고 볼 수 있다.

3 미래형 경영자

디지털혁명이 본격화됨에 따라 새로운 CEO(Chief Executive Officer)들이 주역으로 부상하고 있다. 특히 디지털, 생명공학 등 미래의 유망업종에 대하여 전문적인 지식과 기술을 지닌 CEO들이 등장하고 있다. 이러한 새로운 CEO의 출현은 기존의 전통기업에서 디지털기업으로 권력이동이 일어나는 것도 한 몫을 하고 있다. 이제는 전통기업이 디지털화하지 않으면 언제든지 도태될 수 있으며, 여성 CEO가 늘어나는 것도 디지털시대의 특징 중 하나라고 할 수 있다.

한편 디지털 혁명은 CEO의 자질변화를 요구하고 있다. 이제는 조직에 비전을 제시하면서 난관을 돌파할 수 있는 리더가 주목받는 시대이다. 또 IT 기술을 외면하는 CEO는 생존이 불가능하게 될 뿐만 아니라 재무관리와 마케팅 못지 않게 IT에 대한 관심과 지식이 요구되고 있다. 미래형 CEO의 마인드와 특성을 살펴보면 다음과 같다.[6)]

① 미래형 CEO는 디지털에 대한 이해가 출발점이 되어야 한다.
② 끊임없이 새로운 아이디어를 제시하여야 하며, 신속하게 판단하고 행동하여 기회를 선점하여야 한다.
③ 인적 네트워크를 구축하고 과실을 공유하여야 하며, 젊고 유능한 후계자를 양성하고 발굴하는 것이 CEO의 가장 중요한 임무 가운데 하나라는 것을 인식하여야 한다.
④ 다양한 인센티브제도를 도입하여 핵심 경영진의 유출을 방지하고, 유능한 인재를 파격적으로 대우하는 보상 시스템을 마련해야 한다.
⑤ 문제가 발생하거나 의문이 생기면 이를 해결할 수 있도록 문제해결능력을 키워야 한다.
⑥ CEO와 기업 모두 투명성을 강조하고 도덕성을 중시하여야 한다.

21세기 최고경영자가 갖추어야 할 덕목으로는 다음과 같은 것들을 들 수 있다.

① 환경에 기민하게 대응하는 속도감(speed)

---

6) 조경동 외 4인, 경영학원론, 형설출판사, 2011, pp.80-81.

② 부단한 혁신의 추구(change)

③ 뛰어난 국제감각(global)

④ 정보화에 대한 열의(information technology)

⑤ '해당업종'에 관련된 전문가적 지식(knowledge)

⑥ 창의적 사고(creativity)

⑦ 건강과 인격(health & personality)

제 2 절 경영자의 역할과 기능

1 경영자의 역할

경영자의 직무를 보다 잘 이해하기 위해서는 경영자가 수행하는 다양한 역할을 분석해 볼 필요가 있다. 역할이란 경영자가 조직에서 어떠한 일을 해야 하는가와 관련된 것으로서, 1970년대 초에 여러 조직에서 최고경영자의 경영활동을 체계적으로 연구한 민쯔버그(H. Mintzberg)[7]는 효과적인 경영자의 구체적인 역할을 다음과 같이 들고 있다.[8]

1) 대인관계적 역할

모든 경영자는 기업을 원만히 운영해 나가기 위해 상징적 대표자의 역할, 리더의 역할, 연결자의 역할을 수행해야 한다.

① **대표자 역할**(figurehead role): 이는 조직의 얼굴 역할을 말하는 것으로 중요서류에 서명을 하고 직원의 경조사에 참여하거나 방문객을 접대하는 일을 하는 것을 말한다.

---

7) Mitzberg, H., "The manager's job: Folklore and fact", *Harvard Business Review*, July-August, 1975, pp.49-61.

8) 박상범, 전게서, pp.261-262.

② **리더 역할**(leader role): 이는 종업원들을 고용하고 교육시키며 주어진 일을 자발적으로 수행할 수 있도록 동기를 유발시키는 것을 의미한다.

③ **연결자 역할**(liasion role): 이는 외부 사람들과의 관계를 원만히 유지하고 개발하는 것을 말한다.

2) 정보적 역할

올바른 의사결정을 하기 위해서는 정확하고 신속한 정보의 수집, 분석이 필요하다. 정보적 역할의 구체적인 내용은 다음과 같다.

① **모니터 역할**(monitor role): 이는 기업경영에 필요한 정보를 꾸준히 탐색하고 수집하는 것을 말한다.

② **전파자 역할**(disseminator role): 이는 필요한 정보를 필요한 사람에게 전달해 주는 것을 말한다.

③ **대변인 역할**(spokesperson role): 이는 조직 내에서 수집, 분석한 정보를 외부에 홍보하고 알려 주는 것을 말한다.

3) 의사결정적 역할

수집한 정보를 토대로 여러 가지 경영문제를 풀어가는 것으로 기업가의 역할, 문제해결자 역할, 자원배분자 역할, 협상자 역할로 나누어진다.

① **기업가 역할**(entrepreneur role): 이는 장기적인 전략을 수립하고 새로운 분야를 개척하는 것을 말한다.

② **문제해결자 역할**(disturbance handler role): 이는 노조의 파업, 압력단체의 항의 등과 같이 예기치 못한 상황이 발생했을 때 이를 해결하는 역할을 말한다.

③ **자원배분자 역할**(resource allocator role): 이는 한정된 자원을 적절히 배정하여 가장 합리적이고 효율적인 상태로 유지시키는 것을 말한다.

④ **협상자 역할**(negotiator role): 이는 노동조합과의 단체교섭, 공급업자와의 계약 등과 같은 문제들에 대해 조직을 대표하여 창구에 나서는 것을 말한다.

2 경영자의 기능

경영자가 여러 가지의 경영기능과 경영자 역할을 성공적으로 수행하기 위해서는 이에 필요한 전문적 능력을 갖추어야 한다. 이와 관련하여 카츠(R. Katz)[9]는 경영자가 갖추어야 할 기능을 다음과 같이 설명하고 있다.

1) 전문적 기능

전문적 기능(technical skill)은 경영자가 자신이 책임지고 있는 특정의 업무분야와 관련하여 전문화된 활동을 수행하는데 필요한 지식이나 기술을 이용할 수 있는 능력(현장실무능력)을 말한다. 모든 조직계층의 경영자가 자신의 부하를 제대로 감독하고 관리하기 위해서는 업무와 관련된 전문지식을 갖고 있는 것이 유리하다.

2) 인간관계적 기능

인간관계적 기능(human skill)은 팀의 구성원으로서 효과적으로 일하고 조직 내에서 협동적 노력을 구축하기 위한 경영자의 능력(대인관계능력)이다. 다시 말하면 이는 경영자가 개인 또는 집단의 일원으로서 다른 사람이나 집단과 같이 일하고 의사소통을 하고 그들을 이해하며 그들에게 동기를 부여할 수 있는 능력을 말한다.

3) 개념적 기능

개념적 기능(conceptual skill)은 경영자가 조직전반을 파악하고 산업, 지역공동체, 국가의 정치, 경제, 사회적 여러 세력과의 관계를 고려해 가면서 통찰할 수 있는 능력(상황판단능력)이다. 또한 조직의 다양한 하위부서들이 서로 어떻게 연결되어 있으며, 어느 한 부분의 변화가 다른 부분 및 전체 조직에 어떤 영향을 미치게 되는가를 총체적으로 인식할 수 있는 능력이다.

이처럼 경영자의 기능에는 세 가지가 있으며, 각각의 경영자에게 요구되는 스킬의 양은 [그림 6-3]에서 보는 바와 같다.

---

9) Katz, R., "Skills of an effective administrator", *Harvard Business Review*, Sept-Oct, 1974, pp. 90-102.

[그림 6-3] 경영자의 기능

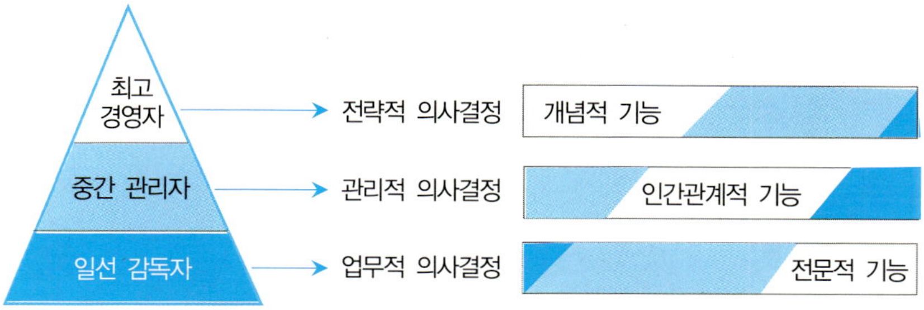

제3절 경영자의 사회적 책임과 기업윤리

경영자들은 사회적 책임을 수행할 수 있어야만 유능한 경영자로 인식될 수 있고 또 지속적으로 고용될 수 있을 것이다. 경영자가 사회적 책임을 느낄 수 있는 것은 그들이 올바른 가치관을 가지며 기업윤리관을 확립하고 있을 때이다.

1 경영자의 사회적 책임

기업의 사회적 책임론이 대두된 것은 1890년대부터이다. 당시는 이 문제가 경영자 개인의 도덕이나 윤리의 문제로 대두된 것이지 기업 자체에 대한 윤리적 관심을 표명한 것은 아니었다. 그 후 1930년경에 기업 자체의 사회적 책임에 관한 논쟁이 일게 되었는데, 이에 맞추어 기업의 경영자들은 사회적 책임에 대하여 경영이념으로까지 인식하기에 이르렀다. 그 후 1950년대에 와서는 기업의 사회적 책임은 현대사회에 있어서 기업에 부과된 역할과 그것이 점하는 지위라는 관점에서 검토되었으며, 특히 드러커(P. F. Drucker)는 이 문제를 실천적인 과제로 검토하였다.

그 후 기업의 사회적 책임에 대해 많은 연구가 진행되었으나 사회적 책임이라는 용어의 개념에 대해 학자들마다 다른 정의를 내리고 있어서 아직 어떤 통합적인 견해가 제시되지 못하고 있는 실정이다. 그러나 사회적 책임에 대한 정의는 일반적으로 이윤동기를 넘어 보다 넓은 영역을 사회에 대한 기업의 책임으로 간주하고 있다. 따라서 기업은 주주만이 아니라 더 많은 이해관계자에게 기여해야 하며, 그 기본적인 목적에 내포되어 있는 전통적인 경제적 가치 이외에 더 크고 넓은 가치의 실현에 공헌하는 것이 기업의 사회적 책임이라 할 수 있다.

1) 사회적 책임의 의의

기업책임 또는 경영자책임이란 기업이나 경영자가 당연히 이행해야 할 의무를 말한다. 이는 다시 기업외부의 이해관계자 집단에 대한 대외적 책임과 기업내부의 문제에 대한 대내적 책임의 두 가지로 나누어지는데, 양자는 상호 밀접한 관련을 가지고 있다. 다음에서는 이 두 가지 책임에 대해 설명하고자 한다.

경영자의 대외적 책임은 바로 사회적 책임이라 할 수 있다. 초기발전단계의 기업은 소유자의 지배 하에 있었기 때문에 그들의 영리추구를 위한 수단에 지나지 않았다. 그러나 기업이 발전함에 따라 기업의 규모가 확대되고, 업무가 복잡화되면서 사회적 영향력이 커지게 되자 사회적 책임을 요구받게 되었다. 이와 같은 책임은 출자자에 대한 배당지급·채권자에 대한 이자·원금의 지급, 근로자에 대한 양호한 노동조건의 확보, 소비자에 대한 양질·저렴한 제품 또는 서비스의 제공, 공해방지를 비롯한 환경오염방지, 지역사회이익의 보호, 정부·자치단체 등과의 원활한 관계 유지 등이며, 경영자는 이들 이해자집단의 여러 가지 요구를 조정·통합하여 이에 부응하여야만 할 것이다. 그리고 의미상으로 사회적 책임과 비슷한 것 중에 '사회적 반응'(social responsiveness)이라는 개념이 있는데, 그것은 간단히 말해서 "기업과 사회 상호간에 이익을 주고받는 방식으로 자신의 활동과 정책을 사회적 환경과 관련짓는 기업의 능력"을 의미한다. 이상의 두 개념 간의 차이점은 전자는 조직체의 기본적 '행동'과 관련이 있다면, 후자는 조직체의 행동 및 '반응방법'을 함축하고 있는데, 이 두 가지 모두 기본적으로는 [그림 6-4]에서 보는 바와 같이 같은 상호작용을 전제로 하고 있다는 점에서는 동일하다고 할 수 있다.

다양한 종류의 조직체들이 사회가 그들에게 위탁한 여러 가지 임무를 가지고 있듯이 기업의 임무는 재화나 용역의 생산과 분배라고 할 수 있다. 예컨대, 경찰의

[그림 6-4] 기업과 사회의 상호작용 모델

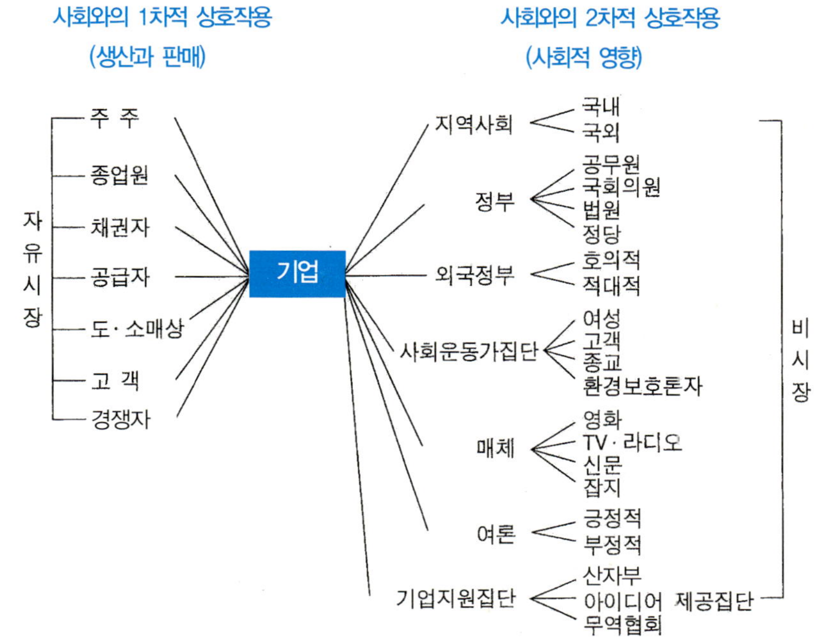

임무는 공공의 안녕과 질서를 유지하는 것이고, 대학의 임무는 학생을 가르치고 연구활동을 하는 것이다. 우리는 경영자에게 사회적 문제를 모두 해결할 의무가 있다고 주장해서는 안 된다. 기업의 의무가 정부기관의 임무와 같은 다양한 모든 일을 담당하는 것이라는 주장은 옳지 않다. 그러나 기업은 다른 모든 형태의 조직체들과 같이 환경과 상호작용을 하고 그 속에서 존속하지 않으면 안 된다. 그러기 위해서는 경영자는 환경에 적응하고 생활의 질을 향상시키기 위해 지역사회에 대한 적극적인 참여자가 되어야 한다. 이는 바로 그들이 행해야만 하는 의무인데, 그 이유는 기업의 생존이 모든 환경요소와 얼마나 성공적으로 상호작용하느냐에 달려 있기 때문이다.

한편 여러 이해관계자 집단 간에는 이해의 충돌이 있을 수 있는데, 예를 들면 주주의 고율배당과 소비자의 저판매가격의 주장에서 보는 바와 같이 서로 대립되거나 이율배반적인 관계에 있는 것이 많다. 그리고 이들 여러 이해자집단의 요구가 일방적으로 기업에 강요되는 경우에는 기업 자체의 존속이 불가능하게 되기 쉽다.

그러므로 경영자는 서로 대립되는 제집단의 이해의 충족을 전체적으로 극대화시키기 위하여 생산성 향상을 도모함은 물론 이해관계자 집단에게 기업성과의 일정 부분이 배분될 수 있도록 그의 대외적 책임을 다해야 한다.

이에 반해 경영자의 대내적 책임은 지휘·감독의 책임, 즉 관리의 책임인데, 이는 모든 기업활동을 조직화하여 목표를 설정한 다음, 이의 달성을 위해 리더십을 발휘하고 목표달성과 어긋나지 않도록 기업활동을 통제하는 것이다. 그러나 이러한 계획·조직·통제와 같은 관리활동의 수행과 관련하여 특히 경영자에게 요구되는 것은 혁신과 아울러 이를 통한 기업의 질적·양적 상징을 실현하여야만 한다는 것이다. 왜냐하면 상례적인 내부관리활동이 아무리 훌륭히 수행된다 하더라도 기업활동 자체가 혁신적이지 못할 경우 기대된 성과를 실현할 수 없기 때문이다.

오늘날 기업현실을 살펴보면 이러한 경영자의 책임을 무시하거나 경시하는 경영자가 의외로 많음을 부인할 수 없다. 대외적으로는 경영자의 이해자집단의 이해존중 의식이 약하여 기업 자체, 특히 투자자의 이익만을 우선시하는 기업이기주의가 팽배해 있으며, 대내적으로는 관리활동이 고정화·관료화되어 혁신적 리더십이 부족한 실정이다. 그런데 그들이 이러한 책임을 경시하고 무시할 수 있는 이유는 단순히 그들의 개인적 자질 때문이라 할 수는 없으며, 오히려 기업 또는 그와 같은 기업의 한 기관으로서의 경영자가 갖는 병리적 현상의 한 측면으로서 이해하지 않으면 안 된다.

이와 같은 관점에서 경영자가 그들이 지고 있는 책임을 경시 내지 무시할 수 있는 병리적 현상을 불식시키고 이의 개선을 도모하려면 무엇보다도 경영자가 스스로 지고 있는 사회적 역할을 자각·인식하고 그 자신은 기업조직의 리더, 즉 공인으로서의 책무를 다하고자 하는 가치관의 확립이 긴요하다 하겠다.

2) 경영자의 사회적 책임의 내용

이상에서는 경영자책임의 하나로서 사회적 책임을 설명하였는데, 이러한 사회적 책임의 구체적인 내용을 살펴보면 다음과 같다.

(1) 기업의 유지 및 발전에 대한 책임

오늘날의 기업은 특정 주주의 사적 소유물이 아니라 수많은 주주의 출자와 그 기업에서 생활을 영위하고 있는 많은 종업원 및 고객들과 함께 하는 사회적인 공적 기관이다. 이러한 기업이 제 역할을 수행하기 위해서는 무엇보다도 기업의 건전한 유지존립이 선행되어야만 한다. 따라서 경영자는 모든 능력과 기량을 발휘하여 필요이윤의 확보에 노력하고, 획득된 이윤 가운데 적정한 비율을 사내에 유보함으로써 기업존립의 전제조건을 구축해 나아가야만 하는 것이다. 즉 이러한 책임은 비록 대환경관계에서 오는 책임이 아니라 하더라도 여타 모든 책임의 수행을 가능하게 하는 전제가 된다.

(2) 종업원에 대한 책임

기업경영에는 물적 요소 내지는 자본적 요소 못지 않게 노동력이 필요한데 종업원이야말로 이러한 노동력의 근원이라 할 수 있다. 그런데 인간으로서의 종업원은 건강이나 정서의 유지를 위시한 각종 육체적 및 정신적 욕구를 갖고 있기에 기업은 종업원에 대한 응분의 대우를 함으로써 이들의 복지증진에 기여할 책임을 져야 하는 것이다.

(3) 주주에 대한 책임

주주는 출자자인 동시에 기업의 지배자로서 가능한 한 최대의 이익배당을 기대한다. 따라서 주주가 없는 기업도 있을 수 없거니와 주주에 대한 이익배당을 하지 않는 기업도 생각할 수 없다. 기업이 이익배당에 소홀하게 되면 주주들의 당해기업에 대한 투자유인이 감소하게 되고, 결과적으로 추가적인 자본의 유치, 조달은 매우 어려워지게 된다. 따라서 주주에 대한 적정한 이윤배당은 기업경영자의 기본과제임과 동시에 책임이라 할 수 있다.

(4) 소비자에 대한 책임

소비자는 기업의 제품을 구매하는 사람들로서 소비자가 없는 기업은 생각할 수 없다. 그것은 기업이 소비자에 대한 서비스를 통해 비로소 그 존재의의를 지니게 되기 때문이다. 따라서 보다 좋은 상품을 보다 낮은 가격으로 소비자에게 공급하는 것은 기업의 당면과제인 동시에 책임이기에 기업은 소비자 지향적(consumer orientation)으로 운영되어야 한다.

(5) 지역사회에 대한 책임

사회적 제도로서의 기업은 국민경제적 견지에서 지역사회에 대해 응분의 책임을 져야만 하는데, 이는 기업이 지역사회로부터 직·간접으로 많은 것을 공급받을 뿐만 아니라, 지역사회의 안정과 번영 속에서 존속·발전할 수 있기 때문이다.

기업은 성장을 통한 고용기회의 확대로 지역사회의 유휴노동력을 흡수하겠지만, 지역주민은 경제적 지출의 증대도 기대하고 있는 것이다.

오늘날 기업공해로 일컬어지는 각종 폐해가 발생했을 때에는 이에 대한 사후보상 및 방지대책을 철저히 강구해야 할 것이다.

특히 기업은 지역개발 내지 지역발전을 위해 지방자치단체의 활동에 발맞추어 보다 적극적인 협력과 아이디어를 제공해야 할 것이다.

(6) 후계자양성의 책임

경영자는 사회적 책임의 하나로서 기업의 유지 및 발전에 대한 책임이 중요하다는 것은 이미 설명한 바 있지만 사실상 기업의 미래발전을 위해서는 후계자 양성문제 또한 중요하다 할 것이다. 그것은 내일을 위한 유능한 경영자의 양성 없이는 기업성장은 기대할 수 없기 때문이다. 이러한 의미에서 후계자의 양성문제 역시 경영자의 사회적 책임이 되는 것이다. 전문경영자를 개발하고 육성하기 위해서는 무엇보다도 선발, 교육과정, 교육기관 등에 관한 사전준비가 필요하다고 하겠는데 이러한 사전준비가 철저히 이루어짐으로써 경영자의 자질을 지닌 사람을 집중적으로 교육 내지 훈련시켜 유능한 경영자로 양성해 낼 수 있는 것이다.

(7) 기술개발에 대한 책임

오늘날 우리 사회는 서비스사회 나아가 지식사회로 이행되고 있는 바, 이러한 발전의 기초는 기술의 진보이다. 기술의 진보를 가능하게 하기 위해서는 연구개발(research and development)이 필요하며, 이는 생산성 향상에 의해 사회적 이익이 증대되는 방향으로 전개되어야 할 것이다. '기술혁신의 시대'에 있어서 세계 각국이 기술보호의 장벽을 높이고 있는 실정이므로 우리나라의 경우 독자적인 기술의 개발과 연구는 우리 기업의 생존과 발전에 있어서 필수불가결하다고 하겠으며, 이러한 관점에서 경영자는 기술개발 나아가 기술발전방향의 예측에 많은 시간을 할애해야 할 것이다.

2 경영자의 기업윤리

과연 기업윤리를 지켜야 하는가 하는 문제는 기업 또는 기업경영의 본질 내지는 기업의 목적과 관련하여 제기되는 가장 근본적인 문제이다. 기업의 본질적 기능면에서 재화의 공급과 이윤추구라는 경제적 기능만을 인정할 경우 기업윤리의 개입 여지는 크게 줄어든다. 그러나 산업화 초기와는 달리 기업의 대사회적 영향력이 현저히 커진 현대산업사회에 있어서 단지 기업의 경제적 측면만을 인정할 수는 없다. 따라서 새로운 각도에서 기업의 본질, 즉 사회 속에서의 기업이 맡아야 할 본질적 기능이나 역할의 문제와 더불어 기업의 목적을 재조정해볼 필요가 있다.

1) 기업윤리의 중요성

오늘날과 같은 자유기업체제 하에서 기업의 경영자는 기업목적을 달성하기 위하여 자유로운 선택의 과정인 의사결정을 통해 기업활동을 수행하고 있다. 그러나 이러한 기업의 자유에는 최소한의 강제와 자발적 행동이 따르는 의무, 즉 책임이 뒤따르게 된다. 그렇다면 오늘날 기업은 과연 책임있는 기업활동을 수행하여 왔는가?

기업활동에 대한 사회적 비판은 크게 두 가지 측면에서 제기되고 있다. 하나는 사회적 책임의 측면에서 무책임한 행동을 비난하는 것이고, 다른 하나는 기업윤리의 측면에서 비윤리적이며 비도덕적인 기업 및 경영자의 행동을 비난하는 것이다. 예를 들면 기업재산의 변칙적 증여 및 상속, 족벌경영, 탈세, 부동산 투기, 공금유용 및 뇌물수수, 재산의 해외도피, 사생활의 문란 등 비윤리적 행동 등으로 기업과 경영자들이 사회로부터 거센 비난을 받고 있다.

본래 기업윤리는 사회적 책임과는 달리 기독교적 윤리 또는 청교도적 윤리를 기업의 경영자들이 자발적으로 준수하기를 기대하는 종교적 입장에서 출발한 것이다. 그러나 소비자문제, 환경보호문제 등이 대두되기 시작한 1960년대까지도 기업윤리문제에 대해 체계적인 연구가 부족하였다. 하지만 1970년대 들어 학술적 연구가 체계화되기 시작하여 1980년대 이후 기업의 비윤리적 사례를 개발하고 윤리이론을 재정립하여 구체적인 문제해결에 적용하려는 본격적인 기업윤리연구가 진행되면서 최근에는 윤리적 경영이라는 명칭으로 확대되어 지속가능경영의 핵심요소가 되고 있다.

2) 기업윤리의 기준

기업윤리(business ethics)는 경영자가 기업을 경영하는 데 있어서 따라야만 하는 일종의 규범으로서 경영윤리라고도 한다. 윤리(ethics)란 행위의 옳고 그름과 도덕적인 것과 비도덕적인 것에 대한 인간 행위의 판단기준이 되는 것으로서, 윤리적 원칙은 도덕적 행위에 대한 지침이라고 할 수 있다. 기업의 활동에는 이와 같은 윤리를 필요로 한다. 따라서 윤리가 양심과 관련이 있기 때문에 그것은 법률보다도 더 고차적인 내용을 가지는 철학적 영역이라고 할 수 있다.

이 같은 기업윤리에 대해서는 매우 다양한 정의가 존재하지만, 이를 종합하면 기업윤리란 "기업이 사회적 책임을 수행함에 있어서 마땅히 지켜야 할 도리와 경영원칙"이라고 정의할 수 있다.

따라서 기업의 경영자는 다음과 같은 방향에서 윤리기준을 확립할 필요가 있다.

① 기업활동을 수행함에 있어 정직과 신뢰를 바탕으로 해야 한다.
② 혁신을 통하여 소비자의 생활수준에 이바지할 수 있도록 생산의 효율화를 위해 노력하여야 한다.
③ 공정거래질서의 형성·유지를 위한 책임을 져야만 한다. 이를 위해 불공정한 기업행위를 해서는 안 된다.
④ 경영자는 사업활동과 관련된 여러 가지 법규나 규칙 및 규정 등을 준수해야 한다.
⑤ 경영자는 모든 거래에 있어 공정해야 하며 유효한 경쟁체제를 유지하고 확보하기 위한 노력을 게을리해서는 안 된다. 그러기 위해서는 자본력을 바탕으로 흡수·합병 등을 통한 독과점 형성이나 지나친 과당경쟁을 삼가해야 한다.

3) 기업윤리의 유형

기업윤리와 관련된 유형으로 다음 세 가지를 들 수 있다.[10]

(1) 비도덕적 경영(immoral management)

이윤추구를 위해서는 수단과 방법을 가리지 않는 경영방식으로서 경영의 동기가

10) 유재욱 외, 현대사회와 지속가능경영, 박영사, 2014, p.299.

이기적이고 기업의 이익만을 고려하는 경우이다. 예를 들면 건설공사장의 현장관리자가 자신이 맡고 있는 건설공사에 중대한 하자가 발견되어 이를 경영층에게 보고했는데 경영층이 이를 무시하라고 지시한 경우이다. 왜냐하면 경영층은 그러한 하자를 고려할 경우 공사가 지연되고 추가적인 비용이 드는 것을 싫어하기 때문이다.

(2) 도덕적 경영(moral management)

도덕적 경영은 법과 윤리를 모두 고려하는 경영방식으로서 그 행위나 동기, 목표, 법에 대한 태도, 일반관리전략에 있어서 윤리적인 규범 및 윤리적인 책임까지 고려하는 경우이다. 예를 들면 어떤 장난감 제조업체의 경우 생산 및 판매에 앞서 무독성, 안정성, 내구성 등의 엄격한 안전성 기준을 적용하여 충분한 검사를 거쳐 이에 적합하지 않는 시제품은 모두 폐기하는 것이다.

(3) 도덕중립적 경영(amoral management)

경영활동과 윤리를 독립적으로 고려하는 경영방식으로, 법규 준수하에 이윤추구를 목표로 한다. 즉 기업활동이 경제적이고 합법적이라고 판단되면 윤리적이든 비윤리적이든 별로 관심을 기울이지 않는다. 이러한 도덕중립적 경영의 예로는 주류산업이나 담배산업을 들 수 있다.

이상의 내용을 정리하면 〈표 6-2〉와 같다.

표 6-2 윤리적 경영의 유형

구 분	비도덕 경영	도덕중립적 경영	도덕적 경영
윤리 규범	기업의 경영활동이 도덕적이어야 한다는 것에 대해 반대	경영활동은 도덕적이지도 비도덕적이지도 않음	경영활동은 윤리적이고 올바른 행위기준과 합치됨
동기	이기적, 자기중심적이며, 자신과 회사의 이익만 고려함	선량하지만 남에 대한 영향을 고려하지 않음	건전한 윤리적 규율 앞에서 기업경영의 성공을 추구함
목표	어떤 대가를 치르고라도 이익과 조직성공을 추구	이익 이외의 다른 목표를 특별히 고려하지 않음	법률준수와 윤리적 기준의 한계 내에서의 이익을 추구
법에 대한 태도	법은 경영이 원하는 바를 성취하기 위해 극복해야 하는 장애물로 간주함	법은 윤리적 지침을 대신하며 법의 명령에 대해서는 수긍함	법률조항과 법정신이 요구하는 것 이상으로 경영활동을 수행함
관리전략	기업이익을 위한 기회 개발, 유용하다면 비정상적인 지름길을 택함	경영자에게 자율통제권 부여, 개인적 윤리는 경영자가 선택하는 경우에만 적용	윤리적 딜레마가 제기되면 자발적으로 이를 해결하도록 하며, 계몽된 사적 이익을 추구

위의 세 가지 유형 가운데 규범적인 측면에서 보면 도덕적 경영은 당연히 추구해야 할 바람직한 유형으로 그리고 비도덕적 경영은 추구해서는 안 될 나쁜 유형으로 간주된다. 그러나 현실적으로는 양극단적인 유형보다는 도덕중립적 경영 또는 비도덕적 경영유형이 보다 많이 나타나고 있어, 가능한 한 이들을 도덕적 경영으로 전환하기 위해 노력을 경주해야 할 것이다.

4) 기업윤리의 제고방안

기업윤리를 제고하기 위한 방안으로는 최고경영자의 윤리의식 제고, 종업원의 윤리의식 제고, 윤리의 제도화 등을 들 수 있다.

(1) 최고경영자의 윤리의식 제고

최고경영자의 도덕성, 경영철학, 윤리적 사고는 특정 기업의 윤리수준을 결정하는 중요한 요소라고 할 수 있다. 왜냐하면 최고경영자의 의사결정은 내외적으로 미칠 파급효과가 크기 때문에 윤리적이고 도덕적 측면을 고려하여 의사결정을 내려야 한다. 또한 최고경영자의 생각이나 언행은 조직전체의 분위기에 미치는 영향이 크다는 사실을 인식하고 윤리수준의 향상에 솔선수범해야 한다.

(2) 종업원의 윤리의식 제고

종업원들은 이해관계자들을 직접 상대하기 때문에 그들의 대외적 관계는 기업의 신뢰성과 사회와의 관계성에 있어서 중요한 역할을 한다. 또한 종업원들은 기업의 생산성과 제품의 품질향상에 있어서 핵심적 역할을 하기 때문에 대내적 윤리성도 지니고 있다. 따라서 종업원의 책임의식과 직업윤리의식을 제고하는 것이 기업전체의 윤리수준을 제고하는데 있어서 중요한 요소가 된다. 이를 위해서는 종업원들이 즐겁게 일을 하고, 직장에 애착을 가질 수 있도록 복지후생을 향상시킬 필요가 있다.[11)]

(3) 윤리의 제도화

윤리의 제도화란 일상적 행동에 윤리적 개념을 적용하고 통합함을 의미한다.

---

11) 유봉식 외, 신경영학원론, 학현사, 2004, pp.211-212.

구체적인 방법으로 ① 회사의 방침 혹은 윤리지침을 통하여, ② 공식 임명된 윤리위원회에 의하여, ③ 윤리 관련 프로그램을 체계적으로 운영하는 것이다. 윤리를 제도화하는 가장 보편적인 방법은 윤리강령을 제정하는 것이다.[12)]

기업 윤리경영의 중요성과 리더십

'부정청탁 및 금품 등 수수의 금지에 관한 법률(김영란법)'이 작년부터 시행되면서 기업의 윤리경영에 대한 관심이 어느 때보다 높아졌다. 국내 대기업을 중심으로 여러 기업들이 임직원의 윤리의식 강화를 위해 담당부서 및 여러 교육프로그램을 도입했으며, 윤리경영을 최우선 경영가치로 내세우고 있다. 비단 국내 기업에 국한된 움직임이 아니다. 글로벌 기업 사이에는 윤리경영이 중요한 업무활동의 기준으로 자리잡은 지 오래이며, 'GE' 및 '존슨앤존슨'을 비롯한 대다수 글로벌 기업들은 자체적인 기업 윤리규범을 정립, 건강한 기업 체질을 구축하고 유지하기 위해 다양한 노력을 기울이고 있다.

윤리경영이란 막연히 기업은 도덕적이어야 한다는 생각에서 더 나아가 기업이나 종업원에 관한 도덕적 규범이나 규칙, 경영자의 올바른 가치관, 임직원의 정직한 행동, 정당한 실행을 최우선 가치로 생각하며, 투명하고 공정하며 합리적인 업무 수행을 추구하는 경영정신을 뜻한다. 이익의 극대화가 기업의 목적이지만 사회적 책임도 중요하다는 의식과 경영성과가 아무리 좋아도 기업윤리 의식에 대한 사회적 신뢰를 잃으면 결국 기업이 문을 닫을 수밖에 없다는 그간의 사례가 윤리경영의 중요성을 뒷받침하고 있다. 일면식도 없는 사회 공동체를 위해 헌신한 이들에게 수여하는 모그룹의 '의인상'은 '자신을 희생한 의인에게 기업이 사회적 책임으로 보답한다'는 취지에서 제정돼 많은 사회적 공감을 얻고 있다. 또한 2003년 국내 모그룹이 외국계 대주주로부터 경영권 공격을 받았을 때 울산시민들이 경영권 방어를 위해 '모그룹의 주식 사모으기' 운동을 벌인 것은 모그룹이 울산에 자연생태공원을 짓는 등 대규모 사회공헌 활동에 대한 사회적 신뢰의 보답이라 할 수 있다.

기업의 윤리경영은 기업의 연속성을 결정 짓기도 한다. 윤리경영이 뿌리내린 기업은 조직투명성 및 공정한 경쟁으로 투자자와 고객 등에게 신뢰도를 높이면서 기업이 발전적 방향으로 성장하나 윤리적이지 못한 기업은 실패할 수밖에 없는데, 그것은 기업의 윤리경영 리더십 부재에 기인한다.
조직의 윤리수준은 그 리더들의 윤리수준을 넘을 수 없다는 말이 있다. 리더십 지위가 다른 사람에게 중대한 영향을 미칠 수 있기 때문에 리더는 더 큰 윤리적 책임을 가져야 한다는 말이기도 하다. 높은 신뢰를 받고 있는 기업 리더의 공통점은 이해관계자의 이익, 타인의 이익을 경영활동시 항상 고려하고, 조직의 윤리적 문제 해결을 위해 항상 관심을 기울인다.

윤리경영의 대표적인 실패사례로 미국의 '엔론(Enron)'을 들 수 있다. 미국 Fortune지는 엔론을 6년간 '미국의 가장 혁신적인 회사'로 선정했으나 2001년에 수백억 달러의 빚을 안고 결국 파산하게 되었다. 실제로 회사는 수년간 차입금에 의존한 무리한 신규 투자로 막대한 손실을 입었으나 이를 숨기고자 분식회계를 해왔다. 상위 경영자들은 심각성을 인식하고 있었으나 그들은 파산전 자신의 소유

12) 문규현·박상철, 에센스 경영학, 교보문고, 2010, p.77.

주식을 처분한 후 회사를 떠났다. 이는 단순히 기업 스캔들이나 정치 스캔들이 아닌 사회전반의 지식층의 비윤리적 리더십에서 기인된 범죄였다.

국내에서도 지속적으로 발생하는 부정부패 사건을 비롯 기업의 해체 위기를 맞는 원인은 윤리경영 더 나아가 윤리경영 리더십의 부재에 기인한다. 윤리경영 리더십의 중요성과 파급력에 관해 더 많은 이해와 노력이 필요한 때다. '도덕 교과서처럼 살아서 성공할 수 있겠느냐?'는 암묵적 사회 분위기가 오히려 '리더는 겉과 속이 달라야 한다'는 잘못된 생각을 합리적 명분으로 끼워 맞추고 있는 것은 아닐까?

(우명수/경상일보, 2017. 11. 28)

7

기업환경론

제7장

기업환경론

제 1 절 기업과 환경

기업은 환경과 단절된 폐쇄 시스템(closed system)이 아니라, 환경과 상호작용함으로써 그 생명력을 유지하는 개방 시스템(open system)이다. 즉 기업은 환경 속에서 살고 있는 생명체이다. 생물은 그 생명력을 유지하기 위해서 환경과 끊임없이 물질, 에너지 및 정보의 교환을 하지 않으면 안 된다. 그리고 환경이 변화하면 생물도 자신의 생명을 유지하기 위해 변화에 적응하여야 한다. 따라서 개방시스템을 적응적 시스템(adaptive system)이라고도 한다. 기업을 둘러싸고 있는 환경의 변화 속에서 기업은 생존하고 혹은 성장하기 위한 기회와 문제를 발견하고 또한 문제를 해결해 나가지 않으면 안 된다. 이러한 문제해결의 과정을 통하여 기업은 다이내믹한 환경변화에 혁신적으로 적응함으로써 생존을 유지할 수 있는 것이다. 기업과 환경 간에 갭이 있는 경우 기업은 아무리 우수한 기술과 설비시설을 갖추고 있다해도 생명력을 잃거나 쇠퇴할 가능성이 있는 것이다.

오늘날 기업은 부단히 변화하는 기업환경요인들에 의해 제약을 받으면서도 그러한 기업환경에 능동적으로 적응해 가지 않으면 안 된다. 특히 기업환경은 내일을 예측할 수 없을 만큼 그 변화의 정도가 복잡하고 속도도 빠르게 진행되고 있다. 이러한 환경변화를 미리 예측하고 신속하게 대처해 나가야 기업의 목표인 존속과 발전이 가능해지는 것이다.

1 기업환경의 의의

오늘날 기업활동은 하나의 진공 속에서 수행되는 것이 아니라 제도적 환경 속에서 이루어지고 있다. 기업은 변화무쌍한 여러 환경에 둘러싸여 있다. 기업의 환경이 안정되고 변화가 적은 시기에는 기업활동의 효율은 주로 경영내부의 효율에 의해서 결정되었다. 그러나 오늘날과 같이 기업환경의 불확실성이 높아지고 있는 시대에는 기업활동의 효율은 경영내부의 효율과 함께 외부환경의 변화에 어떻게 동태적으로 적응하느냐에 달려 있다.

그러므로 현대의 기업이 현실적으로 해결하지 않으면 안 되는 문제는 기업내·외에서 일어나는 변화에 대해 기업의 활동을 어떻게 적응시켜 가느냐의 문제라고 할 수 있다. 이것은 기업이 환경변화의 성질과 방향을 예측하여 이에 적응할 수 있는 시스템을 항상 준비하는 것이 기업경영의 중요한 과제라는 것을 의미한다. 기업의 환경변화를 예측하여 그 변화에 기업행동을 적응시키기 위해서는 기업내부에 끊임없이 혁신(innovation)기능을 수행하는 기회가 주어져 있어야 하는데, 이러한 혁신에 앞장서는 사람이 바로 경영자인 것이다. 그러므로 경영자는 환경에 대한 올바른 인식을 갖지 않으면 안 된다. 그런데 지금까지의 전통적 경영이론은 경영활동의 내부능률을 향상시키고 개선하는데 전념해 왔다. 왜냐하면 환경은 이미 주어졌거나 안정적이기 때문에 기업은 내부의 생산·마케팅·인사·재무 등의 분야에서 경영합리화만 추구하면 성공이 보장된다고 보았기 때문이다.[1)]

그러나 앞서 언급했듯이 기업은 생명체와도 같아 자신을 둘러싼 환경과는 분리해서 존재할 수 없으며, 또한 환경을 무시하고 단독으로 경영활동을 수행할 수도 없다. 예를 들면, 기업은 생산에 필요한 자원을 외부환경에서 조달받아 내부환경의 생산과정을 거쳐 제품이나 서비스를 산출하고, 이것을 다시 외부환경에 판매하고 있다. 즉 기업은 내·외부 환경과 상호작용하면서, 생존 및 성장을 추구하는 개방시스템으로서의 성격을 지닌다는 뜻이다.

특히 오늘날 기업환경이 더욱 중요시되는 이유는 〈표 7-1〉에 나타난 바와 같이 기업은 복잡한 경영환경과 불확실성 하에서 의사결정을 해야 하기 때문이다.

---

1) 최용식, 전게서, p.134.

표 7-1 기업환경 변화의 비교

과거의 기업환경	현재의 기업환경
• 환경의 범위가 제한적임 • 환경변화의 속도가 비교적 완만함 • 환경변화의 발생빈도가 낮음 • 환경변화의 원인이 단순함 • 환경변화는 장기간 지속적으로 진행됨으로써 예측가능성이 높음	• 환경의 범위가 확대됨 • 환경변화의 속도가 빠름 • 환경변화의 발생빈도가 높음 • 환경변화의 원인이 다원적·복합적임 • 환경변화는 단기간 일시적으로 진행됨으로써 예측가능성이 낮음

자료원: 최용식, 전게서, p.134.

그렇다면 기업환경이란 무엇인가? 기업환경(business environment)은 기업의 내부 및 외부에 있어서 기업이나 기업의 활동에 영향을 미치는 모든 요인 또는 영역이라고 할 수 있다. 기업의 환경을 구성하는 요인은 범위도 넓고 그 수도 많다. 기업환경에는 대내적으로는 주주와 종업원 및 기업 내부적 상황요인 등이 있고, 대외적으로는 정치적·법률적·경제적·문화적·사회적 및 자연적인 제요인들이 있다. 이들 기업환경을 구성하는 제요인들은 끊임없이 변화하면서 기업의 활동을 규제하고 또 기업으로부터 영향을 받기도 한다. 이제는 이들 기업환경요인들은 경영활동 과정에서 무시할 수 없는 존재가 되어가고 있다.

오늘날 기업환경은 기업에게 성장·발전의 기회를 제공해 줌과 동시에, 기업이 수행하는 활동에 위협을 주거나 이를 제약하는 요인이 되고 있음을 유의해야 한다. 그러므로 기업이 사회적·문화적·경제적 및 법률적 환경 하에서 성장·발전하기 위해서는 기업과 환경과의 관계를 깊이 있게 이해할 필요가 있다.

2 기업환경의 중요성

모든 기업은 급변하는 기업환경에의 적절한 대응이 절실해짐에 따라 기업환경의 문제가 중요하게 되었는데, 이는 다음과 같은 이유 때문이라고 할 수 있다.

1) 규모증대에 따른 기업의 사회적 책임 강조

대규모 기업이 출현하고 그 활동이 인간생활에 미치는 영향이 커짐에 따라 기업의 사회적 영향력을 고려하지 않으면 안 된다. 즉 대기업은 사회적 환경 측면에서 기업의 사회적 책임을 다해야 하는 입장에 놓이게 되었다.

2) 경쟁심화에 따른 예측과 적응의 곤란성

기업 간의 경쟁격화와 환경조건이 복잡해지고, 급변해지면서 경영자들에게는 올바른 의사결정을 위한 환경변화의 예측 및 대책수립이 보다 더 어려워졌다.

3) 기업활동에 대한 정부의 규제강화

급속한 문화적·사회적 변천이 대중의 소비성향을 변화시킴으로써 기업의 경제활동을 규제할 각종 규제조항들이 정부에 의해 강화될 필요성이 생기게 되었다.

4) 환경오염문제에 대한 사회적 인식 증대

기업이 생산활동을 하는 과정에서 각종 오염물질이나 유해물질이 배출되어 산업공해가 발생하고, 이로 인해서 생태계가 파괴됨에 따라 환경오염에 대한 사회적 인식이 증대되었다.

5) 환경보호와 국제적인 환경표준화의 실시

지구환경보호문제를 무역과 연계한 다자간 국제무역질서를 출범시키기 위해 선진국에서 제기하고 있는 그린라운드(GR) 파고는 국제적 차원에서 기업의 환경보호를 유도하고 있다. 이는 환경관련규격들을 통일해 국제표준화기구(ISO)에서 환경인증을 주는 제도를 실시함으로써 환경경영체제(ISO 14000)의 도입 및 추진을 대두시켰다.

제 2 절 기업환경의 유형

1 기업환경의 모델

자연의 모든 생물적 유기체나 인간 및 조직체들은 생존을 위해 환경에 의존하면서 자급자족을 하고 있다. 사실상 생태적인 면에서 볼 때 기업은 환경과의 관련

없이는 존속할 수 없기 때문에 환경과 지속적인 상호작용을 하면서 존속하고 있는 것이다. 이와 같이 기업과 환경 사이에서 이루어지는 상호작용의 과정을 생태 시스템(ecosystem)이라고 한다.

이때에 기업과 환경 간에 형성되는 동태적인 상호작용의 패턴을 통해 기능적으로 연결되어 기업이 거래를 할 때 이루어지는 상호작용의 모델을 에코시스템 모델 또는 거래적 생태 시스템(transacting ecosystem)이라고 부른다. [그림 7-1]은 기업과 기업환경의 관계를 나타내는 기업의 환경적응 모델이다.

[그림 7-1] 기업의 환경적응 모델

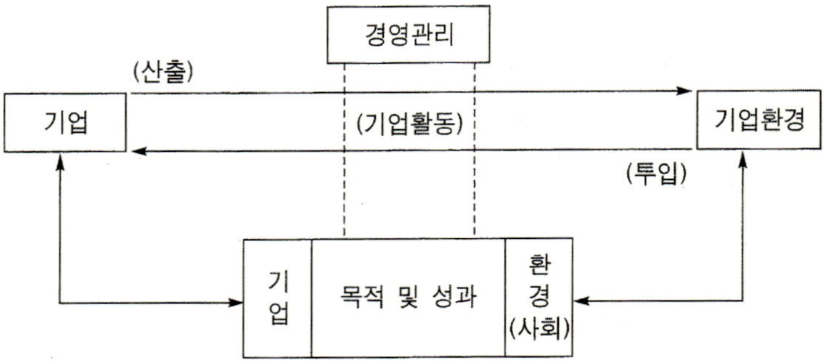

여기서 기업과 기업환경의 중간에 위치한 목적과 성과는 조화와 균형을 유지하는 과정에서 이룩되고 수정되면서 나타나게 되고, 동시에 기업이 존속하게 된다고 설명할 수 있다. 이상과 같은 모델에서 기업은 환경과 끊임없는 교환과 상호작용을 통하여 목적을 달성하고 성과를 나타내게 되므로 기업이 환경을 올바르게 인식하게 되면 합리적인 경영관리가 가능해지고, 동시에 계속기업으로서의 존속이 가능하게 되는 것이다.

기업환경을 분류하는 기준은 여러 가지가 있으나 일반적으로 [그림 7-2]와 같이 내부환경(internal environment)과 외부환경(external environment)으로 나눌 수 있다. 내부환경은 특정 기업의 조직분위기를 말하는 것이고, 외부환경은 조직에 직접적인 영향을 미치는 과업환경(task environment)과 모든 조직에 공통적인 영향을 미치는 일반환경(general environment)으로 구분된다.

[그림 7-2] 기업환경의 분류

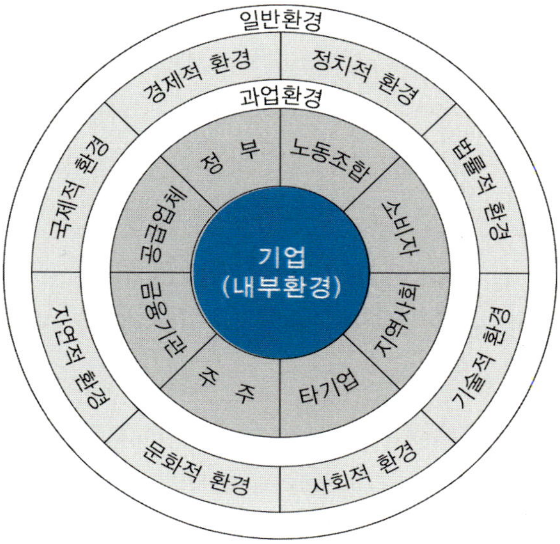

자료원: 조보상, 경영학의 이해, 무역경영사, 2004, p.216.

2 기업의 일반환경

일반환경은 업무환경에 간접적인 영향을 미치는 모든 외부환경을 포함하는 것으로서 거시환경(macro environment)이라고도 한다.

일반환경을 구성하고 있는 요인으로는 ① 경제적, ② 사회·문화적, ③ 기술적, ④ 정치적·법률적 환경 등 통제불능의 요인(uncontrollable factors)들이다.

일반환경의 변화에 대응하기 위한 기업전략계획의 수립과 추진은 다시 과업환경의 변화를 초래하며, 이는 결국 경영자의 경영의사결정에도 영향을 미치게 되는 연쇄적 파급효과를 초래할 수 있다. 여기서는 일반환경 요인들과 기업과의 관계에 대해서 살펴보고자 한다.

1) 경제적 환경

경제적 환경(economic environment)이란 기업활동과 직접적인 관련을 가지는 경제 시스템의 전체를 말한다. 기업은 국민경제를 구성하는 개별경제로서의 생산활동을 능률적으로 수행하는 생산실체이므로 경제적 환경은 다른 모든 환경과는 달리 직접적이고 또한 즉각적인 영향을 미치고 있다는 점에서 가장 중요한 요인이라고 하겠다.

이러한 경제적 환경요인은 경제체제나 경제성장률, 산업구조, 환율, 국민소득수준, 재정정책이나 금융정책, 인플레이션, 소비성향의 변화, 수출입 동향 등으로 구성된다. 이 중 몇 가지를 좀 더 자세하게 살펴보면 다음과 같다.

첫째, 경제체제는 거시적인 차원에서 보면 "경제의 기본적 구성요소인 경제이념·질서 및 기술의 세 요인의 상호관계에 의해서 형성되는 경제형태"이며, 미시적 차원에서 보면 경제주체의 "경제행위와 결과에 직·간접적으로 영향을 미치는 모든 제도·조직·법규·전통·금리 및 그 결과 발생하는 행동 패턴(behavior pattern)을 포함하는 경제형태"로 정의되고 있다. 우리가 취하고 있는 경제체제는 자유경제에 바탕을 둔 자유기업제도(free enterprise system)인데, 이는 시장이나 산업과 밀접한 관련을 가지고 있다. 즉 기업은 시장을 통해 생산에 필요한 제자원을 얻는 반면, 기업이 생산한 상품 역시 시장을 통해 판매하고 있는 것이다. 따라서 이러한 시장의 조건에 따라 기업활동은 영향을 받지 않을 수 없기 때문에 경기변동에 따른 호황 및 불황에 대처하는 기업의 대응전략이 마련되어야 한다.

둘째, 산업구조는 한 나라의 국민경제 내에 있는 여러 산업이 어떠한 비중으로 구성되어 있는가를 의미한다. 산업의 분류는 일반적으로 기업이 수행하는 활동이나 혹은 생산하는 제품의 유형에 따라 나뉘어지는데 제1차 산업(농림·수산업), 제2차 산업(광·공·건설업 및 전기·가스업) 및 제3차 산업(운수·통신·공익사업·상업 및 기타 서비스업)으로 구분하는 것이 기본적인 분류법이 된다.

일반적으로 산업구조는 경제가 성장함에 따라 제1차 산업과 제2차 산업에서 제3차 산업으로 비중이 증가하면서 점차 고도화되어 간다. 또한 최근에는 4차산업으로 AI, 빅데이터, 사물인터넷, 클라우드, 로봇 등의 기술을 통해 산업구조가 기존과는 다르게 변화되어가는 추세이다. 산업구조의 변화가 경제적 환경으로서 중요한 의미를 갖는 것은 한 나라의 경제를 주도하는 산업이 어떤 것이냐에 따라 그 산업에 속한 기업들의 경영활동이나 경영전략도 다르게 수립해야 하기 때문이다.

셋째, 환율문제의 경우 부존자원이 부족하여 수출입 의존도가 높고 대외교역이 국민경제에서 차지하는 비중이 높은 국가에서는 환율이 국민경제에 미치는 영향이 크다고 할 수 있다. 왜냐하면 환율이 변동하면 수출입을 하는 기업은 물론이고 내수기업도 직·간접적인 영향을 받기 때문이다. 환율이란 자국의 화폐와 외국의 화폐와의 교환비율로서 외환시세라고도 하는데, 이는 자국의 통화로서 외국상품 및 용역을 구매할 수 있는 구매력으로 표시된다. 환율의 상승은 화폐의 가치가 상대적으로 하락한다는 것을 의미하기 때문에 수출기업들은 유리하고, 수입기업들은 불리해진다. 마찬가지로 환율이 하락하면 수출하는 기업의 입장에서는 불리하나 수입하는 기업의 입장에서는 유리해진다. 그러나 원자재를 수입해야 하기 때문에 환율의 상승이 어느 한 방향으로만 영향을 미친다고 할 수는 없다. 특히 최근 들어 기업이 글로벌화되면서 환율에 대한 관심이 높아지고 있는 실정이다.[2)]

넷째, 정부의 재정과 금융정책은 기업에 있어 중요한 투입요소가 된다. 엄밀히 말해서 이것은 정치적 환경의 측면을 나타내지만, 모든 기업에 대하여 미치는 경제적 영향력은 매우 크다고 할 수 있다.

정부는 경기변동의 여건에 따라 적절한 재정 및 금융정책을 통해 재정지출, 예금, 통화공급 및 금리의 조정 등으로 경기의 진정과 회복을 주도하고 있다. 따라서 기업의 성장과 위축도 이런 경기변동에 따라 결정되는 경향이 있으므로 기업은 경기변동에 미리 대처해야 할 필요가 있다.

요컨대 기업의 활동은 기업이 속해 있는 경제적 환경의 기회와 제약을 통해 영향을 받는다. 따라서 경영자는 경제적 환경의 요인인 경제성장과 인플레이션, 시장과 유통구조, 증권시장, 이자율, 환율, 소비성향의 변화, 수출입 동향 및 국제무역환경 등에 대해서 충분한 이해와 대비가 있어야 한다.

2) 사회·문화적 환경

사회·문화적 환경(sociocultural environment)이란 기업의 경영활동에 간접적으로 영향을 미치는 문화적 차이나 가치관, 생활양식, 전통 또는 습관 등의 사회적 제도나 태도 등을 말한다.

이러한 환경요인은 기업에 종사하는 경영자나 종업원의 행위는 물론 소비자 행동의 기본이 되는 소비패턴에 영향을 준다. 또한 개인이나 집단이 갖고 있는 기업에 대한 여론이나 기업이미지는 기업의 성장·발전에 영향을 미치기도 한다. 예를 들면 가치관의 변화로 가정의 규모가 핵가족화되면서 자녀의 수는 1인 내지 2인

---

2) 이한재, 전게서, p.208.

가구의 비중이 증가되었는데, 이러한 변화는 유아용품 산업의 질적 성장을 가져왔으며, 인구의 고령화로 인해 실버산업 또한 급성장하게 되었다. 뿐만 아니라 컴퓨터를 비롯한 정보기술의 발달은 우리의 삶에 다양한 편리함을 제공해 주었고, 최근에는 개인생활의 중요성이 대두되면서 직장마다 워라밸 문화가 확산되는 추세에 있다. 이와 더불어 사회·문화적 환경요인은 인구통계학적 변수에 의하여 좌우되는 경향이 많은 특성도 가지고 있다. 구체적으로 기업경영활동에 영향을 미치는 인구통계학적 변수로는 여성취업자 수의 증가, 고학력자의 증가, 결혼기피 현상에 따른 출산율의 감소, 이혼율의 증가 등을 들 수 있다.[3)]

3) 기술적 환경

기술적 환경(technological environment)이란 기업에 영향을 미치는 한 나라 또는 산업의 기술수준 내지 상태를 말한다. 기술(technology)이란 일정한 목적을 달성하기 위한 수단으로서 실제 문제해결에 과학적 지식을 응용한 것인데, 어떤 일을 어떻게 하는가 하는 방법에 관한 모든 지식을 말한다.

오늘날 기술이 기업의 환경요인들 중에서도 중요한 요인으로 부각되는 이유는 제품수명주기(product life cycle)의 가속적 단축을 불가피하게 만들고 있기 때문이다. 한 사회의 전반적 기술환경은 그 사회가 생산할 수 있는 상품이나 서비스의 수준을 결정짓는다. 우리나라의 전반적인 기술수준이 향상되지 않으면 선진국을 능가하는 상품이나 서비스를 기대할 수 없을 것이다.

산업과 사회에 지대한 영향을 미치는 과학과 기술의 발전은 컴퓨터, 레이저 광선, 반도체, TV, 위성통신, 원자로, 산업용 로봇 등에서 찾아볼 수 있다. 이와 같은 분야에서의 기술변화는 최근 수십 년 동안 급속도로 이루어졌고, 이 같은 추세는 금후에도 계속된다고 볼 때, 고도의 기술을 직접적으로 다루는 기업은 새로운 기술발전에 신속히 대응하고 더 나아가서 기업 자체의 기술혁신을 하지 않으면 생존하기 어렵게 될 것이다.

경영자는 대체로 기술적 환경의 두 가지 구성요인인 기술혁신(technology innovation)의 과정과 기술이전(technology transfer)의 과정에 관심을 갖게 된다. 전자는 새로운 기술과 절차와 방법과 제품을 개발하기 위한 기초과학에 있어서의 노력과 관계

3) 이명호 외 7인, 경영학으로의 초대, 제4판, 박영사, 2015, p.96.

되는 것으로 흔히 연구개발(R&D)이라 불리는 과정을 말하며, 후자는 과학을 실제로 유용하게 응용함을 의미하는 것으로 이는 산업 내에서 그리고 산업 간에서 여러 가지 기술개발과정의 횡적인 이전을 바탕으로 형성되는 기술수준의 향상을 뜻한다.

따라서 기업은 경쟁력을 확보하기 위해서 연구개발에 끊임없는 관심을 가져야 하며, 기업의 성공은 곧 기술혁신에 의해 좌우된다는 사실을 명심해야 할 필요가 있다.

4) 정치·법률적 환경

정치·법률적 환경(political and legal environment)은 경제 및 기술환경과 더불어 기업의 전략경영에 매우 중요한 측면을 차지하고 있다. 기업의 전략적 관점에서 정치·법률적 환경은 정부의 정책과 방침, 법률체제, 각 정치집단이 기업활동에 대해 갖고 있는 태도 등과 관련되어 있어 매우 중요하게 다루어지고 있다. 그것이 기업활동에 중요시되는 이유로는 다음과 같은 두 가지를 들 수 있다.[4)]

첫째, 법률은 부분적으로 기업이 할 수 있는 것과 해서는 안 되는 것을 규정하고 있다. 따라서 기업활동이 사회에 부정적인 영향을 미칠 경우 법률적 규제와 제재가 가해진다는 점이다.

둘째, 우리나라의 경우 분배와 성장의 우선적 고려에 대한 정부의 정책기조가 보수와 진보로 대분되는 정치적 성향에 따라 기업에 다양한 방법으로 영향을 미치며, 특히 이때의 정치적·법률적 일관성과 안정성의 유지가 기업의 장기적인 투자계획에 중요한 동기요인으로 작용한다.

이렇게 볼 때 정치·법률과 관련된 환경요인은 기업활동을 촉진시키기도 하고, 규제하기도 한다는 점이다.

기업활동을 촉진시키는 측면에서 보면 정부가 기업에 대해 얼마나 지원적인 태도를 보이느냐이다. 예컨대 정부는 세금감면, 금융지원, 중소기업이나 벤처기업 육성정책 등을 통하여 기업활동을 촉진하는 것이다.

또한 기업활동을 제약하고 규제하는 측면에서 보면 독과점규제법, 공해방지법, 소비자보호법, 특허법, 공정거래법 등을 규정하고 행정명령을 통해 기업활동에 영

4) 김진철, 전게서, p.94.

향을 미치고 있다. 따라서 정부의 각종 규제와 정책의 변화는 기업활동에 대해 기회의 제공과 위협의 요소로 작용될 수 있음을 유념해야 할 것이다.

5) 자연적 환경

자연적 환경(natural environment)이란 기업을 둘러싼 자연적 조건과 관련된 환경을 의미한다. 천연자원의 부족, 자원가격의 상승 등 자원공급 문제와 경영활동 과정에서 발생되는 환경파괴의 문제가 자연적 환경과 관련된 대표적인 문제이다.

물, 공기와 같은 무한자원은 오염되고 있어서 언제 사용이 중단될지 모르고, 삼림, 해양과 같이 재생 가능한 자원은 기후의 변화 등으로 인해 점점 고갈되고 있다. 석유, 석탄과 같이 재생불가능한 자원은 1970년대에 두 차례의 석유파동에서 알 수 있는 것처럼, 자원보유국들에 의해 언제 부족문제가 시작될지 장담할 수 없는 실정이다. 한편 이러한 자원들은 재생가능 여부에 관계없이 대기오염, 수질오염 등으로 이상기온, 생태계 파괴와 같은 문제가 나타나면서 점점 자정능력을 잃어가고 있어 인류의 생존에 대한 위협이 이미 시작되었다고도 볼 수 있다. 이에 선진국들은 지구환경보호를 내세우며 환경과 무역의 연계에 관한 다자 간 협상인 그린라운드(GR)와 같은 국제협약을 통해 자연적 환경을 지켜 나가겠다는 입장을 보이고 있다. 따라서 무역의 비중이 큰 우리나라로서는 이에 대한 철저한 대비가 필요하다.[5)]

6) 윤리적 환경

윤리적 환경(ethical environment)이란 기업활동에서 기업윤리를 가장 중요한 가치로 보고 투명하며 공정하고 합리적인 활동과 관련된 환경을 말한다. 아무리 경영성과가 좋고 가격이 싼 제품을 생산하더라도 기업이 도덕·윤리적으로 비판을 받거나 의심스러운 회사라면 그 회사의 이미지는 큰 손상을 입을 수밖에 없고 많은 제약이 따르게 된다. 최근의 추세는 우량기업이나 좋은 기업의 기준이 과거의 규모나 이익의 크기에서 도덕·윤리성으로 바뀌었기 때문에 모든 기업은 윤리성 제고에 상당한 비중을 두고 있다. 즉 기업의 성장비결 중 하나는 회계의 투명성, 공정거래, 이해관계자 집단과의 투명성 확보 등 윤리경영에 입각해 경영하는 것이다.[6)]

---

5) 정기한 외 5인, 전게서, p.45.
6) 조희영·박상범, 현대 경영학원론, 민영사, 2004, pp.190-191.

3 기업의 과업환경

일반환경이 거의 모든 조직에 광범위하게 영향을 미치는 환경이라면 과업환경(task environment)은 특정 조직의 활동과정에서 직접적으로 상호작용하는 이해관계자 집단과의 관계라고 할 수 있다.

기업은 여러 종류의 사회적 집단과 관계 속에서 활동이 이루어지기 때문에 그 활동에 제약을 받기 마련이다. 한쪽에 유리한 일이 다른 한쪽의 집단에서는 불리한 일이 될 수 있어 그들은 압력집단(pressure group)으로서의 성격을 띤다.

이와 같이 기업이 경영활동을 수행할 때 관련을 가지며 영향을 미치는 제 집단을 이해관계자 집단(interest group)이라고 한다. 기업이 사회에 대한 책임을 수행하려 할 때는 이해관계자 집단 간에 미치는 영향들을 종합적으로 인식하고 이해하는 것이 무엇보다도 중요하다.

이해관계자 집단으로서의 기업의 과업환경으로는 주주, 금융기관, 공급업체, 고객, 경쟁기업, 노동조합과 종업원, 정부 등을 들 수 있다.

1) 주주

주주(stockholder)는 주식을 소유한 사람을 말하며, 주식의 형태로 보통주(common stock)와 우선주(preferred stock)가 있다. 이 중 보통주의 주주들만이 투표권을 갖게 되며, 소유한 주식수에 비례하여 투표를 한다. 그들은 이사회를 구성하는 이사들을 선출할 수 있으며, 이사들은 그 회사의 최고경영자를 선임하고 여타의 의사결정을 한다. 우리나라의 경우에는 기업의 오너가 대주주로서 기업경영에 직접 참여하는 것이 일반화되어 있지만 선진국의 경우 소유와 경영의 분리가 철저하게 지켜지고 있다. 이런 경우 주주는 배당, 시세차익 및 유무상 증자 등과 같은 투자수익에 주로 관심을 갖고 기업경영은 대부분 전문경영자에게 일임하는 것이 상례로 되어 있다.[7]

오늘날과 같은 자본주의 경제체제 하에서는 정책의 주체나 핵심은 전문경영자로 옮겨지고 주식은 고도로 분산되어 주주는 핵심집단에서 그 가치나 존재의 의의가

---

7) 서도원・이덕로, 경영학원론, 박영사, 2020, p.260.

감소되는 추세이다. 그리고 주주가 이해관계자 집단으로 경영에 영향을 미치는 것은 주주의 권리 및 의무를 행사함으로써 이루어진다. 주주는 자기의 권리를 행사하고 의무를 수행하면서 기업과 직접적인 이해관계를 맺고 있으므로 기업은 모든 주주에 대해 협력적 태도를 유지하는 것이 중요하다. 일반적으로 주주와의 관계개선을 위해서는 커뮤니케이션이 원활해야 하는데, 이러한 커뮤니케이션의 수단으로 각종 기업경영 활동의 보고서가 중요하다고 볼 수 있다.

2) 금융기관

기업의 규모가 점차 대형화되어 가는 것이 현대기업의 특징이다. 기업의 대규모화는 단순히 규모의 확장뿐만 아니라 신기술의 도입 및 생산성 향상을 위한 고정자산의 급격한 증가를 수반한다. 이렇게 신기술의 도입이나 고정설비자산을 도입하는 경우에는 막대한 자금이 필요하며, 이는 주로 타인자본에 의존하게 된다.

기업이 재무적 자금을 조달하거나 주식이나 사채를 발행할 경우 금융기관(financial business)의 협력이 필요하다고 하겠다.

3) 공급업체

공급업체(supplier)는 기업의 생산활동에 필요한 원자재와 중간재 등의 다양한 투입요소들을 주기업에 공급하는 기업을 말한다. 현대 경영에 있어 기업 생산품의 품질은 곧 기업의 경쟁력으로서, 고품질의 소요 원자재에 대한 안정적이고 저렴한 공급으로부터 시작된다고 볼 수 있으며 경쟁력 있는 고품질의 원자재를 공급할 수 있는 협력업체의 확보여부에 따라 기업경쟁력이 결정된다. 예를 들면 완성품 자동차는 수백 개의 부품공급업체가 생산에 필요한 부품을 주기업에 납품함으로써 생산될 수 있는 것이다. 이런 의미에서 현대산업사회의 기업경쟁력은 발주업체와 협력업체 간의 관계가 얼마나 견고하고 유기적인가에 따라 결정된다고 볼 수 있다.[8]

---

8) 김진철, 전게서, p.105.

4) 소비자

오늘날 이해자집단 가운데 가장 큰 영향을 미치는 요인은 아마도 고객(customer)일 것이다. 과업환경으로서 특히 고객의 중요성이 더욱 부각되는 이유는 대량생산체제가 점차 본격화되고 경쟁이 격화됨에 따라 상품시장의 성격이 판매자시장(seller's market)으로부터 구매자시장(buyer's market)으로 변화하게 되었고, 상대적으로 소비자의 위상도 높아지게 되었다.

이와 함께 최근 소비자주의(consumerism)의 대두로 소비자의 기본적 권리를 지키기 위해 소비자들의 조직화된 운동이 점차 강화되어 가고, 정부도 소비자들의 권익을 보호하기 위한 많은 소비자 관련 입법을 통하여 기업에 대해 여러 가지 제약을 가하는 등 더욱 그 영향력이 증대되고 있다.[9)]

따라서 고객은 기업전략수립에 있어서 고려해야 할 가장 중요하고 직접적인 이해관계자 집단이다. 때문에 그들과의 이해관계를 원만하게 유지·발전시키기 위해서는 우선 그들의 욕구를 정확하게 파악하고, 그들의 욕구에 부합하는 양질의 제품이나 서비스를 적절한 가격으로 공급해야 한다.

5) 경쟁기업

현대사회의 모든 조직들은 경쟁자(competitor)를 가지고 있다. 심지어 경쟁이 금지된 공기업조차 그들의 환경에서 유사한 제품이나 서비스를 제공하는 타기업과 경쟁을 하는 것이다. 정부 각 기관은 보다 많은 예산을 확보하기 위하여 예산당국이나 국회를 설득하여 서로 경쟁하며, 대학은 우수한 학생을 서로 유치하려고 경쟁을 한다. 이러한 경쟁은 조직의 목표달성에 제약을 가하고 일방적으로 선정된 목표를 수정하도록 하기 때문에 환경이 원하지 않는 제품이나 서비스를 제공하려는 비효율성을 제거하는 역할도 하는 것이다.

제네럴모터스(GM)가 크라이슬러(Chrysler) 및 포드(Ford)와는 자동차고객에 대하여 경쟁을 하는 반면 국제적인 원자재 도매업자와는 강철판이나 고무제품에 대하여 경쟁한다. 조직의 경쟁적 환경을 결정하는 또 하나의 중요한 요소로 시장경제 형태를 들 수 있는데, 여기에는 독점시장, 과점시장, 순수경쟁시장 등 다양한

---

9) 조경동 외 4인, 전게서, p.146.

형태를 포함하고 있다. 조직은 제품차별화와 시장세분화를 통해서 강력한 시장위치를 확립하려고 노력한다. 여기서 제품차별화란 조직산출물의 각 형태를 디자인 설계와 판매촉진 과정을 통해서 차별화하는 것으로서 GM의 캐딜락이 Ford의 링컨 컨티넨탈과 매우 다르게 설계되어 광고하는 것을 그 예로 들 수 있다. 시장세분화는 이질적인 시장을 동질적인 시장으로 변화시키는 과정으로서 일정기간 동안 특정 제품의 마케팅 활동을 통해 성향이 비슷한 소비자들을 집단화하는 것을 뜻한다. 그리하여 조직은 제품차별화나 시장세분화를 통해서 시장수요에 창조적으로 대응할 수 있는 경쟁력을 확보할 수 있는 것이다.

6) 노동조합과 종업원

기업환경으로서의 노동조합이나 종업원은 대외적인 환경이 아니라 기업조직의 직접적인 구성원이며 대내적 환경이라는 점에서 기타의 이해관계자 집단들과 그 질적인 면에서 차이가 난다.

전통적으로 기업조직 내에서는 경영자가 힘의 우위를 가지고 있기는 하지만 노동자들이 만든 노동조합 활동이 활발해지면서 단결된 힘을 바탕으로 기업활동에 영향을 미치고 있다. 노동조합은 노동력을 가진 근로자들이 근로조건의 유지·개선 기타 근로자의 경제적·사회적 지위의 향상을 도모함을 목적으로 조직한 단체로서, 우리나라는 1953년 노동조합법이 제정되어 노동조합에 단결권, 단체교섭권 및 단체행동권을 보장하고 있다. 이처럼 노동조합원들은 법에 의하여 보장된 여러 가지 권리를 바탕으로 단체로서 경영자와 대항할 수 있게 된 것이다. 그러므로 기업이 성공적인 노사관계를 유지하기 위해서는 노사쌍방 간의 우호적인 대화체제를 구축하는 것이 필요하다.

한편 종업원들은 단체로서 노동조합을 형성할 수 있지만 개인 종업원으로서도 기업에 직접적인 영향을 미친다. 종업원은 직접적으로 생산을 담당하는 생산의 주체이기 때문이다. 이렇게 직접적으로 생산을 담당하는 종업원과의 이해관계를 원만하게 유지하기 위해서는 그들을 자발적으로 생산활동에 참여시키는 것이 중요하다. 그들을 자발적으로 참여시키기 위해서는 고용의 안정, 임금, 노동시간 및 기타 근로조건을 개선시키고 그들을 인간적으로 대우하는 것이 매우 중요하다.

7) 정부

자본주의가 출현한 이래 날로 자본이 대규모화되어 자본이 경제뿐만 아니라 사회전체를 지배하게 된 현대사회는 물질만능주의가 팽배하게 될 정도로 부정적 측면을 드러내게 되었다. 이렇게 자본주의의 발달에 따라 필연적으로 발생되는 여러 가지 단점들을 개선하기 위해서 정부의 영향력이 커졌고, 이는 곧 수정자본주의의 시초가 되었다. 즉 오늘날과 같은 고도화된 시장경제체제 하에서 어느 정도의 정부의 개입은 당연하다고까지 생각되게 된 것이다. 다만, 정부는 특정 기업에 단독으로 영향을 미친다기보다는 사회 각 조직의 이해가 침해받지 않고 잘 조화되도록 중재역할을 하는 것으로 볼 수 있다. 즉 정부는 여러 가지 법률을 바탕으로 하여 모든 기업들이 경영활동을 조화롭게 수행할 수 있도록 올바른 기업환경을 조성하는 역할을 담당한다. 또한 정부는 각 기업에 직접적으로 조세를 징수함으로써 영향을 미치기도 한다.

8) 지역사회

기업은 지역사회(community)로부터 생산요소를 제공받고 있으며 또한 생산된 제품의 판매를 위한 시장도 제공받게 된다. 이러한 지역사회에 대하여 기업은 경영활동을 영위함으로써 발생하는 여러 가지 문제점에 대하여 책임을 져야 함은 당연하다. 즉 지역의 자연환경 및 생활환경의 오염을 방지하고 파괴된 환경은 조속히 복원하는 데 책임을 져야 한다. 이처럼 지역사회는 기업경영활동의 터전인 동시에 기업이 그 사회적 책임을 수행해야 할 대상이기도 하다. 그러므로 기업은 이러한 지역사회와의 관계를 건설적으로 유지하기 위해서 지역사회와 여러 가지 우호적인 유대관계를 맺고 적절한 참여와 커뮤니케이션을 유지하는 것이 요망된다.

지금까지 살펴본 기업과 이해관계자 집단과의 상호관계를 도시하면 [그림 7-3]과 같다.

[그림 7-3] 기업과 이해관계자 집단과의 상호관계

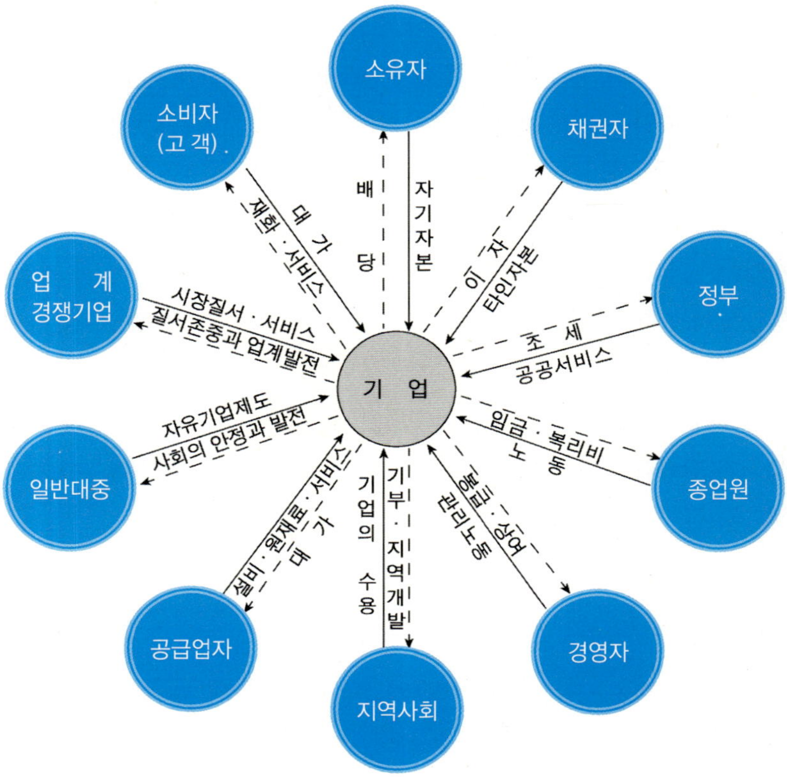

자료원: 조희영 · 박상범, 전게서, p.198.

지역사회 중심으로 ESG경영 실행하자

최근 ESG에 대한 중소기업의 관심이 그 어느 때보다 증가하고 있다. 이해 관계자들은 기업이 ESG의 구성요소인 환경, 사회, 지배구조를 경영에서 더욱 중요시할 것을 요구하는 목소리를 키워가고 있으며 정부도 정책 변화에 직면하고 있다.

기업들은 ESG 보고서 공시와 관련해 더 큰 투명성을 보여야 한다는 압박을 받고 있다. 이처럼 중요해진 ESG 경영의 핵심은 무엇일까? 한마디로 말하자면 지속 가능성, 즉 사업의 연속성이라고 할 수 있을 것이다.

지금까지는 중소기업형 지배구조라고 하면 가족과 친인척들이 주주이거나 혹은 압도적 지분을 소유하고 있는 형태인데 앞으로는 지배구조도 미래 세대를 위해 지속 가능한 모습으로 바뀌어야 한다는 인식의 변화가 필요해 보인다.

지속 가능한 경영이 실행되지 않는 기업은 공급사, 협력사, 소비자, 언론 및 정부기관으로부터 외면 받을 수 있기 때문이다.

글로벌 회계법인 PwC의 2021년 가족기업 설문조사(Family Business Survey 2021)에 따르면 북미지역의 중소기업들은 지역사회에 대한 기여를 중심으로 ESG에 집중하고 있으며 약 93%가 사회적 책임 활동(CSR)에 참여하고 있다.

이처럼 지역사회와 어떤 형태로든 연결돼 있는 중소기업의 입장에서 E(환경), S(사회적 책임), G(지배구조)의 투명성은 지역사회 활성화 측면에서도 중요하다고 할 수 있다. 왜냐하면 중소기업의 투명한 ESG 경영은 지역의 가치를 높이고 이해 관계자와의 협력을 통해 동반성장을 촉진하기 때문이다.

이제 중소기업은 ESG 경영을 위한 첫 걸음을 시작해야 한다. 물론 대기업과 같이 체계적으로 인력을 배치하고, 전략을 개발할 수는 없다. 하지만 중소기업 입장에서 실형 가능한 '지역사회에 대한 사회적 책임 활동'을 시작하는 것이 중요하다.

무엇보다도 환경적 측면에서 중소기업은 지역의 생물 다양성, 오염 문제 등 기업의 경영활동이 환경과 직접적으로 연결돼 있기 때문에 환경적 측면에서 실제적인 방법을 찾아볼 필요가 있다.

예컨대 친환경 건축물과 같이 많은 투자를 수반하는 접근보다는 기존 건축물의 검토, 개선이 보다 중요하다.

또 공장부지와 녹지 간의 연결, 환경보호 활동, 건물 에어컨 사용, 사업 활동에서 발생하는 폐기물의 적절한 보관방법 및 안전조치 등과 같이 기업 활동이 지역사회에 미치는 환경적 영향에 관해 기업의 목표치를 설정하고 소비자, 지역주민과 협력해 실행한 후 그 결과를 알리는 것이 중요하다.

다음으로 사회적 측면에서 중소기업은 지역사회에 기여할 수 있다. 중소기업의 특징은 급변하는 상황에 대응해 유연하고 민첩한 전략을 실행함으로써 새로운 여건에서도 사업을 유지할 수 있는 능력을 갖추기 위해 늘 노력하고 있으며 신속한 의사결정이 가능하다는 점이다.

이러한 중소기업의 장점의 배경에는 여러 세대 간에 형성된 지역사회 네크워크가 중요한 역할을 한다. 즉, 중소기업은 친구, 가족, 직장 동료들이 지역과 수십년간 사회적으로 연결돼 있기 때문에 풍요로운 지역사회를 만들기 위한 사회적 문제 해결에 신속하고 효과적으로 대응할 수 있다.

예를 들면 지역에서 지속적인 채용을 실행함으로써 고용기회를 창출하고, 자원봉사 활동과 제품 판매액의 일정 비율을 지역에 환원하는 등 지역사회의 구성원으로서 사회적 역할을 수행하고 활동내용을 알리는 것이 필요하다.

마지막으로 중소기업의 또 다른 특징은 지배구조와 리더십이다.

한 세대에서 다음 세대로 이어질 때 기업의 새로운 가치가 생성될 뿐 아니라 새로운 지배구조가 형성된다.

ESG 관점에서 가족이 아닌 지역의 새로운 이해 관계자가 이사회에 참여하는 것은 중소기업의 기존 지배구조상의 다양한 마찰·문제 등의 해결 측면에서 좋은 선택지가 될 수 있다. 또한 지역사회의 다양한 관점을 수용하고 협력함으로써 더 효과적인 ESG 비즈니스 전략(단기, 중기, 장기)을 실행할 수 있게 된다.

지금 이 시간에도 많은 중소기업이 지역사회를 중심으로 ESG 경영을 통해 봉사하고 기업 정신의 일부로서 ESG를 현실화하고 있다.

결론적으로 중소기업 ESG 경영의 핵심은 안전하고 지속 가능한 공간으로서의 지역을 만들고(환경, 사회), 공간 사용의 투명성을 보장(지배구조)하는 세 가지 핵심 주제를 확신과 신념을 가지고 지속적으로 실행하는 것이라고 할 수 있다.

(손상철/중소기업뉴스, 2022. 3. 21)

8

경영전략과 조직문화

제8장

경영전략과 조직문화

제 1 절 경영전략의 의의

1 경영전략의 개념

경영학 문헌에서 흔히 '전략'(strategy)이라는 어휘가 등장함을 볼 수 있는데, 그것은 다음과 같은 이유 때문이라 하겠다.

① 기업은 명확히 규정된 사업활동의 범위와 성장의 방향을 필요로 한다.
② 기업은 각종 목적 시스템의 설계만으로는 필요를 충족시키지 못한다.
③ 기업이 지속적으로 성장·발전하기 위해서는 기업목적 이외에 기업의 발전방향을 위한 결정규칙(decision rule)이 필요하다.
④ 기업은 새로운 기회의 탐색과 창조를 위해 전략을 필요로 한다.

전략(strategy)이란 군사용어로서 전술(tactics)과 대립되는 말이다. 다시 말해서 국지적·단기적 내지 소단위 전투와 관련되는 방안인 전술에 비해, 전략은 전쟁수행이라는 대국적 입장에서 보다 장기적이며 대단위적인 전쟁수행과 관련된 용어이다. 이 용어가 경영학에 응용된 것은 1940년대 초이며, 특히 게임이론 분야에서 많이 다루어졌다.

일반적으로 경영전략(business strategy)이라 함은 기업의 경영목적을 달성하기 위한 포괄적인 수단으로서 기업의 외부 및 내부의 환경변화에 대해서 전체적인 경영활동을 체계적이고 능동적으로 적응시키기 위한 결정 룰을 말한다.

오늘날의 기업은 기술혁신, 대량생산 및 대량소비라는 경제적 환경 하에서 경영활동을 수행함으로, 단기적이고 즉흥적인 방책, 즉 경영전술(management tactics)만으로는 이에 대처하기 어렵다. 왜냐하면 이러한 환경 하에서는 사전에 경영의 구조변혁을 예상하여 환경적 여러 요인을 고려한 장기경영계획을 중심으로 활동을 전개해 나가지 않으면 경쟁에서 이길 수 없기 때문이다. 이와 같이 전체적으로 통합되고, 장기적이고 미래지향적인 장기경영계획의 기본이 되는 것이 경영전략이다.

경영전략의 개념적 특성을 몇 가지로 살펴보면 다음과 같다.

첫째, 경영전략과 경영전술은 그 성격이 각각 다르다. 경영전략의 성격은 통합적이며 체계적인 데 반해, 경영전술은 경영의 특정 부문, 예를 들면 생산·마케팅·기술연구 및 개발 등에 한정된 국부적이며 단기적인 행동결정인 것이다.

즉 경영전술은 부분적이고 단기적이며 비교적 소단위의 경영문제와 관련되는 방안능력을 의미하는 데 비하여, 경영전략은 총체적 입장에서 보다 장기적이며 대단위적인 경영문제와 관련되는 방안을 의미한다. 따라서 양 개념에 존재하는 가장 큰 차이는 경영문제의 범위(scope)와 그 유효성이 인정될 만한 시간이라고 할 수 있다. 경영문제의 범위가 크고 시간적으로 긴 행동결정은 경영전략인 것이다.

둘째, 경영전략은 경영목적 달성의 수단이 된다. 경영전략은 경영목적을 달성하기 위한 포괄적인 수단으로서, 경영목적과는 구별된다. 그러나 양자는 밀접한 상호관계가 있으며, 경영전략에 따라 경영목적의 달성가능성이 달라질 수 있다. 또한 경영전략은 환경적응의 기능도 가지고 있다. 경영전략의 대상은 주로 기업의 외부환경 변화에 적응하는 것과 관련이 있지만 기업의 내부환경, 예를 들면 수익성의 감소, 조업도의 저하, 인력의 과잉 등도 그 대상이 된다.

셋째, 경영전략은 기업이 장래 당면할 전략적 문제나 기회를 발견하는 기능을 가진다. 예를 들면, 기업이 어떠한 제품을 어떤 시장에 판매할 것인가를 결정하는 제품-시장전략도 경영전략의 주요내용이 되며, 그것은 기업이 당면한 전략적 문제나 전략적 기회를 발견하는 기능으로 볼 수 있는 것이다.

넷째, 경영전략은 각 부문의 경영활동을 전체적으로 통합하는 기능을 가지고 있다. 기업이 가지고 있는 자원은 한정되어 있으므로 각 부문의 활동을 특정의 방향으로 집중시킴으로써 자원을 가장 효율적으로 이용하여 최대의 성과를 달성케 한다.

그 목적을 위하여 경영전략은 기업전략(corporate strategy) → 사업전략(business strategy) → 기능별 전략(functional strategy)과 같은 체계를 갖추게 된다.

이와 같이 경영전략은 대국적 견지에서 장래를 예측한 장기적·종합적·장래지향적 행동결정이라는 점에 특색이 있으며, 경영목표·경영계획(business planning)과 연관되게 수립되어야 한다. 다시 말하면, 경영목표 → 경영정책·경영계획 → 경영전략의 관계를 고려하여 체계적으로 수립하지 않으면 안 된다.

2 경영전략의 구성요소

경영전략이 기업에서 중요시되는 이유는 급속하게 변화하는 경영환경 속에서 기업의 안정적인 성장을 확보하기 위함이다. 앤소프(H. I. Ansoff)는 경영전략의 구성요소로서,

① **특정의 제품·시장분야**: 그 기업의 제품, 시장지위가 어느 정도 되는가
② **성장 벡터**: 그 기업이 자기의 제품·시장분야에서 어떠한 방향으로 가려고 하는지의 변화축
③ **경쟁상의 이점**: 제품·시장분야와 성장 벡터에 의해서 정해진 영역 내에서 자사의 경쟁상의 특성
④ **시너지**: 둘 이상의 합이 각 부분의 합계보다 더 큰 효과를 갖게 되는 것

이상의 네 가지를 제시하고 있으며 이들 요소들에 의하여 전략적 의사결정을 현실적으로 전개해야 한다고 주장하였다.

1) 특정의 제품·시장 분야

기업이 종사하고, 또한 종사하려고 하는 특정 제품시장분야(product market scope)를 결정함으로써 상호간에 공통관련성을 가진 사업활동의 개념이 명확하게 된다. 화학제품, 전기제품, 전자제품이나 식료제품 등과 같은 제품시장 분야에서 어느 것을 선택하느냐 하는 것은 경영전략의 주요한 내용을 형성하게 된다. 그리

고 제품시장분야의 결정은 공통관련성의 기본원리를 보다 구체화한 전략기준이 되는 것이다. 왜냐하면 기업은 공통관련성을 가진 특정의 제품시장분야를 결정함으로써 성장의 기회를 탐구하는 행동을 보일 수 있기 때문이다.

그러나 화학제품, 전자제품 등과 같은 제품시장분야는 너무나 광범위하다고 할 수 있다. 한마디로 화학제품이라고 해도 비료, 농약에서부터 약품이나 석유화학제품에 이르기까지 광범한 제품분야를 포함하고 있으며, 각 제품분야 사이에는 반드시 생산, 기술 내지 판매의 공통관련성이 있다고는 할 수 없다.

따라서 경영전략의 내용을 구성하는 '특정의 제품시장분야'라는 개념은 생산, 기술, 판매의 어느 면에서 공통관련성이 있는 제품시장을 선택할 것인가로 보아야 할 것이다.

2) 성장 벡터

성장 벡터(growth vector)란 특정의 제품시장분야와의 관련 하에서 기업이 성장을 위하여 선택하는 성장방향을 말한다. 이러한 의미에서 성장 벡터는 기업의 성장기회를 탐구하고, 또한 성장계획을 규정하는 하나의 중요한 전략기준이 되는 것이다. 전술한 '특정의 제품시장분야'의 전략기준은 기업이 종사할 특정의 산업분야를 결정하게 되는데, 그 산업분야에서 어떠한 방향으로 성장행동을 취할 것인가 하는 것은 성장 벡터의 전략기준에 의해서 결정되는 것이다.

성장벡터는 〈표 8-1〉과 같이 네 가지 부분으로 이루어지고 있다.

표 8-1 성장벡터의 구분

제품 / 시장	현(現)	신(新)
현(現) 신(新)	시장침투 시장개발	제품개발 다각화

자료원: H. I. Ansoff, *Corporate Strategy*, McGraw-Hill, 1985, p.169.

〈표 8-1〉은 제품과 시장의 양자를 각기 현재와 신규로 대별하여 시장침투, 제품개발, 시장개발 및 다각화를 매트릭스형으로 나타낸 것이다. 여기에서 시장침투, 제품개발 및 시장개발의 세 가지는 제품의 생산기술과 마케팅의 어느 한쪽 또는

쌍방에 공통관련성을 가지고 있다는 점에서 이를 확대화라고 한다. 반면에 다각화는 제품과 시장의 양면에서 기존의 것과 다른 새로운 분야, 즉 신규의 제품과 새로운 시장에의 진출이 된다.

(1) 시장침투(market penetration)

시장침투는 기존의 시장에서 기존제품의 시장점유율을 확대함으로써 성장하는 방식을 말한다. 예를 들면 가격을 인하시키거나 광고를 늘리거나, 그 제품을 취급하는 소매상의 수를 늘려 고객이 편리하게 사용하도록 함으로써 시장점유율을 높이려는 성장전략이다.

(2) 시장개발(market development)

시장개발이란 현재 소유하고 있는 제품을 새로운 시장에 출시함으로써 시장점유율을 증대시키려는 전략이다. 예를 들면 새로운 시장에 점포를 개설하거나 새로운 수출시장을 개척하는 것 등이 이에 해당된다.

(3) 제품개발(product development)

제품개발이란 현재 소유하고 있는 시장에 신제품을 출시하여 성장하는 방식을 말한다. 예를 들면 샴푸회사의 경우 현재의 제품에 새로운 향료와 성분을 추가한다든지, 포장을 새롭게 하는 것 등이 이에 해당된다.

(4) 다각화(diversification)

다각화란 제품과 시장 공히 새로운 분야에 진출하여 성장하는 방식을 말한다. 다시 말하면 신시장에 신제품을 출시하여 시장점유율을 증대시키려는 전략이다. 현재의 시장에서는 기업이 더 이상 성장기회가 없어 새로운 시장에서 새로운 제품 출시를 통해 매출을 증대시키고자 할 때 사용하는 방법이다.[1)]

앞서 보았듯이 앤소프에 의하면 시장침투, 시장개발 및 제품개발의 성장방식은 확대화 전략(expansion strategy)에 의한 성장으로 다각화에 의한 성장방식과는 구별된다.

확대화 전략의 경우 특정의 제품시장분야에 대하여 생산이나 기술 또는 판매면

1) 지호준, 21세기 경영학, 법문사, 2000, pp.348-349.

에서 공통관련성의 정도가 높은 데 반하여, 다각화 전략의 경우 신제품분야와 구제품분야 사이의 공통관련성은 제품분야를 달리하기 때문에 그 정도는 낮다. 그런데 다각화의 경우에도 어느 정도의 공통관련성의 요소가 없으면 다각화 전략은 성공하기 어렵다. 이와 같이 기업은 각 사업별로 어떠한 시장에 어떻게 진출할 것인가에 따라 다양한 전략을 취하게 된다.

3) 경쟁상의 이점

다음으로 이와 같은 제품분야 가운데서 독특한 성장기회를 탐구하기 위한 하나의 전략으로 '경쟁상의 이점(competitive advantage)'이라는 기준을 설정하는 것이다.

경쟁상의 이점이란 특정의 제품시장분야에서 기업이 개발한 독특한 위치를 말한다. 예컨대 유력한 특허의 취득이나 혁신적 이점의 전략이 그것이다. 기업은 이와 같은 경쟁상의 이점을 이용할 만한 전략적 계획을 탐구함으로써, 보다 확실하고 전망이 좋은 성장기회를 얻을 수 있게 된다.

4) 시너지

시너지(synergy)란 원래 근육이나 신경 등의 결합된 활동 또는 작용을 말한다. 앤소프는 이를 시너지 효과를 나타내는 용어로서 사용하고 있다. 시너지 효과란 두 가지가 유기적으로 결합함으로써 단순한 총화 이상의 효과를 발휘하는 것을 말한다. 즉 2+2=5가 되는 것과 같은 상승효과를 시너지 효과라고 한다.

그런데 기업의 전략적 문제에 있어서의 시너지란 기업이 새로운 제품시장 분야에 진출할 경우, 그 신제품시장 분야와 기업의 구 제품시장이 잘 적합하게 되면, 기업은 신제품시장에의 진출에 의해서 2+2=5가 되는 결합효과를 얻을 수 있을 것이다. 그러나 양자가 적합되어 있지 않으면 2+2=3과 같은 효과밖에 얻지 못하게 될 것이다. 즉 전자는 플러스의 시너지가 발생하는 경우이고, 후자는 마이너스의 시너지가 발생하는 경우라고 할 수 있다.

신제품시장에의 진출로 구시장과의 사이에 2+2=5가 되는 결합관련효과가 있는 경우, 다각화는 기업의 경쟁적 지위를 높이며, 또한 기업의 수익성을 높이게 된다. 다각화 전략의 성공 여부는 시너지의 크기에 의해 좌우된다. 기업이 신제품개발이나 합병에 의해서 다각화하는 경우, 시너지를 얻을 수 있으면 그 다각화는 성공하기 쉬운 것이다.

이와 같은 시너지의 효과는 대칭적이라는 성질을 가지고 있다. 즉 구 제품시장이 신 제품시장에 공헌함과 동시에, 신 제품시장이 구 제품시장에 공헌하는 경우도 있게 된다. 따라서 앤소프는 시너지 전략에는 공격적(aggressive)인 것과 방어적(defensive)인 것이 있다고 지적하였다. 전자는 기업이 현재 소유하고 있는 뛰어난 능력을 시너지 전략으로서, 그 능력을 활용할 수 있는 신제품시장을 탐색하는 경우이고, 후자는 현재의 기업에서 결여되어 있는 능력을 보완할 만한 신제품시장에 진출함으로써 기업의 경쟁적 우위를 확보하는 방법이다.

기업전략에 있어서의 시너지는 다음과 같이 나누어 볼 수 있다.

① **판매 시너지**: 판매경로, 판매조직, 창고 등의 공동이용
② **생산 시너지**: 공장, 공구 등의 공동이용
③ **투자 시너지**: 원재료, 공장, 부품 등의 공동투자 및 공동이용
④ **경영 시너지**: 경영자능력, 관리능력, 노하우(know-how) 등의 공동이용

이와 같이 인적 자원, 물적 자원, 재무적 자원, 정보적 자원과 같은 경영의 제자원을 복수의 사업(제품-시장) 간에 효율적으로 공동 이용함으로써 원가를 절감시키거나, 새로운 성장기회를 얻을 수가 있다. 경영자원이 복수의 사업 간에서 어느 정도 유효하게 공동 이용되고 있는가는 그 기업의 다각화 전략이나 시장개발전략 등에 대한 전략전환의 성패를 좌우하게 된다.

이상에서 살펴본 네 가지 전략기준 가운데 특정의 제품시장분야, 성장 벡터 및 경쟁상의 이점은 외부환경에 대해서 기업이 고수익의 성장기회를 탐색해야 할 방법을 보여주는 것이다. 여기에서 특정의 제품시장분야와 성장 벡터는 그 범위 내에서의 성장의 방향을 나타내고, 경쟁상의 이점은 특정의 제품시장분야 및 성장 벡터에서 선택된 제품분야 가운데서 어떠한 성장기회가 특히 유리한가를 밝히게 된다. 그리고 시너지 전략은 신제품분야에 진출하는 데 있어서 필요로 하는 기업능력을 밝힘으로써 다각화에 의해서 잠재적 수익성을 실현하기 위한 전략적 기준을 이루게 된다. 이와 같이 이들 네 가지 전략기준은 상호 보완적이며, 이들이 모여서 경영전략의 내용이 결정되는 것이다.

3 경영전략의 수립과정

1) 비전과 목표의 설정

비전이란 기업이 전략적으로 지향하고자 하는 미래상을 말한다. 이는 장기적 안목에서 현실과 미래목표를 연결시키는 일종의 전략적 의도로서, 비전을 통하여 미래의 이상과 목표가 명확하게 제시되어야 하며, 조직구성원들이 이에 스스로 몰입할 수 있어야 한다. 세계시장에서 초우량기업으로 부상한 많은 기업들은 거의 모두 뚜렷한 전략적 비전과 야망을 가지고 있었다. 예를 들면 캐논의 '타도! 제록스', 혼다의 '제2의 포드', 삼성전자의 '디지털 컨버전스 시대의 진정한 리더' 등은 이러한 전략적 비전을 잘 표현하고 있다.

기업의 미래상인 비전이 형성되었으면, 그것을 장기적으로 실현시키기 위한 기업목표의 설정이 필요하다. 이때 기업목표는 전략적 의사결정이 이루어지는 환경을 설정하고 이를 통해 전략적 의사결정에 대한 방침을 제공하는 역할을 한다.[2] 즉 비전의 달성을 추구하는 과정에서 달성해야 할 결과를 구체화한 것이 목표이다. 또한 목표의 설정은 비전의 달성 정도를 모니터링하고 추구과정의 행위, 즉 전략의 보완 및 수정을 판단하는 기본지표가 된다. 따라서 목표의 설정이야말로 향후 추진과제까지 연결되는 전체 경영전략의 성패를 가늠하는 기초로서 매우 중요하다 하겠다.[3] 이러한 목표 설정은 다음과 같은 조건을 충족시킬 수 있어야 한다.

첫째, 목표는 측정 가능해야 한다.
둘째, 목표는 현실적으로 달성 가능해야 한다.
셋째, 목표는 조직구성원들이 수용할 수 있어야 한다.
넷째, 목표는 일관성을 지닐 수 있어야 한다.

일반적으로 기업이 추구하는 목표는 기간을 기준으로 장기목표와 단기목표, 그리고 계량화 가능성을 기준으로 양적 목표와 질적 목표로 구분되어진다. 장기목표는 적어도 10년 정도의 목표로서 거시적인 목표라 할 수 있으며, 시장점유율의 확

2) 이장우, 경영전략론, 법문사, 1996, pp.75-78.
3) 김동철·서영우, 경영전략수립방법론, 시그마인사이트컴, 2008, p.188.

대를 위한 장기활동 목표, 신제품의 개발을 위한 연구개발 목표, 새로운 사업영역으로 확장하기 위한 전략적 목표 등이 그 예가 될 수 있다. 이에 비해 단기목표는 보통 1년 정도의 회계기준을 중심으로 수립하는 목표이다.

한편 양적 목표는 시장점유율 30% 확대와 같이 목표를 구체적인 수치로 표현한 것이며, 질적 목표는 구체적인 수치로 표현하기 어려운 목표로서 기업이미지 제고, 고객과의 관계개선 등이 그 예가 될 수 있다.4)

2) 외부환경의 분석

환경은 기업에 기회를 제공하기도 하고, 위협을 주기도 한다. 전략 수립과정에서 전략적 기회와 위협을 발견하기 위해 외부환경에 관한 정보를 체계적으로 수집하여 평가하는 일이 필요하다. 여기서 기회란 전략적 목적달성에 도움이 되는 잠재력을 지닌 외부환경의 특성 및 조건으로 유리한 상황을 의미하며, 위협이란 기업의 전략적 목적을 달성하지 못하게 할지도 모르는 외부환경의 특성으로 불리한 상황이라고 정의된다. 이러한 외부환경의 분석은 전략수립 과정에 결정적으로 중요한 의미를 지닌다. 따라서 경영자는 조직에 제공되는 위협이나 기회의 요소들을 고려하여 환경을 분석하고 평가해야 한다.5)

3) 내부환경의 분석

조직체의 강·약점을 분석하는 것은 기업의 경쟁적 위치를 확인하기 위해서 필요하다. 경쟁적 위치란 현재 또는 미래의 경쟁자들과 비교하여 기업이 지니고 있는 강점과 약점을 일컫는다. 경영자는 외부환경의 기회와 위협을 내부의 강점 및 약점과 종합하여 기업의 강점을 중심으로 새로운 기회를 포착하고, 예측되는 위협에 대응하여 약점과 제약을 보완하는 경영전략을 수립하게 된다.

기업 내부의 강·약점 분석은 기업의 성과분석, 경영전략 평가, 경영조직 및 내부자원의 진단, 그리고 경쟁적 비교우위의 연구 등 여러 측면에서의 분석을 포함한다. 바람직한 경영전략의 계획수립은 외부환경과 내부환경을 분석·평가·예측함

---

4) 이한재, 전게서, p.257.
5) 김기홍·조인환, 경영학개론, 한올출판사, 2006, p.99.

으로써 기회와 위협에 기업의 강점과 약점을 연결시키는 활동이다.[6] 조직 내·외의 환경분석과 관련하여 널리 알려진 분석기법으로 SWOT 분석과 BCG Matrix 분석이 있다.

(1) SWOT 분석

SWOT 분석이란 기업의 강점과 약점, 그리고 기회와 위협을 하나의 틀로 요약하는 분석수단이다. SWOT 분석을 통해 기업의 강점과 약점을 기업이 당면하고 있는 외부기회와 위협에 대응시키면 선택가능한 네 가지의 전략대안을 도출할 수 있는데, 이들 전략대안은 외부환경에서 발생하는 기회를 활용하기 위해 기업의 내부강점을 이용하거나 약점을 극복하며 기회를 활용하고 위협을 회피하는 전략들이다.

외부환경(위협과 기회)과 내부경영(강·약점)에 대한 분석을 토대로 〈표 8-2〉에서 보는 바와 같이 4개의 대안적 전략을 제시할 수 있다.[7]

표 8-2 전략형성을 위한 SWOT

내부요인 / 외부요인		내부강점 S	내부약점 W
		관리·운영·재정·마케팅·R&D·엔지니어링 등 분야의 강점	관리·운영·재정·마케팅·R&D·엔지니어링 등 분야의 약점
외부기회 O	현재 및 미래의 경제적 여건, 정치 및 사회적 변화, 신제품 및 서비스 기술의 기회	SO 전략(Maxi-Maxi)	WO 전략(Mini-Maxi)
		조직 내의 강점과 외부의 기회를 이용하는 가장 성공할 수 있는 전략, 확대전략	외부기회의 강점을 살리고 내부의 약점을 극복하기 위한 전략, 우회전략
외부위협 T	에너지 부족, 경쟁력 등 외부적 위기의 위협	ST 전략(Maxi-Mini)	WT 전략(Mini-Mini)
		위협을 피하고 대처하기 위해 강점을 사용하는 전략, 안정적 성장전략	외부위기를 타개하고 내부약점을 극복하기 위한 전략, 삭감전략·청산전략

자료원: 신철우, 전게서, p.246.

① **WT 전략**(내부약점·외부위협)

위협과 약점을 최소화하기 위한 전략이다. 예를 들면 합작투자를 하거나 또는 회사를 축소하며, 경우에 따라서는 청산까지도 해야 하는 전략이다.

---

6) 김기홍·조인환, 전게서, p.99-100.
7) 신철우, 전게서, pp.245-246.

② **WO 전략**(내부약점 · 외부기회)

약점을 최소화하는 대신에 기회를 극대화하려는 전략을 말한다. 그러므로 약점 분야를 보완하여 강점으로 전환하기 위해서는 외부로부터 유리한 기술이나 인적 자원을 도입하는 우회전략을 활용할 수 있다.

③ **ST 전략**(내부강점 · 외부위협)

조직내부의 강점으로 외부환경의 위협에 대응하는 전략이다. 이 전략의 목적은 내부의 강점을 극대화하는 반면 외부의 위협을 최소화하는 전략이다.

④ **SO 전략**(내부강점 · 외부기회)

외부의 기회를 이용하기 위해 내부강점을 활용할 수 있을 때 가장 바람직한 전략이다. 실제 매트릭스상의 모든 위치에서 이러한 위치로 옮기는 것이 모든 기업의 목표이다.

이와 같은 SWOT 매트릭스를 이용하여 현재의 경영환경을 분석하고 미래의 환경변화 추세를 예측하여 사업의 경로(기회 · 위협) 여부를 판단할 수 있고, 또한 자사가 보유하고 있는 조직상의 강 · 약점과 연계하여 분석함으로써 향후의 바람직한 경영전략을 수립할 수 있다.

(2) BCG Matrix 분석

이외에도 기업의 전략적 위치를 파악하는 과정에서 보스톤 컨설팅 그룹(BCG)의 사업 포트폴리오 매트릭스를 사용할 수 있다. BCG 매트릭스는 시장점유율과 시장성장률이 현금의 흐름과 밀접한 관계를 가지고 있다고 가정한다. 시장성장률이 높을수록 현금의 유출이 많아지며, 시장점유율이 높을수록 현금의 유입이 많아진다.

BCG 매트릭스는 시장성장률과 시장점유율의 고저를 기준으로 [그림 8-1]에서 보는 바와 같이 네 개의 상한으로 구분한다.

[그림 8-1] BCG 매트릭스

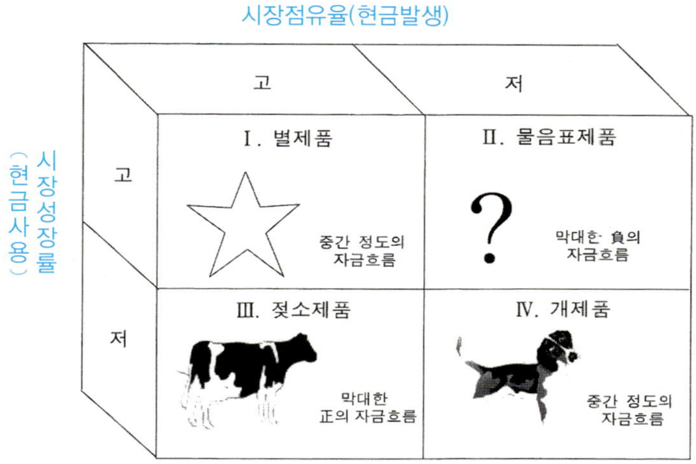

자료원: 신철우, 전게서, p.249.

별(star) 사업은 고성장 시장에서 높은 시장점유율을 가지는 사업으로 스스로 자금을 조달하고 성장한다. 별(star) 사업은 수익성과 현금흐름이 양호한 사업으로 계속적인 투자를 통해 집중 육성할 필요가 있다. 장기적인 성장과 이익의 기회를 제공하지만 성장률이 둔해지거나 경기침체가 지속되면 별(star) 사업은 현금젖소(cash cow)로 변하게 된다.

현금젖소(cash cow)는 낮은 성장속도의 시장에서 높은 시장점유율을 가지는 사업으로 다른 사업에 자금을 공급하는 보석과 같은 존재이다. 현금젖소(cash cow)는 높은 수익성과 안정적인 현금흐름을 창출하고 있으나, 수요가 정체되어 매력적인 투자대상이 되지 못하므로 현상유지 또는 다른 신규사업으로 자금을 재배치할 필요가 있다.

개(dog)는 저성장 시장에서 낮은 시장점유율을 가지는 사업으로 정체되어 있으며 경쟁에서 살아남기 위해 기업자금 및 경영진의 시간을 소비하는 사업이다. 이런 산업이 처해 있는 상황은 매우 격심한 경쟁상태에 있으며 낮은 수익성과 현금흐름으로 철수대상이 된다.

물음표(question mark)는 급속하게 성장하는 시장에서 낮은 시장점유율을 가지는 사업으로 성장을 지탱하는데 많은 현금유입을 필요로 한다. 만약 성공한다면

별(star)의 위치에 가고 이후 현금젖소(cash cow)가 될 수 있다. 그러나 실패하면 개(dog)의 범주에 속하게 된다. 물음표(question mark) 사업은 수익성과 현금흐름이 낮으나 미래 성장가능성이 있으므로 선별적인 투자를 하여 육성할 필요가 있다.

4) 전략적 대안의 개발

경영전략 수립에 있어서 외부환경의 진단과 내부환경의 강점·약점 평가가 이루어지면 경영자는 목표달성을 위한 전략적 대안을 개발해야 한다. 전략의 개발 및 형성은 목표설정에서와 마찬가지로 환경분석에서 수집된 정보를 바탕으로 기업수준의 전략부터 사업수준의 전략과 기능수준의 전략을 수립하게 된다.

5) 전략적 계획의 개발

전략적 대안을 개발하여 여러 가지 대안 중에서 최적의 대안을 선택하고 나면 경영자는 이를 구체화시킬 전략적 계획을 개발하여야 한다. 전략적 계획에는 조직목표를 달성하기 위하여 소요되는 기술·마케팅·금융 및 인적자원 등의 확보와 제조 및 연구개발 수행방안을 포함하여 조직과 경영능력의 활용방법 등이 구체화된다.

6) 전술적 계획의 개발

전술적 계획은 전략적 계획을 실행하기 위한 구체적인 실천계획으로서 중간관리자와 일선감독자 그리고 부서의 팀은 전략적 계획을 기초로 하여 전술적 계획을 수립한다.

7) 결과의 통제와 평가

전략적·전술적 계획이 의도한 대로 실행되었는지를 확인하고 그 결과를 평가하기 위해 통제기능이 수반되어야 한다. 만일 계획이 바람직한 결과를 산출하지 않았다면 경영자는 통제방법을 수정하거나, 비전·목표·전략 또는 계획자체를 재검토하지 않으면 안 된다.[8)]

---

8) 김기홍·조인환, 전게서, pp.99-101.

제2절 경영전략의 수준과 개발

전략은 기업조직의 세 가지 의사결정계층 모두에서 수립된다. 최고계층은 기업수준이며 그 다음으로는 각 사업부 부서의 수준이다. 세 번째 계층은 재무·생산·지역의 경영자로 구성된다. 각각의 계층은 자체적인 전략이 필요하며, 이러한 전략은 조직의 목표달성을 위해 계층별로 달성해야 하는 구체적인 전략이다. 효과적인 조직이 되려면 이와 같은 세 가지 유형의 전략을 필요로 한다.

1 기업수준의 전략

기업전략(corporate strategy)은 기업의 최상위 전략으로서 최고경영자가 조직전체의 이익과 행동을 원하는 방향으로 유도하기 위해서 수립한다. 기업전략은 기업이 해야 할 사업분야는 무엇인가, 그리고 이러한 사업분야에 인적·물적 자원을 어떻게 배분할 것인가에 관한 두 가지 기본적인 문제와 관련된 것이다.

그룩(W. F. Glueck)[9]은 모든 기업수준의 전략을 성장전략·안정전략·방어전략·혼합전략의 네 가지 유형으로 분류하였다.

1) 성장전략

성장전략(growth strategy)은 안정전략과 대비되는 전략이다. 성장은 조직의 현재업무의 확장으로서 기존제품과 서비스의 확장뿐 아니라, 다양화 또는 신제품개발형태로 나타날 수 있는데, 어느 경우든 성장전략은 안정전략보다 더 위험하며 의사결정자에게 보다 큰 압박감을 가하게 된다. 이 전략은 변화가 심한 산업에 속한 기업이 장기적으로 생존하기 위해 필요하다.

2) 안정전략

안정전략(stability strategy)은 현재의 활동과정을 지속하는 것이다. 그러나 안정

9) Glueck, W., *Business Policy and Strategy Management*, McGraw-Hill, 1980.

전략이 조직이나 경영자가 아무것도 하지 않는다는 것을 의미하지는 않는다. 다만 환경이 안정적이기 때문에 기존의 업무절차와 업무형태를 계속 유지한다는 것이다. 안정전략이 기본적 전략으로서 가장 많이 이용되는 이유는 이 전략이 조직에서 이미 잘 수행되고 있다고 생각하며, 보다 위험이 적은 행동대안으로 인식되고 있기 때문이다.

3) 축소전략

축소전략(retrenchment strategy)은 효율성의 개선을 위해 기존 사업을 축소하는 것으로서 방어전략(defensive strategy)이라고도 부른다. 사실 경영자의 입장에서 기존 사업을 축소시킨다는 것은 실패를 인정한다는 의미로 받아들여질 수 있기 때문에 축소전략의 선택은 매우 어려운 일이다. 하지만 경제여건이 불리하게 진행되거나 환경의 불확실성이 지속될 때 축소전략은 성장전략과 마찬가지로 경영자들이 관심을 가져야 할 부분이다.[10] 축소전략의 예로써 다운사이징(downsizing)을 들 수 있는데, 이는 조직의 규모를 줄여 비용을 절감하고 동시에 업무의 효율성을 높이는 것을 말한다.

4) 혼합전략

혼합전략(combination strategy)은 두 가지 이상의 전략을 동시에 사용하는 것을 말한다. 예를 들면, 한 사업단위는 성장전략을 추구하고 다른 사업단위는 축소전략을 추구하는 경우이다. 혼합전략은 대부분의 대기업이나 보다 복잡한 조직에서 이용되는 가장 일반적인 전략이며, 경기의 변화가 아주 심하거나 침체된 상황에서 자주 사용되어 진다.

2 사업수준의 전략

사업전략(business strategy)은 기업전략의 하위수준 전략으로 경영자는 장기적인 목표를 달성하기 위해 개별기업 혹은 사업부가 추구해야 할 전략을 수립하는 것을 말한다. 즉 기업전략을 통해 결정한 사업부문에서 어떻게 경쟁할 것인가에

10) 정기한 외 5인, 전게서, p.221.

대한 전략으로, 제품이나 서비스의 경쟁적 우위를 유지하는데 초점을 둔다. 이 전략은 목표시장에서 그 사업이 어떻게 경쟁할 것인가, 어떤 재화와 용역을 제공할 것인가, 어떤 고객을 대상으로 제공할 것인가, 그 사업 내에서 자원을 어떻게 배분할 것인가, 어떤 기술을 강조하고 사업 간에는 어떤 상승효과(synergy effect)를 얻을 수 있는가를 파악해야 한다.

예를 들어, 제품수명주기전략은 경영자가 자사의 제품과 시장에 대한 사업수준의 전략을 개발하기 위해 제품수명주기(product life cycle)에 따른 제품-시장의 발전단계를 이용한다. 기업의 주요제품과 시장이 어느 단계에 속하고 있으며, 그 발전단계에서는 어떤 사업전략이 적합한가에 대해 검토하고 적절한 사업수준의 전략을 수립한다.

한편 포터(M. Porter)[11]는 사업수준의 전략으로서 본원적 경쟁전략을 제시하고, 이를 다시 ① 원가우위전략, ② 차별화전략, ③ 집중화전략으로 세분하고 있다. 그에 의하면 경영자들은 그 산업의 경쟁적인 동태성을 이해하여야 하며, [그림 8-2]에 있는 세 가지 전략 중 하나를 수용함으로써 산업 내에서 경쟁할 대상을 결정해야 한다고 주장하였다.

[그림 8-2] 경영전략의 수준

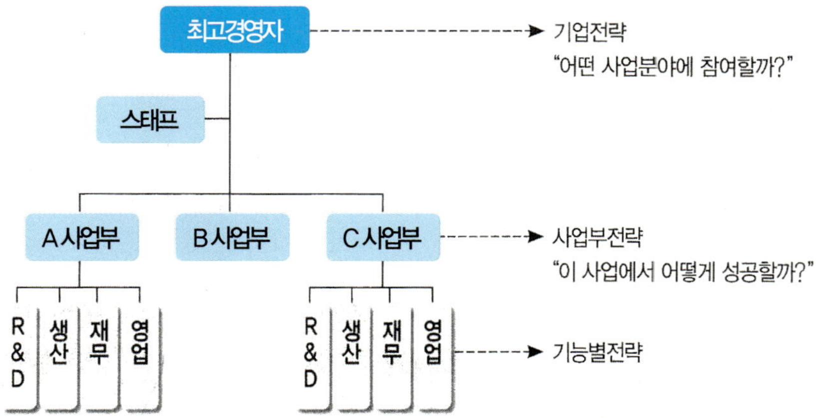

자료원: 정기한 외 5인, 전게서, p.219.

11) Porter, M., "What is Strategy", *Harvard Business Review*, Nov.-Dec. 1996, pp.61-78.

1) 원가우위전략

원가우위전략(cost leadership strategy)은 단위당 원가를 최소화하고 낮은 가격을 책정함으로써 매출액을 극대화하는 전략으로서, 그 개념은 낮은 가격으로 판매하고 기업의 저원가를 촉진시킴으로써 뛰어난 경쟁자가 되려는 것이다. 다시 말하면 광범위한 고객들을 대상으로 박리다매 방식, 소품종 대량생산 방식처럼 원가절감을 통해 해당 산업에서 우위를 달성하는 전략, 어떻게 하면 경쟁기업들에 비해 상대적으로 낮은 원가로 생산할 수 있는 방법 등에 초점을 둔다.[12] 원가우위전략을 성공적으로 수행하기 위해서는 대규모 투자를 통하여 생산성이 높은 기계설비를 구축하고, 원자재의 대량구매를 통한 가격할인, 직·간접비의 철저한 절감, 부품의 규격화·표준화로 생산효율과 생산성을 높이는 노력을 하여야 한다. 예를 들면 월마트(Wal-Mart)는 "날마다 낮은 가격"이라는 슬로건을 토대로 저가정책을 추구함으로써 지속적인 성장을 유지하고 있다.

2) 차별화전략

차별화전략(differentiation strategy)은 기업이 경쟁사보다 우수한 경쟁우위 요소(예: 디자인, 품질, 서비스, 브랜드 이미지 등)를 갖고 시장에 진출하는 전략이다. 다시 말하면 기업은 소비자들에게 타 경쟁사보다 독특한 제품이나 서비스를 제공해 준다는 이미지를 갖도록 만드는 것이다. 차별화 전략의 대표적인 예로 혁신적 디자인의 BMW, 탁월한 품질의 토요타(Toyota), 독특한 브랜드 이미지를 갖춘 벤츠(Mercedes-Benz) 등이 있다.

3) 집중화전략

집중화전략(focus strategy)은 특정 구매자집단, 제품라인의 일부분, 지역적으로 한정된 특정 시장을 집중적인 목표로 삼는 전략이다. 원가우위전략이나 차별화전략이 광범위한 고객들을 대상으로 삼는데 비해, 집중화전략은 특정한 고객이나 시장을 대상으로 하는 전략이다. 즉 집중화전략은 광범위한 영역에서 경쟁을 벌이는 기업들과는 달리, 한정된 전략목표를 보다 효과적이고 효율적으로 달성할 수 있다

12) 박상범 외 2인, 전게서, pp.316-319.

는 전제 하에 틈새(niche)를 찾아 배타적이고 집중적으로 시장을 공략함으로써 경쟁우위를 확보하고자 하는 것이다.

포터(M. Porter)의 경쟁전략은 각각의 사업들이 세 가지 전략 중 단지 하나만을 선택하게 한다는 것에 대하여 비판을 받고 있다. 실제로 기업들은 한 가지 이상의 전략을 사용하고 있는 것이다.

3 기능수준의 전략

기능별 전략(functional strategy)은 사업수준의 전략을 보조해 주는 방법으로 기본적인 관리기능인 마케팅·생산·인사·재무·연구개발 등 경영관리의 여러 기능을 결정하는 전략이다.

이는 기업의 자원변환과정에서 능률 또는 수익성을 극대화하는 것과 관련된 전략이다. 업무적 의사결정에서와 같이 각 부문에 대한 예산의 배분, 생산일정계획 수립, 업무의 감독 및 통제, 판매가격과 생산량의 결정, 재고수준의 결정, 마케팅 전략수립, 연구개발 및 업무활동을 지원하기 위한 비용지출수준의 결정 등이 포함된다.

예를 들면 특정 사업부서의 경영전략이 신제품을 개발하는 것이라면 연구개발부서의 주요 전략은 그 신제품을 개발하기 위한 구체적인 계획을 작성하는 것이 된다. 기능적 단위에서의 경영전략은 엄밀한 의미에서 전략계획이라는 개념보다 전술계획의 성격을 갖는다고 볼 수 있다. 따라서 경영전략의 작성수준이 기업에서 사업부로, 다시 기능부서로 하향함에 따라 계획의 내용은 보다 구체적이며 특수한 양상을 띠게 된다.[13)]

경영조직은 기업의 목표달성을 위해서 마케팅·생산·인사·재무·연구개발 등의 기능수준에 따라 경영전략을 수립하여 실행하고 있다.[14)]

1) 마케팅

마케팅이란 고객이 원하는 욕구를 파악하여, 이를 제품에 반영시킴으로써 고객

13) 김세중 외 3인, 전게서, p.285.
14) 윤종훈 외 3인, 전게서, pp.228-229.

이 제품을 구매하고, 구매 후 서비스를 제공하는 역할을 담당한다. 이러한 마케팅 활동은 마케팅 믹스의 구성요인인 4P(product, place, price, promotion)를 중심으로 수행한다. 우선 고객에게 필요한 제품이나 서비스를 결정하면 소비자에게 전달할 수 있는 유통경로를 결정하고 나서 제품이나 서비스의 가격을 결정하여 소비자가 구매를 할 수 있도록 촉진활동을 한다.

2) 생산

생산이란 기업이 가지고 있는 경영자원, 즉 원재료, 노동력, 자본 등을 투입하여 적절한 변환과정을 거침으로써 제품이나 서비스를 만들어내는 활동이다. 특히, 생산부문의 주요 활동내용은 생산계획의 수립, 생산에 필요한 원·부자재의 구매계획, 생산에 필요한 인력확보, 생산성 향상, 적합한 생산기술의 선택, 공장입지의 선정, 재고관리, 품질관리 등이 있다.

3) 인사

인사는 기업의 인적 자원을 관리하는 부문으로 기업이 목표달성을 위해 수행해야 할 과업, 과업의 특성, 그리고 과업을 수행하는 구성원과 그들의 적성을 파악하여 실제의 전략을 실행하는 매우 중요한 역할을 한다. 인사부문의 주요 활동으로는 과업을 수행할 구성원의 선발, 과업에 필요한 기술개발, 과업 및 과업을 수행할 구성원의 적성파악, 임금 결정, 노사관계에 관한 활동 등이 있다.

4) 재무

재무부문의 전략은 조직이 가지고 있는 자본을 어떻게 분배할 것인가 또는 조직이 필요한 자본을 어떤 방법으로 획득할 것인가에 대한 활동을 주요 내용으로 한다. 재무부문의 전략에서 결정할 내용으로는 부채관리, 배당정책, 자산관리, 자본구조의 결정, 운전자본의 관리 등이 있다.

5) 연구개발

연구개발이란 새로운 제품, 서비스 그리고 제품과 서비스를 생산할 수 있는 새로운 기술 및 생산방법 등을 개발하기 위한 활동을 말한다. 연구개발 전략은 크게 신제품 개발에 중점을 두는 혁신적 연구개발 전략, 산업 내에서 기업의 현 지위를 유지하기 위하여 기존 제품을 개선하는 방어적 연구개발 전략, 경쟁기업의 제품을 분석하여 그 제품의 가장 좋은 특징을 채택하여 제품을 개발하는 격차해소 연구개발 전략, 그리고 위의 전략을 동시에 추구하는 복합 연구개발 전략으로 구분할 수 있다.

제 3 절 조직문화

1 조직문화의 개념

문화(culture)란 인간의 물리적·정신적 생활을 지배하는 규범이며, 후천적인 학습과 교육의 결과로 형성되는 것이다. 즉 문화는 집단의 구성원들이 공감하고 있는 가치관, 사고방식, 행동양식, 감정 등에 관한 공통적인 특성을 말하므로 식사하는 방법, 옷 입는 법, 사고하는 방법 등은 모두 문화의 일부이며, 이러한 문화는 전통적으로 조상이나 선배들로부터 후손이나 후배들에게 계승되어 온 것이다.

문화란 사회를 구성하는 개인이나 어느 집단이 집단적(collective)으로 공유하는 것이지, 인류 전체에게 보편적인 것은 아니다. 어떤 사회나 집단이 특유의 문화를 갖는다는 것과 개인이 특유의 문화를 갖는다는 것은 개인이 특유의 개성을 갖는 것과 마찬가지이다. 예를 들면 동양의 유교적 문화와 서양의 기독교적 문화는 서로 다른 특성을 갖고 있다. 동일한 동양의 유교문화권 내에서도 중국의 문화, 일본의 문화, 그리고 한국의 문화 간에는 각기 상이한 점이 많다. 비록 동양권 국가들이 동양문화의 공통적인 영향권 내에 있지만 각국이 경험한 역사와 환경이 다르기 때문에 그 나라 국민들이 공통적으로 공유하는 문화 역시 달라진다.

국가에 특유의 문화가 있듯이 조직에도 그 조직 특유의 문화가 있다. 조직구성원들의 행동 방식에 영향을 미치는 공유된 가치관, 원칙, 전통, 작업행위 등을 조직문화라고 할 수 있다.[15] 다시 말하면 조직문화는 조직 내에서 역사적으로 형성

15) Shadur, K. & M. A. Kienzle, "The relationship between organizational climate and employee

되어온 조직구성원들의 가치관, 행동양식, 조직 고유의 상징 및 특성, 관리관행, 경영이념 등으로 구성되는 조직 특유의 가치체계이다. 이러한 조직문화는 구성원들이 집단적으로 공유하고 있는 특성이며, 또한 조직의 특성은 우연히 형성되는 것이 아니다. 조직이 속한 사회문화의 영향권 내에서 최고경영자의 경영철학과 비전(vision)에 따라 조직문화가 형성되고, 신입(新入) 조직원은 그 조직의 문화를 습득함으로써 그 조직 내에서 생존·발전할 수 있는 것이다. 즉 조직문화는 학습되고, 공유되어야 하며, 다른 조직원들에게 전달되어야 하는 세 가지 필요조건을 갖고 있다.

2 조직문화의 구성요소

초우량 기업들이 공통적으로 가지고 있는 조직문화의 특징은 무엇이며, 그것은 어떻게 해서 이루어지는가에 대한 해답은 조직문화를 이해하는데 있어 중요한 접근법이 될 수 있다. 따라서 조직문화를 구체적으로 이해하기 위해서 조직문화의 구성요소에 대해 살펴볼 필요가 있다.

조직문화가 무엇으로 구성되어 있는지에 대한 여러 견해가 있지만 대표적인 연구로 샤인(E. H. Schein)의 연구와 피터스와 워터만(T. J. Peters & R. H. Waterman)의 연구를 중심으로 살펴보고자 한다.

1) 샤인의 연구

샤인(E. H. Shein)[16]은 조직문화에 대한 구성요소를 [그림 8-3]에서 보는 바와 같이 잠재적 단계, 인식적 단계, 가시적 단계와 같이 구성원의 일반적인 인식수준을 중심으로 연구하였다.[17]

샤인의 연구에 의하면 첫 번째 단계인 기본전제(basic assumption)는 가치와 밀접히 연관된 개념으로서 일반적으로 조직원들이 의식하고 있지 않는 선험적 가치

---

perceptions of involvement", *Group & Organization Management*, Vol. 24 Issue 4, 1999, pp. 479-503.

16) Schein, E. H., *Organizational Culture and Leadership*, San Fransisco: Jossey Bass Publishers, 1985, p.14.

17) 강정애 외 5인, 조직행동론, 시그마프레스, 2009, pp.301-305.

[그림 8-3] 샤인의 조직문화 구성요소

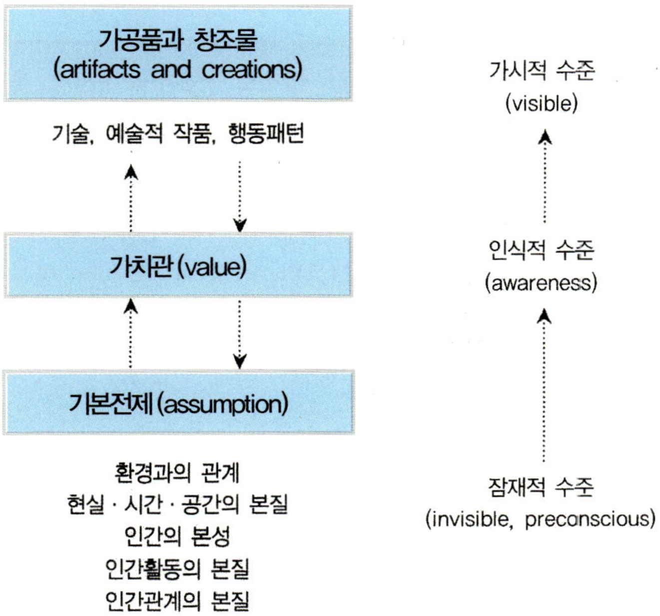

자료원: E. H. Schein, "Coming to New Awareness of Orgainzational Culture", *Sloan Management Review* (Winter, 1984), p.4.

(preconscious value)라고 할 수 있다. 기본전제가 되는 요소들은 조직구성원들이 너무도 당연하게 받아들이는 가정이기 때문에 논의나 논쟁의 대상이 되지 않는다. 그럼에도 불구하고 이러한 기본전제는 조직구성원들의 지각과 사고 등에 영향을 미침으로써 구성원들의 태도 및 행동형성에 결정적인 역할을 한다. 이러한 기본전제는 조직과 환경과의 관계, 현실·시간·공간의 본질, 인간의 본성, 인간활동의 본질 및 인간관계의 본질 등을 포함한다.

두 번째 단계인 가치관(value)은 조직의 구성원들 대부분이 의식·무의식적으로 내면화해 보편적으로 인식하고 있는 행동의 지침으로서 '가공품과 창조물'을 지배하는 요소들이다.

세 번째 단계인 가공품과 창조물(artifacts and creations)은 가시적으로 드러나는 물질적·상징적 및 행동적 창조물로서 기술과 예술적 작품, 도구, 제도와 규율, 전통과 신화 및 집단적 의례와 의식 등을 총체적으로 일컫는다.

2) 피터스와 워터만의 연구

조직문화의 중요 요소와 이들 간의 상호관계를 개념화하여 조직문화연구와 조직개발에 많은 도움을 주고 있는 것이 7-S 모형이다. [그림 8-4]에서 보는 바와 같이 피터스(T. J. Peters)와 워터만(R. H. Waterman, Jr.)[18]은 조직문화의 구성요소로서 공유가치(shared value), 전략(strategy), 조직구조(structure), 제도·절차(system), 구성원(staff), 관리기술(skill), 리더십스타일(style)을 들고 있다. 그리고 조직문화 형성에 가장 중요한 역할을 하는 것은 공유가치이다.[19]

[그림 8-4] 조직문화 구성요소로서의 7-S 모형

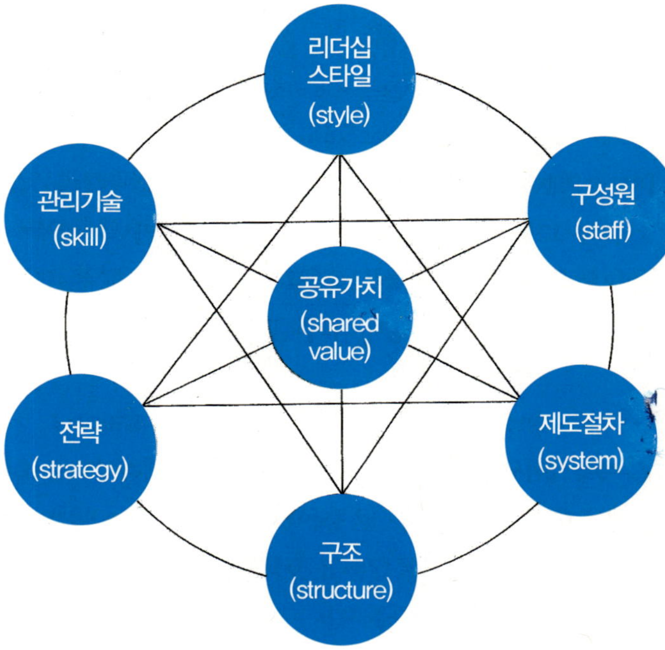

자료원: Pascale and Athos, *The Ate of Japanese Management*(New York: Warmer Books Ins, 1981) p.203.

18) Peters, T. J. & R. H. Waterman, Jr., *In search of excellence: Lessons from America's best-run companies,* New York: Harper & Row Publishers, 1982.

19) 허갑수 외 2인, 경영조직의 이해, 형설출판사, 2004, pp.311-313.

① **공유가치**

조직문화를 구성하는 가장 핵심적인 요소는 조직체의 구성원들 모두가 공동으로 가지고 있는 가치관과 이념, 조직의 목적 등으로 조직체의 공유가치이다. 따라서 공유가치는 조직문화의 다른 구성요소에 지배적인 영향을 미치며, 조직문화형성에 가장 중요한 영향을 미치는 요소이다.

② **전략**

기업의 장기적인 계획과 이를 달성하기 위한 자원배분과정을 포함하며, 기업의 장기적인 방향과 기본성격을 결정하고 다른 조직문화형성에 영향을 미치게 된다.

③ **조직구조**

기업체의 전략수행에 필요한 틀로서 조직구조와 직무설계 그리고 권한관계와 방침 등 구성원들의 역할과 그들 간의 상호관계를 지배하는 공식요소들을 포함한다.

④ **제도·절차**

기업경영의 의사결정과 일상운영의 틀이 되는 보상제도와 인센티브, 경영정보와 의사결정지원지스템, 경영계획과 목표설정, 결과측정과 조정·통제 등 경영 각 분야의 관리제도와 절차를 포함한다.

⑤ **구성원**

조직문화는 조직구성원들의 행동을 통하여 실제로 나타난다. 구성원은 조직을 구성하는 인적 자본으로 조직체의 인력구성과 구성원들의 능력과 전문성, 가치관과 신념, 욕구와 동기, 지각과 태도, 그리고 그들의 행동패턴 등을 의미한다. 조직문화는 구성원의 행동으로 표출된다. 따라서 조직의 구성원이 어떤 성격과 능력 그리고 유형으로 구성되어 있으며 어떠한 능력개발과 동기부여 프로그램, 선발과 교육 및 훈련 프로그램이 활용되고 있느냐 하는 것이 조직문화를 결정짓는 한 요소가 된다.

⑥ **관리기술**

기업체의 각종 물리적 하드웨어 기술과 이를 작동시키는 소프트웨어 기술 그리고 기업경영에 활용되는 경영기술과 기법 등을 포함한다.

⑦ 리더십 스타일

구성원을 이끌어 나가는 경영관리자들의 관리 스타일로서 이는 구성원의 동기부여와 상호작용 그리고 조직분위기, 조직문화에 직접적인 영향을 미치게 된다.

3 조직문화의 유형

조직문화는 그 특성에 따라 몇 가지의 유형으로 분류할 수 있는데 여기서는 퀸(R. E. Quinn)과 맥그레스(M. R. McGrath)의 모델과 서인덕의 모델을 중심으로 살펴보고자 한다.

1) 퀸(R. E. Quinn)과 맥그레스(M. R. McGrath)의 모델[20)]

퀸(R. E. Quinn)과 맥그레스(M. R. McGrath)는 인간의 욕구와 지각에 대한 가정에 기초하여 조직문화를 관료문화, 개발문화, 합리문화, 집단문화 등 네 가지 유형으로 구분하고 있다. 이와 같은 분류방식은 비교문화적인 관점에서 서로 다른 사회배경을 지니는 각국의 기업조직특성을 비교하는 데 있어서도 유용하다고 할 수 있다.

(1) 관료문화(hierarchical culture)

이는 인간의 안정성에 대한 욕구에 기초하는 문화를 말한다. 사람들은 규칙이 공식적으로 부여되고 규제가 강화될 때 그러한 조직의 요구에 부응하여 행동한다고 생각한다. 따라서 이러한 조직문화에서는 감독과 통제가 중시되고 구성원들은 주로 안전과 질서를 바란다. 또한 리더는 보수적이고 진중하여야 하며 주로 기술에 관한 지식을 제공하고 조직의 기본구조가 변화 없이 유지되기를 바란다. 이러한 관료문화는 주로 기계적인 조직에서 많이 나타난다.

(2) 개발문화(developmental culture)

이는 인간의 변화에 대한 욕구에 기초하는 문화를 말한다. 따라서 사람들은 성

---

20) Quinn, R. E. & M. R. McGrath, "The transformation of organizational culture: A competing value perspective" in P. J. Frost et al., *Organizational Culture*, Beverly Hills, London Sage, 1985, pp. 326-327.

장과 자극, 그리고 다양성과 같은 욕구 때문에 조직목표를 달성하기 위하여 노력한다고 생각한다. 또한 리더는 항상 여러 가지 위험을 감수할 수 있는 능력을 지녀야 하며, 필요한 자원을 획득하는 데 있어 많은 시간을 할애하여야 한다. 이러한 개발문화는 유기적인 조직에서 많이 나타난다.

(3) 합리문화(rational culture)

이는 인간의 성과달성에 대한 욕구에 기초하는 문화를 말한다. 따라서 개인의 목표가 분명하고 성과에 따라서 보상이 주어질 것으로 예상한다면 사람들은 조직의 요구에 따를 것으로 생각한다. 또한 이러한 문화에서는 목표관리(management by objective: MBO)과정에서와 같이 합리적인 계획과 목표가 중시되고 의사결정의 효율성이 강조되므로 리더는 지시적이고 목표지향적이어야 하며 조직구성원들로 하여금 생산성을 높일 수 있도록 격려하여야 한다. 이러한 조직문화의 유형은 주로 미국의 사회문화적 특성을 반영하는 A이론 조직(미국형 American style)에서 많이 나타난다.

이러한 유형의 문화를 시장문화(市場文化: market culture)라고도 하는데, 시장문화 하에서 종업원과 조직 간의 관계는 한시적인 계약관계이며 종업원의 업무와 그에 상응하는 보상이 계약에 명시된다. 조직은 종업원에게 직업의 안정성을 보장하지도 않으며 종업원으로부터 충성심도 요구하지 않는다. 대표적인 예는 프로야구 선수와 구단 간의 관계이다. 계약기간 동안에 선수가 구단에 기여한 공헌도가 높으면 연봉인상이 가능하지만 공헌도가 기대에 못 미치는 선수는 팀에서 방출될 수밖에 없다.

(4) 집단문화(group culture)

이는 인간의 친화에 대한 욕구에 기초한다. 따라서 개인들은 애착심과 친화, 그리고 멤버십의 중요성에 의하여 조직에 대한 공헌도가 결정되는 것으로 생각한다. 이러한 조직문화에서는 의사결정이 구성원들의 참여에 의하여 집단적으로 상호작용을 용이하게 해주어야 한다. 이러한 집단문화는 일본의 사회문화적 특성을 많이 반영하고 있는 Z이론 조직에서 많이 나타나는데, 가부장적 문화(家父長的 文化: clan culture)라고도 한다.

조직 내의 구성원들이 마치 형제와 같은 강한 동료의식을 갖는 가부장적 문화는 유교문화권의 사회에서 종종 발견된다. 예를 들면 삼성그룹은 '삼성인' 또는 '삼성가족'이라는 용어를 사용하여 일류기업의 소속원이라는 자긍심과 함께 구성원 간의 결속을 강화하고 있다. 가부장적 문화는 장기간의 교류관계를 바탕으로 입사선배가 후배를 지도·양성하는 형의 조직문화이다. 이러한 기업은 연공서열제로 직업의 안정성을 보장하고 종업원은 기업에 헌신적으로 충성하게 된다. 나쁜 의미로서는 의리를 명분으로 한 마피아 집단, 깡패 또는 도당(徒黨) 문화도 이러한 범주에 속한다.

2) 딜(T. E. Deal)과 케네디(A. A. Kennedy)의 모델

딜(T. E. Deal)과 케네디(A. A. Kennedy)는 [그림 8-5]에서 보는 바와 같이 조직문화 유형을 위험감수정도와 일의 결과 피드백 기간을 기준으로 하여 무법자 기질의 남성적 문화, 열심히 일하고 열심히 노는 문화, 회사의 운명을 거는 문화, 수속절차의 문화 등 네 가지로 구분하고 있다.[21)]

[그림 8-5] 딜과 케네디의 모델

결과 피드백 기간 \ 위험감수 정도	낮음	높음
단기	일 잘하고 잘 노는 문화 (work hard/ Play hard culture)	무법자 기질의 남성적 문화 (tough guy/ Macho culture)
장기	수속절차의 문화 (process culture)	회사의 운명을 거는 문화 (bet-your company Culture)

(1) 무법자 기질의 남성적 문화

위험추구 경향이 높고, 결과 피드백의 기간이 단기일 때 나타나는 문화로서, 주로 건설업계나 화장품회사, 벤처캐피탈, 영화, 스포츠산업, 경영 컨설팅업계 등이

21) 김성국, 조직행동의 이해(제2판), 탑북스, 2018, pp.348-349.

속한다. 이 문화는 인내심보다는 속도를 중시하여 위험이 높고 빠른 수익이 돌아오는 환경에 속해 있는 기업들에게 도움이 된다. 이 문화에 속한 개인들은 유행에 민감한 독창적인 복장을 선호하며, 행동스타일은 무뚝뚝하고 투박하며 경쟁을 즐기는 경향이 있다.

(2) 열심히 일하고 열심히 노는 문화

위험추구 경향이 낮고, 결과 피드백이 단기일 때 나타나는 문화로서, 부동산업, 백화점, 컴퓨터회사, 자동차 영업소 등이 속한다. 이 문화는 많은 일을 빠른 시일 내에 완수할 수 있다는 특징이 있어 꾸준한 판매노력이 결과로 이어지는 업종에 적합하다. 이 문화에 속한 개인들은 눈에 띄는 복장은 피하며 동료들과의 모임을 즐기는 경향이 있다.

(3) 회사의 운명을 거는 문화

위험추구 경향이 높고, 결과 피드백이 장기일 때 나타나는 문화로서, 정유업계나 항공사, 제조업, 투자은행, 군대 등이 속한다. 이 문화는 올바른 의사결정이 매우 중요하므로 기업 전체의 신중성을 강조하고 기술적 능력과 권위에 대한 강한 존경심을 갖는다. 이 문화에 속한 개인들은 지위에 걸맞는 복장을 하고 예의 바른 언어를 사용하며 전문성을 갖춘 대화를 하는 경향이 있다.

(4) 수속절차의 문화

위험추구 경향이 낮고, 결과 피드백이 장기일 때 나타나는 문화로서, 은행, 보험회사, 제약회사, 정부관련 기관 등이 속한다. 이 문화는 질서유지와 시간 지키기, 구조화된 서열을 중시하기에 관료주의적이라는 지적을 받기도 한다. 이 문화에 속한 개인들은 드러나지 않는 평범한 복장을 하며, 토론을 즐기고, 업무처리는 서면으로 하는 경향이 있다.

한국기업 '디지털인프라' 뛰어나지만 조직문화 개선해야 성공할 수 있다

10년 넘게 기업들은 사업을 디지털화해야 한다는 압박을 받아왔다. 디지털화하거나 도태되거나 선택은 둘 중 하나였다. 모바일 기술, 애플리케이션, 클라우드, 빅데이터, 3D 프린팅 등이 생기면서 전 세계 기업들은 큰 영향을 받았다. 그러면서도 디지털 기술을 통해 기업들은 이전에 보지 못했던 혁신을 경험하고, (기업 운영의) 효율성도 높아졌다. 디지털 기술은 기업과 사회 모두에 긍정적인 결과를 가져왔다.

이제는 비즈니스와 디지털 기술의 경계가 모호해지고 있다. 비즈니스와 디지털은 떼려야 뗄 수 없는 사이가 돼버렸다. 그렇지만 기업들의 디지털화 여정에서 한 가지 문제점이 나타나고 있다. 바로 전 세계적으로 임원급 리더들이 자사의 디지털화를 향한 여정에 사람들을 이끄는 데 충분한 힘을 쏟아붓지 않는다는 것이다.

임원들과 이사진들이 비즈니스의 디지털화에 더 힘쓰는 데 보탬이 되기 위해 인시아드대와 마케팅 컨설팅사 디즈 플루이드 월드(This Fluid World)는 함께 '디지털화의 길: 이사진과 임원들을 위한 11가지 지침'이란 보고서를 작성했다. 보고서 내용은 크게 세 부문으로 나뉜다. 환경, 조직, 전략이다. 한국의 상황에 맞게 보고서 내용을 소개한다.

◆ 변화하는 비즈니스 환경의 중요성

기업 디지털 여정의 시작점은 디지털 기술이 비즈니스의 외부 환경에 어떤 영향을 미치는지부터 제대로 이해하는 것이다. 이는 회사의 미래 설정에 몹시 중요하다.

한국은 전 세계에서 디지털 기술이 가장 잘 발달된 나라 중 하나다. 한국의 전자산업, 자동차산업은 꽤 오랫동안 디지털 기술의 영향을 받아왔다. 디지털 기술을 사용함으로써 해당 산업들은 더 발전해나갔다. 한국은 노동집약적 산업에서 자본·기술 집약적 산업으로 바꾸는 데 성공했다. 또한 열정적인 교육시스템과 기술 기반의 문화는 기술 붐을 이끄는 사람들을 '만들어냈다.' 경쟁 우위를 선점하는 데 디지털라이제이션이 원천(source)이 될 수 있다고, 디지털 기술을 무시한다면 경쟁력을 키울 수 없다는 사실을 잘 알고 있는 리더들의 리더십 역시 한국에 큰 보탬이 된다.

그러기에 디지털과 관련해 한국의 큰 문제는 비즈니스 환경이 아니다. 오히려 기업의 리더들이 디지털 경제에 성공하기 위해 필요한 사내 구조의 변화 관리를 불러오고 이를 관리할 역량이 되는지가 문제로 보인다.

◆ 디지털 기술이 조직에 주는 '충격' 관리

디지털이 조직에 주는 의미는 다양하다. 디지털라이제이션 실행에는 자사의 미션에 대한 근본적인 성찰이 요구된다. 해당 산업과 지역에서의 사명은 무엇인지 돌아보고, 비즈니스 모델과 운영 방식 변화에 대해 생각하도록 만든다. 기업의 꼭대기층에서 디지털라이제이션이 실행되는 것이 매우 중요하다. 임원들과 이사진들이 완벽하게 디지털라이제이션에 가담해야 한다. 한국 경영 세계의 많은 비중은 재벌 기업들이 차지한다. 이는 디지털 세계로 향하는 변화에 좋게 작용할 수도 있고, 나쁘게 작용할 수 도 있다. 재벌 기업을 소유하고 있는 회장이 디지털화를 어떻게 받아들이는지에 따라 결정된다.

기업 소유주의 리더십은 디지털 변화를 반대하는 목소리에 '타협'하지 않고 이를 밀어붙이는 좋은 기회가 될 수 있다.

한국의 리더들은 디지털화를 향한 여정에 자신이 벤치마킹해야 하는 사람이나 사례를 찾기보다는 이미 알고 있는 디지털 기술의 영향력에 대한 지식을 기반으로 자신만의 '디지털 로드맵'을 만들 수 있다. 그렇지만 디지털라이제이션의 영향은 넓게 퍼진다. 때문에 디지털 기술 도입을 위한 사전조사 작업은 리더가 직원들에게 상명하달식으로 해선 안 된다. 회사의 모든 사람들이 협력해 준비해야 한다. (한국처럼) 보수적인 문화가 있는 조직에서는 이렇게 함께 모여 협력하는 것 자체가 큰 도전일 수 있다.

계급문화가 존재하는 한국 조직에서는 정보가 자유롭게 전해지는 것이 어렵다. 이뿐만 아니라 소통도 원활하게 되지 않을 때가 있고 아이디어와 피드백 역시 자유롭게 교류되는 것 자체가 도전일 수 있다. 한국의 조직문화가 상급자가 무엇을 토대로 결정을 내렸는지 사람들이 질문하고, 계급을 오가며 무언가를 배우고, 나이와 경력이 아닌 실력을 기반으로 직원들이 승진하는 문화로 바뀌기까지는 시간이 걸릴 것이다. 그렇지만 이렇게 변하는 것은 디지털 경제 시대에서 성공하는 데 주요 요소로 작용한다.

◆ 디지털 시대에서 전략 짜고 실행하기

디지털 시대에 비즈니스 전략 수립과 실행은 동시에 일어나는 과정이다. 즉각적으로 피드백을 받아 이를 반영하고, 실시간(real-time)으로 행동하며 필요한 경우에 (전략)방향을 바꿀 수 있다. 그러기 위해서는 전략 구상과 실행 과정이 톱다운 형태가 아닌 팀으로 움직여 작업을 진행해야 한다. 조직의 다양한 '계층-주주, 이사진, 임원, 관리자, 일선 직원(frontline employees)', 고객이 전체적으로 함께 이야기를 하며 협력해야 한다.

결론을 말하자면 모든 산업혁명과 마찬가지로 디지털 혁명은 재앙이거나 기회가 될 수 있다. 관건은 디지털 기술이 필요하다는 기본적인 '신념'과 이를 실행하는 권한이 상급자에게 있는지, 젊은 직원들에게 있는지다. (기업의) 조직과 문화 측면에서 큰 변화가 일어날 때와 마찬가지로 임원들이 적극적으로 유도하지 않는다면 디지털라이제이션은 일어나지 않을 것이다.

한국 기업들이 디지털 경제 시대에 뛰어난 기업이 되는 데 직면하는 도전과제는 환경적인 요소보다 문화적 요소가 더 강하다. 산업 구조, 기술, 인프라, 인재 등을 보면 한국 기업들은 좋은 '디지털 조건'을 갖추고 있다. 문제는 디지털 기술이 미치는 영향을 얼마나 리더들이 자사 비즈니스와 산업에 적용할 수 있는가다. 1993년 삼성의 이건희 회장이 신경영선언을 선포하며 한 유명한 말이 있지 않은가. "마누라와 자식 빼고 다 바꾸라." 이 말은 과거 삼성에만 해당되는 말이 아닌 현재의 한국 기업들에도 적용되는 말일 것이다.

그리고 이러한 근본적인 변화는 리더십의 변화에서 온다. 리더의 임무(function)는 단일적 조직 구조를 바꾸거나 파괴하는 것에서부터 시작된다. 디지털라이제이션을 이해하고, 실행하고, 이에 맞춰 적응하는 능력은 수평적이고 더욱더 협력적인 조직 구조로의 변화와 밀접한 관계가 있다는 것을 이사진과 임원들이 알고 이를 실천해야 한다.

(윤선영/매일경제, 2017. 6. 30)

9

경영의사결정

제9장

경영의사결정

제 1 절 의사결정의 의의

1 의사결정의 개념

경영자는 언제 어디서나 크든 작든 모든 상황에 대하여 의사결정(decision making)을 하게 되며, 이것은 조직 내 경영자뿐만 아니라 종업원들도 마찬가지이다. 기업조직에서의 문제해결과 의사결정은 특히 중요한데 왜냐하면 조직에 큰 영향을 미칠 뿐만 아니라 개인의 행위를 결정하여 주기 때문이다. 또한 기업의 장기계획과 같은 의사결정은 그 조직의 사활과 직접적으로 관련이 있으므로 매우 중요하다고 할 수 있다.

의사결정(decision making)이란 여러 개의 대체안(alternative) 가운데서 가장 유리한 대안을 선택하는 인간의 행동을 말한다. 즉 어떠한 사업에 종사할 것인가, 어떠한 조직구조를 가질 것인가, 자금은 어떻게 조달하고, 종업원은 어떻게 선발할 것인가, 제품개발은 어떻게 할 것인가, 제품의 가격은 어느 수준에서 결정하며, 생산량은 또 어떻게 결정할 것인가 등과 관련이 있다.

따라서 의사결정은 조직 및 인간행동의 모든 측면과 관련되어 있으며, 계획화·조직화·지휘화·통제화와 같은 관리직능은 의사결정에 의해서 수행되는 것이다. 그러므로 의사결정은 경영자의 직무 중 가장 중요한 사항이라고 할 수 있다.

한편 의사결정과 유사한 개념으로 선택결정(choice making)과 문제해결(problem solving)이 있는데 여기에는 다소 의미상의 차이가 있다. 즉 선택결정은 의사결정 과정의 일부로서 일종의 대안들 중에서 어느 하나를 선택하는 좁은 의미의 활동을 말하고, 문제해결은 문제의 발견과 정의로부터 경영활동과정에서 발생하는 목표와 실제결과의 차이를 인식하고 그 차이를 해결하는 활동, 즉 집행까지 포함하는 보다 포괄적인 개념이다. 따라서 의사결정이란 의사결정자가 문제를 인식하여 이를 체계화하고 문제해결에 필요한 정보를 수집하고, 평가하여 최종 대안을 찾는 일련의 과정을 말한다.[1] 다시 말하면 문제의 정의로부터 실제로 실행할 최종선택에 이르는 과정이라고 할 수 있다.

2 의사결정의 과정

의사결정은 어떤 문제에 대한 해결책을 얻기 위한 일련의 단계로 구성된다고 할 수 있다.

의사결정의 과정은 학자에 따라 다르게 구분하고 있으나 일반적인 의사결정과정은 문제의 인식, 문제해결을 위한 대안의 탐색, 대안의 평가, 최적안의 선택, 최적안의 실행, 결과평가와 피드백 등으로 이루어진다고 할 수 있다.

1) 문제의 인식

의사결정과정에서 경영자가 가장 먼저 해야 할 첫 단계는 문제를 파악하고 정의하는 것이다. 문제발견과정은 문제의 확인과 정의로부터 시작된다. 문제확인은 어떠한 문제가 존재한다는 점을 설정하는 과정이다. 경영자가 문제의 존재를 파악할 수 있는 방법은 대인관찰, 이용가능한 자료의 분석, 그리고 고객과 조직의 비판집단 등을 활용하는 것이다.

문제정의의 설정단계는 확인된 문제의 양상과 본질을 파악하는 과정이다. 따라서 경영자는 문제의 상황을 합리적으로 평가하고, 표면에 노출된 현상 이상의 실제적인 문제를 파악하여야 한다. 문제의 근본원인을 파악하지 못하고 외적으로 나

1) 백기복, 전게서, pp.295-296.

타난 현상만을 문제시한다면 이는 진정한 문제의 정의라 할 수 없다.

2) 대안의 탐색

두 번째 단계는 대안의 작성과정으로 정보수집에 의해 모아진 자료를 토대로 여러 대안의 탐색·발견·작성을 해 보는 단계이다. 즉 다양한 정보수집을 통해 사실자료들을 가지고 문제해결을 위한 몇 가지 대체안을 작성하여 검토한다.

이 과정에서 고려되어야 할 점은 문제의 해결방안은 여러 개가 있을 수 있다는 것과 대안은 목표달성에 영향을 주는 요인을 분석한 토대 위에서 이루어져야 한다는 것 등이다. 그러나 여러 가지 대안을 고려할 경우에는 결정과정에 있어서의 복잡성, 시간, 비용 등이 발생한다.

3) 대안의 평가

세 번째 단계는 대안의 평가로서 의사결정의 핵심이다. 대안의 평가라는 것은 대안 그 자체를 평가하는 것이 아니라 대안을 실시할 경우에 발생할 결과를 예측하고, 이에 대한 평가를 한다는 것이다. 따라서 대안의 평가과정에서는 대안의 결과를 예측하는 것이 중요하며, 이 예측에 따른 결과의 이해득실을 비교·검토해야 한다. 이때 최적의 대안을 선택하기 위한 평가에 있어서 의사결정자는 어느 대안이 가장 많은 안전마진(margin of safety)을 허용해 주는가를 고려해야 할 것이다.

4) 최적안의 선택

네 번째는 이상과 같은 과정을 거쳐 하나의 최적안을 선택하는 단계이다. 최적안의 선택이란 설정된 목표에 비추어 여러 대안들 중에서 가장 합리적인 것을 선택하는 과정이다.

5) 최적안의 실행

의사결정의 다섯 번째 단계는 최적안의 실행이다. 문제해결을 위한 대안이 선택되면 이를 실행하기 위한 구체적인 행동계획이 수립된다. 행동계획을 수립할 때는 경영능력이나 관리능력 등의 지휘가 포함되어야 한다. 선택된 대안의 성공여부는 구체적인 실천에 달려 있다. 따라서 의사결정자는 최종대안의 실천을 담당하는 구성원들을 지원하여 선택된 대안이 소기의 목적을 달성할 수 있도록 해야 한다.

6) 결과평가와 피드백

의사결정의 마지막 단계는 실행결과의 평가와 피드백이다. 경영자는 평가와 피드백을 통하여 의사결정의 결과가 기대에 부응하였는지를 알 수 있고, 이를 바탕으로 의사결정과 그 수행을 개선하기 위한 조치를 취할 수 있다. 실천결과의 평가는 실천방법 및 목표달성에 선택된 대안과 그 실천이 과연 효율적이었는가에 대한 관련 정보를 수집하여 검토한다. 그리고 실행결과의 평가는 대안의 장점과 단점 모두를 고려한다. 만약 의사결정이 바람직한 결과를 얻지 못했다고 판단되면, 즉시 피드백하여 의사결정의 첫 번째 단계인 문제의 인식에서 다시 시작한다.[2)]

3 의사결정의 모형

의사결정자의 속성이 무엇인가를 파악하는 것은 의사결정 자체를 이해하는데 중요한 의의가 있다. 의사결정자에 대해서는 다음과 같은 두 가지의 대표적인 모델이 있는데, 이는 의사결정자의 속성을 어떻게 가정하느냐에 근거를 두고 구분하는 것이다.[3)]

1) 경제인 모델

경제인이란 합리성을 가지고 단일목표인 이윤극대화를 추구하며 행동하는 자를 말한다. 따라서 이 경우는 의사결정자를 정확하게 파악하기 위해 합리적인 경제모델(rational economic model)에 근거하고 있다. 이는 18세기 아담 스미스(Adam Smith)에 기초하여 의사결정을 한다는 것이다. 즉 경제적이고 합리적인 의사결정자는 자기의 이윤이 극대화되도록 의사결정을 하고, 그러기 위해서는 의사결정과

2) 강정애 외 5명, 전게서, pp.218-219.
3) 조희영·박상범, 전게서, pp.244-246.

관련된 모든 대체안들을 체계적으로 탐색·평가한다는 것이다.[4)]

경제인 모델에서는 의사결정시 완전한 정보를 가지고 가장 합리적인 선택을 한다는 것을 전제로 한다. 즉 최소의 비용으로 최대의 효과를 얻으려는 최적성에 근거하여 그중에서 가장 좋은 것을 선택한다는 주장이다. 그러나 이러한 의사결정을 하기 위해서는 다음과 같은 조건이 갖추어져야 한다.

- 인간은 경제적으로 행동한다.
- 의사결정자는 모든 대안과 그와 관련된 완벽한 정보(비용, 장·단점 등)를 가지고 있다.
- 선택된 대안을 실천하였을 경우 나타날 수 있는 결과에 대하여 미리 완전하게 알 수 있다.[5)]

따라서 경제인 모델에 근거한 의사결정이 이상적인 의사결정 모델이라고 할 수 있다. 그러나 실제로 모든 의사결정을 그렇게 한다는 것이 아니라 의사결정을 할 때는 어떻게 해야만 한다고 하는 당위를 설명해 주는 것이다. 그러한 의미에서 규범적 모델(normative model)이라고도 한다.

하지만 인간은 불완전하고 단편적인 지식만을 갖고 있기에 현실적으로 모든 대체안을 탐색할 수도 없고, 그 각각의 대안에 대한 결과를 알 수 없기에 최적안을 정확하게 선택한다는 것은 매우 어려운 일이라고 할 수 있다.

2) 관리인 모델

경제인 모델이 실제 현상을 설명해주지는 못하므로 이에 대한 비판에서 제시된 것이 사이먼(H. A. Simon)의 관리인 모델(administrative model)이다. 사이먼은 인간의 두뇌에는 한계가 있기 때문에 실제로 완전한 합리성에 입각한 의사결정이란 불가능하며, 따라서 제한된 합리성(bounded rationality) 하에서 의사결정을 내릴 수밖에 없다는 것이다. 관리인이란 조직에서의 현실적인 의사결정자의 모습을 나타낸 것으로 제한된 합리성 하에서 의사결정을 하는 자를 말한다. 따라서 관리인 모델을 제한된 합리성 모델이라고도 한다.

---

4) Simon, H. A., "Rational Decision Making in Organization", *American Economic Review*, Vol. 69, 1979, pp.493-513.

5) 임창희, 조직행동, 학현사, 2000, pp.249-250.

제한된 합리성 때문에 의사결정자들은 최적해(optimal solution)를 추구하는 것이 아니라 최적해는 아니지만 만족스런 결과를 가져오는 만족해(satisfactory solution)를 추구한다. 예컨대 최선의 방법을 찾기 위해 시간과 비용을 소모하기보다는 만족할 만한 최소한의 조건을 갖춘 방법을 선택하는 것이 더 현실적이라는 것이다. 관리인 모델이 조직에서는 더욱 현실적인 의사결정자의 모델로 인정받고 있는데, 이 모델을 기술적 모델(descriptive model)이라고도 한다.

제 2 절 의사결정의 유형

1 문제의 구조화 정도에 따른 의사결정

사이먼(H. A. Simon)은 의사결정의 패턴을 문제의 구조화 정도에 따라 정형적 의사결정과 비정형적 의사결정의 두 가지 유형으로 대별하고 있다.[6)]

1) 정형적 의사결정

정형적 의사결정(programmed decision)은 사전에 정해진 일정한 기준에 따라 일상적으로 반복해서 이루어지는 의사결정을 말한다. 예를 들어 외상매출 담당직원은 사전에 정해진 신용매출 기준에 의해 외상매출의 여부를 결정한다든가, 구매담당직원이 기존 재고가 일정한 수준 이하로 내려가면 자동적으로 주문을 결정하는 경우가 이에 해당된다.

2) 비정형적 의사결정

비정형적 의사결정(non-programmed decision)은 사전에 결정된 기준이 없는 비구조적인 의사결정으로서 예를 들어 최고경영자가 새로운 사업분야로의 진출여부를 결정하는 경우를 말한다.

6) 조희영, 전게서, pp.206-207.

2 경영자 계층에 따른 의사결정

앤소프(H. I. Ansoff)는 의사결정의 유형을 경영자 계층에 따라 전략적 의사결정, 관리적 의사결정, 업무적 의사결정의 세 가지 종류로 분류하여 설명하고 있다.[7]

1) 전략적 의사결정

전략적 의사결정(strategic decision)이란 기업의 내부문제보다는 외부문제와 관련된 의사결정으로 기업이 참여할 사업의 결정, 제품믹스의 결정, 진출할 시장선정 및 이에 필요한 제 자원의 배분에 관한 의사결정을 의미한다. 이러한 의사결정의 책임은 최고경영층에 있으며 조직의 목표설정, 성장방식에 관한 결정, 다각화에 관한 결정 등을 포함한다.

2) 관리적 의사결정

관리적 의사결정(administrative decision)이란 전략적 의사결정에서 결정된 기업의 목표와 전략을 실행하기 위한 의사결정으로 기업의 내부문제에 관련된 조직의 제 자원을 활용함에 있어서 성과의 극대화를 달성하기 위한 자원의 조직화에 초점이 있는 의사결정이다.

관리적 의사결정의 책임은 중간관리층에 있으며 여기에 포함되는 주요 의사결정 내용으로는 인력 및 원재료의 획득, 인적 자원의 개발 및 훈련, 유통경로, 자본 및 설비의 조달, 책임 및 권한관계의 확립 등이 있다.

3) 업무적 의사결정

업무적 의사결정(operating decision)은 일상적으로 행해지는 업무에 관한 의사결정으로 자원의 변환과정의 효율성을 극대화하기 위한 의사결정이다. 업무적 의사결정의 책임은 일선감독층에 있으며 주요 내용은 기능별·제품별 자원의 배분, 업무활동에 대한 일정계획 수립, 업적감독 및 통제활동의 실시 등이며, 구체적인

---

7) 윤종훈 외 3인, 전게서, pp.94-95.

의사결정으로는 재고수준의 결정, 가격결정, 연구개발 및 월간 생산계획 등이 포함된다.

3 결과의 예측가능성에 따른 의사결정

구텐베르그(E. Gutenberg)는 의사결정 상황의 확실성 정도에 따라 확실성 하에서의 의사결정, 위험성 하에서의 의사결정, 불확실성 하에서의 의사결정 등 세 가지로 구분되는데 이를 요약하여 설명하면 다음과 같다.[8)]

1) 확실성 하에서의 의사결정

확실성(certainty) 하에서의 의사결정이란 의사결정에 따른 각 대안들(alternatives)에 대해 관련 정보를 충분히 갖고 있어서 결정결과를 확실하게 예측할 수 있는 의사결정이다. 이는 의사결정의 자료가 정확하고 결정의 성과가 100% 달성되는 것을 뜻하며, 불확실한 결정요인이 전혀 없는 상태에서 결정이 이루어지는 것을 말한다. 그러나 의사결정의 행위 자체는 미래지향적인 성격을 내포하고 있는 만큼 확실성을 100% 기대하는 것은 어려운 실정이고, 다만 일반적인 의사결정의 평가과정에서 계획의 90% 이상의 성과를 나타내게 되면 확실성 하에서의 의사결정으로 간주되고 있다.

2) 위험성 하에서의 의사결정

위험(risk) 하에서의 의사결정이란 의사결정에 필요한 정보가 있으나 불완전하여 의사결정자가 대안을 선택하거나 실행할 경우 위험이 뒤따르는 의사결정 상황을 말한다. 다시 말하면 의사결정에 따른 결과에 대하여 확실하게 예측할 수는 없고 단지 일정한 확률을 가지고 예측할 수 있는 상황 하의 의사결정으로서 확실성 하의 의사결정과 불확실성 하의 의사결정의 중간에 해당된다.

조직에서의 실제 의사결정은 완벽하게 확실하거나 완벽하게 불확실한 경우는 적으므로 대부분의 의사결정은 위험 하에서의 의사결정에 해당된다. 위험 하에서 의

8) 조희영, 전게서, pp.207-208.

사결정의 중요한 개념은 확률(probability)이다. 의사결정자는 대안들 중 어느 안을 선택하기 위해서는 상황의 발생확률을 고려하여 평가하여야 한다.

3) 불확실성 하에서의 의사결정

불확실성(uncertainty) 하에서의 의사결정이란 의사결정 결과에 대하여 고도의 불확실성이 존재하기 때문에 발생확률조차 예측할 수 없는 상황 하의 의사결정이다. 다시 말하면 의사결정과 관련하여 제공된 자료의 객관적 확률을 전혀 예측할 수 없는 상황에서 이루어지는 의사결정을 말한다. 이러한 상황에서는 정확한 의사결정을 하기가 어려워 의사결정자의 경험이나 직관, 숙련도, 성향 등에 의존하는 경향이 있다.

4 결정주체에 따른 의사결정

의사결정의 주체에 따라 바나드(C. I. Barnard)는 개인의사결정과 집단의사결정으로 구분하고 있다.

1) 개인의사결정

오직 자신의 이해관계만을 중심으로 하는, 즉 개인의 식견과 인격에 근거한 의사결정을 말한다. 이는 집단적이고 조직적인 의사결정보다는 덜 질서정연하고 덜 시스템적인 과정을 밟는다. 따라서 합리성이 부족하거나 정보력 면에서 다소 취약한 의사결정을 할 수도 있으나 의사결정이 신속하고 의사결정자 의도에 맞는 결정을 할 수 있다는 장점 때문에 선호되는 경향도 있다. 이 같은 의사결정을 할 수밖에 없는 이유는 개인적 가치관, 퍼스낼리티, 위험에 대한 성향, 불일치의 잠재성 같은 심리적·행동적인 요인에 영향을 받기 때문이다.

2) 집단의사결정

기업규모의 확대와 업무의 전문화로 종업원 개인적 지식만으로는 기업이 요구하는 의사결정을 효율적으로 내릴 수가 없다. 따라서 집단의사결정(group decision making)이 개인의사결정보다 우월하다는 기본 가정 하에 그 중요성은 점증되고 있다. 조직체의 보다 중요한 의사결정은 경영자 개인에 의해서보다는 각종 위원회, 연구팀, 태스크 포스(task force) 등의 집단에 의해 이루어지고 있다. 경영자의 업무시간 중 80%를 회의에 소비하고 있다는 주장이 이를 대변해 주고 있다.

집단의사결정의 특징을 살펴보면 다음과 같다.

첫째, 정확성과 신속성에 있어서 집단의사결정이 개인의사결정보다 시간은 더 소비하지만 오류를 범할 가능성이 적다. 일반적으로 집단이 개인보다 정확하다고 하지만, 집단은 집단 속의 가장 우수한 개인보다는 덜 정확할 수 있다는 점을 간과해서는 안 된다.

둘째, 판단력과 문제해결에 있어서 집단은 개인보다 많은 정보와 경험, 아이디어, 비판적인 평가능력을 갖고 있으므로 판단면이나 문제해결에서도 개인보다 앞선다고 생각되고 있다. 이 점에 대해서는 타당성이 인정되고 있으나, 의사결정문제와 업무의 성격에 따라 집단의 우월성이 달라질 수 있다.

셋째, 창의성에 있어서 집단은 개인보다 많은 아이디어와 상상력을 갖게 된다. 최근의 많은 조직에서는 창의성 향상을 위한 회합이나 분임토의 방법이 많이 활용되고 있다.

넷째, 위험부담에 있어서 전통적인 견해에 의하면, 집단은 개인에 비해 위험스러운 일을 회피한다고 하였으나, 최근의 한 연구결과에 의하면 집단이 개인보다 위험부담이 더 큰 방향으로 의사결정을 하는 것으로 나타났다.[9]

제3절 효과적인 의사결정의 기법

집단구성원이 의사결정을 위해 서로 얼굴을 맞대고 상호작용하게 되면 집단사고(group think)를 유발할 가능성이 있다. 집단사고란 집단구성원이 어떤 의사결정 대안에 대한 동의를 표시하기 위해 상이한 견해 표현을 유보하는 것을 말한다. 또한 집단사고는 효과적인 의사결정에 개입하는 환상이나 고정관념의 형태로 나타나기도 한다. 즉 구성원들은 외부의 바람직하지 못한 고정관념에 대응하기 위한 불

9) 박상범 외 2인, 전게서, pp.287-288.

가침의 환상을 갖게 된다. 예를 들어서 비판에 대해 빈정대거나 상대방의 견해를 과소평가하는 것 등을 들 수 있다.

이러한 집단의사결정의 문제점을 해결하기 위한 기법으로는 명목집단법, 브레인 스토밍, 델파이기법, 악마의 주장 등이 있다.[10)]

1 명목집단법

명목집단법(nominal group technique)은 1968년 델베크(A. L. Delbecq)와 반 데 반(A. H. Van de Van)에 의해서 사회심리학의 연구에 필요한 의사결정 기법을 도출하는 과정에서 개발되었다. 명목집단법은 의사결정과정이 진행되는 동안 토론을 제한하는 것을 특징으로 한다. 즉 명목집단법은 전통적 위원회처럼 집단구성원 모두가 참여하기는 하지만 행동은 독립적으로 이루어지는 것으로서 다음과 같은 단계로 진행된다.

먼저 구성원은 집단으로 만나기는 하되 토론 전에 문제에 대한 아이디어를 개별적으로 서술한다. 각 구성원은 차례대로 아이디어를 집단에 제출하여 차트나 칠판에 기록하고, 이와 같은 과정은 모든 아이디어가 다 제시될 때 까지 계속된다. 다음으로 아이디어를 명백히 하고 평가하기 위해 토론을 시작한다. 마지막으로 각 구성원이 개별적으로 아이디어에 순위를 부여하여 가장 높은 종합순위를 갖는 아이디어를 최종적으로 선택하는 방식이다.

2 브레인 스토밍

브레인 스토밍(brain storming)은 두뇌선풍, 영감법이라고도 불리우는데, 적당한 수의 사람들이 모여서 집단회의를 열고 집단의 지도자가 제기한 문제에 대하여 참가자 각자가 생각나는 아이디어를 자연스럽고 자발적으로 제시하여 이것들로부터 유용한 아이디어를 가능한 한 많이 얻어 문제의 해결책을 찾으려는 것이다. 이 방법은 미국의 오스본(A. F. Osborn)에 의하여 창안된 것으로 창의성개발의 기법으로 널리 이용되고 있다.

---

10) 박정민 외 3인, 전게서, pp.303-307.

브레인 스토밍은 창의성을 발휘하는데 장애가 되는 장벽을 제거하고 잠재적인 아이디어를 많이 유발시키기 위해 다른 사람의 아이디어에 대한 비판금지, 자유분방, 질보다 양, 결합개선 등의 원칙을 제시하고 있다.

3 델파이 기법

델파이 기법은 1940년대 미국의 랜드연구소(Rand Corporation)의 싱크탱크(think tank)에서 유래되었는데, 연구원이었던 달키(N. Dalkey)와 그의 동료들은 미 국무성의 요청에 의하여 개발된 기법이다. 이 기법은 특정의 문제해결을 위해 전문가로 구성된 패널(panel)을 통해 우편으로 의견을 수집하고, 개진하는 과정을 반복하면서 최종안을 도출해 내는 방법이다. 이 기법은 의사결정 과정 중에 일체의 대화 없이 반복적인 피드백과 통계적 처리에 의하여 아이디어를 수렴하는 것을 특징으로 하며, 그의 과정을 요약하면 다음 [그림 9-1]과 같다.

[그림 9-1] 델파이 기법의 과정

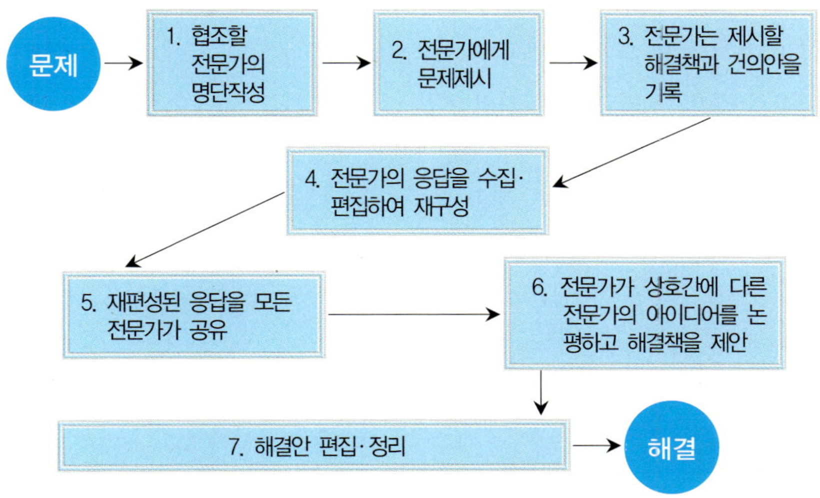

자료원: 황규대 외 7인, 조직행동의 이해, 박영사, 2001, p.389.

[그림 9-1]에서 보는 바와 같이 특정 문제에 대해 우편으로 다수의 전문가들에게 해결책을 위한 각자의 아이디어를 제시토록 요구하고, 담당부서는 이렇게 얻어진 아이디어를 분석 요약하여 다시 전문가들에게 피드백하여 각 아이디어에 대한 의견수렴을 반복하면서 문제해결에 이르는 방법이다.

이상과 같은 과정을 거치는 델파이기법의 장점은 전문가들을 한 장소에 대면시키지 않기 때문에 타인의 영향력을 배제할 수 있으며, 전문가 집단을 활용하기 때문에 그만큼 의사결정의 질이 높다는 것이다. 반면에 시간과 비용이 많이 들며, 신속한 의사결정을 기대하기 어렵고 또한 참여자의 행위를 통제하기가 용이하지 않다는 단점이 있다.

4 악마의 주장

악마의 주장(devil's advocate method)의 어원은 천주교 성인(sainthood) 추대심사에서 추천된 후보의 성인추대 불가사유를 자료를 통해 주장하도록 공식적으로 역할을 부여받은 사람을 악마(devil)라고 부른데서 기인한다.

집단의사결정의 기법에서 악마의 주장은 의사결정을 하도록 제안받았을 경우 노출되지 않고 잠재된 문제가 있으면 이를 노출시켜 철저한 심의과정을 거쳐 신중한 의사결정을 해야 할 때 필요한 기법이다. 이 방법의 구성은 집단을 둘로 나누어 한 집단이 제시한 의견에 대해서 반론자로 지명된 집단의 반론을 듣고 토론을 벌여 원래의 안을 수정하고 보완하여 가장 최종안을 도출하는 과정을 거치게 된다.[11)]

'나도 틀릴 수 있다' 인정할 때 전략적 의사결정 오류 줄인다

왜 훌륭한 경영자들이 간혹 누가 보더라도 이해가 가지 않는 의사결정을 내리는가? 특히 기업의 명운을 가늠하는 중요한 사안에 대한 최고경영자의 잘못된 의사결정은 돌이킬 수 없는 결과를 초래한다. 도대체 무엇이 잘못된 것일까? 의사결정은 기본적으로 선택이다. 문제는 의사결정에 이르는 경영자의 인지적 과정에 본질적인 오류 가능성이 있다는 점이다. 아무리 뛰어난 경영자라고 하더라도 인간적인 한계에서 기인하는 일련의 편향성을 완전히 극복할 수 없다. 우리는 흔히 인간을 합리적인 존

11) 신구범 외 3인, 조직관리론, 형설출판사, 2003, p.209.

재라고 믿는데, 사실은 노벨경제학상을 수상한 허버트 사이먼이 정리했듯이 인간의 합리성은 '제한된 합리성'일 뿐이다.

개인의 의사결정과 관련한 문제에 대해 다양한 연구결과가 축적돼 있는데, 이를 요약하면 다음과 같은 몇 가지 대표적인 인지적 편향성이 존재한다. 첫째, '준거점 의존성향'이다. 경영자들이 의사결정을 할 때 흔히 저지르기 쉬운 오류가 바로 특정 준거점을 기반으로 생각한다는 것이다. 사고의 출발점이라고도 할 수 있는 준거점은 지극히 개인적인 경험이나 지식에 입각해서 형성되기 마련이고, 따라서 똑같은 정보와 자료를 가지고도 경영자별로 매우 다른 결론에 도달하는 경우를 흔히 볼 수 있다. 주어진 시장 상황을 어떤 경영자는 매우 낙관적으로 보는 반면에 다른 경영자는 비관적으로 보는데, 이는 각기 다른 준거점에 의존해서 상황을 주관적으로 바라보기 때문이다.

둘째, 이른바 '손실 회피성향'이다. 인간은 본능적으로 이익보다는 손실에 커다란 가중치를 부여하는 성향이 있고 이로 인한 인지적 편향성이 의사결정 과정에서 개입된다는 것이다. 잠재적 위험을 감안해 객관적으로 도출한 예상 이익이 예상 손실보다 높은 경우에도 경영자들은 많은 경우 실패확률에 더 큰 비중을 두고 의사결정을 하는 경향이 많다. 마치 일반 투자자들이 원금보장을 투자의 첫 번째 항목으로 꼽듯이, 전문적인 경영자들도 작은 잠재적 손실을 회피하려고 하다가 커다란 이익의 가능성을 놓치게 된다. 기업에서 신규 사업에 진출하는 의사결정이 왜 지지부진하고 새로운 방향으로의 변화가 왜 그렇게 어려운가를 설명할 수 있는 대목이다. 인간은 기본적으로 가진 것을 지키려고 하기 때문이다.

셋째, 인간은 '시간'과 관련해 매우 불완전한 인지적인 과정을 가지고 있다. 시간이 상대적이라고 하듯이 어떤 경우에는 몇 시간이 순식간에 지나가기도 하지만, 다른 경우에는 단지 몇 분의 시간이 지루하게도 느껴진다. 경영자들도 이런 인간적인 한계를 내재적으로 가진 채 회사의 명운을 좌우할 수도 있는 의사결정을 하는 것이다. 특히 오래전에 겪은 일보다는 최근에 경험한 일에 대해 더 강한 느낌을 가진다거나 매우 자극적인 경험을 중심으로 시간적인 기억이 왜곡된다든가 하는 경우가 허다하다. 미래에 대한 예측에 있어서도 우리는 시간 축에 대한 객관적인 인지가 어렵다. 분명히 시간은 객관적으로 흘러가는데, 경영자가 느끼는 시간은 주관적이다.

넷째, '확률에 대한 환상' 또한 인간의 인지적인 오류를 초래한다. 많은 경우 의사결정은 확률을 기반으로 이루어진다. 그런데 우리는 어떤 현상이 숫자로 표현될 때 마치 과학적이고 객관적인 사실인 것처럼 오해하는 경우가 많다. 그러나 실험실과 같은 통제된 상황에서 주사위를 던지는 실험을 하는 경우와는 달리 실제 경영 현장에서 벌어지는 일들에 대한 확률은 사실상 주관적인 요소가 개입되기 마련이다. 물론 많은 자료를 기반으로 나름대로 객관적인 확률을 도출해 내는 노력을 과소평가할 수는 없다. 하지만 그런 경우에도 인간의 인지적 편향성이 확률을 추론하는 과정에 개입될 여지가 많을 수밖에 없다. 더구나 브렉시트(영국의 유럽연합 탈퇴), 미국의 대선 결과 등과 같이 우리가 상상할 수 없던 일들을 미리 확률적으로 계산해낸다는 것은 지극히 어렵다.

끝으로 심리학에서 많이 소개된 '프레임'과 관련된 인지적 편향성이다. 복잡한 세상사를 단순하게 정리해 이해하게끔 만들어 주는 인지적인 구조 내지 틀을 프레임이라고 한다. 위에서 언급한 준거점과 마찬가지로 프레임 역시 지극히 개인적인 경험과 지식에 의해 선택적으로 형성된다. 자기가 보고 싶은 것만을 본다는 것이 바로 자신의 선택적인 프레임을 통해 세상을 본다는 의미다. 경영자들 역시 인간 본연의 편향성에서 자유로울 수 없다. 시대가 바뀌었는데 여전히 과거에 자신이 성공했던 사업 경험으로 형성된 프레임에서 전략적 의사결정을 하기 때문에 새롭게 펼쳐지는 사업 기회를 놓치거나 게임의 룰이 변화하는 시장에서 더 이상 성공을 이어가지 못하는 것이다. 한번 형성된 프레임은 변하기 어려운데, 그 이유는 프레임이 무엇인지 구체적으로 정의하기 어렵고, 특정 개인이 동시에 여러 개의 프레임을 사용하는 경우가 드물고 대개 하나의 프레임에 의존하기 때문이다.

경영자, 특히 최고경영자가 자신을 합리적이지 않은 사람이라고 스스로 받아들이는 것은 어려운 일이다. 객관적인 분석에 의한 자료를 가지고 생각해낼 수 있는 모든 가능한 대안을 빠짐없이 생각한 다음 가장 성과가 높을 것으로 여겨지는 방향으로 전략적 의사결정을 하는 합리적인 의사결정자의 모습이 바로 본인이라고 믿는 것이 어쩌면 당연한 일이다. 하지만 경영자도 인간이다. 위에서 설명한 인간의 본연적인 인지적 편향성에서 자유로운 경영자는 아무도 없다. "실수하는 것이 인간이다"는 옛말이 있듯이, 경영자는 의사결정에서 적지 않은 실패를 경험할 수밖에 없다.

그렇다면 의사결정의 성공확률을 높이는 방법은 무엇인가? 다름 아니고 경영자가 자신의 비합리성을 받아들이는 것이 출발점이다. 물론 위에서 열거한 인간의 인지적 편향성을 극복해 보려는 노력을 하는 것도 필요하다. 하지만 아무리 노력한다고 해도 사람의 속성에서 우러나오는 편향성을 완전히 제거한다는 것은 불가능하다. 따라서 편향성을 부정하거나 극복하려 하기보다는 오히려 자연스러운 인간의 특성으로 받아들이고, 이를 전제로 해결안을 모색해야 한다. 결국 경영자가 겸손한 마음으로 전략적 의사결정을 해야 한다. 회사의 흥망을 좌우하는 것이 전략적 의사결정이다. 자신의 독단적인 생각에만 의존하지 말고 회사 경영진의 의견을 폭넓게 수용하는 팀에 의한 의사결정으로 접근해야 한다. 회사 내에서 다양한 의견이 개진될 수 있는 분위기가 조성돼야 한다. 또 외부의 의견도 적절히 경청해야 한다. 겸손과 소통, 두 단어가 경영자의 마음에 각인돼야 한다.

■ '완벽한 의사결정'보다 '최선의 결정'에 집중을

실리콘밸리 벤처캐피털 회사인 클라이너 퍼킨스의 파트너인 랜디 코미사는 맥킨지와의 인터뷰를 통해 자사의 투자 의사결정 과정을 설명했다. 먼저 다채로운 배경과 경험이 있는 파트너들로 투자심의회를 구성한다. 중요한 점은 다양한 의견을 듣기 위해 해당 투자 건에 대한 세분화된 전문영역에 관련된 사람뿐 아니라 다른 분야 파트너들도 심의회에 포함한다는 것이다.

회의에서 먼저 결론을 얘기하는 것은 금기다. 화이트보드 중간에 선을 그어 왼편에는 해당 투자에 대한 장점을, 오른편에는 단점을 적는 소위 '의견대차대조표(opinion balance sheet)'를 만든다. 이 표를 활용해 참석자들은 의견을 자유롭게 개진한다. 단, 왜 그렇게 생각하는지에 대한 자세한 설명을 하지 않고 일단 의견만을 제시한다. 같은 사람이 동시에 장점과 단점을 복수로 제시할 수 있다. 더 이상 의견이 나오지 않으면 그때 비로소 토론에 들어간다.

토론은 결론보다 장점과 단점에 대한 구체적인 내용을 중심으로 이뤄지게 된다. 또 완벽한 의사결정보다는 제한된 시간 내에 최선의 결정을 목표로 한다. 이런 과정을 거쳐 각 개인의 선입관과 편견을 인정하고 서로 다른 생각을 종합해 집단적인 통찰력을 기반으로 의사결정을 하게 되는 것이다.

(김동재/한국경제, 2016. 12. 9)

10

경영계획

제10장

경영계획

제 1 절 경영계획의 본질

1 경영계획의 의의

현대의 기업경영자는 어려운 경영환경 속에서 기업을 유지하고 성장시키기 위하여 과학적인 경영관리를 통하여 경영활동을 효율적으로 수행하여야 한다. 그렇게 하기 위해서 경영자의 경영관리활동은 즉흥적이거나 주먹구구식이 아니라 치밀한 사전검토를 통하여 체계적이고 계획적으로 운영되어야 한다. 기업의 경영계획은 경영자가 실시하는 경영관리의 한 과정이자 출발점이다.

경영계획은 계획 · 집행 · 통제(plan-do-see)라는 순환과정의 시발점이며, 경영관리의 최종과정인 경영통제와 연결되어 있다. 따라서 경영계획은 매니지먼트 싸이클(management cycle)이라고 하는 경영관리의 순환과정에서 그 선도적 역할을 담당하는 것이기 때문에 매우 중요시 된다.

경영계획(business planning)이란 조직의 목표를 설정하고 그와 같은 목표를 달성하기 위하여 조직의 정책 · 절차 · 예산 · 활동과정 등을 수립하고, 이를 가장 합리적으로 실행할 수 있도록 조직활동을 체계화하는 것이다. 다시 말해서 계획은 조직의 목표를 달성하기 위해 무엇을 해야 할 것인가, 어떻게 해야 할 것인가, 언제 해야 할 것인가, 누가 해야 할 것인가, 그리고 어떻게 자원을 배분할 것인지를 결정하는 것이라고 할 수 있다.[1] 따라서 경영계획은 끊임없이 변화하는 환경적 여건 하에서 조직이 설정한 목표를 향해 조직이 나아갈 수 있도록 하는 지속적인 기능이며, 그와 같은 목표에 도달하기 위해 요구되는 조직의 행동양식을 구체화시키는 과정인 것이다.[2]

경영계획은 일반적으로 다음과 같은 성격을 갖는다.

첫째, 경영계획은 조직의 목표달성을 위한 행동방향을 제시해 준다. 경영계획은 기업의 장래성과 관련되어 있으므로 경영자는 경영계획을 수립할 때에 기업이 장래에 취할 수 있는 모든 행동과정을 검토하여 여러 대체안 중에서 가장 유효하고 합리적인 행동과정을 선택하여야 한다. 이런 맥락에서 경영자는 경영활동의 사전계획을 통하여 목표달성에 가장 효율적이고 합리적인 행동방향을 설정할 수 있게 된다.

그런데 경영계획은 장래의 일정기간에 실현하고자 하는 경영활동의 행동과정을 결정함에 있어서 불확실성과 변화를 수반한다. 따라서 경영자는 미래의 불확실성과 변화에 대비한 체계적인 경영계획을 수립하여야 한다. 이처럼 경영계획은 조직에 있어서 수행되는 경영활동의 행동목표를 사전에 제시해 주는 기능뿐만 아니라 경영활동의 실시결과를 측정·평가하는 기준으로서의 기능을 가지고 있다는 점에서 더욱 중요시 된다.

둘째, 경영계획은 기업이 지향할 목표를 구체적으로 제시한다. 다시 말하면, 기업은 하나의 조직체로서 치열한 경쟁 속에서 이윤추구를 하여야 하므로 경영계획은 경제적 목표를 보다 유효하게 달성할 수 있도록 조직구성원에게 기업경영의 방향과 행동의 목표를 제시하여 그들의 협력을 촉진하는 역할을 한다.

조직구성원은 계획에 의하여 자신이 조직을 위해 어떠한 활동을 하여야 하는지 구체적으로 알 수 있으며, 이는 경영자와 구성원을 연결하는 훌륭한 의사소통 수단이 될 수 있다. 또한 경영계획은 조직구성원이 해야 할 행동의 목표와 내용을 제시한다는 점에서 동기부여의 역할도 한다.

셋째, 경영계획은 장기경영전략의 기초가 된다. 오늘날 기업은 치열한 경쟁관계에 놓여 있기 때문에 경쟁우위를 선점하기 위해서는 장기적인 전략이 필요한데, 이는 명확한 경영계획에 의하지 아니하고는 불가능한 것이다. 드러커(P. Drucker)는 "계획이 장기적인 의사결정의 위험을 제거해 주지는 못하지만 적어도 위험을

1) 박정민·유병남, 전게서, p.193.
2) 이한재, 전게서, p.226.

최소화시켜 주고 잠재적인 기회와 도전을 인식하게 해 준다."고 하였다. 즉 장기경영계획은 기업환경의 변화에 대응하여 기업의 장기적 성장과 발전을 도모하기 위해 수립되는 것이다.

넷째, 경영계획은 조직 내에서 일관성 있는 의사결정이 이루어질 수 있도록 해준다. 경영계획으로 개개의 업무계획, 즉 생산·재무·연구개발 등 직능부분이 체계적으로 수립되고 그것이 일관된 체계 하에서 조정하여 확정되므로 업무의 비능률성 내지 비경제성을 배제할 수 있고, 전체적으로 원활한 운영을 가능하게 한다. 본래 조직은 생산·마케팅·재무·인사·연구개발 등과 같은 다양한 부문으로 구성되어 있고, 이들 각 부문의 관리자들은 그 자신의 가치와 목표를 가지고 있기 때문에, 이 각각의 단위가 그 자신의 목표만을 추구할 경우에 조직전체의 목표와 갈등이 생길 수도 있다. 그러므로 명확한 경영계획의 수립은 조직의 전반적인 목표와 각 부문 간의 목표를 연계시켜주는 역할을 하며, 조직구성원들은 이를 통해 일관성있는 직무수행이 가능한 것이다.

다섯째, 경영계획은 통제의 기초가 된다. 통제란 계획이 실현되도록 경영실적을 평가하고 시정조치하는 것을 말하는데, 여기서 경영실적의 평가기준이 바로 경영계획인 것이다. 따라서 통제를 위해서는 반드시 경영계획이 전제되어야 한다.

2 경영계획의 목적

이상과 같이 중요한 성격을 갖는 경영계획은 다음과 같은 목적을 달성하는 데 기여할 수 있어야 한다.

1) 불확실성과 변화에 대한 대처

계획은 미래의 불확실성과 변화에 대처할 수 있는 기준을 마련해 준다. 계획은 미래지향적이므로 미래의 불확실성, 위험 및 변화가 계획기능을 필요하게 만든다. 효과적인 계획수립은 조직의 내·외부 환경으로부터 야기되는 불확실성을 어느 정도 감소시킴으로써 미래의 활동에 확신을 가지고 수행할 수 있도록 해준다. 따라서 기업은 미래의 여러 가지 불확실성과 변화를 예측하고 이에 대처함으로써 그 존립과 성장을 확보할 수 있도록 계획을 수립하여야 한다.

2) 목표지향성

계획은 목표지향성을 가지고 있기 때문에 기업의 상이한 여러 부문활동이 기업의 공통된 목표를 수행하도록 이들을 통합하여 준다. 또한 계획을 수립함으로써 관리자로 하여금 근시안적인 목표달성에서 벗어나 장기적인 관점에서 현재의 계획을 재검토하고, 필요에 따라서 수정하게 함으로써 목표달성을 용이하게 해 준다.

3) 경제적인 기업운영

기업의 궁극적인 목적이 영리성에 있는 것은 아니라 할지라도 계획수립에 있어서는 이익개념을 최종목표로 인식하고 이를 계획에 반영시켜 비용을 최소화하고 이익을 극대화함으로써 경제성 원칙에 입각한 계획수립활동이 가능하도록 계획은 일관성있게 유지되어야 한다. 인사·생산·마케팅·재무 등의 부문을 사전에 치밀하게 마련된 계획에 따라서 능률적이고 통일적으로 운영할 경우 그만큼 낭비가 줄어들게 된다.

4) 통제의 용이성

경영계획은 경영자로 하여금 통제활동을 수행할 수 있는 기초를 마련해 주는데, 계획이라는 기준이 있음으로 해서 경영자는 하위조직의 경영성과를 측정하고 이를 평가할 수 있게 된다. 계획이 미래에 대한 전망을 위한 관리의 출발점이 된다면 통제는 과거의 실적을 관리하고 조정하는 도구가 된다.

제2절 경영계획의 유형

1 계획의 유형

계획은 조직구조와 상응하여 하나의 계층(hierarchy)을 이룬다. 각각의 계획은 두 가지의 중요한 기능을 수행한다. 하나는 윗 단계에서 수립한 계획을 실행함으로써 목표달성을 용이하게 하는 수단을 제공하는 것이고, 다른 하나는 반대로 아래 단계의 계획수립에 필요한 목표를 제공하는 역할을 한다.

경영계획의 유형은 관점과 분류기준에 따라 다양하게 구분할 수 있다.

1) 장기·중기·단기계획

계획기간에 있어 장·단기의 구분은 대략 1년을 기준으로 하여 1년 이내의 계획을 단기계획, 2~5년간의 계획을 중기계획, 5년 이상의 기간이 소요되는 계획을 장기계획이라고 한다. 기간에 따른 계획의 성격은 절대적인 시간의 길이에 의해서가 아니라 계획 자체의 성격에 의해서 규정되어야 한다.

장기계획은 기업의 장기 사업방향의 결정, 주력상품의 개발, 목표시장 등과 관련된 계획으로서 조직의 사명과 경영목표 그리고 전략에 의해 결정된다.

중기계획은 이미 확정된 장기계획이나 전략을 효과적으로 달성하기 위하여 인력이나 설비 및 재원 등을 조달하기 위한 계획이다.

단기계획은 주별·월별·분기별의 생산량과 판매량 달성 및 적정 현금잔고의 확보 등 중·장기계획의 구체적인 실천계획을 말한다.[3)]

2) 전략적·전술적·운영적 계획

계획은 적용범위와 경영조직계층에 따라 전략적 계획, 전술적 계획, 운영적 계획으로 구분할 수 있다.

전략적 계획(strategic planning)은 주로 최고경영층에 의하여 주도되며, 기업환경변화에 대응하여 기업의 바람직한 미래상을 구축하기 위한 것이다. 전략적 계획은 사업의 활동영역과 성장의 방향 및 규모를 정하고, 경영목표를 달성하는데 소요되는 제 자원의 조달 및 계획수행의 방안을 수립하는 총괄적이고 장기적인 계획이다. 예를 들면 신규시장에 진입할 계획이나 경쟁사를 합병하려는 계획 등을 들 수 있다.

전술적 계획(tactical planning)은 중간관리층에 의하여 주도되며, 전략적 계획과 운영적 계획의 중간형태이다. 이는 전략적 계획에서 제시된 경영목표를 효율적으로 달성하기 위하여 기업의 한정적인 자원을 각 부문에 어떻게 적절히 배분할 것

3) 조보상, 전게서, pp.349-350.

인가와 관련된 계획이다. 예를 들면 경쟁사와의 합병을 성사시키기 위해서는 경쟁사의 지분을 어떻게 확보할 것인지에 대한 방안마련이 이에 해당된다.

운영적 계획(operational planning)은 주로 일선감독층이나 실무계층에 의하여 주도되며, 전술적 계획을 효율적으로 달성하기 위한 단기적이고 구체적인 계획이라고 할 수 있다. 이러한 계획은 1년 이하의 기간을 고려하지만 월별·주별·일별 등으로 계획을 수립하기도 한다. 따라서 운영적 계획은 전략적 계획이나 전술적 계획보다 구체적으로 측정할 수 있는 체계적이고 반복적인 활동의 성격이 강하며 계량적 측면이 강조된다. 예를 들면 상품의 주문처리, 물류 운송량이나 시기에 대한 계획수립 등이 이에 해당된다. 또한 운영적 계획은 대상으로 하는 업무의 성격에 따라 상설계획(standing plan)과 임시계획(single-use plan)으로 구분할 수도 있다.

3) 확정계획과 연동계획

모두 장기적 성격을 띤 계획으로 확정계획은 시작과 끝나는 시점이 확정되어 있는 계획이다. 예를 들면 2010년에 확정계획으로 5개년 장기계획을 편성한다면 그 기간은 2010년~2014년이 된다. 확정계획은 계획기간 중에 달성할 정책목표를 확립하고 그것을 추구하기 위하여 전력을 집중하기 위한 계획이다. 연동계획은 시작과 끝나는 시점이 해를 지날 때마다 한 해씩 뒤로 밀려가는 계획이다. 예를 들면, 2010년에 연동계획으로 2011~2015년간의 5개년 계획을 세워야 한다.

확정계획은 미래에 대한 예측이 비교적 쉬울 경우에 효율적이며, 연동계획은 외부환경의 변화를 예측하기 곤란한 경우의 상황적응적 계획(contingency planning)이라 할 수 있다.

4) 개별계획과 기간계획

개별계획(project plan)은 특정 문제와 관련하여 장래활동에 관한 계획으로 경영관리계층이나 기간에 구애받지 않는 계획이다. 신제품개발계획, 설비투자계획, 증자계획 등이 그 예이다. 그러나 개별계획이 시간의 흐름에 관련이 있다면 기간계획적인 측면에서 잘 조정되어야 한다. 기간계획(period plan)은 시간적인 차원에서 장기·중기·단기계획으로 나눌 수 있다. 장기는 종합계획으로서 기본계획적인 성격이 강하며, 단기는 부분계획적인 성격이 강하다.

5) 실행계획 · 프로젝트 · 예산

(1) 실행계획 또는 실시계획

실행계획(programs)은 목표를 달성하기 위해서 수행되어야 하는 일련의 행동과정과 관련되는 모든 방침, 절차, 규칙, 과업의 배분, 과업의 수행단계와 이용될 자원 등 필요한 모든 요소들을 복합적으로 나타낸 계획으로서 일반적으로 소요자본예산과 운용예산의 형식으로 표시된다. 따라서 실행계획은 ① 목표달성을 위하여 요구되는 주요한 행동단계, ② 각 단계별 책임자 및 책임부서의 명시, ③ 각 단계가 수행되는 순서 및 시기 등을 표시한다. 그리고 실행계획은 주 실행계획(primary program)과 파생적 실행계획(derivative program)으로 구분할 수 있는데, 예를 들면 전자는 항공회사의 여객기 구입, 후자는 조종사의 확보와 정비시설의 확장 등과 같은데, 파생적 시행계획이 잘못되면 주 실행계획도 추진하지 못하게 된다.

(2) 프로젝트

프로젝트(project)는 실행계획을 구성하는 부분적인 실행계획으로서 특정한 문제를 해결하는 데 있어 가장 좋은 방법이 무엇인가를 파악하고 선택 · 결정하는 것을 말한다. 프로젝트는 일반적으로 그 범위가 제한되어 있고 수행되어야 할 과업과 그 과업의 완성시기 등에 관하여 엄격히 규정한다.

(3) 예산

예산(budget)은 기대되는 결과를 숫자 또는 화폐로 표시해 놓은 것이다. 따라서 이는 수치화된 계획(numberized plan)이라 할 수 있는데, 금액단위, 노동시간, 제품단위, 기계시간과 그 밖의 다른 수치로 표시될 수 있다. 이러한 예산은 영업활동을 다루는 비용예산, 자본지출을 반영하는 자본예산, 또는 현금흐름을 표시하는 현금예산일 수도 있다. 따라서 예산은 모든 조직활동을 통제할 수 있는 수단이 되며 프로그램과 프로젝트를 구성하는 중요한 요소가 된다. 또한 예산은 여러 가지 대체안(alternatives)들 중에서 어떠한 대체안에 자원을 어느 정도 배분할 것인지의 여부를 결정하는 기준으로서 활용되며 예산의 다른 중요한 기능은 통제의 수단, 즉 예산통제의 기준이 되고 종업원들로 하여금 계획을 수립할 것을 요구한다는 점 등이다. 이상의 실행계획, 프로젝트 및 예산은 임시 또는 단용계획(simple-use plans)의 하나이다.

6) 전략과 전술

원래 군사용어로 쓰이기 시작한 전략(strategy)이라는 개념의 경영학적 정의는 조직의 목표(objective)를 달성하고 사회 전체조직의 구성원으로서의 임무(mission)를 수행하기 위한 조직의 전반적인 계획이라고 할 수 있다. 다시 말하면, 전략은 조직의 기본적이고 장기적인 목적과 목표수립, 이를 달성하는 데 필요한 행동과정의 선택과 자원의 배분을 결정하는 것으로서, 이는 조직의 목표와 이의 변화, 목표를 달성하기 위해 사용할 자원 및 이의 획득·사용·처분에 관한 방침을 결정하는 과정을 통해 형성된다.

전략에 있어 또 하나의 중요한 개념은 환경변화에 대한 조직의 대응책이다. 조직환경이 비교적 안정적일 때에는 조직이 나아갈 방향이나 목표를 변경할 필요가 없으므로 기존의 관리방침을 그대로 유지하면서 조직 내부관리의 효율성만 도모하면 성장할 수 있었다. 그러나 오늘날처럼 외부환경의 변화가 급변하는 상황 하에서는 내부지향적 관리만으로는 효율적인 목표달성이 불가능하기 때문에 적극적으로 외부환경 변화에 대하여 창조적 내지 혁신적인 적응을 하려고 노력하지 않으면 안 된다. 따라서 전략은 조직내부의 인적·물적 자원과 밀접한 관련을 가지는 한편, 조직외부로부터 야기되는 여러 가지 도전(challenge)과 위험(risk)에 대하여 적절히 대응하기 위한 조직활동이라고 할 수 있는데, 전략의 기본개념에는 ① 기업목적의 설정, ② 대체수단의 선택(의사결정), ③ 경제환경에의 적응 또는 대응이라는 세 가지 요소가 포함되어 있다고 할 수 있다.

전략과 유사한 용어로서 전술(tactics)이 있는데, 전략은 구체적인 전술을 찾아내기 위한 방향이라면 전술은 전략을 달성하기 위한 구체적인 수단이라고 할 수 있다.

2 장기경영계획

1) 장기경영계획의 의의

장기경영계획(long-term planning)이라 함은 보통 5년 이상 소요되는 계획으로서, 기업이 환경변화에 대응하여 장기적 성장과 발전을 도모하기 위하여 수립되는 것이다. 장기계획은 그 성격상 종합적이고 전략적인 측면을 포함하는데 오늘날 기업에서 장기계획이 필요한 이유로 기업규모의 확대, 경쟁의 격화, 급속한 기술혁신과 경영혁신 등을 들 수 있으며, 이 중 기술혁신과 경영혁신의 영향이 가장 중요하다고 볼 수 있다.

대부분의 근대적 경영이 기업규모의 확대로 말미암아 거대한 고정설비를 가지고 생산을 영위함으로써 자본이 장기적으로 고정화되고, 기술혁신이 가속화됨에 따라 장기설비투자의 위험이 더욱 높아지게 되었다. 또한 경영혁신이 진전되어 새로운 경영기법과 연구결과가 소개됨에 따라 기업내부의 종합적이고 체계적인 변혁 없이는 격심한 경쟁에서 성장·발전하기 힘들게 되었다. 이러한 문제점과 영향을 정확히 평가하여 대책을 세우기 위하여는 보다 장기적인 시야를 가져야 하는 데서 장기계획의 필요성이 대두되었다.

장기경영계획이 구체적으로 발생하는 경우를 예로 들면 첫째, 설비투자·조직변화 등 기업의 장래에 큰 영향을 미치는 문제를 해결할 때 둘째, 기업의 성장률이 업계 또는 국민경제 전체의 성장률보다 낮아 그 개선을 도모할 때 셋째, 기술혁신·경영혁신의 결과를 고려하여 기업의 중점적 발전방향과 목표를 설정할 때 등이다.

2) 장기경영계획의 특성

장기경영계획은 기간으로 볼 때 단기계획과 구분되는데 이러한 장기경영계획이 갖는 특성을 살펴보면 다음과 같다.

첫째, 장기경영계획은 전략성을 띠고 있다는 점을 들 수 있다.

기업을 둘러싼 여러 환경의 파악·분석·예측과 이에 대한 대책의 수립은 광범위한 의미에서 대외적 성격을 띠는 경영전략의 영역이기는 하나, 그러한 경영전략상의 의사결정을 토대로 해서 경영관리상의 대내적인 의사결정을 해야 하고, 특히 경쟁과 기술혁신 및 경영혁신에 대처하는 총체적 계획이기 때문에 장기계획은 대내적 성격의 전략성을 그 특징으로 한다. 다만 이러한 대내적 성격의 전략성을 전술이라 하지만 같은 계획이라 할지라도 전혀 전략성이 발휘되지 않는 단기시행계획과는 달리 장기계획은 대내적 전술성과 아울러 대외적 전략성을 갖는 것으로 이해되어야 한다.

둘째, 장기경영계획은 목표성을 갖고 있다는 점을 들 수 있다. 장기경영계획이 전략적이어야 한다는 것은 곧 장기경영계획의 목표성과 직결된다는 것을 의미한다. 왜냐하면 전략적인 것은 바로 목표적인 것이기 때문이다. 그리하여 장기경영계획이 목표계획이라고 한다면, 단기계획은 실행계획이며, 실행계획은 목표계획에 의해 그 구체적인 방법과 순서가 명시된다고 할 수 있다.

셋째, 장기경영계획은 탄력성을 갖추어야 한다. 어떠한 종류의 경영계획이라도 뚜렷한 경영의 목표나 방침 아래서 합리적인 경영관리를 위한 일관성 있는 계획활동을 그 바탕으로 삼아야 하지만, 대부분의 경우 그러한 계획은 고정적인 것이 아니라 탄력적이고 신축성이 있는 것이라야 한다.

특히 기업 내외의 여러 환경의 변화가 불확실하고 계획기간이 길어질수록 탄력성이 문제가 되는데, 장기경영계획의 경우가 이에 해당된다. 따라서 장기경영계획은 항상 새로운 상황을 반영시켜 매년 정기적으로 계획의 검토와 수정을 할 필요가 있다.

3 전략적 계획

1) 전략적 계획의 의의

전략적 계획(strategic planning)이란 조직의 목표설정과 그 목표달성을 위해 요구되는 전반적인 계획체계이다. 구체적으로 목표설정의 과정·방침 및 실행계획, 이의 수행 가능한 방법을 선택하는 것으로 일반적인 경영계획과는 다른 특징을 가진다. 전략적 계획이 내포하고 있는 특성을 보면 여러 계획의 기본적인 틀(basic framework)을 제공하고, 장기계획의 성격을 띠며, 조직의 행동 및 의사결정에 대한 일관성을 유지시키고, 최고경영층에 의해 수립된다는 점을 들 수 있다.

전략적 계획은 기업의 환경변화에 의해 발생하게 될 불확실성에 대처하여 목표달성 및 경쟁전략에 도움이 되는 대체적 활동을 명확히 하는 수단으로서, 외부환경에 가장 합리적으로 적응할 수 있도록 조직을 관리하려는 방안이다. 또한 전략적 계획수립을 통해서 조직구성원에게 조직이 생산하는 재화와 용역, 생산방식, 그리고 업무수행능력에 대하여 명백한 지침을 제시한다.

전략적 계획을 현실적인 경영에 실제로 활용하기 위해서 기업은 그 자신의 특수한 상황을 고려하여 계획을 수립하는데, 현실적 경영환경을 경영의 지침으로 삼아 전략적 계획을 이용하는 것이 중요하다. 그러므로 이러한 전략적 계획은 장기계획

(long range planning)의 성질을 가지면서 동시에 조직에 영향을 미치고 변화를 유발하는 특징을 가지고 있다. 우리가 흔히 말하는 장기계획은 특정한 목표를 수행하기 위한 구체적인 행동과정을 비교적 장기간에 걸쳐 수립한 계획으로 대내적 전략성만을 주로 내포하고 있는 점에서 전략적 계획과 구분이 되어야 할 것이다.

2) 전략적 계획의 수립과정

전략적 계획의 수립은 조직의 목표를 설정하는 단계를 포함하여 다음 여섯 단계로 구분할 수 있다.

(1) 조직목표의 설정

전략적 계획수립의 첫 단계는 조직목표를 분명히 하는 일이 된다. 즉 전략적 계획의 출발은 기업의 목적, 가치관, 사명을 재확인하는 것이다. 이 기본적인 개념들은 경영자들의 전략적 계획 활동에 대한 전략수립분야를 규정할 때 필요한 내용이다. 최고경영자는 그들이 가지고 있는 기존의 목표를 재검토함으로써 다루고자 하는 기본적인 핵심제품·시장·기술 간에 어떠한 영향이 미치는지를 분석하고, 경우에 따라서는 그 목표를 조정하여 조직의 구성원들에게 이를 명백히 제시하여야 한다.

(2) 경영환경의 분석

전략적 계획수립의 두 번째 단계는 환경분석이다. 환경분석(analysis of environments)은 주로 위협과 발생 가능한 장애요소, 그리고 기업의 전략적인 기회를 발견하기 위해서 기업이 외부환경에 대한 정보를 체계적으로 평가하는 것이다. 경영자들은 이러한 분석을 통해 전략을 선택·평가하게 되며, 기업이 시장에서 성공하기 위한 주요 결정요소를 확인하고 재평가하는 데 이용한다. 외부 환경요소에 대한 평가는 경제적 환경, 정치적·법적 환경 및 지리적 환경, 사회 및 기술적 환경 등을 분석한다.

(3) 프로파일(profile)의 분석

세 번째 단계는 기업의 강점과 약점을 비교하는 기업 프로파일 분석의 단계이다. 기업의 프로파일(enterprise profile)은 대개 기업의 현재위치와 미래방향을 결정하는 출발점이다. 최고경영자는 기업의 기본목표를 결정하고 기업의 활동영역을 명확히 해야 하는데, 그러기 위해서는 조직의 강점과 약점을 조사하고 분석하는 것이 선행되어야 한다.

일반적으로 조직을 분석하고 평가하는 데는 세 가지 분야, 즉 재무적·물리적 분야, 조직적·인적 분야, 그리고 기술적 분야가 그 대상이 된다. 기업의 강점과 약점을 분석할 때는 먼저 "우리 회사의 능력은 어느 정도인가", "우리의 능력을 기존의 경쟁기업 내지는 잠재적 경쟁기업과 어떻게 비교할 것인가", "기업의 능력이 직무수행을 어떻게 지원해 줄 것인가"를 평가하여야 한다.

(4) 전략적 대안의 분석

네 번째 단계에서는 전략적 대안의 분석으로서 일반적인 경영계획과 가장 큰 차이를 보이는 부분이라 할 수 있다. 환경분석과 기업의 프로파일을 분석한 후 경영자들은 회사의 미래전략대안에 대한 결정을 하게 된다. 이 단계가 전략적 계획수립과정에서 가장 중요한 단계이다. 그러므로 실제적으로 경영자들은 전략적 대안을 확인·평가·선택하기까지 각 단계를 수차례 반복한다.

이때 많이 사용되는 분석기법이 SWOT분석이다. 앞서 살펴본 바와 같이 SWOT는 강점(strengths)과 약점(weakness), 기회(opportunities)와 위협(threats)의 약자이다. 외부환경의 기회와 위협, 그리고 기업의 강점과 약점을 알기 위해 경영환경 및 기업의 프로파일을 검토하고, 조직능력의 관점에서 주요환경요인으로부터 기회나 위협을 도출하는 과정이 SWOT분석이다.

SWOT분석은 강·약점과 주요 요인을 경영자의 직관에 의해서 단순히 분석하는 것이 아니고, 전략수립에 기여할 수 있는 것을 얻을 수 있도록 체계적인 분석을 수행한다. 또한 SWOT분석에서는 전략이 주요 환경요인에 대하여 어느 정도 적합한가에 대한 평가와 조직능력의 강·약점 관점에서 각 주요 환경요인들이 자사조직에 유리하게 작용할 것인지 또는 불리한 제약요인으로 영향을 미칠 것인지에 대한 평가를 행하게 된다.

(5) 전략적 대안의 선택

전략계획수립의 다섯째 단계는 전략적 대안의 선택과정이다. 전략적 대안은 내부환경과 외부환경의 분석에 기초를 두고 개발되는데 각각의 조직은 서로 다른 종류의 다양한 전략을 추구할 수도 있다. 선택에서 고려해야 할 요소로서 선택된 대안이 갖는 위험의 크기와 대안의 적시성(timing)을 들 수 있다. 어떤 대안의 수익성이 높다 할지라도 그 가능성에 대한 검토가 있어야 할 것이며, 매우 훌륭한 제품이라 하더라도 그것이 부적당한 시기에 시장에 출시되면 실패할 것이다. 따라서 위험에 대한 예측, 평가와 적절한 시기와 경쟁자의 반응을 고려해야만 한다.

(6) 전략의 실행

전략적 계획수립의 마지막 단계는 전략의 실행이다. 새로이 선정된 전략은 기업의 활동으로 구체화되어야 하는데, 이것은 전략이 조직구성원들의 행동을 위한 지침이나 행위로 환원되는 것을 의미한다.

전략의 실시는 기업의 모든 영역에 직접적인 지침을 제공하는 일련의 단기계획 개발을 필요로 한다. 이 단기계획은 공식화된 전략과 행위 간에 일관성을 유지해야 하며, 조직의 모든 영역에서 요구된 단기목표들은 전략수립과정에서 확인된 장기목표와 일관성을 지녀야 할 것이다.

전략적 계획의 수행에 있어 경영자들은 조직이 장기적인 목표를 충실히 실현하고 있는지의 여부를 평가하기 위해 특히 중요한 단계에서 전략적 계획을 규칙적으로 점검해야 한다. 공식적인 통제 시스템을 통해서 이루어지는 이러한 활동은 전략이 계획된 대로 시행되고 있는가, 선택할 당시의 주 가정들은 현재도 타당한가, 전략이 의도했던 결과를 성취하고 있는가 등에 초점을 두어야 한다.

제3절 목표에 의한 관리

전통적인 조직관리 방법은 최고관리자가 목표를 설정하고 이를 하위관리자에게 지시하는 일방적·지시적인 관리방식이었다. 이와 같은 권위적인 관리방법은 최고관리자가 누구보다도 많은 정보를 알고 있기 때문에 하위관리자들은 최고관리자가 설정한 기본목표 테두리 안에서 목표달성만 하면 된다는 현실적인 판단에 근거를 두고 있으며, 하위관리자 및 구성원들은 지시에 의해서만 일을 하는 사람이라는 X 이론적인 인간관을 바탕으로 하고 있다. 이와 같은 전통적 관리방법은 하위관리자 및 구성원의 자발적인 참여의식을 고취시키지 못했으며, 그 결과 생산성은 차츰 떨어지게 되었다. 이러한 전통적 관리방식의 대안으로, 목표설정시 하위자를 참여시켜 그들의 자주성과 창의성을 반영한 새로운 관리방법이 목표관리(management by objective : MBO)이다.

1 목표관리의 정의

목표관리의 개념은 드러커(P. Drucker)와 맥그리거(D. McGregor)에 의해 제창되고 발전되었는데, 드러커는 그의 저서인 『경영의 실제』(*The Practice of Management*, 1954)에서 조직의 계획수립형태의 개선에 역점을 두고 계획수립의 한 방법으로 MBO를 제창하였다.

그는 종래의 중앙집권적 목표수립방식은 일시적으로는 성과를 얻을 수 있지만 장기적으로는 매우 비효율적인 방법이라고 비판하고, MBO는 개인과 조직의 목표를 명확히 규정함으로써 구성원의 목표를 상급자 및 조직 전체의 목표와 일치하도록 하기 때문에 모든 관리활동이 나아가야 할 합일점을 제공하며 조직목표달성에 효과적으로 기여한다는 것이다. 맥그리거는 그의 저서인 『기업의 인간적 측면』(*The Human Side of Enterprise*, 1960)에서 경영관리의 업적평가를 위한 한 기법으로 MBO를 발전시켰다. 그는 과거의 인성적 평가중심보다는 성과달성 정도에 의한 평가방법을 도입하여 하위자의 의욕을 자극하고 보다 큰 동기유발을 시켜야 한다고 주장하였다.

목표관리는 관리자(상사)가 종업원(부하)들과 협의하여 측정가능한 특정의 성과목표를 설정하고, 실행 후에는 부하들의 성과를 상사와 부하들이 함께 평가하는 제도로서 다음의 단계를 거치는 것이 효과적이다.[4]

① **1단계**: 당사자가 수용할 수 있는 범위에서 상사와 부하가 상의하면서 가능한 한 도전적이고, 구체적인 목표를 정한다. 이때 목표의 범위, 시기와 함께 계량화된 목표량을 주어야 할 것이다.

② **2단계**: 다양한 보상수단을 이용하여 목표를 수용하고 기꺼이 노력하도록 동기를 부여시키고 지도해 준다.

③ **3단계**: 적절한 훈련, 필요정보 등을 제공하고 중간 중간에 목표달성정도를 알

---

4) 임창희, 전게서, p.175.

려준다.

④ **4단계**: 목표가 완성되었을 경우 함께 잘잘못을 평가하여 차기의 목표설정에 반영한다.

2 목표관리의 구성요소

앞에서 살펴본 바와 같이 목표관리는 특정의 조직목표나 성과기준을 달성하기 위해 그리고 운영예산에 대처할 수 있는 부하의 능력을 평가하기 위한 공식적인 제도라고 할 수 있다. 이러한 정의를 통해서 볼 때 MBO의 구성요소에는 목표설정, 참여, 그리고 피드백이 있다.[5)]

1) 목표의 설정(goal setting)

첫 번째의 구성요소는 목표의 설정인데, 여기서 목표는 측정가능하고 비교적 단기적인 목표를 말한다. 그러나 MBO가 조직의 일반적 목표와 무관할 수 없기 때문에 이것은 조직의 장기적·일반적 목표와 관련되어 설정되어야 한다. 그리고 명확한 목표가 되기 위해서는 조직계층별로 목표가 수립되어야 하고, 모든 목표가 숫자화될 수는 없으나 목표가 검증가능하도록 가능한 한 숫자로 표시하든가 예산과 연결시켜 양적인 목표로 나타내어야 한다. 예를 들면 MBO는 최고경영진이 특정의 재무성과목표와 같이 조직의 전반적인 목표를 수립하는데서 시작된다. 그리고 이러한 목표설정은 조직전체에 걸쳐 단계적으로 진행되는데, 즉 기업목표를 달성하기 위해서 중간관리자인 부서장들은 부서수준의 목표를 수립한다. 그 다음 현장감독자와 종업원들은 부서목표를 달성하는데 기여할 수 있는 목표를 설정하는 것이다.

2) 참여(participation)

MBO는 전통적인 계획수립방법과는 달리 관리자는 개방된 마음으로 부하들 각자가 자신의 목표를 설정하고 그것을 자기책임 하에 실행하고 통제할 수 있는 능력과 자주성이 있다고 가정한다. 즉 관리자는 부하와 함께 적절하고 유연한 부하

---

5) Jones, G. R. & J. M. George, *Contemporary Management*, 7th ed., McGraw-Hill Irwin, 2011, p.353.

의 목표를 결정하고, 부하가 자신의 목표를 달성하는데 필요한 예산에 대해 협의한다. 목표설정과정에 부하를 참여시키는 것은 그가 자신의 목표달성에 전념할 수 있도록 강화시켜 주는 역할을 한다. 또 다른 이유는 부하가 목표설정에 참여함으로써 실제로 자신이 성취할 수 있다는 생각을 관리자에게 직접 알려줄 수 있기 때문이다.

이처럼 부하를 목표설정과정에 참여시켜 부하가 수행할 목표를 정하게 되면, 그 목표는 보다 현실성이 있게 되고 목표설정에 참여한 부하는 자신의 목표를 보다 쉽게 수용하여 직무만족과 생산성이 향상될 수 있을 것이다.

3) 피드백(feedback)

피드백은 쌍방적으로 이루어지도록 제도적인 장치가 마련되어 있어야 한다. 첫째로, 목표설정시 하위자의 의견이 상위자에게 반영되도록 하여야 한다. 하위자의 의견이 반영되도록 하는 장치가 마련되어 있지 않으면 전통적인 목표설정방식과 차이가 없게 된다. 둘째로, 상위자와 하위자가 함께 각각의 목표추구과정과 달성정도를 정기적으로 검토·측정·평가하여야 한다. 이것은 최초에 수립된 목표에 비추어서 이루어져야 한다. 그 과정에서 새로운 문제점을 찾아내고, 그 문제점들을 해결할 수 있는 대책을 수립하거나 필요에 따라서는 목표 자체를 수정할 수도 있다. MBO에서 피드백을 중요한 요소로 보는 이유는, 그것이 명확하게 이루어질 때 비로소 집단의 문제해결 능력은 물론 개인의 직무수행 능력이 향상된다고 보기 때문이다.

특히, 종합적인 관리시스템으로서의 MBO의 성공요건은 다음과 같다. 첫째, 최고관리층이 MBO의 실행을 솔선수범하고, 또 지원한다. 둘째, MBO를 실시할 수 있도록 조직의 구조가 분화되고 통제과정이 있어야 한다. 셋째, MBO는 조직의 다른 관리활동과 상호 보완적이어야 한다. 넷째, 개인과 개인, 조직단위와 조직단위, 그리고 조직과 환경 사이에 의사가 소통되고 피드백과정이 마련되어 있어야 한다. 다섯째, 미래의 상황을 어느 정도 정확하게 예측할 수 있도록 조직 내외의 여건이 안정되어 있어야 한다.

3 목표관리의 효과 및 한계

MBO는 조직의 전략적 변화를 계획하고, 실행하고, 평가하고, 통제하는데 효과적인 방법이 될 수 있다. MBO는 조직목표를 더욱 효과적으로 달성할 수 있도록 개인들의 노력이 조정되고 상호간의 협력을 증대시킬 수 있다.

MBO는 기업의 모든 부문에서 성과를 증진시킨다. 이러한 과정은 각 관리자의 목표와 위 아래 관리자의 목표를 서로 묶게 해 줌으로써 MBO는 기업에서 팀워크를 조장하고, 커뮤니케이션을 증진하고, 참여를 권장하며, 작업자들로 하여금 책임감을 공유하게 하여 동기부여하는 조정시스템으로서 기능하게 된다. MBO는 직무만족을 가져오고 개인의 성장을 증진시킨다.

물론 MBO가 효과적이려면 참여하는 모든 사람들 특히 최고경영층이 적극적으로 헌신해야 한다. 이 프로그램은 하위 조직구성원들의 참여가 요구되기 때문에 최고경영자는 모든 조직구성원들의 협조와 참여를 유도하고 지원해야 한다. 또한 MBO가 효과적이기 위해서는 많은 시간이 필요하다. 보통은 3년에서 5년의 시간이 필요하다. 따라서 단기적인 효과를 기대하는 조직들의 경우 이 기법은 적절하지 않을 수도 있다.

MBO는 목표설정 자체에 문제가 있다. 목표는 너무 높게 또는 너무 낮게 설정될 수 있으며 신축성을 결여할 수 있다. 목표는 종업원 사기와 같은 계량화할 수 없는 분야에서는 설정하기가 쉽지 않다. MBO는 역사적으로 볼 때 환경의 변화가 완만한 경우에 효과적이었다. 따라서 이의 변화가 빠른 기업에서의 MBO는 효과적인 결과를 가져오지 못한다.

그럼에도 불구하고 최근 들어 MBO는 조직변화를 위해 가장 광범위하게 사용되는 기법 중의 하나로 알려져 있다. MBO는 조직개발 기법뿐만 아니라 동기부여 수단 그리고 효과적인 인사고과의 지원도구로서 활용되는데, 예를 들면 HP나 IBM과 같은 일부 기업들에서는 조직문화의 한 요소로까지 자리잡고 있다.[6)]

---

6) 유필화 외 4인, 전게서, p.287.

탈탄소화 달성하려면 전략적 계획과 강력한 리더십 필요해

탈탄소화 달성하려면 전략적 계획과 강력한 리더십 필요하다는 분석이 나와 눈길을 끌고 있다.

지속 가능성 프로그램을 실행함으로써 얻을 수 있는 이점을 인식하고 있더라도 어디서부터 비즈니스 혁신을 시작해야 할지 모르는 기업이 많은 것으로 보인다. 응답자의 절반 이상이 2024년 이전까지 빌딩 내 에너지 소비 절감을 희망하지만 어떤 측정 기준으로 어떻게 추적해야 하는지에 대한 계획이 부족한 것으로 확인됐다. 응답자의 오직 26%만이 ESG 리포팅 소프트웨어를 사용해 진행 상황을 측정하고 있었으며, 약 40%는 조직 내 전문성이 부족해 탄소 발자국을 효과적으로 추적하기 어렵다고 답했다. 조사 결과, 기업마다 에너지 소비 절감으로 얻는 비즈니스 이익은 서로 다를 수 있지만, 현명한 의사결정을 이끌어내기 위한 강력한 리더십과 파트너에 대한 중요성은 동일하게 나타났다.

존슨콘트롤즈 OpenBlue Net Zero Buildings as a Service(서비스형 오픈블루 넷제로 빌딩스)는 탄소 중립 및 재생 에너지 목표를 달성하고자 하는 기업을 위한 솔루션이다. OpenBlue Net Zero Buildings as a Service는 빌딩 성능을 최적화하면서 탈탄소화와 재생 에너지 목표를 보다 쉽게 계획하고 실행하며, 추적하고 달성할 수 있도록 고객의 요구를 반영한다.

마크 레인볼드(Mark Reinbold) 존슨콘트롤즈 글로벌 지속 가능성 서비스 및 솔루션 부문 부사장은 "더 많은 고객이 탈탄소화를 달성하기 위한 프로세스를 쉽게 진행하는 방법을 찾고 있으며, 목표를 달성하기 위해 지속 가능성 약속 이행과 리스크 관리를 존슨콘트롤즈에게 맡기고 있다. 존슨콘트롤즈는 상당한 에너지 절약과 그에 따른 이산화탄소(CO_2) 배출량을 줄이는 기술로 고객의 빌딩 성능을 최적화하고, 환경에도 도움이 될 수 있도록 지원한다"고 밝혔다.

존슨콘트롤즈는 탈탄소화를 위한 전체적인 8단계 프로세스를 개발했다. 이 프로세스는 △탈탄소화 자문 서비스, △디지털 환경·인프라 효율성·재생 에너지·청정 에너지 조달 평가, △인증 및 영향 측정 등을 포함한다. 운영과 지속적인 개선을 위한 존슨콘트롤즈의 OpenBlue Net Zero Advisor (오픈블루 넷제로 어드바이저)는 실시간 AI 기반 지속 가능성 평가 지표 추적 및 보고 기능을 제공해 빌딩 관리자가 빌딩의 탄소 배출량 감소와 재생에너지 영향을 보장하고 입증할 수 있도록 지원한다.

맥긴티 부사장은 "2021년은 기후변화를 위한 결단에 있어 중요한 시기였다. 기후변화로 인한 악영향을 면하고 경제적 기회를 포착하려면 정부와 민간부문이 협력해 앞으로 10년간 유의미한 배출량 감소를 위한 정책을 수립해야 한다. 존슨콘트롤즈는 글로벌 리더, 학계, 기업 임원 등이 모인 최근 UN 기후변화협약 당사국 총회(COP26)에서 혁신적인 기술을 기반으로 함께 협력한다면 2050년까지 탄소 중립을 달성할 수 있다는 것을 촉구했다"고 말했다.

'기업의 경쟁력을 돕기 위한 탈탄소화 경쟁' 보고서 전문은 존슨콘트롤즈 웹사이트 관련 페이지에서 확인할 수 있다.

(전용현/내외신문, 2022. 1. 14)

11

경영조직

제11장

경영조직

제1절 경영조직의 본질

1 경영조직의 의의

계획화 과정에서 설정된 목표를 효과적으로 달성하기 위해서는 우선 그에 필요한 활동과 업무를 결정하고 그것을 각 구성원들이 분담하도록 하는 체계적인 조직이 갖추어져야 한다. 이처럼 조직이 목표를 달성하기 위하여 체계적으로 움직이도록 하는 것은 경영자가 수행해야 할 기능 중의 하나인 조직과정(organizing process)이다.

조직(organization)이란 공동의 목적을 달성하기 위하여 필요한 여러 가지 활동을 분담하고 상호간에 협조하여 수행하는 사람들의 집합체를 말한다. 이러한 조직에는 두 가지의 의미가 내포되어 있는데, 하나는 구조적인 것(organization)이고, 다른 하나는 과정적인 것(organizing)이다. 전자의 의미로 쓰일 때는 기업이나 혹은 학교라고 할 때와 같이 공식조직(formal organization) 그 자체를 구조적 측면에서 본 것이고, 후자의 경우는 전자의 조직구조를 형성하기 위한 조직화 과정을 의미하게 된다. 그러므로 구조적 의미로서의 조직이란 조직화 과정의 최종결과로 등장한 것으로서 조직목표의 달성을 위한 수단이 되는 조직체를 말한다.

한편 조직화(organizing)란 조직이 수행해야 할 제 업무와 활동을 분류하고, 각 구성원들에 의하여 수행될 직무와 권한관계의 구조를 설계함으로써 그 결과를 효과적으로 조정하여 통합해 나가는 실천과정의 일부분이라 할 수 있다. 따라서 조직화에는 일반적으로 ① 계획된 목표를 달성하는 데 필요한 구체적인 활동을 확정하고, ② 그 활동을 개개인이 수행할 수 있도록 일정한 패턴이나 구조로 집단화시킨 다음, ③ 그들 활동을 특정한 직위나 사람들에게 배분함과 동시에 그러한 활동의 조정수단으로서 책임·권한관계를 확정하는 등 세 과정이 관련되어 있다. 이와 같이 조직화 과정은 조직목표를 달성하기 위한 필수불가결한 활동이 되고 있음은 물론, 경영자에게 있어서는 계획활동 다음으로 수행되는 중요한 직능이 되고 있다.

한편 경영자는 기업의 목적을 달성하기 위하여 조직을 합리적으로 구성하고 운영하는 능력과 관리기술을 가져야 하는데, 이러한 경영조직의 목적은 다음과 같다.

① 기업 또는 각 조직단위의 목적을 능률적으로 유효하게 달성할 수 있도록 조직의 각 구성원 간의 협력관계를 확립할 것
② 각 개인의 창의력을 충분히 발휘시켜 적극적으로 기업목적에 공헌할 수 있는 조직을 마련할 것
③ 각 개인의 책임체제를 확립할 것
④ 기업의 성장을 촉진하고 또한 그것에 대비할 수 있는 조직을 마련할 것 등이다.

기업의 경영조직은 다수의 조직단위로써 이루어진다. 따라서 모든 경영자, 관리자, 그리고 감독자는 자기의 부문조직을 합리적으로 마련하고 또한 이것을 운영할 책임을 지니고 있다. 그러므로 경영자는 조직을 합리적으로 운영하기 위해서 조직의 스태프 전문가의 전문적 지식을 적극적으로 활용하도록 노력하지 않으면 안 된다.

2 경영조직의 구성요소

기업을 효과적으로 운영하기 위하여 조직의 유효성을 높이고 나아가 기업목표를 달성하기 위해서는 조직의 요소가 합리적으로 구성되어야 한다. 이러한 조직화 과정에서 고려해야 할 조직의 기본요소는 다음과 같다.

1) 직무(job)

직무는 직능(function)이라고도 하는데, 이는 조직구성원들에게 각각 분할된 업무(work)의 기술적 단위 또는 업무의 총체(집합)를 말한다. 직무는 각 개인이 차지하는 직위가 기업의 목적달성에 공헌하기 위하여 책임을 지는 특정한 종류 및 범위의 일로서 직무수행에는 필연적으로 책임과 권한이 수반된다.

이 직무의 할당은 각 직위에 대하여 행하여지며, 직무명세서 또는 직위카드 및 조직편람을 작성하여 행하게 된다.

2) 권한(authority)

권한이란 할당된 직무를 스스로 수행하거나 또한 타인으로 하여금 수행하도록 하는 데 필요한 공식적(formal)인 힘 또는 권리(right)를 말한다. 직무를 수행하는 데 필요한 권한은 다음과 같은 성격을 갖는다.

첫째, 권한은 직무를 수행하기 위한 것이므로, 직무 없는 권한이나 권한 없는 직무는 생각할 수 없다.

둘째, 권한은 스스로 직무를 수행할 수 있는 힘일 뿐만 아니라 자신의 결정에 타인을 따르게 할 수도 있는 힘이다. 그러므로 경영자가 기업을 효과적으로 운영하기 위해서는 경영자의 리더십과 하부의 협력적 태도 등의 인간관계의 요건이 필요하다. 이것을 비공식 권한(informal authority)이라 한다.

셋째, 권한은 조직 내에서 공적으로 보장된 것이어야 한다.

이러한 권한이 어떻게 발생되는지에 대한 권한의 원천은 업무수행과정에 있어서 중요한 의미를 갖는다. 권한의 원천에 대해서는 상위계층으로부터 하위계층에게 위양된 것이라는 권한위양설(delegation theory of authority), 하위계층이 수용함으로써 비로소 성립될 수 있다고 보는 권한수용설(acceptance theory of authority) 그리고 권한은 직능에 의하여 규정되고 발생한다는 권한직능설(function theory of authority) 등이 있다.

3) 책임(responsibility)

책임이란 일정한 직무와 주어진 권한을 일정한 기준에 따라 수행해야 할 의무(obligation)를 말한다. 직무는 적절한 권한위양과 함께 하위계층에게 위양될 수 있지만, 책임은 위양될 수 없다. 따라서 조직의 목적은 각 개인의 책임체제를 확립하는데 있기 때문에 책임표준을 될 수 있는 한 구체적으로 정할 필요가 있다. 직무, 권한 및 책임의 3자는 그 범위를 같이 한다.

4) 직위(position)

직위는 조직상의 지위이다. 직위에는 조직의 구성원들이 수행하여야 할 일정한 직무가 할당되고, 그 직무를 수행하는데 필요한 권한과 책임이 구체적으로 규정되어 있다. 즉 직위는 조직의 각 구성원에게 부여된 조직의 기본단위를 말한다. 따라서 직위는 기업의 목적달성에 필요한 기업의 한 기관으로서 각 구성원을 조직과 관련시킬 때 발생되는 개념이다. 직위는 크게 구분하여 관리직위와 작업직위의 두 가지가 있다.

5) 상호관계의 설정

조직이 합리적으로 편성되기 위해서는 각 직위 상호간에 발생되는 직무의 범위 및 권한, 책임의 중복 및 모순관계를 방지하여야 할 뿐만 아니라 직위 상호간의 모든 관계를 합리적으로 설정할 필요가 있다. 각 직위가 다른 직위에 갖는 관계의 유형에는 라인 관계, 스태프 관계, 직능적 권한(function authority)관계 및 병존적 권한(concurrent authority)관계 등이 있다.

특히 조직이 안정을 유지하기 위해서는 조직 내 어느 개인, 어느 부서를 막론하고 부여받은 권한과 책임이 동등해야 하는데, 이를 소위 '권한과 책임의 등가원칙'이라고 부른다.

그러나 실제로 이 원칙이 잘 지켜지지 않는다. 그러므로 경영자의 중요한 과업 중의 하나는 권한, 책임, 의무가 서로 균형을 유지하도록 하는 일일 것이다. 이를 해결하기 위한 한 가지 방안은 과정관리(process management)를 지양하고 목표관리(management by objective)를 도입하여 부하들에게 목표달성의 책임을 스스로 지도록 한다면 권한에 상응하는 책임의 문제는 자연히 해결될 수 있을 것이다.

조직의 구성요소 중에 가장 중심은 직무이다. 직무는 일과 사람이 결합되어 조직을 형성한다. 직무는 책임과 권한의 출발점이 되며, 책임은 의무를 수반하기 마련이다. 이러한 관점에서 [그림 11-1]은 하나의 직무에 권한·책임·의무의 삼면등가의 관계가 있음을 나타낸다.

[그림 11-1] 직무의 3면등가의 법칙

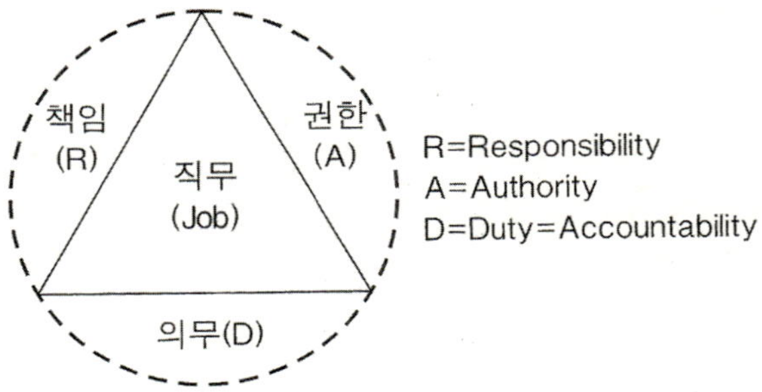

3 공식조직과 비공식조직

1) 공식조직과 비공식조직의 의의

공식조직(formal organization)이란 일정한 목표를 합리적으로 달성하기 위하여 인위적·의식적으로 만들어진 기업의 조직도(organization chart)나 사규 혹은 직제에 규정된 조직을 의미한다. 이에 반하여 비공식조직(informal organization)은 조직 내에서 개인과 집단의 본능적인 욕망이나 사회적 욕구를 충족시키기 위해서 자연발생적으로 형성된 자생적 조직을 뜻한다. 사이먼(H. A. Simon)은 일찍이 비공식조직을 "공식조직 내에서 결정에 영향을 주면서도 공식적 구도에서는 생략되어 있거나 그것과 일치하지 않는 조직 내의 대인관계"라고 표현함으로써 그 기능의 중요성을 역설한 바 있다. 그러나 비공식조직의 존재가 처음으로 인식된 것은 메이요(E. Mayo) 교수 등에 의한 호손실험(Hawthorne experiment)이 실시된 이후이다.

따라서 공식조직과 비공식조직은 상호 공존하면서 분리할 수 없는 필연적인 요소이기 때문에, 만일 경영자가 공식조직에만 집착한다면 오히려 조직의 발전에 해가 되는 일이 발생할 수 있다. 경영자는 비공식관계가 공식조직에 유익한 영향을 미칠 수 있음을 인식하여야 한다. 그러므로 기업이 비공식조직에 어느 정도 관심을 갖고 방침을 세우느냐에 따라 조직운영의 성패가 좌우된다고 보아도 틀림이 없을 것이다.

공식조직과 비공식조직은 조직의 논리와 그 발생원인 등이 각각 다르지만 그 특징을 비교·요약해 보면 〈표 11-1〉과 같다.

표 11-1 공식조직과 비공식조직의 비교

구 분	공식조직	비공식조직
조직의 논리	합리성, 능률논리	비합리성, 감정논리
형성원인	인위적 형성	자연발생적
조직의 파악과 유지	조직도와 직제상 명시, 외재적 질서로 유지	동태적인 인간관계에서 발생하기 때문에 파악하기 어렵고, 내재적 질서로 유지
조직의 범위	조직 전체적인 실시	부문 또는 계층의 소집단

2) 비공식조직의 역할

비공식조직은 경영활동에서 다음과 같은 긍정적인 역할을 한다.

① 비공식적 조직은 집단이 중요시하고 있는 문화적·사회적 가치를 영속화시켜 집단결속을 보존시켜 준다.
② 비공식조직은 공식조직으로부터 얻을 수 있는 귀속감과 안정감을 제공해 준다.
③ 비공식조직은 구성원들 간의 의사소통체계를 촉진시킨다.
④ 비공식조직은 집단 내·외의 행동을 규제하고 그에 영향을 줌으로써 사회적 통제를 가한다.

이상과 같은 긍정적 측면만 있는 것이 아니라 다음과 같은 부정적 측면도 있기 때문에 조직의 효율성을 고려할 때 이를 효과적으로 관리하는 것이 중요하다.

① 지나친 비공식조직의 활성화는 조직문화에 방어적이며 변화에도 저항적인 태도를 갖게 되어 조직발전을 저해할 수 있다.
② 비공식집단이 그들의 목표만을 추구하게 되면 자연히 공식집단의 목표가 소홀히 될 우려가 있어 마찰이 발생한다.
③ 비공식집단의 구성원들 간에 유언비어와 동조(conformity)를 촉구함으로써 종업원의 창의성과 솔선수범을 방해할 수 있다.

제 2 절 조직화의 원칙과 과정

1 조직화의 중요성과 단계

1) 조직화의 중요성

경영자는 어떠한 규모나 유형의 조직에서도 효과적인 조직화를 통하여 경영성과를 높여야 한다. 왜 조직화를 해야 되는가, 경영자는 조직화를 훌륭하게 함으로써 다음과 같은 효과를 얻을 수 있기 때문이다.

① 업무의 흐름을 명확히 해 준다.
② 개인별 직무에 대한 지침을 제공한다.
③ 각 직무를 성공적으로 수행하기 위한 행동체계를 마련함으로써 계획수립과 통제에 도움이 된다.
④ 의사소통과 의사결정을 위한 경로를 수립한다.
⑤ 직무의 중복과 과업에 대한 갈등을 제거해 준다.
⑥ 각 구성원의 활동을 조직목표에 연결시킴으로써 직무수행성과를 증대시킨다.

2) 조직화의 단계

경영자가 조직화 과정에서 해야 하는 의사결정은 다음과 같은 5단계를 거친다.

① 제1단계: 전체 업무의 명확화

조직의 목표를 효과적으로 하기 위해서는 우선 수행되어야 할 전체 업무(work)를 명확히 파악해야 한다.

② 제2단계: 직무의 분할

조직전체의 업무를 개인이나 집단이 적절히 수행할 수 있도록 논리적으로 나눈다.

③ 제3단계: 직무의 집단화-부문화

구성원들이 맡을 업무의 성격에 따라 유사하거나 관계가 깊은 사람들을 집단화하여 관리해야 한다. 이를 부문화(departmentalization)라고 부른다.

④ 제4단계: 조정

구성원의 일들이 통일되고 조화된 전체로 조정되기 위한 어떤 메커니즘을 설정한다. 따라서 조직전체의 목표를 효과적으로 달성하기 위해 조직 내의 독립적인 부문 간의 조정(coordination)이 필요하다.

⑤ 제5단계: 수정

조직의 성과를 향상시키기 위해서는 피드백 과정인 수정단계가 있어야 한다. 조직화는 지속적인 과정이기 때문에 앞의 4단계에 대해 정기적인 평가가 필요하다. 조직이 성장하고 상황의 변화에 적응하기 위해서는 그때마다 유효성과 능률성이 유지되도록 조직구조도 변경되어야 할 것이다.

2 조직화의 원칙

경영자는 조직의 구성원들이 맡은 직무를 능률적으로 협동하여 수행함으로써 기업의 목표를 효과적으로 달성하도록 일정한 원칙에 의하여 조직화를 하여야 한다. 조직화의 원칙은 조직의 편성과 조직의 발전에 있어 지켜야 할 원리이다. 그러나 이러한 조직화의 원칙은 조직의 규모나 환경에 따라서 변화될 수 있다. 가장 널리 알려진 조직관리의 일반적인 원칙을 제시하면 다음과 같다.

1) 전문화의 원칙

전문화의 원칙(principle of specialization)은 조직구성원에게 가능한 한 가지의 특정 업무를 전문적으로 수행하도록 일을 분담시켜야 한다는 원칙이다. 이를 '분업의 원칙'이라고도 하는데, 분업과 동시에 전문화가 달성되므로 양자는 동의어로 사용될 수 있다.

일반적으로 업무의 전문화를 수행함으로써 성과가 단기간에 증대될 수 있다. 그러나 장기적인 관점에서는 각 구성원들의 자기실현의 기회를 저지하고 잠재력을 개발할 기회를 박탈한다는 점에서 문제가 있다.

2) 권한과 책임의 원칙

권한과 책임의 원칙(principle of authority and responsibility)은 조직에서 각 구성원의 직무분담에 관한 책임과 권한의 상호관계를 명확히 하여야 한다는 원칙이다. 이는 조직구성원에게 직위에 따른 직무가 할당되면 그 직무를 수행할 수 있는 권한이 주어져야 하고, 권한행사의 결과에 대한 책임도 함께 수반되어야 한다는 것이다.

그러므로 이 원칙은 '권한과 책임의 대응원칙' 또는 '직무 삼면등가의 원칙'이라고도 부른다.

3) 권한위양의 원칙

권한위양의 원칙(principle of delegation of authority)은 권한을 가지고 있는 상위자가 하위자에게 직무수행을 위한 일정한 권한까지도 위양하는 것을 말한다.

이러한 원칙은 조직의 규모가 확대되고 복잡하게 되어 상위자에게 권한이 집중되는 경우에, 상위자는 일상적이고 세부적인 업무에 대한 권한의 일부를 하위자에게 위양함으로써 보다 중요한 업무에 전념할 수 있게 된다. 이를 '예외의 원칙'(principle of exception)이라 한다. 따라서 하위자는 위양받은 범위 내에서 자유롭게 권한을 행사하여 창의적으로 업무를 수행할 수 있어 사기진작을 도모할 수 있다.

4) 감독한계의 원칙

감독한계의 원칙(principle of span of control)은 능률적인 감독을 하기 위해서는 한 사람이 지휘·감독할 수 있는 부하의 수를 적정하게 제한해야 한다는 원칙이다.

감독의 범위가 너무 광범위한 경우에는 의사소통 및 감독과 조정이 곤란해져서 조직능률이 저하되는 반면 감독의 범위가 너무 적을 때는 지나친 감독으로 인하여 하위자의 창의성과 자주성의 발휘가 방해된다.

적정한 감독의 범위에 대해서는 일정한 기준이 있는 것은 아니며, 그것은 관리자의 개인적 능력차이, 직무내용, 하위자의 능력, 의사소통의 난이도 등 조직의 여건에 따라 결정되어야 하겠지만 일반적으로 상위직위에서는 4~8명, 하위직위에 있어서는 8~15명이 적당하다.

5) 명령일원화의 원칙

명령일원화의 원칙(principle of unity of command)은 각 구성원에게 분담된 업무가 조직의 공통목표에 결부되고 또한 조직질서를 유지하기 위하여, 한 사람의 하위자는 1인의 직속상위자로부터 명령과 지시를 받아야 한다는 원칙이다. 만약 명령계통이 일원화되지 못하여 이중적인 체계가 형성된다면 명령에 복선이 생겨서 조직의 질서가 혼란해지고, 나아가서는 각 구성원의 책임이 모호해져 조직능률이 저하될 수 있다.

6) 직능화의 원칙

직능화의 원칙(principle of functionalization)은 전문화의 원칙에 따라서 부문화(departmentation)를 할 경우에 업무의 종류와 성질에 따라 업무를 분류하는 것을 말한다. 종래의 인간본위의 조직형성을 탈피하여 직능중심의 조직을 형성할 수 있도록 직무를 분석하여 직무에 맞게 사람을 충원(staffing)해야 한다는데 이 직능화 원칙의 취지가 있다.

그러므로 직무에 따라 적합한 사람이 선발·배치되면 조직은 보다 효율적으로 성과를 달성할 수 있을 것이다. 그리고 이와 같은 원칙에 의해서 관리조직을 형성해 나가는 제도가 직계제도(job classification system)이다.

7) 조정의 원칙

조정의 원칙(principle of coordination)은 조직의 각 구성원이 분담하는 업무가 기업 전체적인 관점에서 가장 효과적으로 수행될 수 있도록 상호 통합되어야 한다는 원칙이다. 현대경영은 조직의 능률을 향상시키기 위하여 전문화의 원칙과 부문화를 추구하고 있다. 이로 인하여 부문 간에 상이한 목표로 인하여 발생할 수 있는 마찰을 최소화하고 협동적인 인간관계를 통해 조직운영에 효율성을 제고하기 위해서는 조정의 원칙이 불가피하다.

3 조직의 분화과정

기업의 조직화 과정은 업무활동을 분화하는 과정으로부터 시작되며, 이러한 분화과정은 수평적 분화과정과 수직적 분화과정으로 나누어진다.

1) 수평적 분화과정

이는 목표달성을 위한 기본활동으로 업무의 종류에 의해 분화하는 과정을 말한다. 여기에는 다음과 같은 세 가지 형태가 있다([그림 11-2] 참조).

(1) 1차적 분화(직능적 분화와 단위적 분화)-라인(line)부문의 형성

기업의 목적을 달성하기 위하여 수행되어야 할 기본적인 활동이 1차적으로 분화되어 라인 부문이 형성된다. 이와 같은 1차적 분화는 다시 직능적 분화와 단위적 분화로 나누어진다.

① **직능적 분화**: 기업경영활동의 가장 기본적 직능인 구매·제조·판매활동이 순환과정에 따라 수행되도록 하는 직능별 분화를 말한다. 이러한 분화에 의하여 구매부·제조부·판매부 등의 부문이 형성된다. 직능적 분화는 경영활동 그 자체를 대상으로 하여 순환과정의 단계에 따라 분화한 것이므로 부문별로 관리적 통일성을 유지하고 있는 것을 전제로 경영활동이 전개된다.

② **단위적 분화**: 조직이 독자적인 수행능력을 유지하는 구성단위별로 분화한 것이다. 즉 업무를 지역별·고객별·제품별로 분화하는 것을 말한다. 이러한 분화는 기업이 대규모화함에 따라 다양한 제품이나 지역별로 독자적 시장을 가지고 분화하는 사업부제조직을 그 대표적인 예로 들 수 있다.

(2) 2차적 분화(요소적 분화)-전문스태프(special staff) 부문의 형성

1차적 분화에 의해서 라인 부문이 형성된 다음 업무수행에 필요한 구성요소를 기준으로 분화하는 과정을 2차적 분화 또는 요소적 분화라고 한다. 기업의 경영활동은 인적·물적·자본적·기술적 요소들이 상호결합됨으로써 형성된다. 이는 경영의 기본요소이면서 동시에 종업원 업무의 구성요소라고 볼 수 있다.

이에 따라 인사부·경리부·총무부·기술부 등이 형성되고 이들은 관리부문의 전문 스태프로서 전문적 기술과 관리기법을 가지고 라인 부문을 조언·조력하는 역할을 담당하게 된다.

(3) 3차적 분화(과정적 분화)-관리 스태프(management staff) 부문의 형성

이는 관리과정에 따라 분화하는 형태이다. 위의 직능적 분화 및 요소적 분화에 의해서 형성되는 직무에는 그 내용에 관계없이 공통적으로 존재하는 활동의 국면이 있는데, 그것은 계획·조직·지휘 및 통제 등의 관리과정으로 구성되어 있다. 이와 같은 관리과정에 따라 분화가 이루어지는 것을 3차적 분화 또는 과정적 분화라 한다. 과정적 분화에 의하여 기획부·조사부·통제부 등이 형성되며, 이들은 관리직능에 대하여 라인 부문에게 조언을 해주는 관리 스태프 부문을 형성한다.

[그림 11-2] 경영직능의 수평적 분화과정

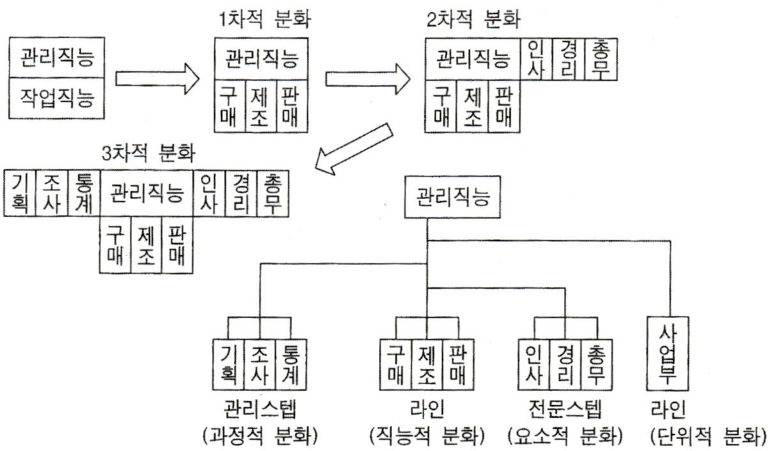

2) 수직적 분화과정

기업경영에 있어서 업무활동은 업무종류에 의하여 수평적으로 분화될 뿐만 아니라 계층별 구분에 의하여 수직적 분화가 이루어진다. 수직적 분화는 먼저 관리직능과 작업직능으로 나누어지는데, 관리직능은 조직의 계층화 원칙, 감독한계의 원칙에 따라 최고경영직능, 부문관리직능 및 현장관리직능으로 나누어진다.

(1) 관리직능의 분화

① **최고경영직능의 분화**: 기업 전체의 관점에서 기업의 목표를 설정하고, 그에 따라 기본 방침과 계획을 수립하며 이를 수행하는 조직을 편성하고 중간경영층을 지휘·통제하는 최고관리직능이 분화하는 형태이다.
이러한 최고관리직능의 분화에 따라 최고경영층(top management zone)이 형성된다. 최고관리직능은 다시 신탁직능(trusteeship function)과 전반관리직능(general management function)으로 세분된다.

② **부문관리직능의 분화**: 최고경영층에 의해서 결정된 기본방침과 계획에 따라서 각 부문에 대한 집행방침을 결정하고 실행계획을 수립하여 현장관리층에게 이를 수행할 수 있도록 전달하며, 적절한 시기에 이의 수행에 대하여 전반경영층에게 보고하고 자료를 제공하는 부문관리직능의 분화이다.
이는 최고관리직능이 기업전반에 관련된 것임에 반하여 기업의 특정 부문과 직접적으로 관련된다는 점에서 다르다. 이러한 부문관리직능의 분화에 따라 중간경영층(middle management zone)이 형성된다.

③ **현장관리직능의 분화**: 각 부문의 방침과 계획에 따라 작업현장에서의 계획 및 지휘·통제를 하는 현장관리직능의 분화형태로서 실제적인 업무진행과정과 관련하여 요구되는 감독기능이 강조된다. 이러한 현장관리직능의 분화에 따라 하위경영층(lower management zone)이 형성된다.

(2) 작업직능의 분화

이는 작업현장에서의 작업을 중심으로 하는 직능의 분화로서 제조업의 경우에 원재료를 구입(구매)하여 가공을 하고(제품), 제품을 판매하는 업무(마케팅) 등의 개별작업을 말한다. 작업조직의 분화는 실제로 작업을 실시하는 종업원 개개인을 의미한다. 이상에서 우리는 기업의 업무활동이 수평적·수직적 분화를 통해서 조직이 편성되는 과정을 보았다. 이를 표시하면 다음 [그림 11-3]과 같다.

[그림 11-3] 조직화의 과정과 조직구조

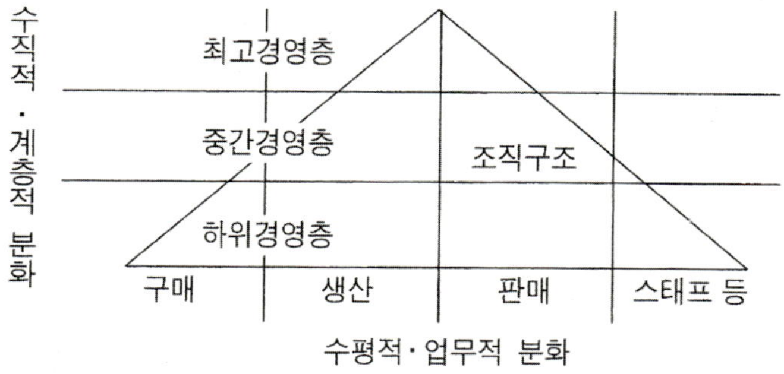

4 라인과 스태프

1) 라인과 스태프의 의의

라인과 스태프는 경영조직의 기본개념으로서 기업 내부의 권한관계(authority relationship)의 성격에 따라 분류된다. 일반적으로 경영조직의 수평적 분화과정에서 1차적 분화에 따라 라인(line: 직선 또는 직계)이 형성되는 부문(구매부·판매부·생산부 등)을 라인 부문(line department)이라 한다. 라인 부문은 경영활동을 직접 집행하는 이른바 집행활동의 계층에 속하는 부문이다. 한편 스태프(staff: 참모)는 조직의 2차적 분화와 3차적 분화에 의하여 형성되는 부문(기획부·총무부·경리부 등)으로서 스태프 부문(staff department)이라 한다. 스태프는 라인에 대하여 조언과 조력(advice and service)을 함으로써 라인 활동을 보다 더 효과적으로 촉진하는 역할을 담당한다.

그러나 오늘날 대규모화된 조직에 있어서 스태프 기능이 강화되는 경향이 있다. 스태프는 조직의 특정 부서에서 직무를 수행하든간에, 자기의 특수기능에 한

하여 라인에 대해서 명령을 내릴 수 있는 권한을 행사하는데, 이를 직능적 권한(functional authority) 내지 특화된 권한(specialized authority)이라 한다.

결국 라인과 스태프는 상호보완적인 기능으로 조직의 목표달성을 용이하게 하는데, 라인은 집행기능, 그리고 스태프는 조언·조력의 기능에 국한하여 공헌한다. 그러므로 라인과 스태프의 관계에는 균형이 필수적이며 균형을 상실한 경우에는 그 영향이 조직목표에 미치게 된다.

라인과 스태프의 구별은 역할의 할당에 기초하여 기능과 권한관계라는 두 요인을 중심으로 구별된다. 이렇게 라인과 스태프를 구분함으로써 경영자의 상호관계가 잘 조정되고 기업의 목표를 효과적으로 달성할 수 있다. 따라서 라인과 스태프를 명확히 구분할 필요가 있다.

라인과 스태프를 구분하는 이유는 다음과 같이 설명할 수 있다.

① 전문화된 원조와 서비스의 제공

경영관리의 규모증대와 관리절차의 복잡화는 경영자의 직무수행과정에서 전문적인 지식과 기술 및 관리기법을 갖고 있는 전문가의 원조와 서비스가 필요하게 마련이다. 따라서 경영자가 효과적으로 경영을 하기 위해서는 경영의 전반적인 관리측면에서 스태프의 전문적인 지식과 기술의 원조가 필요하다.

② 적절한 견제와 균형의 유지

조직운영을 효과적으로 통제하기 위해서는 각 개인 및 부문별로 할당된 직무와 권한의 상호간에 일정한 견제가 요구된다. 동시에 라인이 집행기능을 견제하여 권한의 균형을 유지하기 위해서는 스태프 부서의 존재가 필요하다.

③ 책임성의 확보

조직 내의 모든 직위는 조직의 목표달성을 위해 유기적이고 상호 보완적인 관계에 있다. 따라서 개별직위의 책임성이 결여될 경우에는 전체의 조직목표에 영향을 미치게 되므로, 업무수행의 최종결과에 대한 개인적 책임의 소재를 명확히 하기 위하여 라인과 스태프의 관계를 구분할 필요가 있다.

2) 스태프의 종류

스태프가 수행하는 업무내용에 따라 개인 스태프, 전문 스태프 및 관리 스태프로 분류할 수 있으며, 일반적으로 전문 스태프는 중간경영층에서 그리고 관리 스태프는 최고경영층에서 주로 활용된다.

(1) 개인 스태프

개인 스태프(personal staff)는 전문적인 지식과 기술을 갖고 특정한 관리자의 직무수행을 돕기 위해서 조언·조력을 제공하는 보좌직위이다. 이의 가장 큰 특징은 특정 관리자만을 보좌하는데 있고, 전문적인 사항보다는 일반적이고 종합적인 사항에 대해서 조언하고 조력한다. 이러한 개인 스태프는 라인 보조자(line assistant)와 스태프 보조자(staff assistant)가 있다.

(2) 전문 스태프

전문 스태프(specialized staff)는 전문적 직능에 속하는 사항에 대하여 라인 부문이나 다른 스태프에게 조언과 조력을 제공하는 권한과 책임을 가지는 스태프이다. 따라서 개인 스태프와는 달리 특정 직위에 대해서 뿐만 아니라 조직전체에 대해서 조언과 조력을 할 수 있다.

전문 스태프가 가지는 일반적 권한에는 ① 타부문을 위해 작업적 성격의 지원을 제공하는 서비스 권한(service authority), ② 전문 스태프가 가지고 있는 전문적 지식 및 기술에 대하여 타부문에 조언, 상담, 원조, 지도 및 권고 등을 하는 조언 권한(advisory authority), ③ 직능적인 전문사항에 대하여 지시와 통제를 할 수 있는 직능적 권한(functional authority)이 있다.

(3) 관리 스태프

관리 스태프(management staff)는 라인 부문의 전반적 관리직능에 대하여 조언과 조력을 하는 스태프이다. 특히 최고경영층의 전반관리직능에 대해서 조언하는 관리 스태프를 일반 스태프(general staff)라고 한다. 이러한 관리 스태프는 기업이 대규모화되고 업무내용이 복잡화되면서 기업전체적인 관점에서 계획, 조직 및 통제와 같은 분야에서 관리적 조언과 자문을 필요로 함에 따라 등장한 스태프의 유형이라 할 수 있다.

군대조직에서 참모부 제도가 바로 이러한 일반 스태프의 개념을 도입한 것이라고 볼 수 있다.

3) 라인과 스태프의 갈등관리

라인과 스태프는 상호 유기적이고 보완적 관계에 있지만 목표지향적 활동에서는 그 본질적 기능을 인식하지 못할 때 상호 갈등이 발생하는데, 그 원인은 다음과 같다.

① 라인 부문 직능의 배제 혹은 축소

경영규모의 확대와 업무의 복잡화는 스태프 부문의 기능이 강화됨으로써 통제의 성격을 띠게 된다. 이는 라인의 기능을 상대적으로 축소시키는 결과를 초래하게 되어 소외감과 좌절감을 갖게 한다. 이를 라인과 스태프 간의 불균형성이라 한다.

② 변화에 대한 저항

스태프는 계획을 수립할 때에 비판적이고 혁신적인 성격에 중점을 두려고 하지만 라인 관리자는 이러한 비판에 의한 변화를 싫어하고, 자신의 직무에 대한 위협적인 존재로 보게 된다.

③ 의사소통경로상의 위치

스태프는 자신의 주임무가 권한이나 명령관계가 아니라 아이디어를 제공하는 조언자의 입장임에도 불구하고 우월감을 갖게 되어 라인은 이러한 스태프의 조언을 싫어한다. 하지만 이상과 같은 라인과 스태프의 갈등이 발생하게 되는 것은 자연적인 현상이다.

이러한 갈등은 라인과 스태프의 기능에 대한 명확한 인식에서만 해결이 가능한데 갈등을 해결하기 위한 구체적인 방안은 다음과 같다.

① 상호 의존성의 이해와 강조

라인과 스태프의 업무와 책임한계를 명확하게 규정한 후에 업무 자체가 상호 유기적이고 의존성이 있음을 인식시켜 상호 협조하는 보완적 관계에 놓여있다는 것을 강조해야 한다.

② 정기적인 순환근무제 실시

라인과 스태프의 구성원을 정기적으로 교대 근무시켜 두 부문의 업무를 상호 이해시킨다.

③ 이해력과 판단력의 증진에 의한 협력태도 배양

스태프는 라인 부문 관리자에게 보다 효과적인 성과의 달성을 위해 지원하고 있는 협력자임을 이해시켜야 한다. 그리고 라인과의 긴밀한 접촉을 통해서 현실적인 판단을 하고, 라인 부문에게 필요한 정보와 자료수집에 도움을 줄 수 있는 협력적인 태도를 갖도록 해야 한다.

④ 대우에 있어서 균형유지

라인과 스태프에 대한 임금, 승진 등의 문제에 있어서 균형을 유지하도록 한다.

제 3 절 경영조직구조의 유형

조직의 형태는 다양한 양상을 이론적으로 보여주고 있으나, 이는 전통적인 형태와 특수적 형태로 집약화될 수 있다. 전통적인 형태로는 라인 조직, 기능식 조직, 라인 앤 스태프 조직이 있으며, 또 다른 특수형태의 조직으로 위원회 조직, 프로젝트 조직, 사업부제 조직, 매트릭스 조직 등이 있다.

1 전통적인 조직유형

조직구조의 기본형태에는 라인 조직, 기능조직 및 라인과 스태프 조직 등 세 가지 형태가 포함된다.

1) 라인 조직

라인 조직(line organization)은 명령일원화의 원칙을 중심으로 상위자의 권한과 명령이 직선적·계층적으로 하위자 또는 일선작업자에게 직접 전달되는 조직구조이다.

여기서 하위자는 상위자의 권한위양이나 명령 없이는 활동을 할 수 없는 단순한 조직형태로서 편성하기가 쉽다. 이와 같은 조직은 중소기업이나 서비스 기업 형태에서 많이 이용되며, 군대에서 기본적인 구조로 채택하기 때문에 군대식조직(military organization) 또는 계선식조직, 직계조직이라고도 한다.

라인 조직은 다음과 같은 장·단점을 지닌다.

〈라인 조직의 장점〉

① 명령지휘계통이 단순하다.
② 각 구성원의 책임, 의무 및 권한이 명확히 규정된다.
③ 경영전체의 질서를 확립할 수 있다.
④ 의사결정의 신속성을 기대할 수 있다.

〈라인 조직의 단점〉

① 감독자가 여러 업무에 책임을 지므로 전문화가 결여되어 있다.
② 감독자는 만능이 되어야 하므로 감독자 양성이 어렵다.
③ 각 부문 간에 있어서 독립성이 강하므로 유기적인 조정이 어렵다.
④ 하위관리자의 의욕상실과 창의력이 결여되는 단점이 있다.

2) 기능식 조직

기능식 조직(functional organization)은 라인 조직의 단점을 보완하기 위하여 테일러(F. W. Taylor)의 기능식직장(functional foremanship)제도에서 출발하였다. 이는 수평적 분화관계에 중점을 두고 관리자의 업무를 기능화의 원칙 또는 기능별 전문화의 원칙에 따라 부문별로 전문적인 관리자를 두고 지휘·감독하는 조직형태이다.

이 조직은 기능별 부문화에 의해 관리직능을 분화하여 기획직능과 집행직능으로 나누어 작업능률의 효과를 증대시키기 위해 전 직능의 유기적인 연결을 도모한다는 점이 그 특징이라 할 수 있다.

기능식 조직이 갖는 장·단점은 다음과 같다.

〈기능식 조직의 장점〉

① 종업원 양성기간을 단축시킨다.

② 각 종업원에게 정확한 과업을 부여할 수 있다.

③ 종업원에 대한 작업지도가 쉬워 미숙련공을 활용할 수 있다.

〈기능식 조직의 단점〉

① 명령통일의 원칙이 제대로 확립되지 않아 조직의 질서유지가 어렵다.

② 전문적 기능에 대한 합리적인 분할이 불명확한 경우 책임전가의 위험이 있다.

③ 각 기능이 지나치게 전문화되면 간접 관리비가 증대된다.

3) 라인 앤드 스태프 조직

라인 앤드 스태프 조직(line and staff organization)은 과학적 관리법의 운동을 적극적으로 지원한 에머슨(H. Emerson)이 테일러의 기능식 조직의 형태를 변형·개발시켜 제안하였다. 이 조직은 테일러의 기능식 조직의 기능화의 원칙과 명령의 일원화원칙을 조화시켜 스태프의 권한을 조언·조력에 한정시켜 고려한 조직형태이다.

따라서, 이는 직계참모조직 또는 참모식 조직이라고도 하며, 이 조직형태에서 스태프는 기획·조사·연구부문에서 라인 활동의 전문적 사항에 대하여 조언하는 권한을 가지고 있으며, 라인은 라인의 전형적인 명령과 집행을 가짐으로써 근본적인 기능식 조직의 단점을 보안하고 있다. [그림 11-4]에서 볼 수 있듯이 라인 앤드 스태프 조직은 라인 조직의 기본을 유지하면서 스태프의 조언기능이 부가되어 있다.

[그림 11-4] 라인 앤드 스태프 조직의 구조

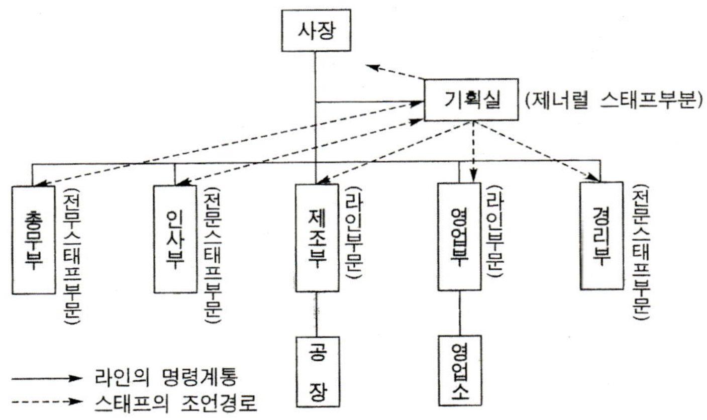

〈라인 앤드 스태프 조직의 장점〉

① 직능에 대한 전문적 지식을 활용하면서 명령일원화의 원칙을 유지할 수 있다.
② 라인 부문 관리자들은 스태프의 전문적 지식 및 경험의 지원을 받을 수 있어 더 효과적인 활동이 가능하다.
③ 라인 조직이 유지될 수 있어 라인 조직의 장점을 지닌다.

〈라인 앤드 스태프 조직의 단점〉

① 라인과 스태프 조직 간의 마찰이 발생하면 경영활동의 수행에 장애가 된다.
② 스태프 조직의 설치로 인한 간접비가 증대된다.

2 조직구조의 특수형태

조직의 기본형태를 제외한 조직형태를 조직의 특수형태라 보고, 이를 위원회조직, 프로젝트 조직, 사업부제 조직, 매트릭스 조직으로 나누어 설명하고자 한다.

1) 위원회조직

위원회조직(committee organization)은 특정한 정책결정이나 과제의 합리적인 해결을 목적으로 각 경영계층에서 관련된 사람을 선출하여 위원으로 임명하고, 그 위원들이 모인 집단을 사내에서 공식적인 제도로 인정·활용하는 조직형태라고 정의할 수 있다. 이는 집단이 공동으로 판단함으로써 더 건전한 결론에 도달할 수 있으며, 여러 부문에 공동으로 연계되어 있는 문제를 보다 현실적으로 해결하고 또한 한 사람에게 지나치게 강한 권한이 부여되지 않도록 하기 위하여 의사결정에 집단토론방법을 도입한 조직형태이다. 따라서 회의식조직이라고도 부르며, 여기에서 결정된 정책이나 계획 및 방침은 관리활동에서 실현 및 반영되는 것이 일반적인 현상이다.

〈위원회조직의 장점〉

① 각 부문의 정보를 반영할 수 있다.
② 각 부문 간의 이해관계를 반영할 수 있다.
③ 다양한 지식과 경험이 교환되며, 중복을 피하고 핵심적인 내용을 활용할 수 있다.

〈위원회조직의 단점〉

① 회의 과정에서 시간낭비 및 기동성이 결여된다.
② 책임부재로 불성실한 결정이 조장된다.
③ 개인적 창의성을 저해한다.

2) 프로젝트 조직

프로젝트 조직(project organization)은 1950년대에 등장한 조직으로 미공군의 항공기 시스템, 미해군의 핵잠수함, NASA의 우주항공계획 등에서 활용된 후에 일반기업에 파급되었으며, 이는 특정과제를 해결하기 위하여 일시적이며 간헐적으로 형성되는 조직형태이다. 프로젝트 조직은 태스크포스(task force), 태스크팀(task team)이라고도 불리우며, 경영관리상 비반복적으로 일어나는 특정한 과업(예: 공장건설, 신제품개발, 신시장개척 등)의 수행을 위하여 일정기간 동안 모였다가 그 프로젝트가 완료되면 다시 원대복귀하는 일시적인 작업집단으로서 동태적 조직의 한 형태이다. [그림 11-5]는 프로젝트 팀 조직구조의 예가 된다. 이와 같은 조직은 오늘날처럼 기술변화의 속도가 빠르게 진행되고 있는 경영환경 속에서 기업활동을 효과

[그림 11-5] 프로젝트 팀의 조직구조

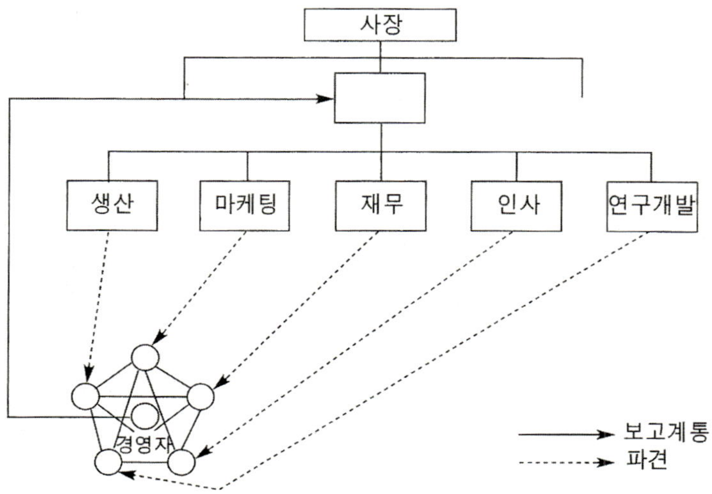

적으로 수행하기 위하여 동태적인 개방 시스템을 갖추어야 하는 기업에 있어서 그 중요성이 크게 부각되고 있다.

프로젝트 조직을 효과적으로 실현하기 위해서는 확고한 책임자 중심의 계획과 추진이 절대로 필요하다. 프로젝트 조직은 다음과 같은 특징을 갖는다.

첫째, 프로젝트 조직은 경영활동을 프로젝트별로 분화하고 이것을 중심으로 제 기능을 시스템화한 것이다.

둘째, 프로젝트 조직은 특정한 프로젝트를 수행하기 위한 일시적이고 잠정적인 조직이다.

셋째, 프로젝트 조직은 라인 조직의 한 형태이기 때문에 프로젝트 책임자가 라인의 장이 되어 그 프로젝트에 대한 계획·집행 및 통제의 책임과 권한을 갖는다.

이러한 프로젝트 조직이 갖는 장·단점은 다음과 같다.

〈프로젝트 조직의 장점〉

① 프로젝트의 발생과 더불어 필요한 인원을 관련부서에서 모으고 불필요한 경우에 해산하므로 인원구성상 탄력성이 유지된다.
② 구성원들은 프로젝트의 목표달성을 지향하기 때문에 개인의 이해보다 과제해결에 우선하므로 사기를 높일 수 있다.
③ 환경변화에 대해 적응성이 높으며, 또한 조직상의 제도가 절차의 제약을 적게 받으므로 기동성이 촉진된다.
④ 프로젝트의 목표가 명확하므로 책임과 평가가 명확해 진다.

〈프로젝트 조직의 단점〉

① 프로젝트 조직이 전문가로 구성된 일시적인 혼성조직이므로 프로젝트 관리자의 지휘능력에 크게 의존하게 된다.
② 기존소속부문과 프로젝트 조직 간의 관계조정이 곤란하다.
③ 프로젝트 조직에 파견된 사람은 "선택된 사람"이라는 우월감을 갖게 되어 조직의 단결을 저해하는 나쁜 영향을 미칠 수 있다.
④ 단기지향의 분위기가 증가된다.

3) 사업부제 조직

사업부제 조직(divisional organization)은 권한위양의 원칙과 독립채산제를 기초로 한 분권적 조직이 연방적 분권제(federal decentralization system)로 발전한 대표적인 조직구조이다. 이는 시대적 요청과 기업의 대규모화, 다각화 그리고 기술혁신의 급속화로 빚어진 판매경쟁의 격화에 능동적으로 대처할 수 있는 조직구조의 하나로서 특히 대기업에서 기업의 활성화를 기하기 위해 크게 활용되고 있다. 이는 경영활동을 단위적 분화에 의해 제품별 내지 지역별(사업부)단위로 조직을 분화해서 이를 하나의 독립적인 사업처럼 운영하도록 권한과 책임을 위양하여 자주적인 이익중심점(profit center)으로 책임경영을 하는 조직구조이다. 따라서 대폭적으로 분권화된 조직형태로서 각 사업부는 라인 부문이 되며, 본사는 각 사업부를 전반적으로 관리하는 조직형태이다([그림 11-6] 참조).

[그림 11-6] 사업부제 조직의 구조

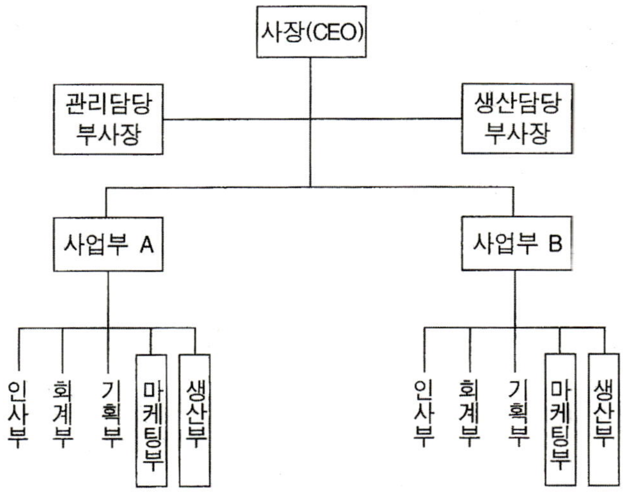

〈사업부제 조직의 장점〉

① 각 사업부가 하나의 소집단(small group)으로 운영되므로 관리자와 종업원 간의 상호작용관계가 더욱 밀접하여 능률이 향상된다.

② 각 사업부는 책임중심으로 운영되므로 경영성과에 대한 평가를 보다 합리적으로 할 수 있다.

〈사업부제 조직의 단점〉

① 연구개발, 회계 등과 같은 공통적인 직능을 각각 독자적으로 수행해야 하므로 공통관리비가 중복되어 발생한다.

② 각 사업부의 이익을 우선하는 경우 기업 전체의 이익이 희생될 수 있다.

③ 각 사업부가 동일고객을 대상으로 하는 경우 상호대립될 수 있다.

4) 매트릭스 조직

매트릭스 조직(matrix organization)은 기능식 조직과 프로젝트 조직의 결점을 보완하고 장점을 더욱 살리기 위해 등장한 조직형태로서 행렬조직이라고도 하며 [그림 11-7]은 매트릭스 조직의 예를 보여주고 있다.

[그림 11-7] 매트릭스 조직의 구조

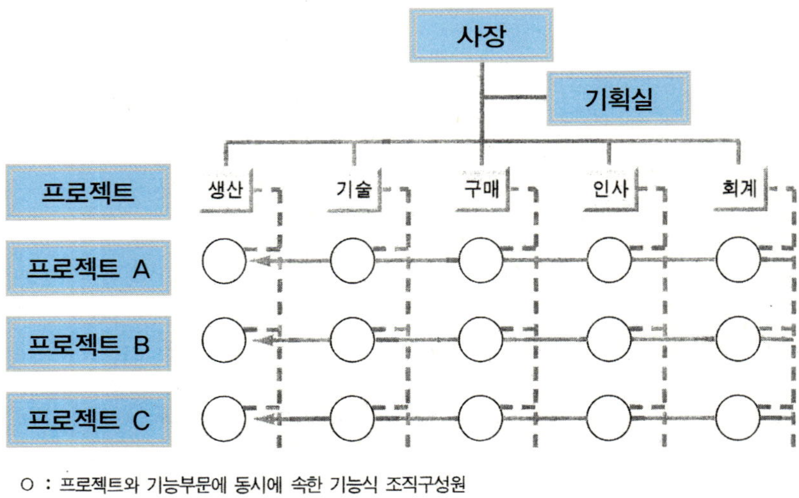

자료원: 김세중 외 3인, 전게서, p.352.

전통적인 기능식 조직은 업무의 분화정도가 높아 전문화가 높은 조직인데, 조직관리면에서 보아 환경변화가 크게 나타날 때 이에 대응하기가 어렵다. 따라서 조직의 환경대응 능력을 높이기 위하여 경영문제를 각 기능별로 분산하는 대신 프로젝트별로 나누어 각 프로젝트에 기능요소를 투입 활용토록 함으로써 문제해결 능력을 높이게 된다.

매트릭스 조직은 경영활동을 직능부문으로 전문화하면서, 전문화된 부문을 프로젝트로 통합시킬 수 있는 조직으로 마련된 것이다.[1]

이 조직에서는 구성원으로 하여금 종적으로는 기능식 조직의 일원이면서 횡적으로는 프로젝트 조직의 일원이 되어 두 조직에 동시에 소속된다. 따라서 기능구조의 역할과 프로젝트 구조의 역할을 동시에 수행해야 하는 이중적인 역할구조를 갖는다. 주로 경영컨설팅, 수출입업무, 광고회사 등에서 많이 활용되는 매트릭스 조직은 명령다원화의 특성과 2인 상사 시스템의 이중적인 권한구조를 갖는다는 것이 특징이다.

매트릭스 조직의 장·단점은 다음과 같다.[2]

〈매트릭스 조직의 장점〉

① 자원의 효율적인 활용이 가능하다.
② 시장의 변화에 대처가 용이하다.
③ 높은 질의 기술적 문제해결책 개발을 촉진한다.
④ 최고경영자는 권한위양으로 장기계획에 집중할 수 있다.

〈매트릭스 조직의 단점〉

① 2인의 상사 사이에 권력갈등의 가능성이 존재한다.
② 명령의 일원화가 지켜지지 않을 가능성이 있다.
③ 2인의 상사 가운데 누가 더 많은 권한을 갖게 되는지 불분명하다.
④ 팀 목표의 지나친 강조로 인해 조직 전체의 목적달성에 장애가 될 수 있다.

---

1) 윤대혁, 경영조직론, 탑북스, 2012, p.132.
2) 윤종훈 외 3인, 전게서, p.261.

제4절 조직변화와 조직개발

1 조직변화의 의의

조직은 환경과 상호작용하는 개방 시스템이다. 따라서 경영자들은 조직의 유지·존속을 위해서라도 외부환경의 끊임없는 변화요구에 적절히 대응하여 조직의 변화를 꾀하고, 그런 변화의 압력을 예측하여 어떻게 대응할 것인지에 대해 알고 있어야 한다.

조직변화란 조직을 구성하고 있는 여러 요인 가운데 어느 하나 혹은 그 이상이 변화하는 것을 말한다. 따라서 조직변화에는 작업일정이나 사내규칙을 바꾸는 중대한 것에 이르기까지 여러 가지가 포함될 수 있다. 조직의 변화를 유발하는 요인 또는 압력집단은 크게 조직외적 요인과 조직내적 요인으로 나누어 살펴볼 수 있다.

외적 요인에는 원가의 상승, 자원의 고갈, 노사분규, 정부의 규제, 이자율, 경쟁이나 소비자집단의 태도, 국제적 세력 등 주로 외부환경변화의 대부분이 모두 포함된다. 그리고 조직의 변화를 유발하는 요인은 조직외적 요인뿐만 아니라 새로운 기술이나 전략, 종업원의 태도와 행위, 또는 경영자의 태도 등 조직내적인 원천으로부터도 발생한다.

이러한 조직변화의 압력집단들은 내·외적 요인으로 독립되어 작용하기도 하지만 서로 관련되어 있을 때가 많다. 경영자는 이러한 변화유발 요인들의 관계를 조사하고 수용하여 적절히 대처하여야만 생존 및 성장을 할 수 있다. 조직의 변화압력에 대해 경영자가 취해야 할 입장은 단순히 무시하고 회피하려는 비생산적인 대처가 아니라, 조직활동을 근본적으로 바꾸기 위해 상당한 시간과 자원을 투입하는 등 계획적 변화를 위해 어떤 프로그램을 개발하고 실천해 나가는 생산적인 노력이 요구된다.

계획적 변화란 외부환경의 변화에 적응하거나 혹은 새로운 목표를 달성하는 데 도움이 되도록 체계적으로 노력하는 조직의 재설계를 말한다. 오늘날 기업경영자들에게 계획적 변화에 대한 노력이 보다 요구되고 있는 이유는 다음과 같다.

첫째, 환경변화가 조직생존에 위협을 주고 있기 때문에 필요하다.
둘째, 환경변화가 새로운 사업의 기회를 제공하고 있어서 필요하다.
셋째, 조직구조가 환경변화에 신속하게 적응하지 못하고 있기 때문에 필요하다.

따라서 경영자는 조직에서 창조성과 혁신을 촉진시켜 나갈 수 있는 소위 '변화 대리인'으로서의 역할이 요구된다.

2 조직변화의 과정과 관리

조직변화는 한 시점에서 이루어지는 사건이 아니라 과정이다. 따라서 조직변화를 보다 잘 이해하기 위해서는 조직을 바람직한 미래상태로 변환시킨 상태에서 조직변화과정의 단계, 변화에 대한 여러 가지 저항과 그런 저항을 극복할 수 있는지에 대해 살펴보아야 한다.

1) 조직변화의 단계

조직변화 과정은 [그림 11-8]에서 보는 바와 같이 3단계를 거친다.

[그림 11-8] 조직변화의 과정

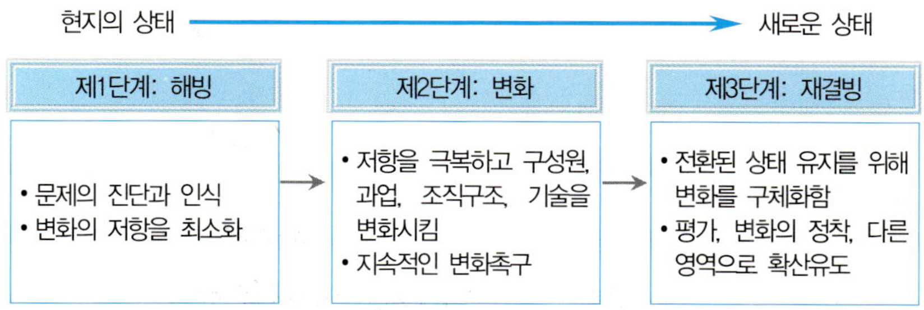

(1) 해빙단계(unfreezing phase)

조직변화를 위한 준비단계로 조직구성원들에게 변화의 필요성을 인식시키는 동시에 변화가 원만하게 진행되도록 준비하는 과정이다. 마치 얼음을 녹여 물을 만들 듯이 조직특성이나 종업원들의 태도 등을 변화시키기 위하여 우선 기존의 특성이나 태도가 달라져야 한다는 필요성을 인식하게 하고 변화에 대한 저항을 최소화시켜야 한다.

(2) 변화단계(changing phase)

이 단계는 조직을 변화시킬 담당자가 의도하는 바람직한 방향으로 새로운 행동패턴을 개발하거나 변화기법을 사용하여 조직의 변화를 시도하는 단계이다. 이 단계는 조직구성원으로 하여금 새로운 가치관을 통하여 행동양식, 조직구조, 기술이 어떤 것인지를 결정하게 하고 나아가 계속적인 변화를 촉구하도록 한다.

(3) 재결빙단계(refreezing phase)

이는 앞 단계에서 새로이 형성된 행동패턴을 계속 반복하고 강화시켜 조직 내에 자리잡도록 지원하는 과정이다. 이 단계에서 중요한 것은 시간의 흐름에 따라 종전의 상태로 되돌아가지 않도록 변화를 계속적으로 강화하는 노력과 환경조성이 요구된다.

2) 조직변화에의 저항과 관리

조직변화에 대한 저항의 원천과 그 저항을 관리하기 위한 방법들을 검토하여 보기로 한다.

(1) 조직변화에 대한 저항 원인

조직변화는 그 집행과정에서 구성원으로부터 많은 저항을 받게 되어 계획한대로 효과적으로 수행되지 못하는 경우가 많다. 그러나 성공적인 조직변화를 위해서는 저항의 원인을 찾아 극복하여야 한다.[3)]

① 변화의 원인과 결과에 대한 불확실성
② 익숙해져 있는 습관이나 프로그램화된 반응
③ 현존의 기득권 상실에 대한 두려움
④ 변화는 조직의 목표 및 관심사와 양립되지 않는다는 개인의 믿음

---

3) Robbins, S. P., D. A. DeCenzo, & M. Coulter, *op. cit.*, pp.225-226.

(2) 조직변화에 대한 저항관리

조직변화에 대한 저항을 관리하기 위하여 주로 사용되는 방법에는 다음과 같은 것이 있다.

① 교육과 의사소통을 통해 변화의 필요성을 인식시킨다.
② 변화를 계획하고 시행하는 과정에 조직구성원들을 참여시킨다.
③ 변화과정을 쉽게 하고 그 과정에 관련된 대상자들을 촉진 및 지원한다.
④ 변화에 저항할 것으로 예상되는 대상자들과 협상을 하고 동의를 구한다.
⑤ 변화를 받아들이도록 공개적·비공개적인 위협 또는 압력을 가한다.

지금까지 조직변화과정 단계와 조직변화에 대한 저항을 관리하는 방법을 살펴보았다. 경영자는 모든 변화과정에서 중요한 변화에 저항하는 세력과 변화를 추진하려는 세력이 있음을 인정하고 이에 관한 대책을 강구해야 한다. 경영자는 계획적 변화를 효과적으로 이루기 위해서는 조직변화를 지지하는 추진세력(driving forces)을 강화시키고 변화를 반대하는 억제세력을 약화시키는 방향으로 설계해야만 한다. [그림 11-9]는 레윈(K. Lewin)의 세력-장 이론(force-field theory)[4]을 이용하여

[그림 11-9] 세력·장의 분석

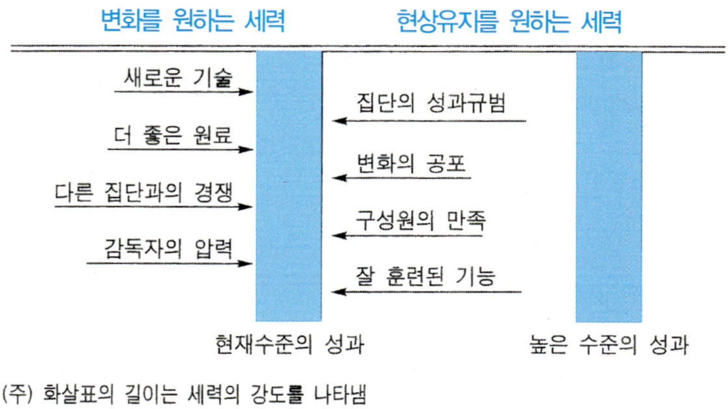

(주) 화살표의 길이는 세력의 강도를 나타냄

자료원: E. F. Hase and T. G. Cunnings, *Organization Development and Change*, 3rd(West Publishing Co., 1985), p.73.

4) Lewin, K., *Field Theory in Social Science*, New York: Harper & Row, 1951.

추진세력과 저항세력으로 구성된 세력-장 속에서 변화가 양자의 힘겨루기에 의해 결정되며, 양자의 균형상태가 이루어짐을 나타내고 있다. 즉 안정된 현재의 균형상태(equilibrium)에서 변화를 원하는 추진세력의 힘이 커지면 변화가 시도되고 오히려 현상을 유지하기를 원하여 변화를 반대하는 저항세력의 힘이 크면 변화가 시도되지 못한다는 것이다.

3) 조직변화의 접근방법

조직은 그의 생존을 위하여 환경에 대처하고 계획적인 조직변화를 추구해야 한다. 이러한 계획적 변화에 대한 접근방법에는 구조적 변화의 방법, 기술적 변화의 방법, 구성원 변화의 방법 등이 있다.

(1) 구조적 변화(structural change)

조직구조를 설계하고 개선함으로써 조직개발의 목적을 달성하려는 방법이다. 여기에는 세 분야로 나누어 이루어진다.

첫째, 고전적 조직설계(classical organizational design)에서는 구성원들의 직무책임을 명확히 하고 엄격한 분업화와 권한 라인의 확립을 통해 성과를 개선하려 한다는 관점을 유지하는 방법이다. 즉 관리범위, 직무기술, 책임분야, 보고관계 등의 변화를 통해 조직성과를 개선시키려는 것이다.

둘째, 분권화(decentralization)를 통해 보다 작은 독립된 조직을 만들어 구성원들을 조직에 집중시키고 사기를 높임으로써 조직성과를 개선시키는 방법이다. 이러한 분권화 조직은 조직의 과업과 외부환경에 맞추어 그의 구조와 기술을 적응하도록 한다.

셋째, 작업흐름의 수정(modification of the work flow)과 전문화 집단을 구성함으로써 사기와 생산성을 향상시키는 것이다.

이들 세 분야 이외에도 조직구조의 변화기법에는 보상체제의 변화, 업적평가 체계의 변화, 그리고 통제체계의 변화를 통해서도 조직변화를 이룰 수 있다.

(2) 기술적 변화(technological change)

대부분의 조직들은 기술적 변화를 요구받고 있다. 조직의 기술적 변화는 과업을 달성하기 위하여 이용되는 작업방법의 개선을 말한다. 여기에는 기계설비, 작업공정, 작업 간의 연결성, 정보처리체계 및 자동화의 형태 등이 포함된다. 최근에는 계량적인 방법과 관리정보 시스템의 활용이 요구되고 있다.

(3) 구성원의 변화(changing people)

이는 인적 자원의 변화를 통하여 조직변화를 도모하려는 것으로, 구성원들의 기능, 태도, 지각, 그리고 기대에 초점을 맞추어 그들의 행동에 직접적으로 영향을 주고자 하는 것이다. 이러한 변화를 위해서는 조직개발, 인적 자원의 교체 및 선발, 훈련과 개발 등의 접근법이 동원된다.

지금까지 계획적인 조직변화에 이용될 수 있는 접근법 또는 대상에 대해서 살펴보았다. 이들 접근법들의 궁극적인 목적은 모두가 조직성과의 개선에 있음을 알아야 할 것이다.

3 조직개발

1) 조직개발의 특성과 목표

조직개발(organization development : OD)은 행동과학적 지식을 적용하여 조직의 대응능력을 개선시키고 조직성과와 조직구성원의 만족도를 향상시키려는 장기적이고 포괄적인 조직변화전략이다. 물론 조직개발도 구조적·기술적 변화를 수반하기는 하지만 그 주된 초점은 조직의 인간적 측면에 착안하여 인간의 잠재력을 최대한 개발함으로써 조직의 유효성을 도모하려는 것이다.

비록 조직개발에 대한 연구가 짧아서 그 정의가 명확하지는 않지만 조직개발이 갖는 특성은 다음과 같다.

〈조직개발의 특성〉

① 계속적이고 동태적인 과정이다.

② 행동과학의 지식을 응용한다.

③ 변화담당자가 직접 참여한다.

④ 조직을 시스템의 관점에서 다룬다.

⑤ 구성원의 경험에 크게 의존한다.

⑥ 목표설정과 계획화를 강조한다.

〈조직개발의 목표〉

① 조직구성원의 신뢰와 협동의 수준을 증대시킨다.

② 조직문제를 은폐하기보다는 공개적인 해결을 도모한다.

③ 의사소통이 수평적·수직적·다각적으로 개방된다.

④ 구성원의 사기, 만족감 및 동기부여를 향상시킨다.

⑤ 협동적이고 창조적인 문제해결책을 보다 빈번하게 모색하고 발견하고자 한다.

⑥ 변화에 대해 신속히 대응한다.

⑦ 계획과 집행에 있어서 개인과 집단이 갖는 책임감의 수준을 높인다.

이상의 특성과 목표를 통해서 조직개발은 조직의 건전성과 유효성을 증대시키기 위한 인간지향적인 접근을 하고 있음을 알 수 있다.

2) 조직개발의 과정

조직개발의 과정은 조직변화의 수행과정과 유사하며 일반적으로 진단, 개입 그리고 강화의 세 단계로 구성되어 있다.

(1) 진단(diagnosis)

조직의 상황을 평가하고 적절한 변화목표를 설정하기 위해서는 먼저 변화에 대한 경영자의 인식이 필요하며, 또한 그 필요성을 수용하고자 하는 태도가 중요하다. 진단단계에서 목표에 따라 문제에 대한 근본적인 원인을 분석·확인하여 상담자를 고용할 수도 있다. 진단기법에는 면접법, 설문지법, 관찰법, 2차 자료이용법 등이 있다. 또한 진단결과를 분석할 수 있는 연구집회를 계획한다.

(2) 개입(intervention)

여러 가지 특정 활동을 통하여 변화목표를 추구하는 단계이다. 연구집회를 개최하여 참석자들에게 자료를 분석하고 적절한 행동방향을 결정하는 방법을 지도한다.

(3) 강화(reinforcement)

상담자는 연구집회에 정기적으로 방문하여 과정을 점검하고 변화의 효과를 평가한다. 이것은 변화자체가 계속적인 개선을 이룩할 수 있도록 진행되어야 하고 목표가 설정되어야 성과가 평가될 수 있다는 것을 의미한다.

조직개발은 보다 장기적인 조직효과성을 유지하기 위하여 조직구성원들의 적극적인 상호 신뢰성을 기반으로 하여 실행되어야 한다. 따라서 조직개발을 성공시키려면 구성원의 행동조사가 매우 중요하다.

3) 조직개발 기법

조직개발은 개인, 집단, 그리고 조직의 차원에서 이루어질 수 있다. 조직개발의 방법은 여러 가지가 있지만 주로 사용되는 기법은 다음과 같다.

(1) 감수성 훈련(sensitivity training: T-groups)

10명 내외의 서로 잘 모르는 참석자들이 집단을 형성하고 숙련된 리더의 지휘 아래 집단토의 등을 통해 대인관계기술 및 다른 사람에 대한 이해능력을 증진시킬 수 있도록 하기 위한 비구조화된 집단회합이다. 이 기법은 다음과 같은 목적을 지니고 있다.

① 타인과의 개방성을 증대시킨다.
② 타인이 지니고 있는 욕구에 대한 관심을 증대시킨다.
③ 인간의 상이한 특성을 이해하고 참고 견디어 나갈 수 있도록 한다.
④ 자신이 지니고 있는 선입견을 줄인다.
⑤ 청취능력을 촉진시킨다.
⑥ 보다 현실적인 행동기준을 선정토록 한다.

(2) 팀 구축법(team building)

집단행동의 개발을 통해서 조직의 유효성을 증대시키고자 집단구성원들이 스스로 목표를 설정하여 역할을 분담하고 그리고 목표를 달성하기 위한 작업방법 등을 결정할 수 있는 기능적인 팀을 구성하여 주인의식과 만족감을 향상시키는데 주된 목적을 둔다. 팀 구축법은 조직개발의 기법 가운데 가장 널리 보급되어 있다. 이

방법은 가족집단 또는 특수집단 등으로 분류되어 이용된다. 팀 구축법은 대체로 다음과 같은 몇 단계의 과정을 거친다.

① 팀 기능을 향상시키기 위한 워크숍을 한다.
② 설문지 조사를 통하여 자료를 수집한다.
③ 자료를 검토하여 컨설턴트가 팀에 제시한다.
④ 팀을 구축하여 효과의 저해요소를 찾고 이를 축소하거나 제거할 수 있는 방법을 찾아 바람직한 변화를 이루기 위한 계획에 합의한다.
⑤ 목표달성에 상호 의존적인 집단 간 팀 구축을 통해 변화의 노력을 전체조직에 확대시킨다.

(3) 관리격자법(managerial grid training)

관리격자법은 리더십 행동에 관한 블레이크(R. R. Blake)와 무톤(J. S. Mouton)의 관리격자 이론에 기반을 두어 발전된 기법이다. 이 방법은 생산에 대한 관심과 종업원에 대한 관심이라는 두 축을 중심으로 최대한 균형화한 [9·9]형의 리더십이 가장 효과적인 경영 스타일이라는 관점을 유지하고 있다.

이 격자조직개발 프로그램은 다음과 같은 여섯 개의 연속적인 단계를 거쳐서 집행된다.

① **실험실 세미나**: 훈련 참가자에게 관리격자의 개념과 목적을 소개하고 그들 자신의 경영 스타일을 평가한 다음 리더십 기술을 개선하는 데 중점을 둔다.
② **팀 개발**: 훈련을 받은 경영자는 그들의 지식을 실무에 도입하고 특히 경영자와 부하 간의 관계 및 팀의 유효성 개선에 역점을 둔다.
③ **집단관계의 개발**: 집단 간의 활동관계를 조정과 협동을 통해 증진하도록 여러 집단에 초점을 맞춘다.
④ **조직목표의 설정**: 전체적인 조직에 초점을 둠으로써 각 계층에서 설정한 목표가 연결될 수 있도록 효과적인 조직의 모형을 설정한다.
⑤ **목표달성**: 조직구성원들은 이상적인 조직모형을 현실화시킨다.
⑥ **안정화**: 훈련의 결과를 평가하여 긍정적인 변화가 계속적으로 유지될 수 있도록 안정화시킨다.

(4) 조사 피드백 법(survey feedback)

조직의 기능(의사소통, 협조, 만족감 등)이 얼마나 잘 이루어지고 있는지를 파악하기 위하여 설문지를 이용한다. 질문서를 통하여 얻은 자료(정보)를 관련된 응답자에게 다시 피드백시켜서 집단토의를 실시한다. 이의 구체적인 절차는 다음과 같다.

① **자료수집**: 종업원에게 설문지를 배부하여 조직 내 문제에 관한 정보를 조사한다.
② **입수된 정보를 피드백**: 조직에 관한 정보를 요약하여 모든 종업원에게 공유될 수 있도록 피드백한다.
③ **행동계획 수립**: 집단토의를 거쳐 문제를 극복하기 위한 구체적인 계획을 고안한다.

4) 조직개발의 성공조건

조직개발이 조직효과성과 구성원의 만족을 극대화시키기 위해서는 다음과 같은 조건이 충족되어야 한다.

첫째, 최고경영자를 비롯한 경영자들이 조직의 문제를 명확히 인식하고 있어야 한다.
둘째, 행동과학자들을 자문가로 활용해야 한다.
셋째, 최고경영자의 가시적인 지원과 의지가 있어야 한다.
넷째, 각 작업집단 리더들의 적극적인 참여가 있어야 한다.
다섯째, 조직개발의 초기노력이 성공해야 한다.
여섯째, 조직개발에 관련된 구성원들이 올바른 이해를 하도록 교육을 실시한다.
일곱째, 조직개발의 결과에 대한 평가가 정기적이고 체계적으로 이루어져 전사적인 협조와 지원이 되도록 한다.

경영자는 이상과 같은 제 조건을 인식하여 조직개발이 효과적으로 수행될 수 있도록 환경적인 요인과 조직특성을 파악한 후 구성원들의 협조 아래 실시해야 한다.

'신 권력이동의 시대' … 조직관리 방법도 변해야

굴지의 한 대기업에서 벌어진 사건 하나가 여러 생각을 하게 한다. 어떤 임원이 자신의 사업본부 내에서 근무하고 있는 한 팀장에게 에이전시들을 좀 더 꼼꼼하게 관리하라는 지시를 내렸다. 그 팀장은 대뜸 자신이 제대로 관리하지 못한 것이 뭐냐면서 해당 임원에게 항변했다.

예상 밖의 '저항'에 화가 난 임원은 옆에 놓인 다이어리를 땅바닥에 내치면서 분을 표출한 것으로 전해진다. 이후 이 임원은 곧바로 그 팀장에 의해 '직장 내 괴롭힘' 가해자로 신고됐다. 그 결과 인사위원회에서 직위가 해제되고 대기 발령에 놓이게 됐다.

사건의 본질과 둘의 잘잘못은 차치하더라도 과거에는 쉽게 목격할 수 없었던 일이 벌어진 셈이다. 이렇듯 모든 구직자가 선망하는 대기업에서 경영진과 임원이 직원의 반응에 눈치를 봐야 하는 것이 요즘이다. 과거에는 상상도 하기 힘들었던 이런 일이 어떻게 이제는 가능해졌을까.

당연한 현실이지만 노동자의 인권 신장, 노동자 친화적인 노동 시장이 도래했기 때문일까. 일리 있는 주장이다. 하지만 필자는 다른 각도에서 접근해 보고 싶다. 우리 노동자들에게도 이제 '힘'이 생긴 것이다. 선뜻 와닿지 않고 비약적으로 들릴지 모르겠지만 새로운 권력이 그들 쪽으로 이동 중인 모습이다.

◆ 유념해야 할 조직 관리의 세 가지 포인트

세계적인 미래학자 앨빈 토플러가 그의 역작 '권력이동(*Power Shift*)'에서 주장한 내용을 잠시 인용해 보자. 인류 역사의 태동 이후 권력은 '힘 있는 자(물리력)'로부터 '돈 있는 자(부)'에게로 이동했다. 그리고 권력은 미래로 갈수록 지식에 포커스가 맞춰진다.

원래 물리력과 부는 모두 강자와 부자의 소유물이지만 지식은 약자와 가난한 자도 소유할 수 있고 이것은 지식이 갖는 가장 혁명적인 특징이다.

지식은 강자에게 지속적으로 위협을 가한다. 한편 미국의 경제학자 제레미 리프킨은 '소유의 종말'이라는 그의 저서에서 21세기에는 소유한 자가 아닌 다양한 정보와 사람들과 '접속'할 수 있는 자가 세상을 지배할 것이라고 예견했다.

오늘날 이 두 거장의 예측은 대부분 맞아떨어지고 있다. 모든 노동자에게로 '권력'이 이동하는 것은 결코 아니지만 차별화된 전문적인 지식과 네트워크 역량을 모두 갖춘 노동자들이 점증하고 있다. 이들은 대개 '인재 전쟁'의 표적이 된 핵심 인재이기도 한다. 여기 조직 내 인구 비율이 현격하게 높아지고 각종 사회 연결망에서 무시하지 못할 발언권과 영향력을 행사하는 밀레니얼 세대까지 가세하고 있어 기업은 이전처럼 마냥 어깨에 힘주고 '갑(甲)'의 자리에만 앉아 있을 수 없는 노릇이다. 어쩌면 이제는 과거의 사고에서 벗어나 더 이상 '을(乙)'의 존재가 아닌 그들을 유연하게 관리해야 할지도 모른다.

실제로 과거와 달리 기업의 경영진은 그 어느 때보다 노동자들의 동향에 촉각을 곤두세우고 있다. 하지만 조직 관리 차원에서는 의외로 포인트를 놓치는 경향이 종종 있어 보인다. 세 가지 관점에서 집중력을 잃지 않기를 당부한다.

첫째, 인력 선발의 의사 결정 지표를 더 날카롭게 다듬을 필요가 있다. 아무리 강조해도 지나치지 않는 사항이다. 하지만 생각만큼 그들만의 타협 없는 절대 기준을 갖고 인력을 선발하는 기업을 찾아내는 것은 의외로 쉽지 않다.

무엇보다 선발하고자 하는 사람과 새로운 직무와의 '적합도', 조직 문화와 직속 관리자를 포함한 비즈니스 이해관계 당사자 간의 '케미(chemistry)'는 꼭 확실히 사전에 재차 체크해야만 한다.

여기에서 궁금증이 생길 수 있다. 왜 하필 이 두 가지일까. 이유는 간단하다. 그래야 서로 나중에 상처받지 않는다. 이것이 맞아떨어질 때 구성원의 몰입도가 높아지고 성과도 높아진다. 그리고 행복감이 높아져 직무 만족도도 향상되고 자신의 커리어에 성공한 사람이라는 인식까지 생길 수도 있다. 당연히 이것은 기업 성장이라는 혜택으로 되돌아온다.

하지만 기업 현장에서는 여전히 내부 인력이건 외부 인력이건 확신이 서지 않음에도 직원을 선발한 후 이를 만회하기 위해 금전적·시간적으로 재투자하는 경우가 허다하다.

둘째, 근무 패러다임의 변화는 이미 시작됐다는 것을 현실로 받아들여야만 한다. 다시 말해 일하는 공간이 바뀌기 시작했고 인력 구성이 더욱 다양화되고 있다. 또 일하는 방식의 변화도 일어나기 시작했다는 것을 기업은 유연한 사고로 받아들여야 한다는 것이다.

특히 신종 코로나바이러스 감염증(코로나19) 사태로 인해 일하는 공간의 확장성과 일하는 방식의 유연성이 가속화됐다. 또한 다양한 인력의 구성원 대부분들은 확장되고 유연해진 옵션을 선호하고 있다.

공간을 초월해 따로 또 같이 일하고 원하는 시간을 정해 일하는 현실이 이미 우리 곁에 와 있다. '정답'이 여러 개 있을 수도 있는 상황에서 전통적인 하나의 정답을 강조하는 순간 기업은 '꼰대'가 될 수 있고 '인재'를 놓칠 수도 있고 결국 경쟁에서 고배를 마실 수도 있다는 것을 기억해야 한다.

셋째, 구성원들의 능력을 더 업그레이드하고 브랜드 가치를 만들어 줘야 한다. 구성원들의 역량의 중요성에 대해서는 기존의 기업들도 어느 정도 인지하고 있는 부분이다.

하지만 거기에서 더 나아가 개인들의 브랜드 가치를 고양시켜 준다는 발상은 참으로 낯설고도 역설적이지 않은가. 하지만 이제는 그래야 한다. 그래야 기업이 더 강해질 수 있고 더 우수한 인력이 유입될 수 있다. 외부의 인재들이 찾아오는 기업이 될 수 있다.

'고분고분하게 내 말 잘 들으면 먹고살게는 해 줄게'라는 과거의 사고방식으로 어떻게 한 치 앞도 내다볼 수 없는 상황에서 생존하고 성공할 수 있을까.

'전력의 하향평준화'만 부추길 뿐이다. 우리 기업의 인력 육성 접근 방법에도 이제 변혁이 요구된다. 키워 줄 수 있다는 것은 그만큼 자신이 있다는 방증이다. 그때서야 비로소 권력의 균형이 이뤄질 것이다.

◆ 잘 이별하는 문화를 만드는 것도 중요해

마지막으로 유념해야 할 부분이 있다. 만날 때보다 더 잘 헤어져야만 하는 것은 꼭 연인들에게만 해당되는 얘기는 아니다. 기업과 구성원 간의 관계 역시 그렇다. 자발적 혹은 비자발적 구분을 떠나 퇴사라는 사건은 이제 너무도 흔히 접하게 되는 직장 생활의 한 단면이 됐다.

그렇게 타협할 수 없는 선발 지표를 통해 신중하게 인력을 고용했고 유연한 근무의 패러다임을 수용해 일의 효율성 못지않게 직원들의 정신적·신체적 만족도 헤아려 줬고 역량을 개발시켜 주며 개인의 커리어 완성에 도움을 줬다고 하더라도 '그들' 대부분은 언젠가는 기업을 떠날 수 있는 존재라는 진리를 잊지 말아야 한다.

따라서 서로가 아름다운 이별을 할 수 있는 문화를 반드시 만들어야 한다. 죄인의 감정을 갖지 않도록, 떠날 때 박수를 보낼 수 있도록 하자.

그것이 남은 자들을 더 몰입하게 하고 결속시킬 것이다. 또한 시장에서 진정한 강자로서 해당 기업의 입지를 더욱 공고하게 해줄 것이다. 그렇게 떠난 사람들은 어떤 형태로든 기업의 우군이 될 것이고 더 성숙한 모습으로 재회할 수도 있다.

정치인이 민심의 이반을 두려워하듯 경영자 역시 구성원의 동요에 신경 쓰일 수밖에 없다. 비록 기업과 노동자는 여전히 갑과 을의 고용 형태로 맺어진 관계다.

하지만 조직 내 구성원들의 정서를 제대로 관리하지 못한다면 기본적 경영 지표까지는 달성할 수 있겠지만 지속적인 성장과 최고의 자리에 올라서기는 요원할 것이다. 그것이 이 이상한 '신(新) 권력 이동' 시대에 우리들이 끌어안아야만 할 현실이다.

(한준기/한경비즈니스, 2020. 6. 24)

12

경영지휘

제12장

경영지휘

제 1 절 경영지휘의 의의

경영계획이 수립되고 이를 수행할 조직체계가 완성되고 나면 경영자는 조직구성원으로 하여금 업무를 효율적으로 수행하게 하는 지휘기능을 발휘하여야 한다.

경영성과는 경영자들이 갖고 있는 지휘기능의 질과 매우 밀접한 관련성을 갖는다. 왜냐하면 업무의 성격이나 종류, 조직의 특색, 업무를 수행하는 개인이나 집단의 특성에 따라 지휘방법이 달라질 수 있기 때문이다. 지휘기능의 질을 높이는 것은 조직경영의 필수적인 요소이다.

경영자의 지휘기능은 리더십에서 비롯되는 것으로, 리더십의 특성에 따라 조직원들의 사기가 떨어지기도 하고, 성과를 향상시키기도 한다. 강력한 리더십은 조직으로 하여금 목표를 향하여 나아갈 수 있도록 유인을 제시해 줄 수 있다. 우리는 주변에서 경영자의 리더십 스타일에 따라 조직의 명암이 갈리는 예를 많이 보아왔다.

경영자들이 인간을 효율적으로 지휘하기 위해서는 조직 속에서 활동하는 인간의 본질을 파악하는 데 노력하지 않으면 안 된다. 이는 인간을 어떻게 이해하느냐에 따라 인간을 지휘하는 실천적인 전략이 달라지기 때문이다.

그러므로 경영자는 관리활동에 있어서 구성원들에게 부여된 역할, 인간의 개성 및 성격 등 인적 요인(human factors)에 대한 특성을 이해할 필요가 있다.

(1) 역할의 다양성

조직구성원은 단순한 생산요소의 차원을 넘어 사회적 시스템의 일원으로서 다양한 역할을 하며 상호작용하고 있다.

(2) 인간의 개인적 특성

인간은 상이한 역할에 따라 다르게 행동하기 때문에 평균적인 인간(average person)이란 없다. 그러므로 각 개인의 상이한 복잡성과 개성을 이해하여 경영조직에 필요한 지휘요소들을 적용하여야 한다.

(3) 개인의 능력존중

조직구성원은 모두가 기업의 목표에 기여하고자 노력한다. 그러므로 어떠한 직위, 직무를 담당하든지 간에 그의 능력과 입장을 최대한 존중해 주어야 한다.

(4) 외부환경요소

구성원은 업무를 수행할 때 외부환경의 영향에서 벗어날 수 없다. 따라서 관리자는 환경요소에 대처하여 인간의 본질을 이해하고 이에 대한 준비가 있어야 한다.

이상과 같은 심리적·자기목적적 인간을 대상으로 하고 있는 경영지휘 기능은 매우 특이하고도 중요한 관리활동이 되는 것이다. 따라서 경영자가 이러한 조직구성원을 상대로 지휘활동을 전개할 때 지켜야 할 원칙으로는 다음과 같은 것이 있다.

① **목적조화의 원칙**(principle of harmony of objectives): 조직구성원의 개인욕구와 조직목표가 조화되도록 지휘활동이 이루어져야 한다.

② **명령통일의 원칙**(principle of unity of command): 부하는 직속상사의 명령과 지휘를 받고 그에 대해서만 책임을 지도록 함으로써 원활한 지휘와 책임감이 강화된다.

③ **직접감독의 원칙**(principle of direct supervision): 관리자는 효율적으로 부하를 지휘하기 위하여 그들과 개별적으로 접촉하면서 직접 감독하여야 한다. 그렇게함으로써 필요한 정보의 획득, 훈련, 그리고 의사소통을 할 수 있다.

④ **감독기술의 원칙**(principle of supervisory and technique): 업무나 조직환경의 변화에 따라 지휘감독기술도 달라져야 한다.

제 2 절 동기부여

1 동기부여의 의의

1) 동기부여의 개념

동기부여(motivation)란 심리학적인 측면에서 인간의 행동을 개발하고, 그 개발된 행동을 유지하며, 더 나아가 이를 일정한 방향으로 유도해 나가는 과정으로 파악되고 있다. 그리고 경영학적인 측면에서는 경영자의 주도적인 영향력 과정과 관련이 있는데, 조직목표 달성을 위해 구성원들의 자발적이고 지속적인 노력을 효과적으로 유도하는 경영활동을 말한다. 다시 말하면 구성원으로 하여금 목표지향적 행동을 하도록 유도하는 과정이라고 할 수 있다.

이러한 동기부여에 관한 연구는 크게 두 가지로 분류되고 있다. 하나는 어떤 요인들이 동기를 유발시키는 데 크게 작용하는가에 주목하여 욕구충족 행동의 관점에서 모티베이션을 해명하려는 내용이론(content theory)이 있고, 또 다른 하나는 모티베이션이 어떠한 과정을 통해서 발생하는가, 즉 모티베이션 과정에서 발생하는 제 변수와 이들 변수들의 상호관련성을 검토하는 데 초점을 두는 과정이론(process theory)이 있다.

그런데 경영조직은 조직화의 과정을 통하여 목적을 달성하는데 필요한 직무를 합리적으로 배분하고, 권한책임에 의해서 그의 제 관계를 규정함으로써 성립된다. 이 경우에 조직구성원은 합리적으로 행동하는 직무의 담당자로 가정되고 있으며, 각각의 직위에서 주어진 책임 하에 의욕적으로 직무를 수행할 것으로 기대되고 있다.

그러나 현실적으로는 조직구성원이 조직목적에 대하여 항상 합리적인 행동만을 취한다고는 할 수 없다. 육체적·심리적 피로로 인하여 충분한 노력을 할 수 없는 경우도 있을 것이며, 직무에 대한 불만 때문에 능력발휘를 제대로 하지 못하는 경우도 있을 것이다. 뿐만 아니라 복수의 인간이 접촉하면 직무상의 관계를 초월한 감정적·정서적 관계가 발생하게 되고, 이의 영향을 받은 개인의 행동은 이해할 수 없는 복잡한 행동을 취하게 될 것이다.

인간은 각자 상이한 목적·욕구·동기를 가지고 있기 때문에 특정한 목적을 가진 조직에 있어서도 종종 비합리적인 행동을 취하는 것이 오히려 당연하다고 보아야 할 것이다. 따라서 조직의 구성원에게 직무수행의 의욕을 지속적으로 환기시키고, 그 행동을 조직목적의 실현을 위한 방향으로 유도·통합하는 동기부여는 관리자의 중요한 직능이 되고 있다.

2) 동기부여의 과정

동기부여가 목표달성을 위하여 욕구를 유발시켜 인간의 행동을 유인하는 과정이라는 시각을 지지한다면, 동기부여 이론을 욕구이론이라고 부를 수 있다. 따라서 동기부여가 어떤 과정을 거쳐서 이루어지게 되는가를 이해하기 위하여 욕구와 목표(goals)라는 변수를 중심으로 살펴보면 동기부여과정은 [그림 12-1]과 같은 순환과정으로 파악할 수 있다.

[그림 12-1]에서 볼 수 있는 것과 같이 개인의 욕구가 결핍되면 그것을 충족시킬 수 있는 방안을 모색하게 되고, 그 결과 하나의 적절한 행동안이 선택되어 목표지향적인 행동(goal-oriented behavior)을 하게 된다. 그 다음 일정한 시간이 지나 성과를 평가하고 이것을 바탕으로 보상과 처벌이 주어진다. 이것은 다시 욕구결핍을 재평가하게 되어 순환과정을 반복하게 된다.

[그림 12-1] 동기부여의 기본과정

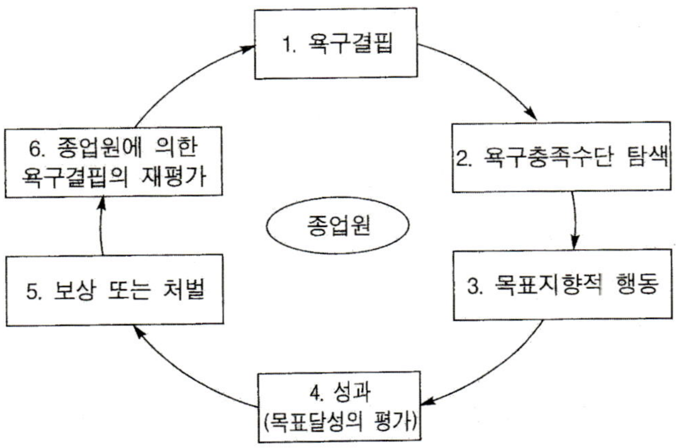

3) 동기부여이론의 발전

동기부여에 관한 접근방법은 관리발전에 따라 전통적 모델, 인간관계 모델 그리고 인적 자원 모델로 전개되었다.

(1) 전통적 모델

전통적 모델(traditional model)은 테일러(F. W. Taylor)의 과학적 관리법에서 비롯되었는데, 이 모델에서는 관리자의 직무가 과업을 효율적으로 수행하기 위하여 과업수행 방법이나 성과의 극대화에 초점을 둔다고 보고 있다.

이 모형은 통제화와 지시화에 역점을 두는 X이론적 인간관과 경제인 인간관에 입각하고 있어서 권위주의적인 근접적 관리(close control)와 가부장주의, 그리고 경제적 유인책으로 종업원들을 동기부여하고자 하는 입장을 지지하고 있다.

(2) 인간관계 모델

인간관계 모델(human relations model)은 메이요(E. Mayo)를 중심으로 한 인간관계론자들이 종업원은 경제적 욕구보다 더 높은 사회적 욕구를 지니고 있다는 가정 하에서 출발된다. 따라서 그들은 작업자들에게 보다 많은 결정권을 부여하고, 조직 내 비공식집단의 활동에 대한 관심을 높이며, 조직에 관하여 보다 많은 정보를 제공해 주는 등 인간관계의 개선을 통한 동기부여에 관심을 집중시켰다.

전통적 모델에서는 고임금에 대한 대가로 작업자들은 경영자의 권한을 무조건 수락하는데 반해 인간관계 모델에서는 인간적 배려를 해준 대가로 경영자의 권한을 받아들였다. 그러나 경영자에 의해서 설정된 작업환경을 작업자들이 받아들여야 한다는 경영자의 의도는 여전히 같았다.

(3) 인적 자원 모델

인적 자원 모델(human resources model)은 맥그리거(D. McGregor)를 비롯한 여러 행동과학자들에 의해 전통적 모델과 인간관계 모델이 단지 종업원들을 조종하기보다는 고도화된 기법에 불과한 것이라고 비판하고 종업원은 금전이나 만족에 대한 욕구뿐만 아니라 성취욕구(need for achievement)와 작업에 대한 욕구 등 여러 요인에 의하여 동기가 유발될 수 있다고 주장하기에 이르렀다.

이 모델은 앞의 두 모델과는 달리 종업원을 낙관적인 인간관(Y이론)에 입각하여 믿을 수 있고 협조적 내지 창조적인 존재라는 가정 하에서 전개된다. 따라서 경영자는 조직의 목적과 종업원의 목적을 달성하기 위한 책임을 공유해야 한다는 관점에서 이 접근방법은 동기부여에 관한 현대적인 관점의 기반을 형성하였다.

지금까지 동기부여 모델을 역사적 발전을 중심으로 개략적으로 살펴보았다. 여기에서 유념해야 할 것은 이들 각 접근방법은 그들 나름대로 장·단점을 가지고 있다는 것이다. 이러한 연구의 주된 과제는 시대의 흐름과 더불어 철학적인 접근방법에서부터 심리학적, 경영학적인 접근방법으로 옮겨가게 되었다. 따라서 인간행동에 대한 새로운 방법들이 등장하게 되었으며, 쾌락과 만족에 관련된 제 요인들의 발견과 이를 추구하는 과정에 초점을 맞추어 개인의 동기부여된 행동을 설명하고 그 같은 행동을 예측할 수 있는 방향으로 전환되기에 이르렀다.

동기부여이론은 비교적 단순한 이론(내용이론)에서 시작하여 복잡한 이론(과정이론)으로 발전되어 왔다. 내용이론(content theory)은 인간의 행등에 영향을 미치는 특정한 욕구 및 보상을 개인차(individual difference)에 초점을 두고 파악하고 있다. 따라서 어떠한 요인들이 동기부여를 시키는지를 다루는 것이므로 욕구이론(need theory)이라고 불리운다.

이러한 욕구중심의 내용이론에는 매슬로우(A. H. Maslow)의 욕구계층이론, 허쯔버그(F. Herzberg)의 이요인이론, 알더퍼(C. P. Alderfer)의 ERG이론, 그리고 맥클레란드(D. C. Mclelland)의 성취동기이론 등이 있다.

한편 과정이론(process theory)은 동기부여가 어떠한 과정을 통해서 발생하는지에 초점을 맞추어 제 변수 간의 상호작용하는 방법 및 동기부여에 이르는 방법을 설명한다. 이러한 이론에는 브룸(V. H. Vroon)의 기대이론, 포터(L. W. Porter)와 로울러(E. E. Lawler)의 기대이론 그리고 아담스(J. S. Adams)의 공정성이론 등이 있다.

2 동기부여에 관한 이론

1) 내용이론

내용이론은 개인의 욕구 중에서 어떤 요인들이 동기를 부여하는 데 크게 작용하는지를 파악하여 개인차에 초점을 두고 개인의 욕구를 구체적으로 규명하려는 것이다. 따라서 "욕구 → 충동 → 행동(목표) → 충족"이라는 욕구이론 모형의 관점에서 동기부여를 규명하려는 이론이다.

(1) 욕구계층이론(needs hierarchy theory)

매슬로우(A. H. Maslow)의 욕구단계설은 인간욕구는 계층을 형성하여 고차원의 욕구는 저차원의 욕구가 단계적으로 충족될 때 모티베이션 요인으로서 작용한다고 가정하고 있다.

그는 인간의 욕구를 일련의 단계 내지 중요성에 따라 계층별로 분류하였다.

매슬로우의 욕구계층이론은 다음과 같은 두 가지의 기본전제를 가정한다.

첫째, 일단 충족된 욕구는 더 이상 동기부여 요인이 되지 못한다.
둘째, 하위욕구가 충족되면 상위욕구가 발생한다.

매슬로우가 제시한 욕구를 계층화하면 다음 [그림 12-2]에서 보는 바와 같다.

[그림 12-2] 매슬로우의 욕구계층

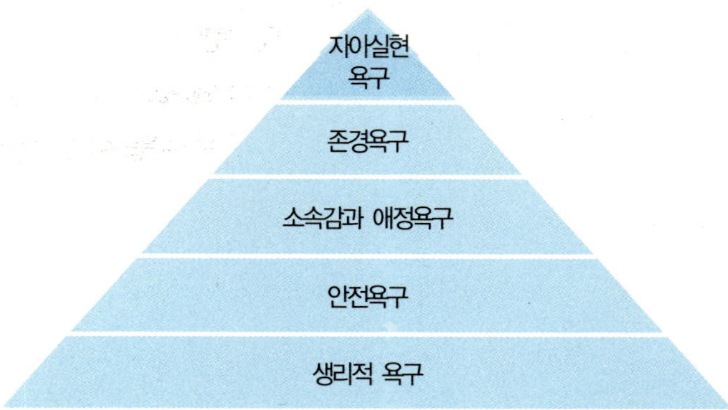

① 생리적 욕구

생리적 욕구(physiological needs)는 모든 욕구 가운데서 가장 기본적이고 본능적인 욕구라고 할 수 있다. 이는 인간의 생명을 유지, 보존하는 것과 관련된 욕구로서 의·식·주, 갈증, 배고픔, 수면욕구 등이 포함된다. 생리적 욕구는 주로 경제적 보상에 대한 관심에서 나타나며, 조직 내에서는 기본적인 임금, 작업환경 등이 이에 해당된다.

② 안전의 욕구

안전의 욕구(safety needs)는 대부분의 사람들에게 공통적으로 해당되는 위험, 사고, 질병, 경제적 불안 등 물리적·심리적 위험에서 벗어나 안전을 추구하려는 욕구이다. 조직 내에서는 안전한 작업환경, 안정적인 고용보장, 의료보험, 퇴직연금 등이 그 예가 될 수 있다.

③ 사회적 욕구

사회적 욕구(social needs)는 대인관계를 통해 서로 정을 주고받거나 어떤 한 조직에 소속되고 싶은 욕구로서 소속감 및 애정의 욕구(belonging and loving needs)라고도 한다. 이는 친분, 우정, 소속감 등에 대한 관심에서 나오며, 조직 내에서는 상사의 배려, 우호적인 작업분위기, 원만한 대인관계 등이 그 예이다.

④ 존경의 욕구

존경의 욕구(esteem needs)는 타인으로부터 자신의 능력을 높이 평가받아 위신과 명성을 얻고 싶어하는 욕구를 말한다. 이는 신분, 지위, 명예에 대한 관심에서 나오며, 조직 내에서는 동료나 상사의 인정, 책임의 증가, 신분상승, 자율성 부여 등이 그 예이다.

⑤ 자아실현의 욕구

자아실현의 욕구(self-actualization needs)는 자신의 잠재능력을 최대한 실현하고자 하는 욕구로서 보람, 성취, 능력개발 등에 대한 관심에서 나타난다. 조직 내에서는 개인적인 성장과 발전, 잠재력 발휘, 도전적이고 혁신적인 업무를 실현해보고자 하는 욕구 등이 그 예이다.

이상에서 살펴본 욕구계층이론은 오늘날의 동기부여이론의 기반을 형성하여 실무에 다양하게 적용되고 있는데 경영학적인 측면에서 다음과 같은 의미를 갖고 있다.

첫째, 경영자들로 하여금 인간의 욕구에 대한 체계적 인식을 갖게 해 주었다는 점이다.

둘째, 종업원의 하위욕구를 어느 정도 충족시켜 준 후에도 지속적으로 동기부여 효과를 얻기 위해서는 상위욕구를 충족시켜 줄 수 있는 조직분위기 조성이 중요하다는 것이다.

(2) 이요인이론

심리학자인 허쯔버그(F. Herzberg)는 인간의 욕구는 단계적으로 차례 차례 발생한다는 매슬로우의 주장을 부정하면서 여러 욕구가 동시에 작용하여 행동을 만든다고 주장하였다. 그는 매슬로우의 연구를 확대하여 '이요인이론'(two factor theory) 또는 '동기-위생'(motivator-hygiene)이라는 동기부여 이론을 전개하였다.

그는 200명의 엔지니어와 회계사들을 대상으로 직무와 관련해서 가장 즐거웠고 만족했던 상황과 가장 불만족했던 상황은 어느 때이었는지를 조사하였다. 연구결과 사람들에게 만족을 주는 직무요인과 불만족을 주는 직무요인이 서로 다르다는 것을 확인하였다. 그리하여 그는 사람들에게 만족을 주는 직무요인을 동기요인, 그리고 불만족을 주는 직무요인을 위생요인으로 분류하였다.

동기요인(motivation factors)은 개인으로 하여금 열심히 일하게 하고 성취도를 높여주는 요인으로서 만족요인(satisfier)이라고도 한다. 이러한 동기요인은 주로 직무 자체와 관련되어 있으며, 성취감, 상사로부터의 인정감, 책임감, 도전감, 승진과 성장 등 대부분이 개인내적인 요인이다. 위생요인(hygiene factors)은 개인의 욕구를 충족시키는데 있어서 불만족을 방지하거나 감소시켜 주는 요인으로 불만족요인(dissatisfier)이라고도 한다. 이러한 위생요인은 주로 직무가 수행되는 환경과 관련이 있으며, 회사정책과 관리, 감독, 작업조건, 개인상호간의 관계, 임금과 고용안정 등 직무외적인 요인이다. 이러한 요인의 충족은 불만족의 감소를 가져올 뿐이고 만족에는 직접적으로 영향을 미치지 않는다.

이상에서 살펴본 양 요인을 비교하면 〈표 12-1〉과 같다.

표 12-1 위생요인과 동기요인

위생요인-환경요인 관련	동기요인-직무 그 자체
- 회사정책과 관리 - 감독 - 작업조건 - 개인상호간의 관계 - 급여와 직무안정	- 성취감 - 상사로부터의 인정감 - 책임감 - 도전감 - 승진과 성장가능성

이 이론을 조직에 적용하기 위한 기본 원칙은 다음과 같이 두 가지 단계를 거쳐야 한다.

첫째, 위생요인의 개선은 직무불만을 방지하거나 제거할 수 있지만 직무만족을 가져다주지는 않는다.

둘째, 동기요인의 개선은 직무만족을 증진시킬 수 있다. 그러나 직무불만족을 방지할 수는 없다.

그러므로 경영자들은 조직의 구성원들이 일을 통해 성취감을 느끼고 인정받을 수 있도록 동기부여요인을 증가시키고 위생요인을 줄이는 방향으로 관리를 해야 한다.

(3) ERG이론(existence, relatedness, and growth theory)

알더퍼(C. P. Alderfer)의 ERG이론은 매슬로우의 욕구계층이론을 실증적 연구에 의해 발전시킨 수정이론으로 제조업, 은행, 대학 기숙사생 등 800여명을 대상으로 질문지법에 의해 그들이 가지고 있는 욕구들을 조사하였다. 그 결과 조직구성원들의 욕구를 세 가지 유형, 즉 존재욕구, 관계욕구, 성장욕구로 구분하고 각 욕구들에 대한 첫 글자를 따서 ERG라는 명칭을 붙였다.

① 존재욕구(existence needs＝E)

다양한 형태의 생리적·물질적 욕구를 포함한다. 조직에서는 임금이나 쾌적한 작업조건 등에 관한 욕구가 이 범주에 속한다. 매슬로우이론의 생리적 욕구, 안전욕구의 일부에 비할 수 있다.

② **관계욕구**(relatedness needs=R)

작업장에서 인간관계와 관련된 모든 것을 포함한다. 이 욕구의 범주는 매슬로우의 안전욕구의 일부와 사회적 욕구, 존경의 욕구에 해당된다.

③ **성장욕구**(growth needs=G)

개인의 능력개발 및 자아실현 노력과 관련된 모든 욕구들이다. 매슬로우의 자아실현 욕구가 여기에 해당된다고 할 수 있다.

알더퍼는 이 세 가지 범주의 욕구 간 계층적 개념을 다음과 같은 세 가지 명제를 제시하며 구체화하였다.

첫째, 각 수준에서의 욕구가 덜 만족될수록 그 욕구에 대한 바램은 더 커진다는 것이다(욕구만족).

둘째, 하위욕구가 충족되면 상위욕구에 대한 바램이 더 커진다는 것이다(욕구강도).

셋째, 상위욕구가 덜 만족되면 하위욕구에 대한 바램이 더 커진다는 것이다(욕구좌절).

여기서 첫째와 둘째 명제는 매슬로우의 욕구계층이론에서 제시된 것과 같은 만족-진행 접근법(satisfaction-progression approach)에 관한 것이다. 즉 일정한 시점에서 어떤 욕구가 충족되지 못하면 그것이 충족될 때까지 상위욕구는 활성화되지 않는다. 다시 말하면 하위욕구가 충족되어야 그 다음 수준인 상위욕구로 올라갈 수 있다는 것이다.

반면에 셋째 명제는 매슬로우의 욕구계층이론에서는 제시되지 않은 것으로 알더퍼가 추가한 좌절-퇴행(frustration-regression)과정에 관한 것이다. 예를 들어 성장욕구를 충족시키려는 시도나 노력이 지속적으로 좌절되면 주요 동기부여의 힘으로서 관계욕구가 다시 나타나게 되어 사람들은 관계욕구를 충족시키기 위한 새로운 방법을 찾으려는 노력으로 방향을 수정함으로써 동기부여된 상태로 남아 있을 수 있다. 만일 관계욕구를 충족시킬 수 없다면 사람들은 더 낮은 수준의 욕구인 존재욕구를 충족시키는데 주의를 돌리고 재 집중함으로써 동기부여된 상태로 남아 있을 수 있다. 좌절-퇴행이란 높은 단계의 욕구가 만족되지 않을 때, 즉 좌절될 때 그보다 낮은 단계의 욕구에 대한 중요성이 커진다는 것을 의미한다. 이러한 좌절-

퇴행 과정은 리더에게 재미있는 시사점을 제공해 준다. 만일 회사의 정책이나 자원의 부족 등으로 인해 부하의 성장과 같은 높은 수준의 욕구를 만족시키는 것이 막혀있다면, 리더는 부하의 노력이 관계나 존재욕구로 향하도록 방향을 수정하려고 시도해야 할 것이다.

ERG이론은 매슬로우 이론과 유사점이 많으나 다음과 같은 점에서 차이점을 찾을 수 있다.

첫째, ERG이론은 욕구의 계층성을 강력히 주장하고 있지 않다. 즉 한 가지 이상의 욕구가 동시에 작용할 수 있다는 것이다.

둘째, 상위욕구의 불만족은 하위욕구의 추구로 인해 퇴행현상을 야기한다.

이렇듯 알더퍼의 ERG이론은 인간행위를 설명하는데 있어서 매슬로우의 이론보다 탄력적이며 욕구구조에 있어 개인적인 차이가 많을 수 있다는 것을 인정하고 있다는 점에서 설명력이 높고 현실적인 것으로 상당히 세련된 이론으로 평가받고 있다. 이와 같은 알더퍼의 ERG이론을 도시하면 [그림 12-3]과 같다.

[그림 12-3] ERG 모형

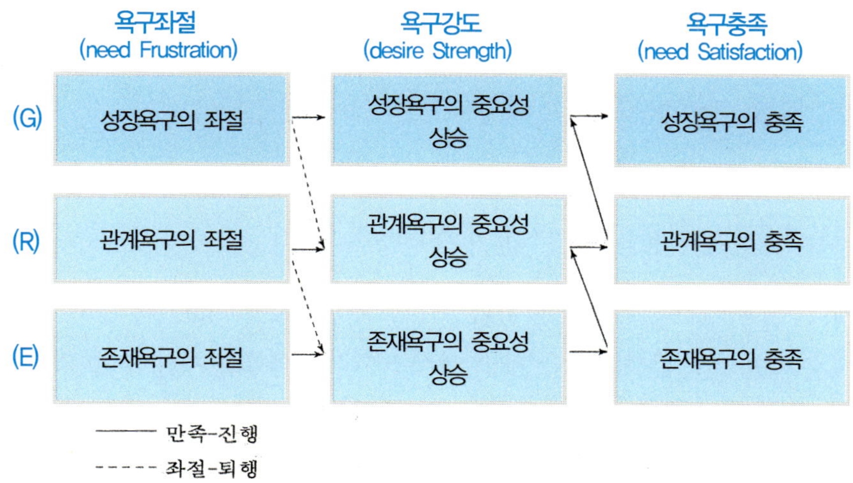

(4) 성취동기이론(achievement motivation theory)

맥클리랜드(D. C. McClelland)는 인간의 욕구를 세 범주로 나누어 관찰하였는데, 이 세 종류의 욕구가 인간행동의 80%를 설명한다고 한다. 이 이론에서는 성취욕구, 기업의 활동량, 특정 문화에서의 경제성장과의 사이에 상호관련성이 있다고 가정하고 있다. 이 이론은 인간의 기본적 욕구를 다음과 같은 세 가지 형태로 파악함으로써 동기부여를 이해하는데 공헌하였다.

① **성취욕구**(need for achievement)

직무수행의 능률제고나 문제해결 및 복잡한 직무의 성공적 수행 등을 달성하려는 욕구이다. 성취욕구가 높은 사람은 성공에 대한 강한 희망을 갖고 도전받기를 원하며 또한 실패에 대해서도 비슷한 정도의 두려움을 느끼고 있다.

② **권력욕구**(need for power)

다른 구성원에게 통제력을 행사하거나 행동에 영향력을 행사하는 데 큰 관심을 가지려는 욕구를 말한다. 이러한 사람들은 리더로서의 일을 찾고 강압적이며 자기중심적인 경향이 있다.

③ **친교욕구**(need for affiliation)

다른 사람과 우호적이고 따뜻한 관계를 유지하려는 욕구로서 귀속욕구라고도 한다. 이러한 욕구가 강한 사람은 친밀함과 이해를 증진시키며 사회집단으로부터 소외되는 아픔을 피하려는 경향이 있다.

맥클리랜드는 세 가지 욕구 중에서 성취욕구의 중요성을 강조하였으며, 성취동기가 큰 사람들의 성향을 다음과 같이 정리하고 있다.

첫째, 성취욕구가 큰 사람들은 자기 스스로 성과목표를 정하기를 좋아한다.

둘째, 성취욕구가 큰 사람들은 아주 쉽거나 어려운 목표는 피하며 난이도와 위험이 중간적인 목표로서, 노력하면 달성할 수 있겠다고 생각하는 것을 선호한다.

셋째, 성취욕구가 큰 사람들은 업무수행에 관한 즉각적이고 효율적인 피드백을 선호한다.

넷째, 성취욕구가 큰 사람들은 문제해결에 대해 책임지기를 좋아한다고 하였다.[1)]

---

1) 신구범 외 3인, 전게서, p.238.

특히 성취동기이론은 경영자와 관련하여 다음 두 가지 방향에 적용될 수 있다.

첫째, 매슬로우와 알더퍼의 이론에서 밝혀진 욕구들을 보완하고 있어 직무를 수행하는 종업원을 이해하는데 도움을 준다.

둘째, 이러한 욕구들이 성취된다면 직무를 성공적으로 수행하는 데 필요한 욕구를 종업원들이 받아들이도록 교육시키는 데 유용하게 이용할 수 있을 것이다.

2) 과정이론

과정이론은 인간의 동기부여가 어떠한 과정을 거쳐서 이루어지는가를 설명하는 데 초점을 두는 이론이다. 예를 들면, 직무투입요소, 성과, 그리고 보상 등에 관하여 종업원에게 정확히 인식시켜 동기를 부여하는 것이다.

(1) 기대이론

기대이론은 톨만(E. C. Tolman)과 레윈(K. Lewin) 등의 초기 학자들의 업적에 근거하여 조직심리학자인 브룸(V. H. Vroom)에 의해서 시작되었고, 포터(L. W. Porter)와 로울러(E. E. Lawler) 등에 의해서 확대 보급되고 정교화되어 동기부여에 관한 포괄적인 관점을 제공하기에 이르렀다.

브룸의 기대이론(expectancy theory)[2]에 의하면 구성원의 동기부여는 직무수행을 통해 얻을 수 있는 보상에 대한 구성원의 기대수준이 영향을 미친다는 것이다. 즉 구성원은 직무수행을 통해 자신이 원하는 보상이나 결과물을 얻을 수 있다고 확신할 때에만 동기부여가 된다는 것이다. 기대이론에서는 구성원이 어떤 행동을 할 경향은 다음 세 가지 요소에 의해 결정된다고 하였다.

① **기대**(expectancy)

일정한 노력을 기울이면 일정한 수준의 성과(업적)를 달성할 수 있으리라 믿는 가능성을 의미하며, 이는 0~1의 값을 갖는다.

② **수단성**(instrumentality)

어떤 성과(업적)를 올리면 직무수행의 결과로서 그에 상응하는 바람직한 보상이

---

2) Vroom, V. H., *Work and Motivation*, New York: John Wiley, 1964.

주어질 것이라고 믿는 가능성을 의미하며, 이는 0~1의 값을 갖는다.

③ **유의성**(valence)

특정 결과에 대해 개인이 갖는 선호의 강도, 즉 주어지는 보상 가운데 어느 것이 가장 매력적인가의 정도를 의미하며, 이는 -1~+1의 값을 갖는다.

이들 개념을 이용하여 동기부여를 하나의 승수효과로서 나타내면 다음과 같다.

동기부여(M) = f (기대, 수단성, 유의성)

다시 말해서 동기부여가 기대, 수단성, 그리고 유의성의 함수임을 보여주고 있다. 따라서 경영자는 보상배분을 통해서 종업원으로부터 높은 수준의 성과를 거두려면 위의 세 가지 동기부여 요소들을 극대화시킬 수 있어야 한다. [그림 12-4]는 기대이론의 관리적 과정을 나타내는 기본적 모형이다.

[그림 12-4] 기대이론의 관리적 과정

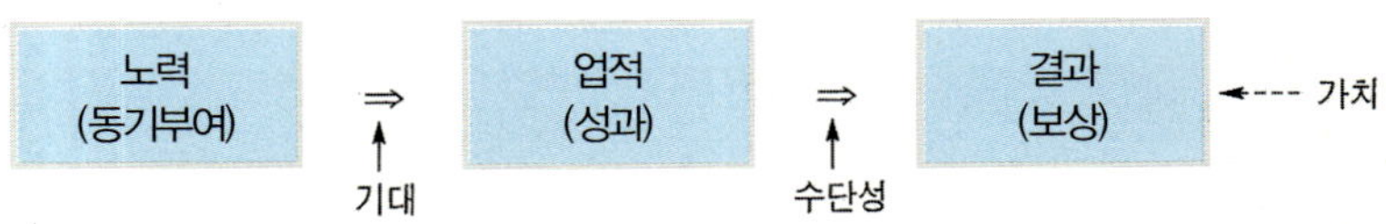

(2) 포터-로울러의 기대이론모형

포터(L. W. Porter)와 로울러(E. E. Lawler)는 브룸(V. H. Vroom)의 기대이론을 기초로 하여 작업관련변수들을 고려해서 종업원의 작업에 대한 태도와 성과와의 관계를 규명한 통합적인 모형을 개발하였다.

포터-로울러는 노력, 성과 및 만족은 모두 별개의 변수라는 전제에서 출발하여 이들 세 변수간의 복잡한 상관관계를 [그림 12-5]에서 보여주고 있다.

[그림 12-5] 포터-로울러의 동기이론 모형

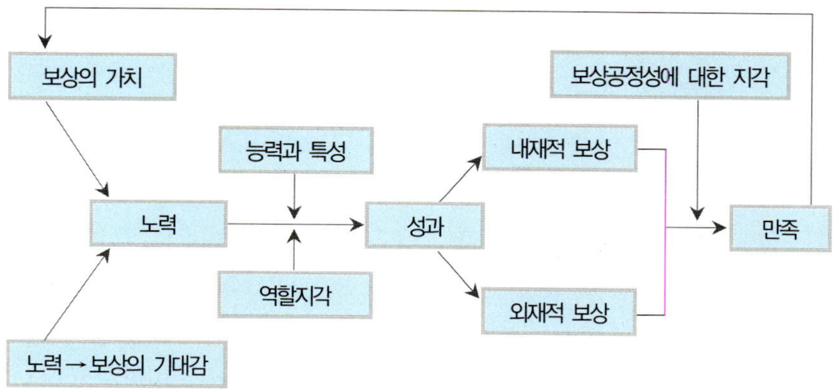

자료원: L. W. Porter & E. E. Lawler III., *Managerial attitudes and perfomance*. Homewood, III.: Irwin, 1968, p.165.

이 모델에 따르면 개인의 동기는 노력과 성과, 그리고 보상과 만족의 복합적인 함수로 나타나고 있으며, 이 복합관계에서 성과와 보상에 대한 기대감과 보상에 대한 공정성 개념 그리고 개인의 특성 등도 중요한 요소로 작용한다는 것이 강조되고 있다. 다시 말하면 조직구성원들의 노력을 결정하는 것은 기대이론의 보상가치와 기대감이지만 노력을 한다고 해서 반드시 성과가 높아지는 것이 아니라 능력, 특성, 그리고 역할에 대한 정확한 지각이 동시에 갖추어져야만 노력의 결과가 높은 성과로 이어진다는 것이다. 또한 성과는 직접 내재적 보상의 정도를 결정짓지만 외재적 보상의 경우는 외부에서 개인에게 주어지는 것이기 때문에 주어질 수도 있고 주어지지 않을 수도 있다고 보았다. 성과가 내·외적으로 공평하게 보상되어지면 개인은 성취감과 만족을 느끼게 되며, 이러한 만족은 초기에 갖고 있던 보상의 가치(즉 보상의 한계효용)을 떨어뜨리게 된다. 물론 성과와 보상에 대한 경험이 피드백되어 기대값(E)이나 수단성(I)을 변화시키는 원인으로 작용하게 된다.

포터-로울러 모델의 또 하나의 공헌은 논란이 되어오던 성과와 만족도의 관계를 새로이 정립하였다는 점이다. 허쯔버그의 이요인이론과 다른 만족도에 기초한 이론들이 가정해온 "만족도가 성과를 결정한다"(즉 만족할수록 성과가 더 높아진다)는 가설을 [성과→(보상)→만족]과 같은 인과관계를 가지고 설명함으로써 [만족→성과] 가설에 제동을 걸게 된다. 오늘날에는 포터-로울러의 가설이 정설로 받아들

여지고 있다. 즉 성과가 높을 때 그것이 제대로 보상되면 사람들은 만족을 느끼게 된다고 보고 있다.[3)]

(3) 공정성이론(equity theory)

아담스(J. S. Adams)의 공정성이론(equity theory)[4)]은 일련의 사회적 비교이론의 하나인데, 이는 한 개인이 다른 사람들에 비해 얼마나 공정하게 대우를 받느냐의 정도를 중시하는 이론이다. 동기부여이론으로서의 공정성이론의 핵심은 사람들의 행위가 타인들과의 관계에서 공정성을 유지하는 쪽으로 모티베이트가 된다는 것이다.[5)]

각 개인은 직무상에서 자신이 공헌(투입)한 것과 공헌으로부터 받은 보상을 비교하여 이 비율을 다른 사람의 것과 비교하여 공정한 대우를 받았는지의 공정성(fairness)을 판단하는 경향이 있다.

즉 자기 자신의 보상의 비율이 다른 사람의 그것과 같다고 인식할 때 공정성이 존재하게 되고 그 비율이 동등하지 못하다고 생각할 때는 불공정성(inequity)이 일어난다고 한다.

따라서 공정을 지각할 때는 만족하지만 불공정을 지각할 때는 죄의식이 생기거나 화가 나는 등의 감정을 경험하게 된다. 이때에 비율의 산출공식은 다음과 같다.

$$\frac{\text{Output(P)}}{\text{Input(P)}} \;\substack{<\\=\\>}\; \frac{\text{Output(O)}}{\text{Input(O)}}$$

(P = 자신, O = 타인)

조직에서 사람들이 불공정성을 지각하게 되면 대개 부족한 보상에 따른 불만이나 과다한 보상에 따른 부담감이나 불안감이 나타나게 된다. 이러한 긴장감은 불공정성의 정도에 따라 달라지며 결국 불공정성을 감소시키는 방향으로 모티베이션이 작용하게 된다. 이때 불공정성을 감소시키기 위해 다음과 같은 방안들이 이용된다.

---

3) 백기복, 전게서, pp.185-186.

4) Adams, J. S., "Toward an understanding of inequity", *Journal of Abnormal and Social Psychology*, Vol. 67, 1963, pp.422-436.

5) 김성국, 조직과 인간행동, 명경사, 1998, p.163.

① **투입(input)의 변경**: 개인은 불공정성이 유리한 것이냐 불리한 것이냐에 따라 투입을 증가시키거나 감소시키기도 한다.

② **산출(output)의 변경**: 산출을 변경할 때에는 대개 그것을 증가시키는 것이 사용되며 감소시키는 것은 거의 사용되지 않는다.

③ **자기 자신의 투입이나 산출의 왜곡**: 실제로 투입이나 산출을 변경시키지 않고도 사람들은 인지적으로 이것을 왜곡시킴으로써 같은 결과를 얻을 수 있다.

④ **타인의 투입이나 산출의 왜곡**: 왜곡은 자기 자신만이 아닌 비교대상에 대해서도 행해질 수 있다.

⑤ **준거인물의 변경**: 비교대상을 변경함으로써 불공정성을 즐일 수가 있다.

⑥ **직장의 이동**: 불공정성을 일으키는 직장을 떠남으로써 문제를 해결하는 것이다.

공정성이론은 그들의 노력에 대한 절대적 보상뿐만 아니라 타인들이 받는 보상과의 관계에 대해서도 관심을 갖는다. 그들은 자신의 투입과 산출 그리고 타인들의 투입과 산출의 관계에 대하여 판단을 한다. 즉 노력, 교육, 경험 그리고 능력과 같은 투입에 근거하여 봉급수준, 승진, 인정, 그리고 기타 요소와 같은 산출을 비교한다. 타인의 비율과 비교하여 불균형을 인지했을 때 그들은 긴장을 경험한다. 이러한 긴장이 그들이 공정하다고 인정하는 것을 위하여 노력하는 동기부여의 기초를 제공한다.

따라서 경영자는 기업을 운영할 때 개인들에 대한 보상의 절대액 이외에도 항상 공정성의 원칙에 위배되지 않도록 노력해야 할 것이다.

제 3 절 리더십

1 리더십의 의의

1) 리더십의 정의

리더십이란 무엇인가? 라는 질문과 리더십의 정의는 학자들의 수만큼이나 다양한 견해가 있어 왔는데, 〈표 12-2〉는 리더십에 대한 다양한 정의를 보여 준다.

표 12-2 리더십의 정의 예시

- 집단의 활동을 공유된 하나의 목표로 집중시키려는 개인의 행동이다(Hemphill & Coons, 1957).
- 목표달성을 향하도록 집단행동에 영향력을 행사하는 과정이다(Stogdill, 1974).
- 조직의 일상적 지시에 기계적으로 순응하는 것 이상의 결과를 가져오도록 영향력을 행사하는 것이다(Katz & Kahn, 1978).
- 목표를 성취하도록 조직화된 집단활동에 영향을 미치는 과정이다(Rauch & Behling, 1984).
- 리더십은 비전이요, 우렁찬 응원가요… 열정이다(Peters & Austin, 1985).
- 집합적 노력에 목표를 제시하고 목표달성을 위해 기꺼이 노력하도록 만드는 과정이다(Jacobs & Jaques, 1990).
- 한 사람이 집단이나 조직의 정해진 목표달성을 위해 다른 집단구성원에게 영향을 미치는 과정이다(Greenberg, 1993).
- 조직의 목적을 달성하기 위해 타인에게 영향을 미치는 과정이다(Bartol, 1994).
- 타인에게 영향을 미치고 동기를 부여하며 타인이 조직의 효과성 및 성공을 위해 공헌할 수 있도록 능력을 배양하는 개인의 능력이다(House et al., 1999).

자료원: 이상호, 전게서, p.7.

이상과 같이 리더십에 대한 정의는 다양한데, 이를 종합해 보면 리더십이란 사람들이 집단목표를 달성하기 위해 자발적이고 열성적으로 노력하도록 그들에게 미치는 영향력이라고 할 수 있다. 즉 목표를 달성하기 위해 어떤 사람에게 영향력을 행사하는 과정으로 정의할 수 있다. 이에 대해 허쉬(P. Hersey)와 브랜차드(K. H. Blanchard)는 리더십(L)을 지도자(leader: l)와 추종자 또는 구성원(follower or member: f) 및 상황적 변수(situational variables: s)의 함수로 파악하고 다음과 같이 표현하였다.

$$L = f(l, f, s)$$

리더십의 핵심은 사람을 지도함으로써 어떤 목표를 성취하도록 하는 것이다. 여기서 지도한다는 말은 구성원들에게 어떤 특별한 행동을 하도록 유도한다는 뜻이다. 따라서 사람을 지도하기 위해서는 리더 자신이 가지고 있는 권력을 적절히 사용함으로써 효과적인 리더십을 발휘할 수 있다. 그러면 리더가 가질 수 있는 권력은 어떤 것들이 있는지 살펴보기로 한다.

2) 권력과 리더십

권력은 리더십의 필수적인 근원이다. 리더들은 조직구성원들에게 영향력(influence)을 행사하기 위하여 권력을 사용한다. 리더에게 주어진 권력은 직위와 개인적 특성에 따라 다음과 같이 구분하고 있다.

(1) 직위권력(position power)

이는 리더들이 조직 내에서 자신의 공식적인 지위에 부여된 권력으로서 보상적 권력, 강압적 권력, 그리고 합법적 권력으로 나누어진다.

① **보상적 권력**(reward power): 이는 리더가 부하들에게 승진이나 승급 등의 공식적인 보상을 제공할 수 있는 능력이 있기 때문에 생겨나는 권력이다.

② **강압적 권력**(coercive power): 이는 보상적 권력과 상반된 개념으로서 리더가 부하들을 강압하거나 처벌할 수 있는 능력에 기반을 둔 권력이다.

③ **합법적 권력**(legitimate power): 이는 리더가 조직 내에서 특정의 직위나 역할을 차지함으로써 소유하게 되는 권력이다.

(2) 개인적 권력(personal power)

리더들은 자신의 개인적 특성으로 인해 권력을 가질 수 있는데 이들 특성은 크게 전문적 권력과 준거적 권력으로 나눌 수 있다.

① **전문적 권력**(expert power): 이는 리더가 갖고 있는 전문적인 지식이나 능력 때문에 부하들을 통제할 수 있는 권력이다.

② **준거적 권력**(referent power): 이는 부하들이 리더에 대해 호감과 존경심을 갖고 리더와 자신을 동일시하려는 경향 때문에 생겨나는 권력이다.

이처럼 리더가 갖고 있는 권력은 여러 가지가 있으며, 이러한 권력이 효과적으로 사용되기 위해서는 다음과 같은 조건을 충족시켜 주어야 한다.

첫째, 부하가 리더의 지시나 명령을 정확하게 이해하여야 한다.

둘째, 부하들은 그 지시와 명령을 실제로 수행할 수 있다고 믿어야 한다.

셋째, 부하들은 그 지시와 명령이 조직의 목표달성에 필요한 것이라고 받아들여야 한다.

넷째, 리더의 명령내용이 부하 자신의 개인적 가치관과 일치하는 것이라고 믿어야 한다.

3) 리더십의 과정

리더십은 리더의 개인적 특성과 환경 내의 여러 가지 요소들이 특정한 리더의 행동의 선택에 영향을 미치고 차례로 그것이 집단구성원의 행동에 영향을 미치는 과정을 갖는다. 그러므로 리더가 될 사람은 리더십과정을 연구할 필요가 있다.

[그림 12-6]은 리더십 효과에 영향을 미치는 많은 요인들을 보여주고 있다. 리더십 효과를 증진하기 위해 리더의 행동이 여러 가지의 상황적인 요소들과 어떻게 상호작용하는가를 보여준다. 여기서 유념해야 할 것은 과정모형에서 나타난 주요 변수가 앞으로 고찰하게 될 리더십 이론과 깊이 관련되어 있다는 사실이다. 즉 특성이론은 리더의 개인적 특성과 관련되고, 행동이론은 리더십 효과에 미치는 리더의 행동을 연구하며, 환경적응이론은 리더의 개인적 특성과 행동 그리고 상황적인 요소들 간의 상호작용을 검토한다는 것이다.

[그림 12-6] 리더십과정의 통합적 모형

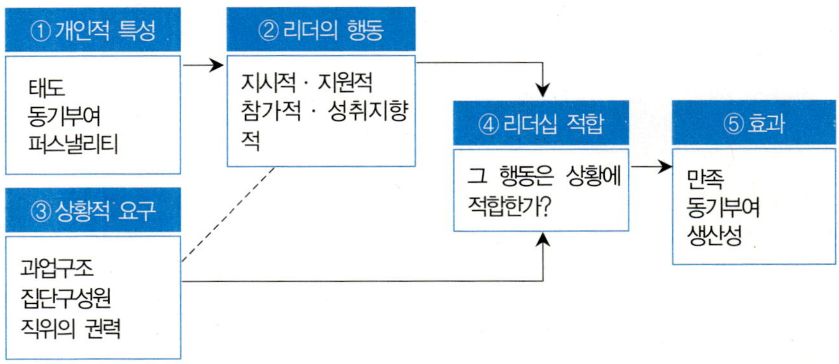

2 리더십 연구의 접근방법

리더십에 관한 연구는 매우 복잡하고 다양한 방향에서 연구되어 왔다. 지금까지 소개된 리더십 연구를 세 가지 접근방법으로 구분할 수 있다. 특성이론적 접근방법, 행동론적 접근방법 그리고 상황적응론적 접근방법 등 세 가지 범주로 나누어 성공적인 리더십을 이해하고 예측하는 데 있어서 상이한 관점을 취하고 있다.

이처럼 리더십 이론은 제각기 많은 특징을 갖고 있으며, 효율적인 리더십의 규명에 많은 공헌을 하였으나 동시에 한계점도 지적되고 있다. 따라서 앞으로의 이론적 접근방법도 이러한 제이론을 통합하는 방향으로 전개되어야 할 것이다.

이상에서 설명한 세 가지 리더십 이론의 발전과정을 상호 비교하면 다음 〈표 12-3〉과 같다.

표 12-3 리더십이론의 발전과정 비교

내 용 / 접근법	연구모형	주된 관심	가정	주요 학자와 이론
특성이론(1930년~1950년대)	개인적 특성 → 리더와 비리더의 구별	효과적인 리더의 개인적 특성을 탐색	효과적인 리더는 그렇지 못한 리더와 다른 일련의 특성을 지니고 있다	R.M Stogbdill A.F Jago R.D Mann G. Yukl R. Katz
행동이론(1950년~1960년대)	리더 행동 → 성과 종업원 유지	리더가 부하에게 나타내는 행동유형을 기술	리더행동의 어떤 유형 또는 조합이 모든 상황에서 가장 효과적이다	① R. K. White와 R.Lippitt의 권위형·민주형·자유방임형 ② R. Tannenbaum과 W. H. Schmidt의 권위형·민주형 ③ R. Likert의 관리 시스템 이론 ④ R. R. Blake와 J. S. Mouton의 관리격자 이론
상황적응이론(1970년대 이후)	개인적 특성 → 성과 만족 기타 변수 ↑ 상황요인: 과업, 개인적 특성, 집단성격	리더십 유형과 상황 간의 관계를 기술	모든 상황에 적합한 유일 최선의 리더십 유형은 없다	① F. E Fiefler의 상황 적합이론 ② R. J. House의 통로목표이론 ③ V. H. Vroom과 P. Yetton의 지도자·참여이론 ④ P Hersey&K. H. Blanchard의 수명주기이론 ⑤ W. Reddin의 3차원적 리더십 이론

3 리더십에 관한 이론

1) 특성이론

(1) 특성이론의 개념

초기 리더십 연구자들은 역사상 위대한 인물들이 어떤 자질을 갖고 있었느냐에 초점을 두고 리더십을 연구하였다. 이들은 훌륭한 리더란 태어나는 것이지 만들어지는 것이 아니라고 주장하였는데 이것을 위인이론(great man theory)이라고 부른다. 초기의 특성이론 추종자들에 의하면 유능한 리더는 그렇지 않은 리더와 구별되는 남다른 개인적인 특성과 자질이 있다고 생각하고 이를 규명하고자 노력하였다. 스톡딜(R. M. Stogdill)[6]은 유능한 리더가 갖고 있는 공통적인 특성을 〈표 12-4〉와 같이 들고 있다. 따라서 리더가 지니고 있는 공통적인 특성추구에 주력하였기에 자질론 또는 특성추구이론(trait theory) 등으로 불렸다.

표 12-4 리더의 중요 특성

구 분	내 용
신체적 특성	리더의 연령, 신장, 체중, 용모, 건강상태 등
지능	판단력, 결단력, 지식수준, 표현능력
성격	자신감, 창의성, 민첩성, 독립성
관리능력	과업지향 성격(성취욕구, 책임감, 솔선수범), 대인관계 능력(협조성, 대인관계기술)

그런가 하면 바나드(C. I. Barnard)는 리더의 특성을 크게 두 가지로 나누고 있는데, 첫째 기술적인 면으로 체력·기술·지각·지식·기억력·상상력 측면에서 개인적 우월성을 가져야 하고, 둘째, 정신적인 면에서는 결단력·지구력·인내력·용기와 같은 측면에서의 탁월성을 가져야 한다고 주장하였다.

---

6) Stogdill, R. M., *Handbook of Leadership: A Survey of Theory and Research*, New York Free Press, 1974.

(2) 특성이론의 한계

리더십에 관한 특성이론은 좀 더 포괄적인 연구방향으로 전개되고 있지만 리더가 갖추어야 할 특성을 밝히려는 노력에는 몇 가지 한계를 갖고 있다.

첫째, 리더의 특성이 실제 리더십의 효과성과 밀접한 관계를 갖지 못한다.

둘째, 리더의 특성은 리더가 되고 나서 개발되어지는 경우도 있다.

셋째, 상황에 따라 서로 다른 특성이 요구된다는 사실을 간과하고 있다.

넷째, 리더의 특성에 대한 연구가 진행될수록 특성이 추가됨으로써 리더십 특성 상호간에 서로 모순된 결과를 초래하게 되었다.

특성이론에 관한 이러한 한계점은 어떤 상황에서나 일관성 있게 리더십의 성과를 설명해 줄 수 있는 특성을 발견하는 것이 불가능해지자 리더십에 관한 새로운 연구로 리더의 행동에 관심을 갖게 되었다.

2) 행동이론

(1) 행동이론의 개념

리더십의 특성연구에서 문제점과 한계가 나타나면서 리더의 특성보다는 실제행동에 초점을 맞추는 접근이 1950년대 초에 생겨났다.

리더십의 효과는 리더가 부하들에게 보여주는 행동에 따라 결정된다고 생각하였다. 따라서 리더의 행동을 관찰하여 성과와 효과적인 행위유형의 관계를 규명하고자 리더십 유형(leadership style)을 연구하였다. 이것을 리더십의 행동이론(behavioral theory)이라 한다.

특성이론과 행동이론 접근방법의 차이는 다음과 같은 두 가지 측면에서 논하고 있다.

첫째, 특성이론은 리더 개인의 자질에 초점을 두는 데 반해 행동이론은 실제적인 리더의 행동에 초점을 둔다.

둘째, 특성이론의 연구는 리더와 비리더를 구분하려는 데 초점을 두었으나, 행동이론의 연구는 부하와 리더의 특정한 여러 가지의 행동이 부하들의 업적과 만족에 어떠한 영향을 미치는가를 규명하는데 연구의 초점을 두었다.

이와 같은 특질을 지니고 등장한 행동이론에서는 리더의 행동과 리더십 유형은 불가분의 관계가 있다고 보고 리더는 후천적으로 훈련개발에 의하여 만들어질 수 있다고 가정하고 있다. 따라서 리더십의 행동론적 접근방법을 논의할 때 리더십 유형을 함께 논의하게 된다.

다음에서는 리더십의 유형과 리더십에 대한 이론을 중심으로 살펴보기로 한다.

(2) 아이오와대학의 연구

립피트(R. Lippitt)와 화이트(R. K. White)는 10대 소년들로 구성된 한 클럽을 대상으로 리더십 스타일의 변화에 따른 소년들의 행동반응을 실험한 결과, 그들은 리더의 행동유형을 중심으로 리더십 유형을 전제적 리더십(autocratic leadership style), 민주적 리더십(democratic leadership style), 그리고 자유방임적 리더십(laissez-faire leadership style)으로 분류하였다.

① 전제적 리더십

리더중심의 조직운영이므로 조직목표와 운영방침 및 상벌을 리더가 독단으로 결정하고 부하들의 참여와 의견이 반영되지 않기 때문에 생산성은 향상되지 않는다.

② 민주적 리더십

조직의 계획과 운영방침은 구성원의 참여와 자율성을 존중하는 참여제도에 역점을 두어 결정하며, 업적이나 상벌은 객관적 자료에 의하여 평가하고 수여한다.

③ 자유방임적 리더십

리더는 조직의 계획이나 운영방침의 결정에 관여하지 않고, 수동적 입장에서 행동하며, 부하들이 업무수행을 알아서 하도록 권한을 위임해 버리는 리더십유형을 말한다.

이상과 같은 세 가지 리더십 유형별 특성과 효과를 비교해 보면 〈표 12-5〉와 같이 요약된다.

표 12-5 리더십의 유형

구분 \ 리더십유형	전제형	민주형	자유방임형
방침 결정	리더가 결정	리더의 조언에 따라 집단토론에 의해 결정	리더는 결정에 불참, 집단구성원에 의해 결정
권력과 책임 관계	권력이 리더에게 있음	책임은 부하와 함께 나눔	책임은 부하에게 있음
리더·구성원 단계	수동적	호의적	무관심
집단행위의 특성	응집력이 낮고, 냉담 공격적임	응집력이 크고, 안정적임	냉담 및 초월
리더부재시 성원태도	좌절감 및 혼란	계속적인 행위 유지	불변
성과	높다(위기시)	높다(평상시)	최저의 상태

(3) 오하이오 주립대학의 연구

1940년대 후반에 가장 포괄적이고 효과적인 집단성과를 가져오는 리더십에 관한 실증적 조사연구는 미국의 오하이오 대학(Ohio Univ.)과 미시간 대학(Michigan Univ.)의 연구이다. 이 연구의 전반적인 목적은 리더 행동의 독립적인 차원을 찾으려 했다는 점이다. 먼저 오하이오 주립대학의 연구는 리더행동기술설문지(leader behavior description questionnaire)를 통해 리더의 행동을 구조주도(initiating structure)와 배려(consideration)라는 두 개의 차원으로 분류하였다([그림 12-7] 참조).

[그림 12-7] 리더십의 4분면

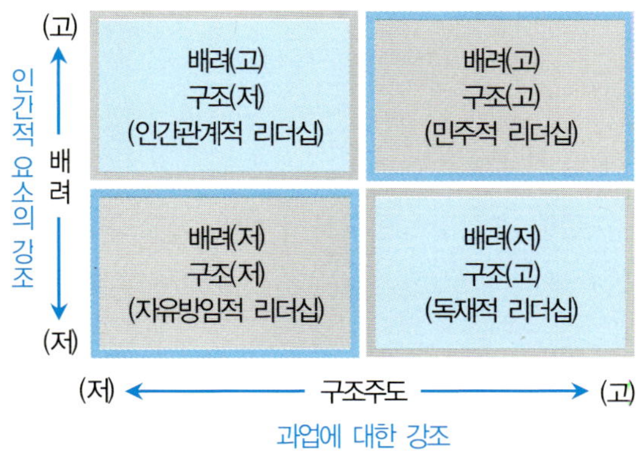

① **구조주도형**

리더가 부하의 과업환경을 구조화하는 정도, 즉 목표달성을 위해 부하들이 해야 할 역할을 명확히 정해주고 그들에게 기대하는 것이 무엇인지 알려주는 행동을 말한다. 이는 과업지향적 리더십 유형과 유사하다.

② **배려형**

부하와의 관계를 중시하는 리더 행동, 다시 말하면 리더가 부하들의 복지와 안녕, 지위, 공헌 등에 관심을 가져주는 행동을 말한다. 이는 종업원지향적 리더십 유형과 유사하다.

이 연구의 특징은 리더십 행동에서 이들 두 가지 개념(차원)을 하나의 연속선상에서 보지 않고 서로 다른 두 개의 차원을 각각 축으로 하여 조합으로 나타난 네 개의 범주 속에 포함시키고 있다는 데 있다.

네 가지 리더십 유형 중 가장 효과적인 리더십 유형에 대해서는 명확한 답이 없다. 이후 연구에서는 고 배려(종업원 지향)형 리더의 종업원이 전직과 결근율이 낮았으며, 고 구조주도(과업지향)형 리더는 종업원의 성과를 증진하는 것으로 나타났으나 지속적으로 지지할 만한 연구결과가 도출되지는 못하였다.[7]

(4) 관리 시스템 이론

리커트(R. Likert)는 조직의 가장 중요한 자산이 인적 자원이라는 점에 주목하여 인간을 활용할 수 있는 '관리 시스템 이론'(management system theory)을 제시하였다. 리커트는 과업지향과 종업원지향이라는 두 가지 유형을 결합하여 조직유효성에 관한 관리패턴을 네 가지 유형으로 구분하였다.

① **시스템 Ⅰ: 독선적 전제형**(exploitive-authoritative)

이는 과업지향적·직무중심적 감독형태로서 매우 구조화된 권위주의적 관리방식이다. 그러므로 부하는 공포나 협박, 처벌 등에 의해서 동기유발되고 낮은 욕구수준만을 갖는다.

---

7) 김성국, 전게서, pp.333-334.

② **시스템 Ⅱ: 온정적 전제형**(benevolent-authoritative)

관리자는 부하를 어느 정도 신뢰하고 있다. 대부분의 의사결정은 최고경영층에서 이루어지나 약간의 권한위양이 수반된다. 의사소통은 대부분 하향적으로만 수행되나 약간의 상향적 의사소통도 이루어진다.

③ **시스템 Ⅲ: 상담형**(consultative)

관리자는 부하에 대해 상담 정도의 신뢰감을 가지고 있다. 의사소통은 상향적 및 하향적으로 허용되며, 중요정책은 최고경영층에서 행해지지만 구체적인 의사결정은 하위계층에 권한이 위양된다.

④ **시스템 Ⅳ: 집단참가형**(participative group)

관리자는 부하를 전적으로 신뢰한다. 부하들의 아이디어와 의견을 구하여 목표나 계획설정에 반영시키려고 노력한다. 의사소통이 항상 신뢰 속에 원활히 이루어지도록 한다.

이상에서 조직의 관리방식이 시스템 IV에 가까울수록 생산성이 높고, 시스템 I에 가까울수록 생산성이 낮음을 알 수 있다. 따라서 리커트는 시스템 IV를 적용하는 리더가 가장 건전하고 성공적인 리더가 된다고 주장하였다.

(5) 관리격자이론

블레이크(R. R. Blake)와 모우튼(J. S. Mouton)은 오하이오대학의 리더십 연구를 발전시켜 생산에 대한 관심(concern for production)과 인간에 대한 관심(concern for people)의 두 축을 중심으로 리더십 유형을 융통성 있게 조화시켜 가장 효과적인 리더의 행동유형을 개발하는 관리격자(managerial grid)의 개념을 정립하였다.

그들은 생산(업적)을 중심으로 한 축과 인간을 중심으로 한 축을 각각 9단계로 나누어 조직의 목적과 종업원의 욕구를 충족시킬 수 있는 '9·9형(팀형)'이 가장 이상형이라고 함으로써 경영자개발을 위한 교육훈련과 목표설정 등에 널리 활용하고 있다. [그림 12-8]에서 보는 바와 같이 좌표상에 나타난 다섯 가지의 기본유형을 설명하면 다음과 같다.

[그림 12-8] 관리격자(managerial grid)

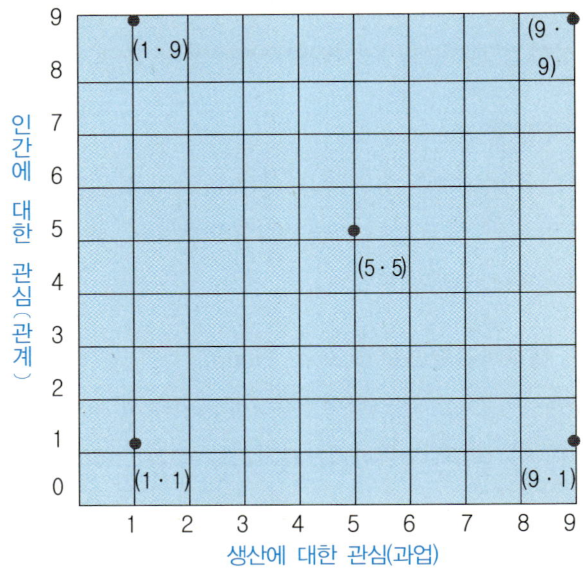

자료원: 박상범 외 2인, 전게서, p.375.

① (1·1)형-무관심형

생산하는 과업과 인간관계의 유지 모두에 대해 거의 관심이 없는 무책임 내지는 방임형이라고 할 수 있다. 이러한 리더는 자신의 역할을 수행하는데 있어 마지못해 최소한의 노력만을 기울이는 행동유형이다.

② (9·1)형-과업형

생산하는 과업(업적)에 대해서는 높은 관심을 보이지만 인간관계 유지에 대해서는 거의 관심이 없는 생산지향형이다. 이러한 리더는 일 중심형으로 독재적 리더십을 발휘하게 된다.

③ (1·9)형-컨트리클럽형

생산에 대해서는 거의 관심이 없지만 인간관계에 대해서는 높은 관심을 보이는 인간중심지향형이라고 할 수 있다. 이는 구성원의 만족과 친밀한 분위기를 조성하는 데 노력하는 인기형의 행동유형이다.

④ **(5 · 5)형-중간형**

생산과 인간관계의 유지 모두 적당한 정도의 관심을 보이는 중간형으로서, 적당한 수준의 성과를 지향하는 타협형의 행동유형이다.

⑤ **(9 · 9)형-팀형**

생산과 인간관계 유지 모두에 대해 높은 관심을 보이는 리더십 유형으로서 개인과 조직체의 공동목표와 상호의존관계를 강조하고 상호신뢰적인 이상형의 행동유형이다.

이러한 이론은 조직에서 조직개발과 관리자의 리더십 개발에 효과적으로 이용될 수 있을 것이다.

3) 상황이론

(1) 상황이론의 개념

리더십에 관한 특성이론과 행동이론들은 모든 상황에서 가장 이상적인 리더의 특성이나 행동유형, 즉 리더십 형태를 발견하려는 데 집중되어 있었다.

그러나 그와 같은 연구결과도 리더십의 유효성을 인정받지 못하게 되자 리더가 처한 상황적 변수를 연결시키려는 상황(적응)이론(contingency theory)이 등장하게 되었다.

즉 어떤 상황에서나 유효한 최적의 리더십 유형은 없으며 효과적인 리더십은 상황에 따라 결정되어야 한다는 것이 상황이론의 기본가정이다. 상황적 요소들을 중시하는 이 접근방법은 오늘날 리더십 연구에서 가장 타당성 있는 이론으로 인정받고 있다. 이러한 상황이론에서 고려되는 상황적 요소는 [그림 12-9]에 나타난 바와 같다.

① **리더의 행동적 특성**: 리더의 행동에 작용하는 리더의 성격, 욕구, 경험, 강화작용 등을 포괄한다.
② **부하의 행동적 특성**: 부하의 행동에 영향을 주는 성격, 욕구, 동기, 지각, 능력, 경험 그리고 강화작용 등을 말한다.
③ **집단요소**: 과업의 내용, 집단의 규범, 구성원 간의 응집성과 신분 등이 포함된다.
④ **조직체 요소**: 규율과 절차, 기술, 권한, 목적과 방침, 불확실성 및 시간적 압박 등 리더의 행동과 효과에 영향을 주는 요소들이 포함된다.

[그림 12-9] 리더십의 영향을 미치는 상황적 요소

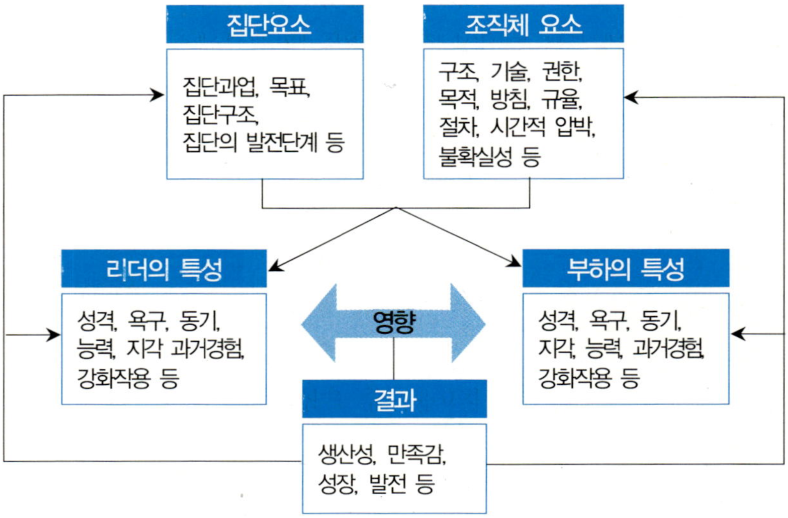

상황이론은 이러한 상황적 요소를 중심으로 리더십 상황을 유형화하고 이들 요소의 역할과 리더십의 유효성을 분석하고 있다.

다음에서는 상황이론의 대표적인 이론들을 살펴보기로 한다.

(2) 피들러의 상황이론

피들러(F. E. Fiedler)는 상황적응론적 리더십 모형(contingency leadership model)을 통해서 리더십의 유효성(효과성)은 리더십 스타일과 리더가 처한 상황적 특성의 상호작용에 의해 결정된다고 주장하고 있다. 다시 말해서 [그림 12-10]에 나타나 있듯이 과업지향적이거나 관계지향적인 리더십은 상황적 특성, 즉 상황이 리더에게 호의적인 정도에 따라 다른 효과를 나타낼 수 있다는 것이다.

[그림 12-10] 피들러의 상황이론 모형

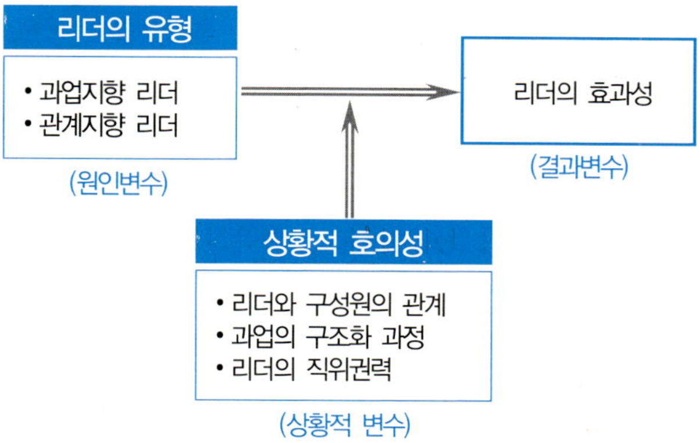

피들러는 리더의 유형을 파악하기 위한 방법으로 LPC(Least Preferred Co-worker, 최소선호동료) 척도를 개발하였다. 〈표 12-6〉에서 보는 바와 같이 LPC 척도는 리더로 하여금 가장 함께 일하고 싶지 않은 부하를 떠올리게 하여 18개 항목에 대해 평가하게 하는 기법인데, 여기서 그 동료에 대해 가혹한 평가(57점 이하)를 한다면 그는 '과업지향적인 리더'이고, 관대한 평가(64점 이상)를 한다면 '관계지향적 리더'라고 간주할 수 있다.[8)]

표 12-6 LPC 조사 항목

귀하가 과거 또는 현재에 함께 일한 동료나 부하들 중 가장 싫은 사람을 떠올려 주십시오. 그리고 다음의 특징에 그(그녀)를 떠올릴 때 드는 느낌을 체크해 주십시오.

										점수
유쾌함	8	7	6	5	4	3	2	1	유쾌하지 않음	______
친근함	8	7	6	5	4	3	2	1	친근하지 못함	______
수용하는 태도	8	7	6	5	4	3	2	1	거부하는 태도	______
여유로운 태도	8	7	6	5	4	3	2	1	긴장하는 태도	______
가깝게 느껴짐	8	7	6	5	4	3	2	1	멀리 느껴짐	______
따뜻함	8	7	6	5	4	3	2	1	냉정함	______
지원적인 태도	8	7	6	5	4	3	2	1	적대적인 태도	______
흥미로움	8	7	6	5	4	3	2	1	권태로움	______
조화로운 태도	8	7	6	5	4	3	2	1	갈등적인 태도	______
명랑함	8	7	6	5	4	3	2	1	우울함	______

8) 양춘희 외 3인, 전게서, p.327.

개방적인 태도	8	7	6	5	4	3	2	1	폐쇄적인 태도	______
충성함	8	7	6	5	4	3	2	1	배신함	______
믿음직함	8	7	6	5	4	3	2	1	믿을 수 없음	______
배려하는 태도	8	7	6	5	4	3	2	1	이기적인 태도	______
신사적임	8	7	6	5	4	3	2	1	비열함	______
동조적인 태도	8	7	6	5	4	3	2	1	반대하는 태도	______
성실함	8	7	6	5	4	3	2	1	불성실함	______
친절함	8	7	6	5	4	3	2	1	불친절함	______

* 합계가 64점 이상이면 관계지향적 리더 스타일, 57점 이하이면 과업지향적 리더 스타일

자료원: F. E. Fiedler, *A Theory of Leadership Effectiveness*, New York: McGraw-Hill, 1967.

그런 다음 상황의 호의성 여부를 측정하는 것이 필요하다. 리더에게 호의적인가의 여부를 결정하는 리더십상황은 다음 세 가지 변수로 구성된다.[9)]

① **리더-구성원 관계**(leader-member relations): 리더와 구성원 간에 신뢰성, 확신, 존경의 정도가 높게 형성되어 있으면 그만큼 효과적인 리더십이 발휘될 수 있다는 것이다. 이는 구성원 간의 소시오매트릭스나 집단분위기의 척도를 통해 측정된다.

② **과업의 구조화**(task structure): 종업원들에게 맡겨진 일이 짜임새있게 구조화되어 있을수록 그 상황은 리더에게 보다 유리하다는 것이다. 과업의 구조화 정도는 목표의 명확성, 목표도달수단의 다양성, 과업수행 후 결과를 알 수 있는 정도 등에 의해 결정된다. 과업구조화가 높을수록 리더십 행사가 보다 용이하다.

③ **리더의 직위권력**(leader's position power): 리더가 종업원들에게 합법적으로 보상을 주거나 처벌을 할 수 있는 재량권을 의미한다. 이러한 영향력이 많을수록 리더십 행사가 쉽다.

이상의 세 가지 상황적 요소의 조합이 리더에 대한 '상황의 호의성'(favorableness of the situation)을 결정하게 된다. 피들러는 상황의 호의성이라는 것을 "상황이 리더로 하여금 자기집단에 대해 그 영향력을 행사할 수 있게 하는 정도"라고 정의하고 있다.

다음으로 이상에서 설명한 세 가지 변수의 결합방법에 따라 상황이 리더에게 가

9) 문규현·박상철, 전게서, p.200.

장 호의적인 경우부터 가장 비호의적인 경우까지 여덟 가지의 조합이 나올 수 있으며, 이러한 리더와 상황의 적합관계는 아래의 세 가지로 분류할 수 있다.

① **가장 불리한 상황**: 리더가 처한 환경이 매우 양호하지 못한 상황이다.
② **가장 유리한 상황**: 리더가 처한 환경이 매우 양호한 상황이다.
③ **중간 정도의 상황**: 리더가 처한 환경이 중간 정도인 상황이다.

한편 앞서 설명한 바와 같이 피들러는 리더의 특성을 과업지향적, 관계지향적 스타일로 구분하고 이와 같은 상황을 결합하여 효과적인 리더십을 발견하고자 하였으며, 이를 위해 고안된 것이 [그림 12-11]이다. 즉 과업지향적 리더는 LPC점수가 낮은 리더로서 Ⅰ,Ⅱ, Ⅲ과 같이 집단상황이 그에게 아주 호의적이든가, Ⅶ, Ⅷ과 같이 집단상황이 그에게 비호의적일 때 긍정적인 성과를 낸다는 것이다. 이에 반해 관계지향적 리더는 LPC점수가 높은 리더로서 Ⅳ,Ⅴ,Ⅵ과 같이 집단상황이 중간정도일 때 긍정적인 성과를 가져온다고 보고되고 있다.

이러한 피들러의 이론은 LPC점수의 타당성과 신뢰성의 문제가 제기되지만 처음으로 상황적 요소가 리더십 유형의 성공에 영향을 주는 잠재요인으로 인식됨으로써 리더십연구에 있어서 중요한 전환점이 되었다.

[그림 12-11] 상황과 리더십 유효성의 관계

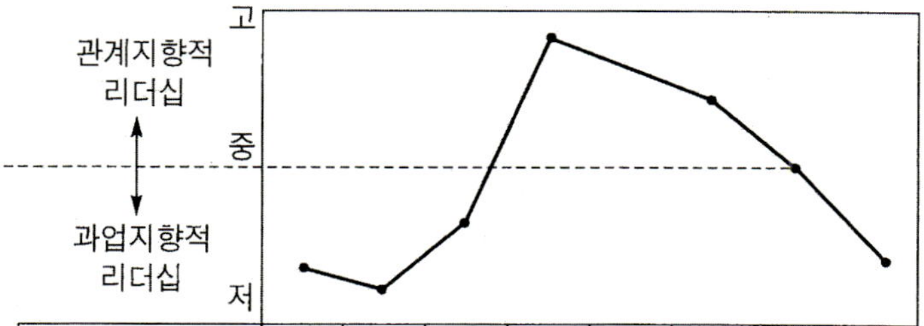

상황범주	Ⅰ	Ⅱ	Ⅲ	Ⅳ	Ⅴ	Ⅵ	Ⅶ	Ⅷ
리더부하관계	양호	양호	양호	양호	불량	불량	불량	불량
과업구조	구조적		비구조적		구조적		비구조적	
지위권력	강	약	강	약	강	약	강	약

자료원: E. F. Fledler, *A Theory Leadership Effectiveness* (New York: McGraw-Hill, 1967).

(3) 하우스의 경로-목표이론

하우스(R. J. House)는 리더십 유형의 효과는 상황의 특성에 따라 달라진다고 주장하는 경로-목표이론(path-goal theory)을 제시하였다. 이 이론에서 효과적인 리더는 조직구성원들이 업무목표와 자신의 개인적 목표를 함께 달성할 수 있는 경로(path)를 명확하게 제시하고, 그들이 그 경로를 따라 나아갈 수 있도록 지원하고 목표달성에 장애가 되는 요인들을 제거해 줄 수 있어야 한다고 보고 있다. 다시 말하면 조직구성원들은 리더가 목표성취를 위한 경로를 명확하게 가리켜주면 동기부여가 된다는 것이다.

이러한 역할을 해내기 위해 리더는 상황의 특성에 따라 다음과 같은 네 가지 리더십 유형에 맞도록 자신의 행동을 변화시켜야 한다.

① **지시적 리더십**(directive leadership)

조직구성원들을 통제, 감독하는 것과 관련된 것으로서 규정준수, 구체적인 업무일정이나 작업지침 제시, 업적에 대한 명확한 기준을 강조하는 리더의 행동이다.

② **지원적 리더십**(supportive leadership)

조직구성원들의 욕구를 중시하고 우호적이고 친절하며 작업환경과 복지에 관심을 보이고 특히 구성원들과의 관계를 중시하는 리더의 행동이다.

③ **참여적 리더십**(participative leadership)

조직구성원을 의사결정에 참여시켜 그들의 의견과 제안을 적극적으로 반영하고자 하는 리더의 행동이다.

④ **성취지향적 리더십**(achievement oriented leadership)

조직구성원들에게 도전적인 목표를 설정하여 주고 그것을 달성할 수 있다는 자신감을 심어주며, 그들의 능력발휘를 통해 지속적으로 업적향상을 모색하는 리더의 행동이다.

이와 같이 네 가지 유형의 리더십 효과는 상황의 특성에 의해 좌우된다. 즉 효과적인 리더십은 리더와 상황요인(contingency, situational factors)의 상호작용의 함수라고 가정한다. [그림 12-12]에서 볼 수 있듯이 상황요인에는 부하의 특성과 작업환경 특성의 두 가지 요소가 있다.

[그림 12-12] 하우스의 경로-목표 이론

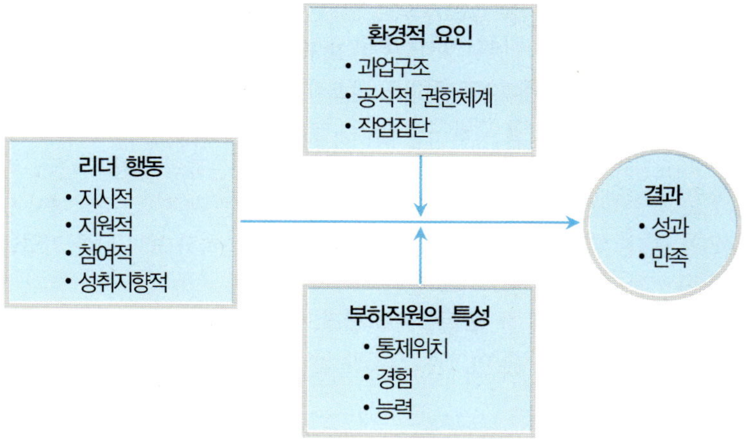

자료원: 정동섭 외 3인, 조직행동, 삼영사, 2006, p.381.

따라서 경로-목표이론에서 리더가 해야 할 일은 상황을 분석하여 가장 적절한 리더십 유형을 선택하고 조직구성원에게 양호한 성과를 거두게 하는 데 있다. 이처럼 경로-목표 이론은 어떤 상황에서 어떤 리더십을 행사하는 것이 구성원의 성과와 만족, 즉 리더십 효과성에 영향을 미치는지를 보여줌으로써 다른 이론보다 설명력이 높다는 평가를 받고 있다. 하지만 상황요소가 너무 많아 이론적인 내용이 복잡하다는 지적도 있다.

4) 최근의 리더십 이론

(1) 변혁적 리더십

변혁적 리더십(transformational leadership)은 부하의 노력과 성과에 상응하는 보상을 주는 거래적 리더십(transactional leadership)과는 구분되는 개념이다. 변혁적 리더십은 부하들에게 비전을 제시하고 자발적으로 노력하도록 동기를 부여함으로써 기대 이상의 성과를 이끌어 내는 리더의 행동을 말한다. 변혁적 리더십의 하위차원에는 카리스마, 개별화된 배려, 지적 자극, 분발고취 등이 있다. 카리스마(charisma)는 부하들에게 비전과 미션을 제시하고, 그들을 신뢰하며 자긍심을 심어주는 롤모델로서 리더 자신이 가진 인간적 매력을 통해 부하들을 리드해 나가는 능력을 말한다. 개별화된 배려(individualized consideration)는 부하들의 개인적인 감정과 관심사항에 귀를 기울이고, 부하 한 사람 한 사람을 존중하며 그들이 조직에서 성장할 수 있도록 멘토 역할을 하는 것이다. 지적 자극(intellectual stimulation)은 과거의 구태의연한 사고방식과 업무방식에서 벗어나 항상 새로운 방식으로 문제해결 방법을 찾도록 자극하는 것이다. 분발고취(inspirational leadership)는 부하들에게 목표를 쉽게 설명해 주고 업무에 대한 열정을 불러일으키며, 높은 기대를 갖도록 동기를 부여시키는 것이다.

(2) 서번트 리더십

서번트 리더십(servant leadership)이라는 단어는 종(servant)과 리더(leader)가 합쳐진 개념으로서 종의 신분으로 부하를 섬긴다는 섬김의 리더십이고 자기희생적인 리더십이다. 서번트 리더는 자신의 이익보다는 타인을 위한 봉사에 초점을 두고 부하, 고객 및 지역사회를 우선적으로 여기며, 그들의 욕구를 만족시키기 위해 헌신하는 리더십이라고 할 수 있다. 즉 리더는 조직 내에서 부하들에게 명령하고 지시하는 존재가 아니라 그들을 진정으로 섬기고 봉사하는 존재라는 것이다.

이러한 서번트 리더의 특징으로는 경청, 공감, 치유, 인식, 설득, 직관과 통찰력, 비전의 제시, 구성원의 성장을 위한 노력, 공동체 형성 등으로 제시된다. 서번트 리더는 조직의 목적을 달성하는데 있어서 가장 중요한 자원이 부하들이라고 생각한다. 과업을 추진하는 사람들은 부하들이지만, 이들의 성공적인 과업추진과 성장은 바로 리더 자신의 책임에 달려 있다는 인식이 강하다.[10)]

제4절 의사소통

1 의사소통의 의의

원래 커뮤니케이션(communication)이라는 용어는 공통적으로 나누어 갖는다는 의미의 라틴어인 'communus'에서 유래된 것으로서 언어와 같은 공통적으로 이해

10) 김주엽 외 3인, 조직행동론, 경문사, 2012, pp.429-430.

되는 심볼(symbol)의 수단에 의하여 행해지는 개념의 교환과정을 가리킨다.

현대 경영사회는 구조적 측면에서 복잡성이 증대되고 있으므로 효과적인 의사결정과 목표설정 및 능률적인 관리를 수행하기 위하여 커뮤니케이션의 문제가 크게 대두되고 있다. 바나드(C. I. Barnard)는 조직을 형성하는 3대요소를 공통목적, 공헌의욕(협동의사) 및 커뮤니케이션이라 보고 경영자의 기능 중 하나는 커뮤니케이션 시스템을 개발, 유지시키는 것이라는 원칙을 제시한 바 있다. 따라서 경영자의 최대의 임무는 수평·수직적 인간관계에서 조직계층별 구성원의 여러 활동 사이에 상호 모순이나 중복 없이 기업목표달성을 위한 협동적 행동을 확보하는 데 있다.

효과적인 과업달성과 조정을 위해서는 구조적 측면에서 경영활동의 목표지향적인 정책과 표준 등을 잘 이해하고, 그것이 충분히 납득되어 목표지향적 행동으로 실행될 수 있도록 하여야 한다. 조정은 정해진 목표를 달성하기 위하여 제활동을 통일화하는 것이므로 목표가 구체적이지 않고 명확하지 않으며 또한 조직구성원에게 납득되지 않을 경우 조정 그 자체는 효과를 발휘할 수 없다. 다시 말하면 인간의 노력을 목표지향적으로 통일하고 계속 유지·발전시키기 위해서는 조직의 대내·외적으로 발생하고 있는 다양한 변화요인을 파악하고 이해할 수 있어야 함은 물론 서로가 협동할 수 있는 커뮤니케이션이 필요하다. 이러한 커뮤니케이션은 경영조직의 수평적·수직적인 인간관계에서 서로간의 이해를 돕는데 도움을 주고, 조직내 상호 불신을 줄이며 또한 목표지향적 행동을 하는데 있어 중요한 역할을 한다.

따라서 커뮤니케이션이란 두 사람 이상 사이에서 이루어지는 의미전달 과정, 즉 정보교환 과정을 말하며, 조직의 보조적 수단이 아니라 조직활동의 요소이자 기본적 과정으로서 다른 기능들이 이것으로부터 나온다고 할 수 있다.

2 의사소통의 과정

일반적으로 의사소통은 2인 이상의 관계에서 정보교환, 감정이입, 의사전달이라는 세 가지 요소를 효과적으로 전달하는 과정이라고 할 수 있다. 이러한 요소가 흐르는 과정에서는 [그림 12-13]에서 보는 바와 같이 송신자(sender)와 메시지(message) 및 수신자(receiver) 등의 세 가지 요소가 의사소통과정에 포함되어 있다.

[그림 12-13] 의사소통의 과정

1) 송신자

의사소통에서 원천을 이루는 송신자(sender)는 개인이나 집단 또는 조직이 될 수 있다. 그러므로 메시지 내용의 명확화와 그 유효성은 송신자의 특성에 따라 영향을 받게 된다. 즉 송신자의 욕구와 태도, 가치 및 지각 등은 메시지에 반영되고 있다.

(1) 관념화(ideation)

의사소통과정은 전달하고자 원하는 것(아이디어, 사실, 의미 및 바람직한 행동)의 유발에서 시작되며, 이는 내용을 형성하는 동시에 메시지의 기초가 된다. 더욱이 송신자가 자신의 목적을 명확하게 하는 것은 메시지의 명료성을 기하는 것일 뿐만 아니라 효과적인 커뮤니케이션의 결정을 위한 것이다.

(2) 암호화(encoding)

송신자가 의사소통의 행동을 실행하기 위한 메시지를 결정한 후에, 그 메시지의 내용은 최선의 전달이 가능하도록 암호화시켜서 이를 수신자가 이해할 수 있도록 해야 한다.

이때에 메시지는 언어, 숫자, 기호 다이어그램 등으로 구성되며, 메시지의 의사소통은 암호화 자체가 명확, 간결, 구체화되면서 정확할 때에 쉽게 이루어진다. 이 시점에서 송신자는 무엇보다도 메시지를 확실하게 하기 위해서 최적의 이해가능한 매체의 전달방법을 선택하게 된다.

2) 메시지

메시지는 조직의 공식적 의사소통경로나 비공식경로를 통해서 전달된다. 그리고 유용한 전달매체로는 면담, 전화, 이메일, 메모, 게시판 등을 이용하게 된다.

3) 수신자

(1) 해석(interpretation)

수신자(receiver)가 메시지를 받으면 그것을 해석하여 뜻을 파악하게 된다. 이때에 해석과정이 중요하지만 수신자의 마음 상태 또한 중요하다고 할 수 있다. 즉 메시지의 내용을 수신자가 자의로 해석할 수 있기에 송신자는 무슨 내용을 보내고 있는지를 수신자에게 명확하게 인식시킬 필요가 있다.

(2) 행동(action)

해석은 수신자가 취하는 행동에 의해서 이루어지는 경향이 있으며, 이러한 행동에는 과업수행의 행동과 정보수집의 행동 및 메시지를 파악하지 못한 행동 등이 있다.

3 의사소통의 유형

1) 공식적 의사소통

조직의 의사소통에는 공식적인 관계를 바탕으로 하는 공식적 의사소통(formal communication)이 있는데, 이는 [그림 12-14]에서 보는 바와 같이 하향적 의사소통, 상향적 의사소통, 수평적 의사소통 그리고 대각적 의사소통의 네 가지로 구분된다.

[그림 12-14] 의사소통의 유형

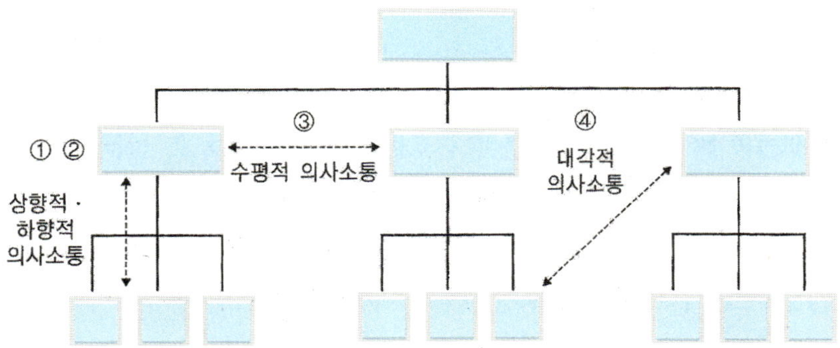

자료원: 조경동 외 4인, 전게서, p.286.

(1) 하향적 의사소통

하향적 의사소통(downward communication)은 조직의 위계에 따라서 명령이나 지시가 상급자로부터 하급자에게 전달되는 것으로서, 이를 '관리적 의사소통' 또는 '상의하달식 의사소통'이라고도 한다. 이는 명료성·적합성·일관성 및 적시성이 요구되며, 그 경로 또는 수단으로는 ① 명령계통, ② 포스터나 게시판, ③ 사내보, ④ 종업원과의 서신, ⑤ 종업원편람 또는 팜플렛, ⑥ 사내방송 등이 있다. 상급자는 하급자에게 직무기준이나 직무기대를 전달함으로써 하위자들의 역할수행에 도움을 줄 수 있다.

(2) 상향적 의사소통

상향적 의사소통(upward communication)은 하급자로부터 상급자에게 업무결과 및 진척도의 보고, 필요한 자원의 지원요청 등의 메시지가 전달되는 것을 말하며, 하의상달식 의사소통이라고도 한다.

이러한 정보전달을 위한 수단으로는 ① 명령계통에 대응하는 보고계통, 즉 관리적 보고(managerial reporting), ② 불만처리절차, ③ 제안제도, ④ 인사 상담제도, ⑤ 의욕 또는 사기조사 등이 있다.

(3) 수평적 의사소통

수평적 의사소통(horizontal communication)은 조직 계층상 동일한 직위에 있는 구성원이나 부서 간에 이루어지는 의사소통으로서, 횡단적 의사소통(crosswise communication)이라고도 한다. 이러한 정보전달을 위한 수단으로는 주로 부서 간의 심의, 토의, 회의, 레크리에이션 및 회람 등의 형식으로 이루어진다.

(4) 대각적 의사소통

대각적 의사소통(diagonal communication)은 조직구조상 동일한 계층에 속하지도 않고, 동일한 명령계통에도 속하지 않는 조직에서 이루어지는 의사소통을 말한다. 즉 구성원이 자신의 기능적 권한 이외의 각 계층의 구성원과 의사를 교환하는 것을 의미한다.

2) 비공식적 의사소통

비공식적 의사소통(informal communication)은 공식적인 조직구조에 의한 것이 아닌 자연발생적으로 이루어진 의사소통을 말한다. 이는 인간으로서의 감정적인 친화 이외에 학연, 지연, 입사동기와 같은 계기에 의해 형성되는데 이러한 의사소통경로를 흔히 그레이프바인(grapevine)이라 한다. 이는 미국 남북전쟁 당시 나무들 사이에 걸려있던 전선줄들의 모양이 마치 포도넝쿨처럼 닮았다고 해서 붙여진 말이며, 이처럼 비공식적 의사소통에서 의사소통경로가 포도넝쿨처럼 복잡함을 의미한다. 실제적으로 공식적인 의사소통보다도 오히려 비공식적인 의사소통이 더 활발한 경우도 있으나 비공식적 의사소통경로가 잘못된 루머를 전달하여 조직에 해를 끼치는 부정적인 측면이 발생하지 않도록 하여야 한다. 조직의 전체적 목표달성을 위해서는 공식적인 의사소통이 확립되어야 할 것이며 비공식적인 의사소통은 보완적 수단으로 활용되어야 한다.

4 의사소통의 원칙

레드필드(C. E. Redfild)는 의사소통의 일반원칙으로서 다음과 같은 일곱 가지를 들고 있다.

1) 명료성

이상적인 의사소통은 발신자가 그 의도하는 바를 말하고, 그가 말하는 의미를 수신자가 정확하게 이해하여야 한다. 그러기 위하여는 간결한 문장과 평이한 용어를 사용하여야 한다. 그리고 커뮤니케이트되는 내용의 구조가 체계화되어야 한다. 또한 내용표현에 있어서 각 어구의 정확성을 기하여야 한다.

2) 일관성

의사소통은 일관성(consistency)이 있어야 하며, 처음의 명령과 나중의 명령이 모순되어서는 안 된다. 즉 전달내용의 전후가 일관되어야 한다는 것이다.

3) 적기적시성

의사소통은 너무 이르거나 너무 늦게 해서도 안 되며, 알맞은 시기를 택하여 행하여야 한다.

4) 전달성

의사소통은 발신자로부터 명확하게 수신자에게 전달되어야 한다. 전달되지 않은 커뮤니케이션이나 다른 사람에게 전달된 정보는 아무 소용이 없거나 경로관리상 혼란을 가져올 뿐이다. 수신자가 누가 될 것인가를 확실히 정하면 사용할 의사소통 수단도 달라진다.

5) 적량성

커뮤니케이션은 적정량(adequacy)을 기하여야 하며, 너무 많은 경우나 너무 적은 경우에는 수신자의 이해를 방해한다.

6) 적응성과 통일성

적응성(adaptability)이란 의사소통의 융통성·개별성·현실합치성 등을 말하며, 통일성(uniformity)이란 각 커뮤니케이션이 전체로서 통일된 정책의 표현이 되게 하는 것이다. 관리자는 이 적응성과 통일성을 잘 조화시키기 위하여 노력하여야 한다.

7) 관심과 수용

의사소통은 수신자의 관심(interest)과 그것을 받아들일 수 있는 가능성이 있을 때에 비로소 능률적으로 이루어질 수 있다. 여하튼 커뮤니케이션은 적극적으로 반응을 얻는데 그 목적이 있는 것이다.

5 의사소통의 네트워크

의사소통 네트워크(communication network)는 의사소통 경로에 있어서 누가 누구와 의사소통을 할 수 있는지에 관한 것으로 정보의 흐름에 따라 결정되며, 이는 집단의 효율과 사기에 중요한 영향을 미친다.

의사소통 네트워크의 종류는 [그림 12-15]에서 보는 바와 같이 연쇄형, Y형, 바퀴형, 원형, 완전연결형 등 다섯 가지가 있다.

[그림 12-15] 의사소통 네트워크의 종류

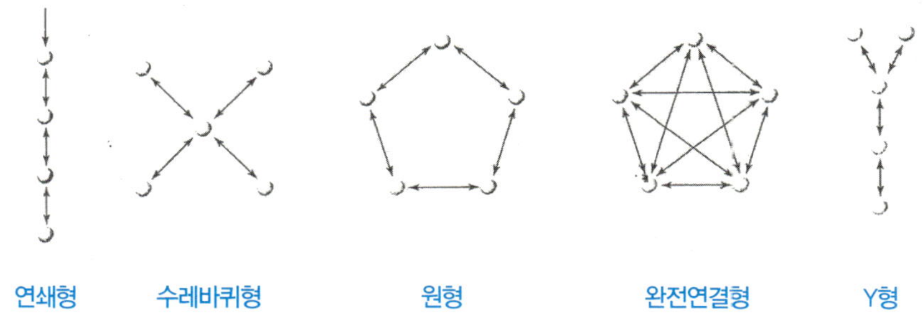

(1) 연쇄형(chain type)

연쇄형은 의사소통이 위아래로만 이루어지는 네트워크로서, 일반적으로 고층조직(tall organization)에서의 공식적인 명령계통이 이에 해당한다. 기업조직의 경우 이사-부장-차장-과장 등이 그 예가 될 수 있다.

(2) Y형(Y type)

Y형은 연쇄형과 수레바퀴형이 혼합된 네트워크로서, 대표성을 지닌 중심인물을 통해서 모든 다른 구성원들이 커뮤니케이션을 할 수 있다. 예를 들면 두 명의 하위자가 자신의 직속 상위자에게 보고하고, 그 상위자는 다시 자신의 두 명의 상위계층에게 보고하는 형태이다.

(3) 수레바퀴형(wheel type)

바퀴형은 집단 내의 의사소통이 한 명의 강력한 리더에게 집중되어 있는 경우이다. 다시 말하면 한 명의 리더와 몇 사람의 하위자가 있으며, 하위자들 간에는 상호작용이 없고, 모든 커뮤니케이션은 한 명의 리더를 통해서만 할 수 있다.

(4) 원형(circle type)

원형은 비슷한 직위의 구성원들이 수평적 입장에서 상호작용적 의사소통을 하는 네트워크이다. 태스크 포스(task force)팀이나 위원회조직에서 볼 수 있는 유형으로 수평적 네트워크를 형성한다.

(5) 완전연결형(all channel type)

완전연결형은 모든 구성원들이 자유롭게 의사소통을 하는 경우로서 가장 바람직한 의사소통 네트워크라고 할 수 있다. 그레이프바인(grapevine)과 같은 비공식적 의사소통 네트워크가 이에 해당된다.

6 의사소통의 장애요인

앞에서 살펴본 의사소통의 과정에서 나타날 수 있는 여러 가지 장애요인들을 송신자, 수신자, 상황과 관련하여 살펴보면 다음과 같다.[11)]

1) 송신자와 관련된 장애요인

첫째, 커뮤니케이션에 대한 목적의식의 부족이다. 송신자가 의사를 전달하려는 명백한 목적이 없을 때 메시지의 내용은 명확하게 드러나지 않는다.

둘째, 커뮤니케이션 기술의 부족이다. 송신자의 부적절한 단어의 선택, 문법상의 문제, 서투른 메시지 전달, 서투른 문장력이나 언변 등은 수신자가 메시지를 이해하기 어렵게 한다.

셋째, 대인감수성(sensitivity)의 부족이다. 송신자가 감수성이 부족하여 수신자를 동기부여시키지 못할 경우 오히려 커뮤니케이션의 역효과를 가져온다. 이러한 맥락에서 관리자는 부하의 입장에서 이해하고자 감정이입을 할 필요가 있다.

넷째, 준거틀(frame of reference)의 차이이다. 송신자는 자기의 과거경험에 비추어 자신의 기준에 의해서 메시지를 전달할 경우 수신자는 준거의 틀이 달라 똑같은 내용의 메시지를 다르게 해석할 수 있다.

---

11) 정동섭 외 3인, 전게서, pp.287-290.

다섯째, 정보의 여과(filtering)이다. 송신자는 고의로 정보를 호의적 또는 부정적으로 여과하여 수신자에게 듣기 좋아하는 메시지만 전달하고 듣기 싫어하는 메시지는 전달하지 않음으로써 커뮤니케이션을 방해하기도 한다.

2) 수신자와 관련된 장애요인

첫째, 평가적 경향이다. 수신자는 송신자로부터 메시지를 전부 다 전달받기 이전에 메시지의 전반적인 가치를 평가해 버리는 경향이 있는데, 이는 메시지가 갖는 실제의 의미를 왜곡시켜 버릴 수 있다.

둘째, 선입관이다. 수신자는 송신자에 대해 선입관에 사로잡혀 있을 때는 상대방의 말을 건성으로 듣고 성급한 판단을 하기 쉽다.

셋째, 선택적 청취이다. 사람들은 선택적인 경청으로 인해 현재 자신이 알고 있는 사실과 다른 정보를 접할 때 그것에 귀를 기울이지 않고 거부하려는 경향이 있다.

넷째, 반응적 피드백의 부족이다. 수신자는 송신자의 메시지에 대한 무반응이나 부적절한 반응을 나타냄으로서 송신자를 무안하게 만들기도 한다.

다섯째, 신뢰도의 결핍이다. 수신자는 송신자를 평소 신뢰하지 못하는 사람이라고 인지할 때 송신자의 메시지가 왜곡될 수 있다.

3) 상황과 관련된 장애요인

첫째, 어의상의 문제(semantic problem)이다. 동일한 단어나 기호라고 하더라도 상황에 따라 달리 해석하는 경우이다.

둘째, 정보의 과중(information overload)이다. 수신자에게 그가 수용할 수 있는 이상의 과중한 메시지가 전달되면 의사소통의 유효성은 떨어진다.

셋째, 시간의 압박이다. 시간 부족으로 대화가 피상적인 것이 되어버리는 경우도 의사소통의 정확성을 저해한다.

넷째, 커뮤니케이션 분위기의 문제이다. 평소에 개방성과 신뢰성이 낮은 조직에서는 커뮤니케이션의 의도가 부정적으로 왜곡되기 쉽다.

다섯째, 상급자와 하급자 간의 지위상의 차이(status difference)이다. 하급자는 상급자에 대해 두려움과 조심성 때문에 커뮤니케이션 과정에서 상급자의 비위를 거슬리게 하거나 불유쾌하게 할 커뮤니케이션은 가급적 피하려는 경향이 있는데, 이와 같은 정보의 여과(filtering)현상이 커뮤니케이션의 장애요인이 될 수 있다.

직원들의 몰입을 이끄는 리더십

리더라면 누구나 '일에 자발적으로 몰입하여 헌신적으로 일하면서 지속해서 탁월한 성과를 창출하는 사람들로 구성된 조직'을 원할 것이다. 자발적 몰입은 조직에 대한 헌신과 열의, 목표에 대한 책임감을 이끌어 내고 이러한 헌신-열의-책임감은 탁월한 성과의 근간이 된다. 그래서 몰입도는 한 조직의 생산성과 이직률을 설명하는 효과적인 지표가 되기도 한다. 두말할 것도 없이 구성원의 조직몰입도는 리더십과 높은 상관관계를 가지고 있다. 특히 직속상사는 몰입도에 가장 큰 영향을 미친다.

조직 몰입의 본질

몰입도와 관련하여 리더들이 흔히 빠지기 쉬운 오류가 있다. 어떻게 하면 구성원을 자신이 원하는 대로 움직일 수 있을까, 어떻게 부하직원을 말을 잘 듣게 할까 하는 고민이다. 그렇게 되면 몰입도는 만족도와 쉽게 혼동된다. 구성원의 만족도를 높이는 것은 자원만 풍부하다면 그리 어렵지 않을 수도 있다. 높은 급여와 더불어 복리후생이 잘 갖춰져 있으며 고용이 보장되고 상사의 간섭은 적으며 일은 덜 하는 조직이라면 어떤가? 요즘 세상에서 누구나 부러워하는 그야말로 환상적인 신의 직장이 아닌가? 이런 조직에서는 아마도 표면상으로 만족도가 꽤 높게 나올 가능성이 있다. 하지만 그 구성원은 과연 어떤 보람을 갖고 업무에 임할까?

이러한 현상은 몰입도의 본질을 잘못 이해한 데서 비롯된다. 몰입도의 핵심은 바로 자발성에 있다. 자발적 몰입만이 책임감과 헌신을 이끌어 내기 때문이다. 앞에서 열거한 리더들의 노력은 모두 구성원의 입장에서는 외부로부터 주어지는 자극일 수밖에 없다. 게다가 대부분이 리더가 구성원을 위해 베풀어 주는 항목이다. 다시 말해 구성원의 결핍 동기를 충족시키는 데에 초점을 맞춘 '외적 동기부여'인 것이다.

외적 동기부여를 통해서도 어느 정도 사람들의 행동을 끌어낼 수 있지만 책임감을 느끼게 하기는 어렵다. 사람들은 외부로부터 부여되는 책임이라면 가급적 회피하는 반면 스스로 선택한 것에 대해서는 책임감을 느끼는 경향이 있다. 자신의 선택에 대해서는 기꺼이 책임을 받아들일 뿐만 아니라 수행하는 과정에서 성취감을 느끼게 되는 것이다. 이는 성취 욕구나 성장 동기와 관련 있는 '내적 동기부여'라고 표현할 수 있다. 따라서 자발적 몰입을 위해서는 내적 동기부여를 유발하는 주된 요인이 무엇인지를 이해해야만 할 것이다.

구성원의 몰입도를 높이기 위한 4가지 조건

필자는 어려움에 빠진 기업을 회생시켰던 세 차례의 과정을 통해 실의에 빠진 구성원이 어떻게 자신감을 회복하고 조직에 헌신하게 되는지를 직접 경험할 수 있었다. 결론은 구성원의 몰입도를 향상시키기 위해서는 ▲존중 ▲공통의 목적 ▲임파워먼트 ▲성장 등 4가지 조건이 중요하다는 것이다.

첫 번째 조건인 존중은 구성원을 완성된 인격체로 대하는 것이다. 이는 '내가 대접받고 싶은 대로 다른 사람을 대접하라'는 인간관계에 관한 최고의 황금률을 실천하는 것을 말한다. 존중은 신뢰를 낳는다. 그리고 신뢰는 모든 성공적인 인간관계의 기반이 된다. 신뢰를 얻기 위해서는 상대방이 선한 의도를 가지고 있다는 것, 또 좋은 결과를 얻기 위해 나름대로 노력을 다한다는 것을 인정하는 것부터 출발해야 한다. 그리고 상대방을 진심으로 대하는 진정성이 수반돼야 한다. 이를 위해서 리더는 끊임없이 자신의 성품을 가다듬어야 하며, 공감 능력을 높이고 언행을 일치시킬 수 있도록 끊임없이 노력해야 한다.

두 번째인 공통의 목적은 비전–전략–핵심가치–목적–목표 등 업무수행에 필요한 원칙과 방향을 분명히 하고 지속해서 소통하여 공유하는 것이다. 구성원 각자는 자신이 들고 있는 퍼즐 조각이 전체 그림의 어떤 부분에 어떻게 연결되는지, 그래서 자신이 전체 그림의 완성에 어떻게 공헌할 수 있는지를 알고 싶어 한다. 방향을 잃은 배에게는 어떤 방향에서 불어오는 바람도 순풍이 될 수 없듯이 방향을 잃은 구성원들은 자신이 속한 조직이나 일에 몰입할 수가 없다. 또한 자신이 하는 일의 의미와 중요성을 깨닫지 못하는 구성원이 그 일에 헌신할 수는 없을 것이다.

세 번째인 임파워먼트는 구성원이 맡은 일을 책임감 있게 수행해 낼 수 있도록 힘을 실어주는 것을 말한다. 이러한 힘 실어주기는 주도성을 부여하는 것과 장애물을 제거해 주는 것 두 가지로 설명할 수 있다. 주도성 부여는 구성원이 그 일의 주인이 되도록 하는 것, 즉 해야 할 일이 누군가가 시킨 것이 아니라 스스로 선택한 것이 되도록 하는 것이다. 그렇게 주도성을 가지게 된 구성원이라 하더라도 그 일을 성공시키기 위해 노력하는 과정에서 불합리한 조직 구조, 자원의 부족 등과 같이 성과창출을 방해하는 요소를 끊임없이 만나게 마련이다. 리더들이 이러한 장애물을 개선하거나 제거해 주지 않는다면 구성원의 열정은 결국 식어버리고 좌절하게 될 것이다.

마지막 네 번째인 성장은 구성원이 계속 배우고 역량을 향상할 수 있도록 기회를 부여하고 도움을 주는 것을 말한다. 보통 성장은 금전적 보상이나 높은 수준의 복리후생보다도 훨씬 더 큰 동기 요인이자 비전이 될 수 있다.

직원이 회사를 떠나는 진짜 이유

이 4가지 조건이 충족돼 높은 수준의 몰입도를 갖게 되면 구성원은 좀처럼 그 조직을 떠나지 않으며 근무조건에 크게 구애받지 않고 조직의 목표에 헌신한다. 심지어는 시키지 않아도 더 많은 시간을 일하면서 리더가 기대하는 것 이상을 즐거운 마음으로 해내기도 한다.

급여와 복리후생 수준에 대한 불만은 위에서 설명한 몰입도의 조건 중 어느 한 가지도 충족되지 않기 때문에 발생한다. 사실 이직을 한다는 것은 매우 겁나고 큰 결정일 수밖에 없다. 따라서 조직을 떠날 이유를 찾기보다는 계속 근무해야 할 이유와 명분이 하나라도 있는지를 되짚어 보곤 한다. 조직에 남아야 할 어떠한 이유와 명분도 찾지 못한 구성원은 자신이 적절한 보상을 받고 있는지에 대해 눈을 돌린다. 그리고 그마저도 자신을 합리화할 수 없는 수준임이 확인되면 급여와 복리후생에 대한 불만이 이직의 이유라는 말을 남기고 그 조직을 미련 없이 떠나게 된다. 결국 그 구성원이 떠난 진정한 원인은 은폐되고 영원히 개선되지 않는다.

(김용진/HRinsight, 2016. 6. 28)

13

경영통제

제13장

경영통제

제 1 절 경영통제의 본질

1 통제의 개념

통제(controlling)라는 용어는 여러 가지 의미로 사용되고 있는데, 이를 정리해보면 다음과 같은 뜻으로 요약해 볼 수 있다.

① 점검 또는 확인하는 것
② 규제하는 것
③ 표준과 비교하는 것
④ 명령 또는 지시의 권한을 행사하는 것
⑤ 억제 또는 제한하는 것

그런데 관리과정에 있어서의 통제는 이 가운데서 하나를 가리키는 것이 아니라 모든 의미를 내포한다. 즉 통제는 실제의 활동을 계획에 합치되도록 하는 기능으로서, 이를 위해서는 활동의 표준을 정하여 실제의 활동상태를 조사하고 측정하여야 한다. 그리고 이에 차질이 있게 되면 시정조치를 강구하며, 명령을 통하여 실제의 활동을 조절하거나 억제하여 표준에 접근시켜 나가야 한다.

통제라는 개념에 대해서는 많은 학자들이 여러 가지로 정의를 내리고 있는데,

쿤쯔(H. Koontz)와 오도넬(C. O'Donnell)에 의하면 통제란 "어떠한 일의 성취도를 계획에 비추어 측정하고, 계획상의 목표달성을 보장할 수 있도록 계획으로부터의 차질을 시정하는 조치"라고 정의하고 있다. 관리에 있어서의 통제기능을 도시하면 [그림 13-1]과 같다.

[그림 13-1] 관리에 있어서의 통제기능

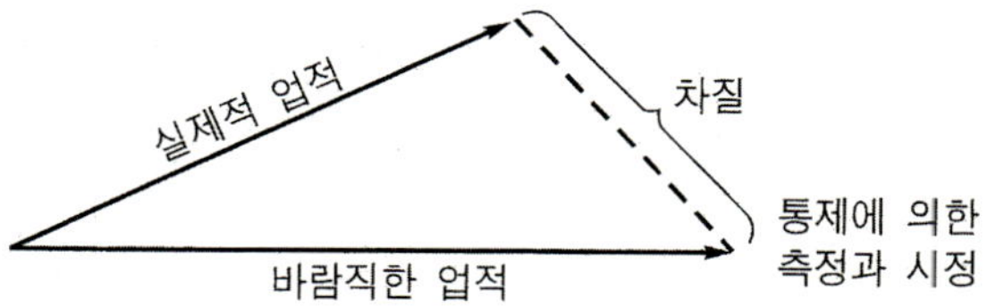

자료원 : H. G. Hicks and C. R. Gullett, *Multinational Management*, 1981, p.498.

기업에서 관리기능으로서의 통제는 조직적으로 행하여진다는데 그 특징이 있다. 카스트(F. E. Kast) 등에 의하면 조직적 통제는 업적을 감시하고 목적과 수단과의 적합을 위하여 사용되는 피드백 정보를 제공하는 관리 시스템의 기능을 한다. 즉 특정한 목적과 이를 달성하기 위한 계획이 수립되면 통제기능은 현상의 측정, 현상과 표준의 비교, 조직적 활동의 조정에 유용한 피드백의 전달이라는 내용을 포함하며, 조직적 활동을 올바른 방향으로 향하게 하여 동태적 균형의 달성을 용이하게 한다.

조직적 통제는 다양한 제 활동을 개별적으로 통제하는 것은 물론 이들이 전체적으로 적합성 있는 활동을 하는가에 대한 통제를 실천해야 한다. 그런데 개개 활동에 대한 통제의 측면은 그 활동의 성질에 따라서 상이하다. 즉 목표의 달성도를 표시하는 효과성, 수익과 비용의 비율을 표시하는 능률성, 혹은 종업원의 사기를 나타내는 만족도 등과 같이 표준의 설정, 실적의 측정법은 다양하다. 그러나 시시각각으로 변화하는 현상을 피드백을 통하여 파악하고 전체활동에 있어서의 균형을 항상 유지하기 위해서는 적절한 대응을 할 수 있는 통제 시스템이 필요하다. 따라서 조직적 통제에서 통제 시스템은 관리 시스템의 일부를 구성하고 있다고 말할 수 있다.

2 통제의 필요성

기업조직에 있어서 통제기능이 담당하는 역할이나 필요성을 열거하면 다음과 같다.

1) 경영환경 변화에의 대응

급변하는 현대사회에서 환경변화는 기업이 어떤 경영여건 하에서도 대처해야 할 불가피한 과제이다. 통제기능을 통하여 기업에 영향을 미치는 제반환경변화를 미리 탐지함으로써 경영자는 환경변화에 의하여 발생하는 위협이나 기회에 보다 능동적으로 적응하고, 또한 창의적으로 도전할 수 있다. 따라서 환경변화에 보다 동태적으로 대응하기 위하여 통제활동이 필요하게 된다.

2) 기업규모의 증대

오늘날 기업의 규모가 점차로 거대화되고 다양해짐에 따라 기업의 구조도 더욱 복잡하게 되었다. 이러한 복잡한 구조 하에서는 부서 간 업무마찰이나 구성원들 간의 갈등유발은 언제든지 나타날 수 있는 것이다. 따라서 구성원들의 이러한 다양한 행동을 조정하고 통합하기 위해서는 적절한 통제가 필요하다.

3) 실수에 대한 예방

만약 조직구성원들이 결코 실수나 과오를 범하지 않는다면 경영자는 단순히 업적표준을 설정한 후 중요하고 긴급한 사안에만 주목하면 된다. 하지만 조직구성원들은 업무수행 과정에서 언제든지 크고 작은 실수를 범할 수 있기 때문에 이러한 실수나 과오가 더 큰 문제를 야기하지 않도록 경영자는 통제 시스템을 활용하여 수시로 점검할 필요가 있다.

4) 권한위양의 증대

효과적인 통제 시스템을 통하여 경영자는 어떤 업무에 대한 권한을 위양할 수 있다. 통제 시스템이 없다면 경영자는 위양된 업무의 진척 정도를 점검할 수 없다. 그리고 업무에 대해서 권한이 위양되었다 하더라도 최종적인 책임을 지는 것은 경영자이다. 따라서 기업규모가 점차 커짐에 따라 권한위양(delegation)이 증가하고 결국 효과적인 통제 시스템을 통해서 종업원들을 감독하는 것이 보다 중요하게 되었다.

통제는 흔히 개인의 자유와 자율을 제한하는 것처럼 보이기 때문에 부정적으로 느껴져 왔다. 그러나 앞에서 언급했듯이 통제의 중요성은 점차로 증대하고 있다. 그러므로 종업원의 자율성과 경영자의 통제 필요성의 증대 간의 잠재적 갈등을 조정하는 문제가 발생하게 된다.

과도한 통제는 기업뿐만 아니라 종업원 모두에게 나쁜 영향을 미칠 것이다. 그러나 효과적인 통제 시스템이 없어 경영자가 종업원들을 보다 직접적으로 감독해야 한다면 종업원들의 자율성은 훨씬 줄어들 것이다. 그러므로 경영자는 통제의 비용과 이익분석을 통하여 적절한 경영통제와 개인의 자율성 사이에 균형이 이루어질 수 있도록 합리적인 통제 시스템을 결정해야 한다. 그리고 경영자는 변화하는 환경 속에서 통제 시스템을 효과적으로 운영하기 위하여 지속적으로 검토하고 수정해야 하는 일을 게을리 해서는 안 된다.

3 통제의 기본요건

다음은 통제 시스템이나 통제기술을 전개해 나가는 과정에서 최고경영자나 일선감독자가 그들이 세운 목표와 절차의 실천에 대한 효과적인 통제를 수행하기 위하여 필요한 기본적 요건이다.

1) 직무특성을 반영하는 통제

예를 들면, 제조담당 부사장을 위해서 필요한 통제 시스템은 일선감독자의 직무를 위해서 필요한 통제 시스템과는 그 성격과 내용이 달라야 한다는 것이다. 왜냐하면 판매부서의 통제는 재무부서나 구매부서의 통제와 그 성격이 다르기 때문이다. 또한 중소기업에서의 통제와 대기업에서의 통제도 마찬가지로 상이하다. 예산, 손익분기점 분석, 표준시간 또는 비용, 그리고 각종의 재무비율 등과 같은 통제의 기술은 많은 기업의 경영실태를 전반적으로 분석하는 데 활용될 수 없는 경우가 많다. 따라서 경영자들은 그들의 계획과 집행을 도모하는 과정에서 이를 통제할 통제기술의 특성을 경영의 여건과 직무특성에 맞도록 전략화시켜야 한다.

2) 편차를 찾을 수 있는 통제

가장 이상적인 통제는 편차가 발생하기 전에 미리 발생 가능한 편차(possible deviations)를 찾아내는 것이다. 이를 위해서 필요한 것은 정보를 신속하게 제공할 수 있는 정보 시스템의 구축이다.

3) 미래지향적인 통제

경영자는 다음 주 또는 다음 달에 어떤 일이 발생할 것인가를 미리 예측(forecast)함으로써, 문제가 발생하기 전에 올바른 시정조치를 사전에 강구할 수 있는 통제기술을 전개해야 한다. 이는 미래지향적인 경영자의 통찰력(insight)에서 비롯될 수 있다.

4) 예외를 체크할 수 있는 통제

통제의 핵심은 표준에서 이탈하는 편차를 찾아서 이를 시정하는 데에서 비롯되어야 하기 때문에, 통제의 과정에는 항상 예외(exception)가 되는 상황에 대한 정확한 식별이 있어야 한다.

5) 목표지향적인 통제

통제는 항상 목표를 의식할 수 있어야 하며, 목표대비를 무시한 통제는 통제로서의 의의가 없다. 이는 통제가 목표실천을 위한 견제(checking)의 역할을 하기 때문이다. 뿐만 아니라 통제는 더욱 적극적으로 스스로의 목표를 가짐으로써 전제(premises)가 되는 목표를 수정하고 목표의 개선을 위한 오리엔테이션을 할 수 있는 특성을 갖출 수 있어야 한다.

6) 탄력적인 통제

통제는 계획이 변경될 경우나 예측하지 못한 환경변화가 발생하였을 경우와 현저한 실패가 예상될 경우를 대비하기 위해서 항상 유동성이 있어야 한다. 이를 위해서는 복잡한 여러 가지 가능상황(probable situation)에 대처할 대체계획(alternative plans)을 갖추고 있어야 한다. 사실 신축성 있는 통제는 신축성 있는 계획을 통해서 그 목표가 가장 잘 실현될 수 있다.

7) 경제적인 통제

통제는 비용보다 효과가 크도록 이루어져야 한다. 이는 통제의 효과보다 비용이 클 때 통제가 주는 이익이 없기 때문이다. 따라서 중소규모의 기업에서는 많은 비용이 소요되는 대기업의 통제방법을 따를 수 없다. 이를 위하여 통제기법에 비용-편익(cost-benefit)분석이 선행되어야 한다.

8) 이해 가능한 통제

수학적 공식이나 복잡한 손익분기 도표, 그리고 통계처리에 의해서만 가능한 통제방법 등이 모든 경영자에게 유익한 것은 아니다. 왜냐하면 이들 복잡한 통제기술을 모든 경영자가 이해하지 못할 경우도 있기 때문이다.

9) 시정조치가 가능한 통제

적절한 통제 시스템이 유지되기 위해서는 실패의 발생요인이 어디에 있으며, 이와 같은 실패의 책임은 누가 져야 하며, 이들 실패요인을 시정하기 위해서 어떠한 조치를 강구해야 할 것인가가 명백히 구분될 수 있어야 한다.

제 2 절 경영통제의 유형·과정·원칙

1 통제의 유형

경영자가 조직활동을 위하여 이용할 수 있는 경영통제의 유형은 통제의 시점(timing of control)을 중심으로 하여 사전통제, 동시통제, 그리고 사후통제로 구분하고 있다.

1) 사전통제

사전통제(feedforward control)는 예방통제(prevention control)라고도 하는데, 실제로 경영활동이 이루어지기 전에 실행되는 통제로서 투입요소와 산출결과를 사전에 예방하고 높은 질의 투입을 보장하여 최대의 성과목표를 달성하는 데 둔다. 미래지향적인 통제유형으로서 PERT기법과 같은 네트워크 계획기법이 이에 해당된다.

2) 동시통제

동시통제(concurrent control)는 사전점검이 끝난 후 구체적으로 직무가 수행되는 동안에 이루어지는 진행통제(steering control)를 말한다. 진행통제의 특징은 최종결과가 나타나기 전에 계획대로 진행되는가를 확인하고, 수정조치가 동시에 이루어지는 통제 시스템을 말한다. 컴퓨터를 통해서 대내·외의 정보를 크게 활용하려는 경향은 그 어느 유형보다 더 중요하며 가장 널리 사용되고 있다.

3) 사후통제

사후통제(post-action control)는 산출물통제(output control) 또는 피드백 통제(feedback control)라고도 하는데, 목표성과를 통제하기 위한 모든 활동이 완료된 후 최종적인 산출물에 초점을 둔 유형이다.

관리적 차원에서 사후통제는 다음 3가지의 역할을 수행한다. ① 조직활동의 전체적인 효율성을 평가하는 데 필요한 정보를 제공하고, ② 종업원의 평가기준 및 이에 대한 보상기준으로 사용되며, ③ 투입과 산출과정에 대한 경영자 활동을 조정할 필요가 있다는 점을 알려준다.

2 통제의 과정

어떠한 종류의 통제활동이든지 기본적으로는 ① 표준의 설정(establishment of standards), ② 표준에 입각한 실적의 측정(measuring performance against these standards), ③ 편차의 수정(correcting deviations from standards and plans)이라는 세 가지 과정으로 이루어진다고 할 수 있다.

1) 표준의 설정

표준이란 통제활동의 목표 내지 기준이 되는 것으로서 실제의 결과를 측정하기 위한 기초가 되는 것이다. 이러한 표준은 가능한 한 계량적으로 표현됨으로써 그 표준과 실제의 차이를 쉽게 확인할 수 있다. 또한 양적으로 표현할 수 없는 질적인 것도 가능한 한 통제에 유용한 표준이 제시될 수 있도록 해야 한다.

2) 실적의 측정

실적의 정확한 측정 및 평가를 위해서는 이에 필요한 충분한 자료와 정보를 수집하여야 한다. 이러한 자료와 정보는 일반적으로 보고 또는 감사 등을 통해 수집되며, 측정과 평가를 거쳐 계획이나 목표의 달성도를 파악하게 된다. 즉 실제평가와 기대되는 표준 간의 편차 내지 차질이 밝혀지게 되는 것이다.

3) 편차의 수정

표준과 실제성과 간의 편차 또는 차질이 밝혀지면, 이를 수정하는 작업을 수행해야 한다. 편차를 시정함으로써 통제는 다른 관리기능과 결합하게 된다. 즉 관리자는 이 과정에서 계획을 수정하고 재작성하게 된다. 또한, 업무의 재배정이나 권한·책임의 명확화와 같은 조직기능을 수정하게 된다. 그리고 조직의 인적 자원의 보강, 능력개발제도의 강화, 리더십의 강화, 커뮤니케이션 체제의 개선이 행하여진다. 편차의 수정은 각종 관리기능의 복합적 작용이 이루어지는 과정이라 할 수 있다. 이러한 통제과정을 요약·도시하면 [그림 13-2]와 같다.

[그림 13-2] 통제과정의 제 단계 피드백

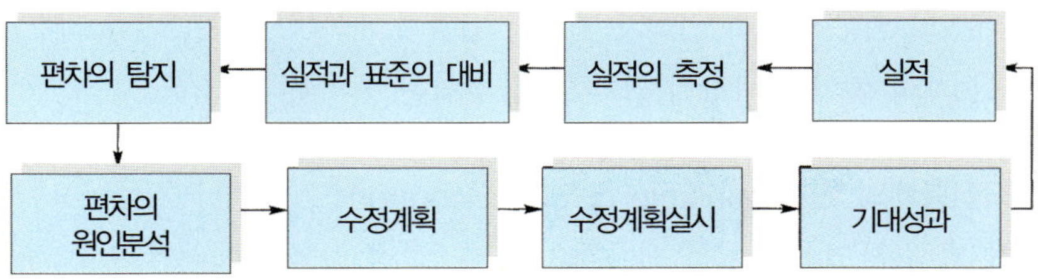

자료원: H. Koontz, C. O' Donnell & H. Weithrich, *Management*, McGraw-Hill, 1984, p.554.

3 통제의 원칙

통제목적과 성격, 통제구조, 통제과정 등 세 가지 측면에서 살펴볼 수 있다.

1) 통제의 목적 및 성격과 관련된 원칙

통제목적을 효율적으로 달성하거나 책임의 소재를 명확히 하기 위한 원칙으로서, 이에는 다음과 같은 원칙들이 있다.

(1) 목적확실성의 원칙(principle of assurance of objectives)

경영관리의 다른 기능과 마찬가지로 통제는 결국 조직의 목적을 달성하기 위한 수단으로서 존재한다. 목적확실성의 원칙이란 조직의 목적을 달성하기 위하여 설정된 계획으로부터 실제적 편차나 잠재적 편차를 조속히 발견하여 시정조치를 취함으로써 목적달성이 보장되도록 하려는 원칙을 말한다.

(2) 통제능률의 원칙(principle of control efficiency)

통제는 최소의 비용으로 편차나 차질의 원인을 탐지하여야 하는데, 이를 위해서는 적절한 통제기법이나 접근방법이 적용되어야 하며, 통제활동을 능률적으로 수행하여야 한다는 원칙이다. 편차를 발견하는 이상으로 경비를 사용하거나, 부하들의 사기를 저하시키는 상세한 예산통제, 쇄신을 저해하는 복잡한 기술통제, 적기적시의 물품인도를 지연시키는 지나친 구매통제 등은 비능률적인 통제의 실례가 된다.

(3) 통제책임의 원칙(principle of control responsibility)

통제는 계획집행의 책임을 지는 관리자에 의하여 실시되어야 한다. 즉 권한의 위양과 과업의 배분에 따라 관리자는 특정 업무에 대하여 책임을 져야 하므로 이에 대한 통제의 책임도 마땅히 그가 져야 한다는 원칙이다.

(4) 직접통제의 원칙(principle of direct control)

편차가 발생한 연후에 이를 사후적으로 시정하려 하는 간접적인 방법 대신에, 발생가능한 편차를 미연에 방지하기 위한 직접적인 통제방법이 활용되어야 한다는 원칙이다.

2) 통제구조와 관련된 원칙

계획이나 조직구조에 관련된 원칙으로서 이에는 다음과 같은 것이 있다.

(1) 계획반영의 원칙(principle of reflection of plan)

통제는 계획의 구체적인 성격과 구조를 반영하여 설계되어야 더 효율적으로 될 수 있다는 원칙이다. 이 원칙에서는 계획은 통제의 전제조건이며, 통제의 임무는 계획을 반드시 달성할 수 있도록 하는데 있다.

(2) 조직적합화의 원칙(principle of organizational suitability)

통제는 조직구조 내의 활동책임을 명확히 반영할 수 있도록 계획하고 추진되어야 한다. 즉 모든 통제수단은 관리자가 가지는 권한의 영역, 즉 경영조직의 구조에 대응하도록 마련되어야 한다는 원칙이다.

(3) 개별성의 원칙(principle of individuality)

통제를 위한 정보나 기법은 각 조직 또는 각 관리자에 의하여 공통적으로 사용될 수 있으나, 일반적으로 통제는 개별적인 상황과 필요성에 합당한 것이어야 한다.

3) 통제과정과 관련된 원칙

이는 특히 실적을 올리는 것과 관련된 원칙으로서 다음과 같은 것이 있다.

(1) 표준의 원칙(principle of standard)

효과적인 통제가 이루어지려면 객관적이며, 정확하고 적절한 표준이 마련되어야 한다는 원칙이다. 그렇게 함으로써 계획의 달성여부를 측정하고 검증하기가 용이하게 된다.

(2) 중요항목 통제의 원칙(principle of critical point control)

관리자가 계획수행의 모든 구체적인 사항에 관심을 갖는 것은 시간낭비이며, 불필요한 경우가 많으므로 계획과 실적과의 중요한 편차요인에만 주의를 기울여야 된다는 원칙이다.

(3) 예외의 원칙(principle of exception)

관리자는 편차 가운데서 특히 좋거나 나쁜 예외적인 사항에 대해서만 관심을 집중하여 통제함으로써 보다 능률적인 통제가 가능하게 된다는 원칙이다.

(4) 탄력적 통제의 원칙(principle of flexible control)

계획의 집행을 잘못하였거나, 혹은 계획 집행상 예상하지 못한 변화가 생긴 경우에는 이에 상응하는 통제가 이루어져야 한다는 원칙이다. 즉 계획에 탄력성이 있어야 하듯이 통제도 탄력성을 가지고 수행되어야 한다.

(5) 활동의 원칙(principle of action)

통제에는 수정활동이 따라야 한다는 원칙을 말한다. 즉 실적이나 예상결과가 계획과 편차가 있을 때는 계획의 수정, 조직의 재편성, 충원, 지휘방법의 개선 등을 통해 수정을 위한 활동이 뒤따라야 통제가 효율적으로 달성될 수 있는 것이다.

제 3 절 경영통제의 기법

경영통제의 방법에는 예산에 의한 통제방법과 비예산통제방법의 두 가지가 있다.

1 예산통제기법

예산통제(budgetary control)라 함은 기업이 미래의 일정기간에 대한 예산을 편성하고, 이 예산에 의하여 기업의 전체 및 각 부분의 활동을 지휘·조정하고, 예산과 실제성과와의 차이를 파악하고 분석함으로써 경영관리를 효율적으로 수행하고자 하는 제도를 말한다. 여기에서의 예산은 실제로 이루어진 경영성과를 비교하기 위하여 미리 책정된 표준이라고 할 수 있다. 즉 기업의 전체적인 관점에서 계수적인 계획을 편성하여 예산과 경영활동의 결과로서의 실적을 비교·측정함으로써 그 편차를 시정하는 통제수단이 바로 예산이며, 그 시스템이 예산통제제도이다. 이때 예산과 예산통제는 구분될 필요가 있다. 예산은 가치적이고 계수적인 계획이 표시된 것이며 그 자체가 통제나 행위를 나타내는 것은 아니다. 이에 비하여 예산통제는 예산을 기준으로 해서 경영활동을 수행해 나가는 것을 말한다.

특히 이익계획과 관련된 종합적 통제방식으로서의 예산통제는 ① 기업의 경영활동에 필요한 각종 예산을 편성하고, ② 이 예산을 집행하며, ③ 예산과 예산집행의 결과인 성과를 비교하는 예산차이의 분석이라는 단계를 거치게 된다.

1) 예산의 편성

예산통제에 있어서 예산의 편성이 첫 번째 단계이다. 기업의 각 부문활동은 항상 기업전체의 통일성을 유지해야 하며, 따라서 여러 가지 부문예산이 기업전체로서의 경영활동의 종합적인 체계로서 편성되어야 할 필요가 있게 된다. 이를 위해서는 올바른 예산체계(budget system)가 필요하며, 이는 기업의 업종 또는 규모 등에 따라 달라진다.

예산체계가 정비되고 각 부문예산의 예산책임자가 결정되면, 경영자에 의해서 예산편성방침이 결정되면서 비로소 예산의 편성이 시작된다.

2) 예산의 집행

예산은 예산기간이 시작됨과 동시에 집행되는데, 이 경우 경영자는 업무활동이 예산대로 집행되는가에 대하여 주의하여야 한다. 이를 위해서는 경영자의 집행상황을 회계적 방법으로 측정하고 만약 중대한 장애가 발생했을 경우에는 예산에 대한 수정이 행해져야 한다.

3) 예산차이분석

예산차이분석이란 예산과 그 집행결과를 비교·검토하여 차이의 발생원인 및 차이에 대한 책임의 소재를 명확히 하는 것을 말한다. 원래 예산이란 경영활동에 관한 장래의 견적수치이므로, 경영활동의 실적이 꼭 예산과 합치될 수는 없다. 이때 그 차이를 분석하고 원인을 밝혀서, 만일 그것이 시정될 수 있다면 즉각 대책을 강구해야 하는데, 이것이 바로 예산차이분석이다. 이러한 예산차이분석에 의하여 각 부문별로 예산집행상의 책임이 명확하게 되고, 나아가서는 차기의 예산편성을 위한 자료로 활용된다.

합리적인 예산통제의 실시를 위해서는 그 전제로서 다음과 같은 조건들이 충족되어야 한다.

(1) 조직구성원 모두가 예산통제에 관한 이해를 충분히 하고 또 적극적으로 지지해야 한다.

(2) 예산통제를 위한 조직이 확립되어 있어야 한다. 그러기 위해서는 예산통제를 실시하기 위한 예산수립기구, 예산통제부문을 명확히 조직화해야 할 것이며, 예산통제의 결과에 대한 책임과 성패의 귀속이 명확해지도록 직능권한이 확립되어야 한다.

(3) 예산통제제도는 계수적 통제방식이므로 적절한 회계조직이 확립되어야 한다. 따라서 예산통제는 변동하는 상황에 적합하도록 탄력성이 있어야 한다.

(4) 예산기간(budget period)은 제조기간의 장단, 회계기간의 장단, 계절적 요소, 장기예측의 필요유무 등에 따라 다르지만, 내부통제방식으로서 계속적으로 행하기 위해서는 회계연도와 같도록 하는 것이 바람직하다.

예산통제제도가 경영통제를 위한 가장 오래되고 또한 널리 보급된 통제방법 중의 하나지만, 그것은 경영통제를 위한 만능적인 방법은 아니며, 어디까지나 선택의 대상으로서의 한 기법에 지나지 않는다는 점에 유의하여야 한다.

2 비예산통제기법

경영통제의 방법으로서 예산과 관계가 없는 비예산통제방법이 있다. 비예산통제방법에는 통계적 자료, 특수보고서의 분석, 손익분기점분석, 업무감사 및 개인적 관찰과 같은 것을 들 수 있다.

1) 통계적 자료에 의한 방법

기업활동의 여러 국면을 통계적으로 분석하여 통계자료로서 명확히 제시하는 경우에, 그 자료가 역사적 기록이건 혹은 예측이건 간에, 통제활동을 수행함에 있어서 매우 중요하다. 왜냐하면 경영통제는 각종 통계자료의 비교·검토만으로도 간단히 수행될 수도 있기 때문이다. 따라서 통계적 자료(statistical data)는 통계표 혹은 통계도표로 제시되는데, 어떤 경우이든 경영자들이 이해하기 쉽도록 제시하여야 한다.

그런데 각종 통계적 자료는 경영통제의 목적을 위해서뿐만 아니라, 다시 피드백될 경영계획의 재검토를 위해서도 그 의의는 크다고 할 수 있다. 결국 기업의 통계적 자료는 경영통제를 위해서뿐만 아니라, 경영통제를 토대로 한 경영예측에도 유용한 수단이라 할 수 있다.

2) 특수보고서의 분석에 의한 방법

경영통제를 위한 중요한 요소를 형성하는 것으로 통계적 자료 이외에 특수한 보고서(report)나 정보(information)가 있으며, 이러한 보고서나 정보를 분석함으로써 통제의 목적을 달성하게 되는 경우도 있다. 특수기업의 특정한 문제에 대해서는 특수보고서를 제출하도록 하고, 이를 분석하는 것이 통제목적에 도움을 준다. 상례적인 회계보고서와 통계보고서가 필요한 정보를 많이 제공하고는 있지만, 경우에 따라서는 이들 정보가 적합하지 않은 분야가 있다. 이러한 경우에는 소규모의 전문분석 스태프를 두고, 이들로 하여금 영업활동의 조사 및 분석을 전담하도록 하는 것이 바람직하다.

3) 손익분기법 분석에 의한 방법

경영통제의 목적으로 손익분기 도표(break-even chart)와 그 분석방법으로서 손익분기점 분석(break-even point analysis)이 사용되기도 한다. 이 방법을 손익분기법(break-even method)이라 한다. 손익분기법은 손익분기도표에 따라서 기업의 매출액(판매량)과 이익과의 관계를 분석·검토하는 기법을 말한다. 즉 손익분기도표는 판매량과 경비지출의 관계, 다시 말해서 어느 매출액수준에서 수입이 경비를 정확하게 보상할 수 있는가를 나타낸다.

이와 같은 손익분기점분석이 경영통제에 있어서 특히 유용한 점은 그것이 한계개념을 강조하기 때문이다. 이처럼 추가적인 경비나 매출액증가의 영향을 강조함으로써, 경영자로 하여금 자기의 의사결정이 가져올 한계적 성과에 관심을 가지도록 한다는 점에서 효율적인 경영통제기법이라 할 수 있다.

4) 업무감사에 의한 방법

업무감사는 내부감사(internal audit)라고도 하는데 이 방법은 기업 내의 내부감사인 회계, 재무 및 기타의 기업활동을 정기적이고 독립적으로 평가하는 것이다. 종래에는 이 방법이 회계분야에만 국한되어 계획된 성과에 비추어 실제성과를 평가하였으나, 오늘날에는 그 범위가 확대되어 회계감사뿐만 아니라, 경영정책, 절차, 권한의 행사, 관리의 자질, 방법의 효과성, 기업의 특정한 문제 및 기타 활동분야 등도 감사하는 방향으로 확대되어 실시되고 있다. 이 방법의 가장 효과적인 측면은 기업의 경영전반을 평가하고, 실현된 결과를 계획된 목표와 비교한다는 데서 찾을 수 있다.

5) 개인적 관찰에 의한 방법

경영통제의 여러 가지 과학적 기법이 경영자의 계획대로 종업원들이 움직이고 있는가를 확인하는 데 도움을 주고 있기는 하지만, 궁극적으로 통제상의 문제점으로 지적되고 있는 측면은 종업원행동의 측정에서 비롯된다.

경영자들은 기업의 목표가 종업원들에 의해서 달성되고 있음을 알아야 하며, 또한 비록 계획된 안을 종업원들이 제대로 수행하도록 하기 위하여 여러 가지 과학적 수단을 활용하고 있기는 하지만, 종업원, 즉 인간의 행동을 완전히 이해하고 특징화할 수 없다는 것을 알아야 한다. 따라서 유능한 기업의 경영자는 개인적 관찰로부터 중요한 정보를 얻어낼 수 있어야 한다.

제 4 절 효과적인 통제제도의 운영

모든 통제제도는 조직구성원이 조직의 성과에 최대한 기여할 수 있도록 하는 것이다. 따라서 통제의 관리적 의의는 성과목표와 그 실행결과를 연결시켜 주는 관리역할에 있다. 그러나 때때로 통제제도는 피통제자의 예기치 않은 반응으로 인해서 전혀 다른 결과를 발생시킬 수도 있다.

예를 들면 종업원들이 측정 자체를 매우 부정적으로 받아들이거나 성과목표의 거부 또는 수동적 수용 등은 부정적인 결과를 초래한다. 조직이 이와 같은 종업원의 부정적 반응을 극복하고 통제제도를 효과적으로 운영하기 위해서는 다음과 같은 지침을 준수해야 한다.

첫째, 통제는 전략적이며 결과지향적이어야 한다. 통제는 조직의 전략적 계획을 실행하기 위하여 이루어지는 것이므로 목표에 따른 결과지향적인 것이어야 하며 성과측정 그 자체에 치중되어서는 안 된다.

둘째, 통제는 정보에 근거하여 이루어져야 한다. 통제는 의사결정과 문제해결을 보조하는 것이다. 따라서 단순히 목표와 실제와의 차이뿐만 아니라 그 원인과 해결방안에 대한 정보를 제공할 수 있어야 한다.

셋째, 필요 이상으로 복잡해서는 안 된다. 통제는 조직의 과업과 과업을 달성하기 위한 계획을 보조하기 위한 것이다. 따라서 통제는 과업을 수행하는 사람들과 과업, 그리고 조직구조에 적합해야 한다. 과잉통제는 비용도 많이 소요될 뿐만 아니라 종업원의 부정적 반응을 야기시키므로 통제제도는 단순해야 한다.

넷째, 목표와 실제와의 차이를 발생시킨 예외에 신속하게 대응하여야 한다. 통제는 표준적인 업무에서 벗어나는 사건을 신속히 파악하여 많은 문제를 발생시키기 전에 조치를 취하는 것이다. 따라서 통제는 표준적인 업무보다는 예외적 사건에 초점을 맞추어야 한다.

다섯째, 통제제도는 조직구성원이 이해 가능해야 한다. 좋은 통제제도란 의사결정자에게 간결하고 이해하기 쉬운 형태로 자료를 신속하게 제공할 수 있어야 한다. 불필요하게 복잡한 통제제도나 자료는 아무런 의미가 없다.

여섯째, 통제제도는 신축성을 가져야 한다. 통제제도는 단순히 규칙에 따라 항상 일정하게 적용되는 것은 아니다. 좋은 통제제도는 신축성 있게 상황에 따라 적절한 조치를 취할 수 있어야 한다.

일곱째, 통제제도는 조직구조와 일치하여야 한다. 통제제도는 권한계층을 보조하게 된다. 즉 통제제도에서 제공되는 자료는 권한소유자가 의사결정을 하고자 할 때 필요한 정보를 제공하는 것이므로 조직구조와 일치하는 방향으로 설계되어야 한다.

여덟째, 가능한 자기통제를 촉진시킬 수 있도록 설계되어야 한다. 통제제도는 관련된 모든 관계자의 자기통제, 상호신뢰, 활발한 의사소통, 그리고 적극적 참여를 촉진시킬 수 있는 방향으로 설계되어야 한다.

아홉째, 통제제도는 긍정적인 측면을 중심으로 이루어져야 한다.

열번째, 통제제도는 공정하고 객관적이어야 한다. 즉 통제제도는 편견이나 주관이 개입되어서는 안 된다.

'심플경영'으로 성공한 기업들

컨설팅 회사 삼정KPMG는 2014년 미국·독일·영국·일본·싱가포르·한국을 포함한 22개국의 최고경영자(CEO)와 최고재무책임자(CFO) 1,400명을 대상으로 '복잡성(complexity) 증가가 기업 경영에 미치는 영향'에 대해 조사했다. 조사 결과 70%는 '복잡성 증가는 회사가 직면한 가장 큰 해결 과제'라고 답했다. 90%는 '복잡성을 관리하는 것은 회사 성공 여부에 중요한 요소'라고 답했다.

사회와 기술이 발전하고 속도전쟁 시대가 도래하면서 복잡성 문제가 대두되고 있다. 복잡성이란 편리함과 효율성을 과도하게 추구해 결국에는 사용자조차 이를 제대로 운용하지 못하게 되는 상황을 뜻한다. 복잡성은 기업이 치열한 경쟁 속 고성장을 추구함에 따라 필연적으로 나타나는 현상이기는 하다. 그러나 편리함과 효율성을 추구하는 과정에서 관리의 범주를 넘어설 때 문제가 발생한다. 이는 업종에 따라 매출 급감은 물론 대형 사고로 이어진다.

경영 전문가들은 복잡성을 제대로 통제하는 기업만이 경쟁력을 확보할 수 있다고 입을 모은다. 실제 기업 경영 과정에서 복잡성을 줄이는 '심플 경영'을 통해 제품과 생산 과정을 단순화해 성공을 거둔 기업들도 많다. 리처드 코지 미국 보스턴컨설팅그룹 컨설턴트는 "단순화는 생산비 절감과 가격 인하라는 '두 마리 토끼'를 동시에 잡아 기업과 시장의 성장률을 높이게 한다"고 했다. 심플 경영을 통해 성공한 기업의 사례를 소개한다.

스웨덴의 잉바르 캄프라드가 설립한 가구 회사 '이케아(IKEA)'는 심플 경영의 대표적인 성공 사례다. 1926생인 그는 1943년 당시 17세의 나이로 이케아를 설립했다. 그의 회사 창립 동기는 친구의 짧은 말 한마디였다. 어느 날 그가 탁자를 차 안에 싣지 못해 쩔쩔매고 있을 때 한 친구가 "다리를 떼어내"라고 말했다. 그는 이때 납작한 상자에 부품을 넣어 파는 '플랫팩가구(조립식가구)' 아이디어를 떠올렸다. 이는 DIY(고객이 직접 조립) 가구 개발로 이어져 대성공을 거뒀다. 이 방안이 성공을 거둔 핵심 원인은 가구 가격의 절반이 운송비였기 때문이다.

그는 가구 부품을 최대한 단순하게 설계한 다음 고객이 직접 조립하게 하는 방식으로 총비용을 절반 이상 줄였다. 물론 설계를 단순화하되 유행에 뒤처지지 않는 맵시 있는 디자인을 선보이는 것도 중요한 포인트였다. 이케아의 2017년 기준 연매출액은 290억 유로(약 38조2,000억원)이다. 창립 후 연평균 성장률은 14%, 영업이익 성장률은 15%에 달한다. 기업 가치(시가총액)는 470억 달러(약 52조9,000억원)이다.

캄프라드의 아이디어는 지금도 이어지고 있다. 2017년 미국에서 개업한 소파 제작 회사 '버로우'가 그 주인공이다. 버로우 창업자 스테판 쿨과 카비어 초프는 2015년 미국 펜실베이니아대 재학 시절 소파를 구입하면서 예상보다 너무 큰 돈이 든다는 사실을 알게 됐다. 이케아에서조차 소파는 배송에 많은 비용이 들고 시간도 오래 걸렸던 것이다. 이후 그들은 소파쿠션을 압축하는 기술을 개발해 조립식 소파를 선보였다. 홈페이지에서 고객이 원하는 모양·크기·색상의 소파를 주문받은 후 수작업으로 제작한다. 분해 후 각각의 부품을 박스에 담아 고객의 집으로 즉시 배송한다.

이 회사는 가족과 친지들로부터 33만 달러(약 3억8,000만원)를 투자받아 설립된 후 지난해 벤처투자사 'Y콤비네이터'로부터 사업성을 인정받아 120만 달러(약 13억원)의 투자를 받았다. 설립 1년 만에 300만 달러(약 34억원)의 매출을 거두는 등 좋은 반응을 얻자 최근 오프라인 매장도 오픈했다.

'모델 T'로 자동차 대중화한 포드

심플 경영의 역사는 길다. 단순화는 일개 회사의 성공을 넘어 새로운 시장을 창출하는 원동력이 되기도 했다. 미국 자동차 제조사 포드의 창립자 헨리 포드의 사례가 대표적이다. 포드는 '모델 T'라는 표준모델 하나에만 생산을 집중해 자동차 대중 시장을 창출한 주인공이다. 1905~06년 포드는 두 가지 모델의 자동차를 생산하고 있었다. 한 종은 1,000달러짜리, 다른 한 종은 2,000달러짜리였다. 포드는 2년간 총 1,599대의 차를 팔았다.

이렇게 가다간 회사 문을 닫아야 한다는 절박함을 느낀 포드는 두 모델의 기능을 단순화한 대신 가격을 대폭 끌어내렸다. 1907년 750달러짜리를 선보여 8,423대를 팔았다. 이 성과에 한껏 고무된 포드가 1908년 야심 차게 내놓은 게 모델 T였다. 이 모델은 생산 과정에 컨베이어벨트 조립라인을 도입하고, 단일 모델·색상으로 통일하는 등 핵심 기능에만 집중했다. 모델 T의 가격은 1917년 360달러까지 떨어졌다. 20년간 판매된 이 차는 1920년 한 해 동안 125만 대란 기록적인 판매고를 기록했다. 누구나 자동차를 살 수 있는 시대를 연 것이다.

패스트푸드 개념을 도입한 맥도날드도 심플 경영의 대표적인 사례다. 맥도날드는 불필요한 요소를 제거해 성공을 거뒀다. 맥도날드는 메뉴의 다양성을 포기하고 재료 공급과 음식 조리 및 서빙을 극도로 단순화했다. 맥도날드에는 당시 필수적이라고 생각되던 웨이트리스조차 없었다. 식사를 제공하는 전 과정을 단순화 및 자동화하고 고객으로 하여금 식사에 필요한 일의 일부를 떠맡도록 설득했다.

이렇게 만든 음식을 팔자 1인당 노동 비용이 일반 커피숍 수준 이하로 떨어졌다. 초창기 한 매장의 매출액은 연간 40만 달러를 상회했는데, 이를 현재 가치로 환산하면 약 400만 달러(약 45억원)에 달한다. 식자재를 대량으로 공급할 업자를 찾아내자 선순환 고리가 완성됐다. 햄버거값을 낮추자 수요가 증가했고, 식당의 구매력도 늘어 간접비가 최소화됐다. 이어 가격은 더 낮아지고 수익은 급증했다. 지금도 맥도날드 매장에서 9가지 메뉴를 만들기 위해 구매해야 할 물품은 총 40가지에 불과하다.

21세기 상품 단순화의 상징은 다름 아닌 '애플 방식'이다. 1977년 22억 달러(약 2조5,000억원)에 불과하던 애플의 기업 가치를 2017년 1조 달러(약 1,136조원)까지 끌어올린 원동력 중 하나는 다름 아닌 단순화였다. 이는 현재의 아이폰, 아이패드 등에서 볼 수 있는 것처럼 '기기의 버튼을 없애버린 것'이었다. 대신 소프트웨어 기능은 강화했다.

미국 구인·구직 서비스 회사 링크드인(LinkedIn)도 단순화를 통해 진보했다. 이 회사는 모든 고객에게 누군가가 '연결하기'를 원한다는 상황을 알리기 위해 하루도 빠짐없이 수많은 이메일을 보냈다. 그러나 이에 대해 많은 고객이 불평을 쏟아냈다. 2015년 이 회사 임원들은 몇 가지 정책 변경을 통해 메일 발송을 40% 줄였다. 사이트 회원 업데이트 절차도 간소화했다. 이후 고객 불만은 절반으로 줄고, 매출은 전년 대비 35% 증가했다. 가입 회원 수도 20% 늘었다.

승객과 운전기사를 스마트폰 하나로 연결하는 기술 플랫폼 우버도 단순화의 성공 사례다. 이동 서비스 업계에서 절대무기라 할 스마트폰과 애플리케이션(앱)에 업힌 우버는 세계 250개국에서 앱 하나만으로 서비스를 이용하게 했다. 우버는 핵심 기능이 지나칠 정도로 단순하다 보니 다른 기업들이 너무 쉽게 기술을 모방한다는 게 약점으로 꼽히기도 한다.

우버는 미국 샌프란시스코에서 2015년 한 해 동안 5억 달러(약 5,600억원)의 매출을 올렸다. 흥미로운 사실은 샌프란시스코의 기존 택시 시장이 1억4,000만 달러(약 1,600억원)에 불과했다는 점이다. 기존 시장의 규모까지 키운 것이다.

이 밖에도 세계 최대 전자상거래 업체인 아마존은 쉽고 편리한 '원클릭 시스템'을 무기로 온라인 도서 판매 시장을 장악했다. 어떤 경쟁사의 것보다 쉽고 빠른 검색엔진을 선보여 세계 미디어 생태계를 완전히 바꾼 구글도 심플 경영 성공 사례다.

(김문관/이코노미조선, 2019. 4. 6)

14

기업의 경영혁신

제14장

기업의 경영혁신

제 1 절 경영혁신의 개념

오늘날과 같은 치열한 경쟁환경 하에서 기업이 지속적인 경쟁우위를 확보하기 위해서는 혁신이 필수적임은 누구나 다 아는 사실이다. 경영환경의 급격한 변화로 인해 기업은 과거와 현재에 안주하지 않고 꾸준히 혁신을 추진하는 길만이 기업의 존속과 성장을 유지할 수 있는 최선의 대안이라고 할 수 있다. 그런데 이러한 환경변화에 대처하기 위해서는 기업의 일상적인 경영활동만으로는 어렵고, 기업의 역량을 총동원하여 과거와는 전혀 다른 새로운 방식의 경영혁신을 추진할 때 가능한 것이다.

경영혁신(management innovation)의 정의에 대해 여러 논자들의 주장을 살펴보면 다음과 같다. 피어스와 델베크(J. L. Pierce & A. L. Delbecq)는 "경영혁신이란 새로운 어떤 것을 발견하는 과학과는 달리 새로운 것을 조직 내에 수용하는 하나의 사회적 프로세스를 의미한다"라고 하였다.[1] 웨스트(F. West, 1990)는 "경영혁신이란 개인, 집단, 조직 또는 보다 광범위한 사회에 상당히 유익한 아이디어, 과정, 제품 또는 절차 중 새로운 것을 역할 담당자, 집단 또는 조직이 의도적으로 도입하고 적용하는 것이다"라고 하였다.[2]

---

1) Pierce, J. L. & A. L. Delbecq, "Organizational structure, individual attitudes and innovation," *Academy of Management Review*, Vol. 2, 1977, pp.26-37.

2) West, F., "Innovation at work: Psychological perspectives", *Social Behavior*, Vol. 4, 1990, pp. 15-30.

조동성과 신철호(1996)는 “경영혁신이란 새로운 제품이나 서비스, 새로운 생산공정기술, 새로운 조직구조나 관리 시스템, 조직구성원을 변화시키는 새로운 계획이나 프로그램을 의도적으로 실행함으로써 기업의 중요한 부분을 본질적으로 변화시키는 것이다”라고 정의하였다.[3)]

따라서 경영혁신은 변화하는 환경에서 생존하기 위해 기업조직을 긍정적으로 변화시키는 것이라고 할 수 있다.

이러한 경영혁신을 촉진시키기 위해서는 무엇보다 기존의 체계 및 가치관에서 탈피하는 것이 필요하다. 왜냐하면 혁신적인 조직분위기 조성은 새로운 아이디어를 끌어낼 수 있는 창조성, 참가자가 다양하게 행동할 수 있는 자율성, 정형화된 관성을 파괴할 수 있는 유연성 등이 전제가 되기 때문이다. 그리고 변화와 혁신 과정에는 많은 도전과 비용이 초래되며 구성원들의 저항 또한 발생할 수 있다.

따라서 경영혁신이 성공을 거두기 위해서는 첫째, 변화하지 않으면 도태될 수 있다는 긴박감과 위기감을 조성할 필요가 있다. 둘째, 최고경영자의 강력한 의지와 지원이 필요하다. 둘째, 경영혁신의 목표와 방법 및 기대효과에 대해 구성원들에게 충분히 설명한다. 셋째, 세밀한 사전준비와 사후관리 등을 통해 혁신이 계획대로 추진되고 정착될 수 있도록 노력해야 한다. 넷째, 변화관리를 위한 전담부서를 적극 활용하고, 특히 최고경영자의 강력한 의지와 지원이 절대적으로 요구된다 하겠다.[4)]

제 2 절 경영혁신의 필요성

기업이 변화하는 것, 즉 경영혁신을 하고자 할 때 언제 그리고 왜 하는가의 질문을 스스로 던져보아야 할 것이다. 만약 기업이 새로운 경쟁자도 없고, 소비자 역시 변화하지 않는다면 기업은 스스로 변화할 필요가 없을 것이다. 그러나 실제로는 많은 경쟁자가 존재하고 소비자의 욕구 역시 다양하기 때문에 기업도 생존을 위해

---

3) 조동성·신철호, “14가지 경영혁신 기법의 통합모델”, 서강 Harvard Business, Vol. 69, 1996, pp. 96-111.

4) 양춘희 외 3인, 전게서, pp.424-425.

이들의 눈높이에 맞추지 않으면 안 되는 것이다. 여기서 기업이 변화한다는 것은 결국 기업의 경영방식을 바꾼다는 것을 의미하며, 개선(improvement)이 아닌 혁신(innovation)의 차원에서 변화됨을 뜻한다. 기업이 경영혁신을 해야만 하는 이유는 기업을 둘러싼 환경변화에 적응하기 위해서이다. 기업이 변화를 거부하더라도 지속적인 환경변화에 따른 압력이 발생되면 기존상태를 유지하기는 어려워진다. 예를 들어 과거 일회용 카메라 시장에서 독보적인 위치에 있었던 기업이 변화를 거부한 채 일회용 카메라 시장만을 고수한다면 자사의 경쟁력은 물론 생존을 위협받게 된다. 그러나 자사의 역량을 환경변화에 적절히 대처할 경우 디지털 카메라 시장에서도 좋은 성과를 기대할 수 있다. 네슬레, 나이키, 월마트 등 세계적인 유수기업들이 수년에 걸쳐 동종업계에서 우위를 점할 수 있었던 것은 끊임없는 자기혁신과 변화가 있었기 때문에 가능했던 것이다. 오늘날 기업이 직면하고 있는 경영환경의 가장 핵심적인 특징은 매우 복잡하고 끊임없이 변화한다는데 있으며, 따라서 기업이 새로운 경영환경 또는 경영 패러다임에서 다른 기업보다 경쟁우위를 확보하기 위해서는 그 핵심원천인 창의적이고 혁신적인 경영활동, 즉 경영혁신이 요구되는 것이다.[5)]

한편 경영혁신의 대상은 한정되어 있는 것이 아니다. 예를 들어 새로운 제품이나 서비스의 창출, 조직 내 업무 프로세스의 변화를 통해 조직구조를 새롭게 설계할 수도 있다. 또는 기업문화나 관리방식의 변화 등 기업경영 전반에 걸쳐 모든 부분이 경영혁신의 대상이 될 수 있다.[6)]

제3절 경영혁신의 기법

본 절에서는 기업경영에 있어서 널리 알려져 있는 몇 가지 혁신기법들을 중심으로 살펴보고자 한다.

---

5) 조상구, 경영혁신기법과 성과관리시스템의 속성이 중소기업성과에 미치는 영향, 박사학위논문, 동아대학교 대학원, 2009, p.6.

6) 문규현·박상철, 전게서, p.378.

1 리스트럭처링

과거에는 리스트럭처링이 단순히 단기적인 재무구조 개선이나 부실사업의 정리를 통해 위기에 빠진 기업을 회생시키는 수단으로 여겨졌으나, IMF 이후 시장중심의 전략적 리스트럭처링이 자리를 잡아감에 따라 오늘날에는 다수의 기업이 경쟁력을 강화하고, 미래의 성장엔진을 창출하기 위한 옵션으로 리스트럭처링을 고려하고 있다.

리스트럭처링(restructuring)이란 사업구조를 재편하는 것을 말하며 구조조정이라고도 부른다. 이는 수익성이나 성장성이 낮은 사업 등을 축소하거나 철수하며, 중복된 사업을 통합함으로써 조직의 경쟁력을 확보하기 위한 경영전략기법이다. 다시 말하면 불필요한 사업의 과감한 정리를 통해 기업이 보유한 역량을 주력사업에 집중하여 기업을 운영하는 경우이다. 리스트럭처링은 다운사이징과 유사한 개념으로 특히 점진적인 변화보다는 급진적인 변화를 통해 기업의 경영상태를 개선하는데 초점을 두고 있다.[7)]

리스트럭처링의 대표적인 사례로 GE의 잭 웰치 회장은 과거 10년간에 걸쳐 시장점유율이 나쁜 사업(세계 2위권 밖)에서는 신속하게 철수한다는 원칙 하에 기존사업을 제조사업군, 서비스사업군, 첨단기술사업군 중심으로 재편성하였으며, 기존의 주력사업군인 제조에서 첨단기술 및 서비스 사업군으로의 성공적 이동으로 오늘날의 GE를 구축하였다.

이와 같이 기업은 국내의 환경변화, 경쟁사의 동향, 기술혁신, 고객욕구 변화 등을 고려하여 현재의 전략이나 기존사업만으로는 미래의 비전을 달성하기 어렵다고 판단되면 과감하고도 신속한 리스트럭처링을 실시해야 하는 것이다.[8)]

2 리엔지니어링

리엔지니어링(business process reengineering: BPR)이란 비용·품질·서비스·속도 등의 기업 핵심요소를 극적으로 향상시키기 위하여 업무 프로세스를 근본적으

7) 문규현·박상철, 상게서, p.380.
8) 장경천 외 2인, 경영학의 이해, 탑북스, 2012, pp.355-356.

로 다시 생각하고 과감하게 재설계하는 것이다. 이 기법은 1990년 미국 MIT 대학의 마이클 해머(Michael Hammer) 교수가 오랫동안의 기업 컨설팅 경험을 통해 창안해낸 개념이다. 다시 말하면 리엔지니어링 기법은 직무수행의 과정과 방법에 관련된 방침·절차·서식·결재·회의 등 모든 제도와 활동을 상세히 분석하여 불필요한 부분은 철폐하고 낭비적 요소는 제거하며 필요한 부분은 효율화시키는 경영전략으로서 기업의 업무과정 혁신이라고도 불린다.

리엔지니어링은 고객을 위한 가치창조를 목적으로 제품이나 서비스의 질을 높이고, 업무수행과정을 간소화시켜 서비스 시간을 단축시키는데 초점을 두고 있다. 따라서 리엔지니어링은 다음과 같은 특징을 갖는다.

첫째, 리엔지니어링은 근본적인 개혁을 추구한다. 기존의 업무관행이 옳은 것인가 또는 과연 필요한 것인가를 근본적으로 분석하고 판단하여 혁신적으로 재설계하는 것이다.

둘째, 리엔지니어링은 과감한 개혁을 설계한다. 기존의 업무를 개선하거나 변경시키는 것이 아니라 새로운 업무처리 절차와 방법을 만들어 내는 것이다.

셋째, 리엔지니어링의 대상은 업무 프로세스이다. 경영혁신의 대상을 직무·부서·사람 중심으로 이해하지 않고, 직무의 방법·절차·흐름과 같은 행동을 대상으로 이해하고 분석한다.

리엔지니어링은 비용을 절감할 뿐 아니라 제품의 생산이나 업무처리 시간을 단축시키며, 소비자의 수요에 신속하게 대응할 수 있다. 이러한 결과는 고객만족으로 연결되어 빠른 기간에 생산성 향상, 불황극복, 경쟁력 제고를 가져오게 한다.[9)]

마이클 해머가 처음 논의하기 시작한 이후 미국에서 포춘지 선정 상위랭킹 500대 기업 중에서 60% 이상이 BPR을 가장 중요한 경영혁신기법으로 인식하고 있으며, 이를 도입한 기업 중 30% 이상이 뛰어난 성과를 달성하였다고 보고되고 있다.[10)]

9) 신철우, 전게서, pp.261-262.
10) 송병선·전외술, 전략경영, 청람, 2010, p.132.

3 다운사이징

다운사이징(downsizing)은 원래 컴퓨터를 이용한 정보처리 기법에 대한 것으로 기업의 신경망인 전산 시스템에 가장 먼저 도입된 개념이다. 이 단어의 어원은 일반인들의 상식과는 달리 사이즈를 다운시킨다는 뜻의 합성어가 아니라 미국 IBM 왓슨연구소의 연구원인 헨리 다운사이징(H. Downsizing)의 이름에서 유래되었다. 그 이유는 그가 1980년대 초반에 메인 프레임보다 더 작으면서 우수하고 저렴하며, 유연하고 신뢰성 있는 컴퓨터의 개발을 제안하였기 때문이다.

다운사이징이란 비용절감이나 조직의 효율성을 향상시키기 위해 조직이 의도적으로 조직의 규모(예: 종업원, 조직계층, 직무, 부서 등)를 줄이는 것을 말한다. 그리고 다운사이징은 어디에 초점을 두느냐에 따라 크게 인력감축(workforce reduction)과 조직재설계(organization redesign)의 두 가지 유형으로 나눌 수 있다. 인건비 절감을 통한 효율성 제고를 목표로 하는 인력감축은 해고, 퇴직, 전출 등을 통해 이루어지게 되고, 조직재설계는 직무와 업무수행 부서의 변화를 목표로 기능이나 계층의 축소, 직무재설계, 부서 통폐합 등을 시행하는 것을 의미한다.[11]

조직의 경우 다운사이징이란 우리말로 기구축소 내지 감원에 해당한다. 이것은 원가절감을 목표로 하기는 하지만 원가절감과는 다소 개념이 다르다. 업체가 오랫동안 불필요하게 붙어온 군살은 없는지, 과도한 기구팽창은 없었는지, 필요 이상의 인력을 수용하고 있는지를 과학적으로 검토·분석하여 기구축소 및 감원을 시도하는 경영정책이다. 다운사이징은 단기적인 비용절약을 위한 미봉책이 아니라 장기적인 경영전략이다. 원가절감을 통한 경쟁력 강화가 궁극적인 목적이지만 장기적인 경영전략이라는데 특징이 있다.

다운사이징은 무엇보다 비용을 줄일 수 있다는 점, 관리자 수가 줄어들어 의사결정을 신속하게 할 수 있다는 점, 고객과 더욱 밀접한 관계를 유지할 수 있다는 점, 불필요한 인력을 감축하여 핵심인력을 중심으로 조직을 이끌 수 있다는 등 여러 가지 장점이 있다. 하지만 단순한 인력감원이나 기구축소는 그에 따른 부작용도 나타날 수 있기 때문에 신중하게 추진해야 한다.

예를 들어 이스트만 코닥사(Eastman Kodak)는 지난 1985년 이래 21억 달러를

11) 이한재, 전게서, p.416.

들여 무려 다섯 번의 조직개편 작업을 통해 1만 2천 명을 실직시켰지만 오늘날의 성적표는 10년 전보다 더 저조해 이익은 절반에 불과하다는 비판을 받고 있다. 따라서 이러한 사례를 통해서 볼 때 감량경영이 기업의 모든 문제를 해결해 주지는 못한다는 것을 알 수 있다.[12)]

4 전사적 품질경영

전사적 품질경영(Total Quality Management)은 최고경영층에서부터 일선 근로자에 이르기까지 전 종업원이 참여하여 제품의 품질뿐만 아니라 가격, 납기, 서비스 등을 포함한 모든 부문의 품질향상을 추구하고자 하는 기법이다. 이는 선진 제도나 기법을 단순히 적용시키는 차원이 아니라 기업 구성원 모두가 의식개혁을 통해 품질에 대한 인식의 전환을 갖고 고객지향적인 기업문화를 창조하고자 하는 전사적인 기업활동이다.

품질경영 분야의 권위자인 크로스비(P. Crosby)에 의하면 품질경영이란 결국 원가경쟁력의 원천으로서 첫째, 품질은 좋은 것이 아니라 고객기대에 부응하는 것이며, 둘째, 품질은 예방이고 셋째, 품질기준은 무결점(ZD)이며, 넷째, 실천적 활동 이후에는 피드백을 위한 평가가 반드시 뒤따라야 한다고 하였다.[13)]

5 6시그마 경영

최근 6시그마 경영에 대한 관심이 높아지고 있다. 이를 채택한 기업들이 품질향상으로 고객만족을 달성하고 이를 통해 경쟁우위를 획득하는 사례들이 보고되고 있기 때문이다. 이로 인해 우리나라에서도 많은 기업들이 6시그마 경영을 도입하고 있다.

6시그마 경영은 1987년 모토롤라(Motorola)에 근무하던 마이클 해리(Michael J. Harry)가 창안한 것으로 품질을 획기적으로 향상시키기 위해 통계지식을 활용하자는 데서 출발하였다. 모토롤라에서 출발한 이 방법은 택사스 인스트루먼트, ABB,

---

12) 양창삼, 조직혁신과 경영혁신, 경문사, 2005, pp.176-177.
13) 장경천 외 2인, 전게서, p.360.

GE, IBM, Sony 등에서 도입하였다. 국내에서도 삼성, 현대, LG 등 대기업은 물론 중견기업과 공기업, 합작기업도 6시그마를 통한 경영혁신에 나서고 있다.

여기서 시그마(σ)라는 것은 통계학에서 표준편차를 의미하는 것으로 오류가 발생할 확률을 의미하는 용어이다. 과거에 시행하던 운동인 1백 PPM은 1백만 개당 1백 개 이하의 불량을 목표로 하였으나, 6시그마는 1백만 개당 불량품 3-4개를 목표로 하기 때문에 무려 30배가량 차이가 나는 수치이다.

그러나 6시그마 경영은 1백 PPM운동과 같은 단순한 품질개선 활동이 아니라 총체적인 경영혁신전략으로 기업문화 자체를 바꾸는 경영혁신운동으로 제품설계에서 출하까지의 모든 경영활동과정을 대상으로 하고 있다.

해리의 견해에 따르면 6시그마 경영은 첫째, 통계적 측정치로 객관적인 통계수치로 나타나기 때문에 제품이나 업종, 업무 및 생산프로세스가 다르더라도 비교할 수 있게 해주며 둘째, 기업전략으로 시그마 수준을 높이는 만큼 제품의 품질이 높아지고 원가는 떨어지므로 고객만족 경영을 달성할 수 있다. 셋째, 철학적 사고로 접근하는 6시그마는 기업의 사고방식을 바꿔준다.

6시그마는 QC, TQC, TQM 등 전통적 품질관리 기법과는 큰 차이가 있다. 과거 품질관리기법이 대량생산시대에 부합하는 공장 중심의 운동이었다면, 6시그마는 정보화 사회에 알맞은 21세기형 전방위 경영혁신운동으로 요약할 수 있다.

즉, TQC와 TQM은 QC의 한계를 극복하기 위해 품질운동의 대상범위를 확대했으나 부분적인데 그쳤다. 반면 6시그마는 특정 부문의 '개선'이 아니라 경영전반을 대상으로 한 혁신활동이라 할 수 있다.

좀 더 구체적으로 설명하면 과거의 품질운동과의 차이점은 제품이 모든 공정을 지나 최종제품에서의 품질을 전제로 했던 것과는 달리, 6시그마는 제품의 설계 및 자재구입단계에서부터 소비자에게 제품이 건너간 이후까지의 전 과정을 대상으로 하고 있다는 것이다.

한편, 이러한 6시그마 경영을 기업에서 추진해야 하는 이유는 다음과 같다.

① 6시그마는 기업경영의 최고의 덕목이다. 무한경쟁시대에서 기업이 생존하기 위해서는 제품의 제조품질이나 또는 서비스나 사무 간접부문의 품질을 불문하고 실수나 비효율 같은 것들은 기업경영의 적으로 간주하여야 한다.

② 6시그마는 기업의 품질비용을 효과적으로 절감할 수 있다.

③ 모든 분야의 기업에서 적은 비용으로 큰 효과를 볼 수 있다.

④ 6시그마 경영은 체계적이고 과학적인 품질 혁신방법이다.

⑤ 6시그마 경영에 의해 새로운 기업문화가 정착된다.[14)]

6 균형성과표

균형성과표(balanced scorecard: BSC)는 전통적인 회계나 재무적 관점에서 탈피하여 재무, 고객, 내부비즈니스 프로세스, 학습과 성장 등 4가지 관점 간의 균형적인 시각에서 기업경영을 바라보아야 한다는 전제 하에, 이러한 4가지 관점에 따라 기업의 성과측정 시스템을 구축하고자 하는 기업혁신활동의 한 기법이다. BSC는 과거 성과를 나타내는 재무적인 성과측정지표에 미래성과를 창출하는 동인에 대한 비재무적 성과측정지표인 고객, 내부프로세스, 학습과 성장 등을 추가함으로써 미래가치를 창출하도록 하는 시스템으로 정의할 수 있다.[15)]

그렇다면 BSC는 왜 필요한가? 기업에서의 재무적인 결과는 객관적 측정이 가능하고, 경영진과 구성원들이 쉽게 이해할 수 있다는 장점이 있다. 하지만 기업의 역량이나 무형자산 개선으로부터 오는 성과향상을 제대로 반영하지는 못한다. 따라서 재무적 성과에 따른 지표를 보완하여 구성원들이 단기적 재무성과만을 추구할 것이 아니라, 지속적인 미래의 이익획득을 위한 역량을 관리할 필요에서 그 중요성을 찾을 수 있겠다.[16)]

BSC는 회사의 전략을 상호 연계된 성과측정지표로 전환하기 위한 검정된 방법론으로써 경영진으로 하여금 사업의 목표를 명확히 이해하게 하고, 자신의 사업부나 회사의 비전을 개발하고, 이를 전 조직과 공유하기 위한 수단이다. 또한 BSC는 조직의 역량을 전략달성에 집중시켜, 조직전체가 전략에 맞게 일체화될 수 있도록 하는 의사소통 수단이며, 측정된 결과는 조직의 다양한 수준에서 피드백을 통해 검정받을 수 있도록 한다. 따라서 BSC는 기업의 비전을 재무, 고객, 내부 비즈니스 프로세스, 학습과 성장의 4가지 관점의 전략목표로서 구체화하고 이를 경영목표로

---

14) 박상범 외 2인, 전게서, pp.99-100.

15) 서정록, BSC 이행요인과 성과측정지표 특성이 성과에 미치는 영향, 박사학위논문, 서강대학교 대학원, 2005, p.13.

16) 최동득 외 2인, 알기쉬운 BSC, KOMIT출판사, 2004, pp.32-34.

설정한다. 그리고 각 전략목표 달성에 대한 성공요인(CSF)을 분석하고, 이를 측정 관리하기 위한 성과지표를 개발하여 성과를 측정함으로써 경영목표를 관리하고자 하는 지식경영 시스템이라고 할 수 있다.

BSC는 [그림 14-1]에서 보는 바와 같이 4가지 관점, 즉 재두적 관점, 고객관점, 내부 비즈니스 프로세스 관점, 그리고 학습과 성장 관점으로 구성되어 있다. 이러한 4가지 관점은 기업의 비전과 전략을 중심으로 유기적으로 결합되어 있으며 단기목표와 장기목표, 개인과 조직의 목표, 재무적 지표와 비재무적 지표, 그리고 공통지표와 고유지표 간에 균형을 이루게 해 준다.

[그림 14-1] BSC의 4가지 관점

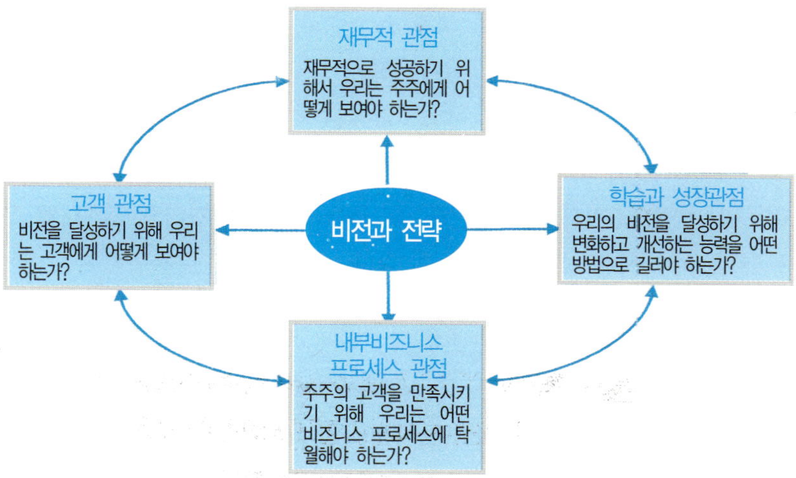

자료원: 서정록, 전게논문, 2005, p.16.

먼저 재무적 관점(financial perspective)은 대부분의 일반기업에서 관리하는 재무성과지표와 동일하다. 예를 들면 ROI(투자자본수익률), ROA(총자산수익률), EVA(경제적 부가가치), 시장점유율 등의 지표를 사용하고 있으며 회사의 성장단계에 따라 사용하는 지표가 달라질 수 있다.

고객관점(customer perspective)의 측정지표는 고객만족과 관련된 지표로서 제품가격, 품질, 디자인, 서비스 시간, 브랜드 이미지에 대한 추진 성과를 측정하는 시장점유율, 고객유지율, 고객만족도, 고객수익성의 지표 등이 있다. 내부 비즈니스 프로세스 관점(internal business process perspective)의 측정지표는 고객 및 재무적 성과와 밀접한 관계가 있는 중요하고 핵심적인 내부 프로세스에 대한 측정지표로서 A/S 처리시간, 납기평균시간 등의 지표를 사용하고 있다. 학습과 성장 관점(learning and growth perspective)의 측정지표는 지속적으로 고객관점과 내부처리 관점의 측정지표를 개선시킬 수 있는 동인지표이며 직무의 생산성과 직접적으로 관련된 직원의 만족도, 지식정보 지수, 직원의 전문성 등의 지표를 예로 들 수 있다.[17)]

7 벤치마킹

벤치마킹(benchmarking)이란 어느 특정한 분야에서 우수한 대상을 찾아 그의 뛰어난 운영 프로세스를 창의적으로 모방하는 것을 의미한다. 즉 타 경쟁사의 우수한 성공사례를 배우자는 것이다. 벤치마킹은 1970년대 말 미국의 복사기 회사인 제록스(Xerox)가 신생기업인 일본 캐논(Cannon)의 비용절감 성공요인을 분석하여, 이를 자사에 도입하는데서 시작되었다. 특정 제품의 품질이나 서비스 수준, 업무 프로세스 및 방법, 조직의 성과, 전략 등 모두는 벤치마킹의 대상이 될 수 있다.

벤치마킹을 수행하는 과정은 다음과 같다.[18)]

① 벤치마킹 목표와 대상기업 선정

벤치마킹을 실시하고자 하는 문제의식과 벤치마킹을 통해 달성하고자 하는 목표를 구체적으로 설정한 다음, 벤치마킹하고자 하는 대상기업을 선정해야 한다. 또한 상품, 서비스, 운영 노하우, 프로세스나 조직구조 등 대상기업의 어떤 부분을 벤치마킹할 것인가를 결정해야 한다.

② 자사의 수준파악 및 대상기업의 정보수집

본격적인 벤치마킹에 앞서 현재 조직의 수준을 파악하여 격차를 분석하여야 한다. 그런 다음 벤치마킹 대상기업에 대한 직·간접 조사를 실시한다. 직접조사는 현장방문과 견학, 실무자 면담 등이 해당되고, 간접조사는 대상기업의 제품분석 및 제조공정과 마케팅 등에 대한 매뉴얼 분석 등이다.

---

17) 최동득 외 2인, 상게서, pp.38-39.
18) 양춘희 외 3인, 전게서, pp.429-431.

③ 벤치마킹의 실행과 평가

대상기업에서 파악한 내용을 자사의 수준과 전략에 맞게 실천하기 위한 방안을 마련한 후, 단계별로 실행한다. 수시로 중간점검을 거쳐 계획대로 진행되고 있는지를 파악하고 필요한 수정조치를 취한다. 벤치마킹이 완료된 후에는 계획대로 추진되었는지 그리고 자사의 상태와 대상기업의 상태를 비교하는 등 평가를 실시한다.

원래 벤치마킹은 동종업계 최고수준의 기업을 비교대상으로 하였지만, 지금은 다른 업종의 기업이라도 특정 분야의 경쟁력이 탁월하면 그 분야만 벤치마킹하는 경향이 있다.

예를 들면 유통분야의 경쟁력 강화를 위해 월마트를, 품질관리의 강화를 위해 맥도날드를 벤치마킹하는 것이다. 또한 미국의학협회는 의료분야에 100개 이상의 표준성과 측정치를 개발하였다. 닛산의 카를로스 곤(Carlos Ghosn) 회장은 월마트의 구매, 수송, 물류를 벤치마킹하였다. 그리고 사우스웨스트 에어라인(Southwest Airlines)은 회사의 게이트 승무원들이 적하와 재적재를 빠르게 할 수 있는 방법을 찾아내기 위해서 인디애나폴리스 500자동차 경주를 벤치마킹하였다. 이렇듯 벤치마킹의 개념은 이제 '경쟁자'와의 비교가 아니라, 각 분야 '세계 제일'의 기업과 비교를 함으로써 진취적인 경영의 모습을 보여준다.[19)]

8 아웃소싱

아웃소싱(outsourcing)은 계약에 의해 자사의 경영기능을 전문업자(vendor)에게 위탁하는 것으로 외부조달이라고도 한다. 다시 말하면 아웃소싱은 내부조직을 유지하기보다 외부 공급업체에 의존함으로써 비용을 절감하고, 기업의 자원이 주로 핵심능력과 관련된 업무나 활동에 집중 활용되며, 보다 효과적으로 서비스와 품질을 제공하기 위하여 핵심능력이 없는 부품이나 부가가치활동은 자체 내에서 조달하는 것보다 외부의 전문업체에 주문하여 더 좋은 품질의 부품이나 서비스를 더 값싸게 생산 또는 제공받는 기법을 의미한다.

---

19) 정기한 외 5명, 전게서, p.127.

기업은 아웃소싱을 통해 상대적으로 중요도가 낮은 업무를 외부 공급업체에 위임하여 충분한 기술력을 확보하고, 자신은 기업 본연의 핵심업무 또는 핵심분야에 자사의 역량을 집중함으로써 경영의 효율성을 높일 수 있게 된다.[20]

아웃소싱으로 인해 기업이 얻을 수 있는 효과는 다음과 같다.

첫째, 기업의 우수한 인력과 제한된 내부자원을 꼭 필요한 업무에 집중활용하여 내부자원에 대한 수익을 극대화할 수 있다.

둘째, 조직내부에서 수행할 때 과다한 비용이 소요되는 업무를 외주함으로써 비용절감의 효과를 가져올 수 있다.

셋째, 외부공급자의 투자나 기술혁신의 성과, 전문적인 능력을 최대한 활용할 수 있다.

넷째, 급속히 변화하는 시장이나 기술환경변화에 보다 유연하게 대응할 수 있다.

다섯째, 정보기술에 투자한 자산을 외부공급업자에게 매각함으로써 재무자산을 효율적으로 활용할 수 있다.[21]

예를 들면 비자코리아는 70여 평의 사무실에 17명의 직원이 전부이다. 이 회사의 지난해 매출은 무려 25조원, 직원 1인당 1조 5천억원 이상의 매출을 올리고 있는 셈이다. 이 회사에는 경리나 총무·인사를 담당하는 직원이 없다. 핵심업무, 즉 영업·상품개발·전산지원이라는 세 가지의 업무를 제외하고는 모두 아웃소싱하기 때문이다. 총무·회계·홍보·법률자문은 물론이고 시장조사도 다른 전문회사들에 맡긴다. 이 회사의 사장은 "우리 회사만이 제공할 수 있는 독특하면서 고부가가치인 신용카드 업무에 모든 힘을 집중하고, 그 외는 철저히 아웃소싱한다는게 비자코리아의 원칙"이라며 "일반회사라면 적어도 130명 이상의 인원이 필요했을 것"이라고 하였다.[22]

---

20) 이한재, 전게서, p.419.
21) 장수용, "기업의 대표적인 경영혁신기법", 벤치마킹DB, 삼성경제연구소, 2008.
22) 송병선·전외술, 전게서, p.158.

9 학습조직과 지식경영

학습조직이란 끊임없이 지식을 창출·획득·확산하는데 능숙한 조직, 새로운 지식과 통찰력을 통합하여 행동을 수정하는데 능숙한 조직, 잘못된 지식을 폐기하여 구습을 버리고 새로운 것을 학습하는데 능숙한 조직을 말한다. 급변하는 환경 속에서 어제의 성공이 오늘의 성장을 보장하지 못하며, 새로운 지식의 학습 없이 기존 능력의 효과적인 관리만으로는 성공적인 기업이 될 수 없다.[23)]

예를 들면 싱가포르 항공사가 세계 최고의 기내 서비스로 명성을 얻을 수 있었던 이유는 조직구성원들을 대상으로 연간 7,000~1억 3,000만 달러의 훈련과 개발비용을 투입하여 인력자원개발 프로그램을 운영하는데 있었다. 이 조직은 지속적이고 반복적인 학습을 통해 구성원들의 잠재력을 개발하는데 중점을 두었기에 가능했던 것이다.

한편 21세기는 산업사회에서 지식사회로의 전환이 확실히 이루어지고 있는 추세이다. 과거 산업사회에서는 자본과 노동을 집약적으로 사용하였지만, 오늘날은 인간의 창의력과 정보기술이 결합된 지식사회로 세계경제구조가 재편되고 있다. 따라서 지식사회에서는 자본과 노동의 투입비율보다는 창의력과 정보기술이 결합된 지식의 투입비율이 훨씬 커진다. 지식을 중요한 자원으로 활용해야 하는 지식사회에서는 경영활동도 기존의 방식에서 변화해야 한다. 이에 따라 대두되는 것이 지식경영이다.

지식경영(knowledge management)은 회사가 갖고 있는 지적 자산뿐만 아니라 구성원 개개인의 지식이나 노하우를 체계적으로 발굴하여 조직 내부의 보편적인 지식으로 공유하고, 공유지식의 활용을 통해 조직 전체의 문제해결능력과 기업가치를 향상시키는 경영 접근방법이다. 지식경영의 절차는 기초 데이터(data)를 정보(information)로 전환시키고, 이어서 그 정보를 기업의 보편적 지식(knowledge)으로 전환한 후 전사적으로 공유시키는 것이다. 이렇게 기업내부의 한 조직이 습득한 지식을 다른 조직도 이용함으로써, 기업전체의 비효율을 제거하고 경쟁력을 향상시키는데 그 목적이 있다.[24)]

성공적인 지식경영활동을 위해서 기업은 내부에 보유된 지식뿐만 아니라 외부로부터도 지식을 축적하고 이를 활용함으로써 보유지식의 가치를 극대화시킬 필요가 있다. 이러한 지식은 끊임없이 변화하고 혁신된다는 속성을 지니고 있다. 따라서

23) 이진규 외 2인, 경영학개론, 한국방송통신대학교출판부, 2005, p.28.
24) 최용식, 전게서, p.74.

인간의 지식능력에 기반을 둔 지식사회에서는 기업이 보유할 수 있는 지식을 끊임없이 혁신하고, 새롭게 창조해 나가야 한다. 그렇지 못한 기업은 정체에 빠져 소멸하고 말 것이다.[25)]

미국은 '파괴적 혁신', 독일은 '점진적 혁신'에 강한 이유

지난 수십 년 동안 신자유주의적 세계화의 흐름 속에 선진국들이 어떻게 진화되었는가를 살펴보고자 한다. 예컨대 하나의 유사한 자유시장경제 체제 하에 이들의 경제시스템이 획일화되었는지 아니면 다양화되었는지를 말이다. 이를 통해 우리 대한민국에 주는 함의가 무엇인지를 고찰해 보는 것은, 그 자체로 큰 의미가 있을 것이다. 먼저 결론부터 이야기해보면 획일화될 것으로 보였던 이들의 자유시장경제 체제는 오히려 다양화되었던 것으로 보인다.

지금으로부터 30년 전, 에스핑 엔데르센은 '탈상품화', '사회계층화', '국가와 시장개입 여부' 등을 기준으로 선진국의 복지체제를 세 가지 유형으로 구분 지었다. 첫 번째 유형은 미국, 캐나다, 호주 등 소득조사에 의한 공공부조 정책을 강조하는 '자유주의적 복지국가'이고, 두 번째 유형은 프랑스, 독일, 오스트리아 등 사회보험을 강화해 사회적 지위 차이를 유지하는 것을 강조하는 '조합주의적 복지국가', 그리고 스웨덴, 덴마크, 노르웨이 등 탈상품화의 효과로 인한 사회적 평등과 사회연대성을 강조하는 '사회 민주주의적 복지국가'를 그 세 번째 유형으로 정의했다.

에스핑 엔데르센의 유형화 연구는 세계화의 거센 압박 하에서 개별국가의 국가·시장·가족이라는 사회제도의 삼각 틀은 지속적으로 변화했고 결국 개별국가 만의 독특한 사회체계가 만들어질 수밖에 없다는 것을 방증하고 있다. 후진국의 발전과정 속에서 흔히 관찰되는 '전통성'과 '근대성' 간의 충돌 논리와 유사하다고 볼 수 있다.

이러한 사회체계를 통한 복지국가의 유형화에 대한 연구는 지속적으로 이어졌고, 21세기 들어서야 비로소 경제 생산체계의 관점에서 유형화 작업이 이루어졌다. 어찌 보면 오늘날 비교정치경제론의 경전으로 인정될 법한 홀과 소스키스의 이론, '자본주의의 다양성'이다. 이는 그동안 정치경제학 분야에서 다소 분산적으로 전개되어온 논의들을 신제도주의라는 하나의 이론 틀로 집대성했다는 점에서 학문적 가치는 크다 평할 수 있겠다.

홀과 소스키스는 나라별로 상이한 '생산레짐이 있다고 보았고 이를 기준으로 선진국의 자본주의를 두 가지 유형으로 구분했다. 미국, 영국, 호주 등을 '자유시장경제'로 분류했고 독일과 북유럽국가 그리고 일본 등은 '조정시장경제' 체제를 갖추고 있다고 보았다.

여기서 말하는 생산레짐이란 기업의 생산과정에 직·간접적으로 연계된 다양한 제도들의 조합을 말한다. 좀 쉽게 설명해보면 기업은 내적으로는 피고용자, 외적으로는 부품공급자, 고객, 협력기업, 노조, 정부 등과 복잡한 관계를 맺고 있기 때문에 기업활동은 수많은 '협의와 조정'을 거치게 된다는 것이다. 특히 이런 협의와 조정의 영역으로는 노사관계와 고용체계, 기업지배구조, 기업 간 관계 등이

---

25) 지호준, 전게서, pp.72-73.

포함될 수 있는데 기업이 이 영역들을 '시장적'으로 해결하는가 아니던 '비시장적'으로 해결하는가에 따라 위 두 가지 자본주의의 모델이 출현하게 된다고 한다.

그리고 각국의 역사적 특수성과 시장기제의 제도적, 사회적 배태성 그리고 제도적 상호보완성 등에 기반해 기업들의 대응 스타일이 결정되는 경향이 있고 이는 경로 의존성을 띠게 된다고도 설명한다.

예컨대 자유시장경제로 분류된 국가의 기업은 위계조직과 경쟁적 시장제도, 공식적 계약을 통해 협의와 조정의 문제에 접근하는 반면 조정시장경제의 기업은 광범위한 관계적 계약, 내부자들 간의 정보교환에 기반한 네트워크 감독, 협력적 관계구축 등 비시장적 방식을 통해 문제에 접근하는 경향을 띈다. 전자의 대표적인 사례는 미국이고 후자의 대표는 독일로 볼 수 있다. 이렇게 미국과 독일로 각각 대변되는 자유시장경제와 조정시장경제 체제는 각기 차별적인 '제도적 비교우위'를 갖는다.

전자 자본주의는 빠르게 변화하는 기술부문이나 연구개발에 기반한 신속한 제품개발이 요구되는 분야 더 나아가 생명공학, 반도체, 소프트웨어, 통신, 군수, 항공, 금융, 엔터테인먼트 등 '급진적 혁신'이 요구되는 분야에 유리할 것이다. 그 이유는 이윤에 바탕을 둔 금융제도, 유연한 노동시장, 기업 간 시장 경쟁적 관계의 제도 배열을 갖추는 경향을 보이기 때문이다.

반면 후자 자본주의는 예컨대 기계, 공장설비, 내구 소비재, 엔진, 전문화된 운송설비 분야 등과 같이 생산과정의 지속적 개선과 제품의 경쟁력 강화, 다각화된 품질생산방식 등 '점진적 혁신'을 요구하는 분야에서 제도적 비교우위가 있을 것이다. 그도 그럴 것이 후자로 구분된 국가들의 시장경제시스템은 노동자의 안정된 고용, 기업(또는 산업) 특수적 기술에 기반한 지속적인 숙련학습체계, 하청기업과의 긴밀한 생산협력과 같은 제도 배열을 갖고 있기 때문으로 보인다.

여기서 말하는 급진적 혁신과 점진적 혁신은 기업인들에게는 너무도 익숙한 워딩이다. 경영학에 '존속적 혁신'이라는 용어가 있는데 시장의 리더가 된 기업은 우월적 지위를 유지코자 동일 혹은 연관 분야에 투자를 지속하는 경향이 있다. 그 결과 기술혁신은 조금씩 조금씩 꾸준히 향상되지만 가격 또한 지속적으로 상승하게 되기 때문에 어느 순간이 되면 소비자는 필요치 않을 정도의 높은 기술에 값비싼 대가를 지불하기를 꺼리게 된다. 급기야 이 기업의 상품은 시장으로부터 외면받게 되는데 이때 시장은 새로운 혁신에 주목하기 시작한다.

'파괴적 혁신'이 등장한 것이다. 이는 존속적 혁신에 상대되는 뜻으로 전에는 보잘것없는 수준의 기술력이었지만 예상치 않던 분야와의 기술융합을 통해 전혀 다른 모습으로 시장에 재등장하고 결국 시장 전체를 장악하는 혁신을 말한다. 예컨대 한때 DVD 대여서비스를 하던 넷플릭스는 비디오 스트리밍 시장을 만들어내며 지금은 전 세계 시장을 장악하고 있다. 얼마 전 넷플릭스의 시장가치는 월트디즈니를 넘어서기도 했고 최근 유고브라는 여론조사업체에 따르면 미국 내 브랜드 호감도 조사에서 당당히 1위를 차지했다.

이런 독특한 특색이 제도 저변에 내재되어 있기에, 미국은 파괴적 혁신을 창조하고 있는 장본인이자 신속한 제품개발이 필요한 반도체 산업 등에 눈부신 발전을 이뤄내고 있다. 반면 독일은 제조업에서의 존속적 혹은 점진적 혁신을 통해 오늘날 세계적으로 경쟁력 있는 중소기업들을 꾸준히 만들어낼 수 있는 것이다. 이는 오늘날 독일경제의 튼튼한 버팀목이 되고 있는 수많은 중소기업, 즉 '히든챔피언'의 존재로도 뒷받침될 수 있다.

(백승진/한겨레, 2019. 5. 9)

참고문헌

1. 국내참고문헌

강정애 외 5인, 조직행동론, 시그마프레스, 2009.

김기홍·조인환, 경영학개론, 한올출판사, 2006.

김동철·서영우, 경영전략수립방법론, 시그마인사이트컴, 2008.

김석진, 글로벌시대 에센스 경영학, 청람, 2007.

김성국, 조직과 인간행동, 명경사, 1998.

김성국, 조직행동의 이해, 탑북스, 2018.

김세중 외 3인, 최신 경영학이해, 무역경영사, 2002.

김주엽 외 3인, 조직행동론, 경문사, 2012.

김진철, 경영학의 이해, 형설출판사, 2010.

김해천·김종진, 경영학개론, 한국방송통신대학교출판부, 1995.

문규현·박상철, 에센스 경영학, 교보문고, 2010.

박상범 외 2인, 현대 경영학원론, 탑북스, 2014.

박상범·김계인, 중소기업경영론, 탑북스, 2013.

박영배 외 2인, 알기쉬운 경영학, 청람, 2013.

박정민 외 3인, 최신 경영학의 이해, 비엔엠북스, 2011.

박정민·유병남, 경영학원론, 청람, 2014.

박춘엽·박영배, 중소기업경영론, 학문사, 1999.

배수진·정우석, 경영학의 이해, 진샘미디어, 2011.

백기복, 조직행동연구, 법문사, 2000.

서도원·이덕로, 경영학원론, 박영사, 2020.

서성무·이지우, 경영학의 이해, 형설출판사, 2003.

서인덕, 한국기업의 조직문화유형과 조직특성간의 관련성 연구, 박사학위논문, 서울대학교 대학원, 1990.

서정록, BSC 이행요인과 성과측정지표 특성이 성과에 미치는 영향, 박사학위논문, 서강대학교 대학원, 2005.

송병선·전외술, 전략경영, 청람, 2010.

신구범 외 3인, 조직관리론, 형설출판사, 2003.
신유근, 사회중시경영, 경문사, 2001.
신철우, 경영학원론, 삼영사, 2006.
양창삼, 조직혁신과 경영혁신, 경문사, 2005.
양춘희 외 3인, 경영학의 이해, 삼영사, 2013.
오종석·조영복, 경영학원론, 탑북스, 2011.
유봉식 외 4인, 신경영학원론, 학현사, 2004.
유재욱 외 2인, 현대사회와 지속가능경영, 박영사, 2014.
유필화 외 4인, 글로벌시대의 경영학, 오래, 2010.
윤대혁, 경영조직론, 탑북스, 2012.
윤종훈 외 3인, 경영학원론, 학현사, 2008.
이덕훈 외 3인, 최신 경영학의 이해, 두남, 2012.
이명호 외 7인, 경영학으로의 초대, 박영사, 2015.
이봉수, 경영학원론, 형설출판사, 2002.
이상석·고인곤, 기업가정신과 창업, 학현사, 2004.
이상호, 조직과 리더십, 북넷, 2009.
이장우, 경영전략론, 법문사, 1996.
이재규, 알기 쉬운 경영학의 이해, 박영사, 1998.
이진규 외 2인, 경영학개론, 한국방송통신대학교출판사, 2005.
이한재, 경영학원론, 탑북스, 2012.
임창희, 조직행동, 학현사, 2000.
장경천 외 2인, 경영학의 이해, 탑북스, 2012.
장수용, "기업의 대표적인 경영혁신기법", 벤치마킹DB, 삼성경제연구소, 2008.
정기한 외 5인, 경영학의 이해, 시그마프레스, 2012.
정동섭 외 3인, 조직행동, 삼영사, 2006.
조경동 외 4인, 경영학원론, 형설출판사, 2011.
조동성·신철호, "14가지 경영혁신 기법의 통합모델", 서강 Harvard Business, Vol. 69, 1996, pp.96-111.
조보상, 경영학의 이해, 무역경영사, 2004.
조상구, 경영혁신기법과 성과관리시스템의 속성이 중소기업성과에 미치는 영향, 박사학위논문, 동아대학교 대학원, 2009.
조희영, 경영학원론, 민영사, 1996.
조희영·박상범, 현대 경영학원론, 민영사, 2004.
지호준, 21세기 경영학, 법문사, 2000.

최동득 외 2인, 알기쉬운 BSC, KOMIT출판사, 2004.
최용식, 경영학원론, 창민사, 2010.
허갑수 외 2인, 경영조직의 이해, 형설출판사, 2004.
황규대 외 7인, 조직행동의 이해, 박영사, 2001.

2. 국외참고문헌

Adams, J. S., "Toward an understanding of inequity", *Journal of Abnormal and Social Psychology,* Vol. 67, 1963, pp.422-436.

Alderfer, C. P., "An empirical test of a new theory of human needs", *Organizational Behavior and Human Performance*, May 1969, pp.142-175.

Ansoff, H. I., *Corporate Strategy*, McGraw-Hill, 1985.

Argyris, C., *Reasoning, Learning and Action*, San Francisco: Jossey-Bass, 1982.

Barnard, C. I., *The Functions of the Executive*, Harvard University Press, Boston, 1938.

Blake, R. R. & J. S. Mouton, *Corporate through Grid Organizational Development*, Houston: Gulf Publishin, 1968.

Drucker, P. F., *The Practice of Management*, Harper & Row, 1982.

Fiedler, F. E., *A Theory of Leadership Effectiveness*, New York: McGraw-Hill, 1967.

Glueck, W., *Business Policy and Strategy Management*, McGraw-Hill, 1980.

Griffin, R. W., *Fundamentals of Management: Core Concepts and Applications,* Houghton Mifflin Co., 2000.

Herzberg, F., "One more time: How do you motivate employees?", *Harvard Business Review*, Jan-Feb 1968, pp.54-63.

Hicks, H. G. & Gullet, C. R., *Multinational Management,* New York: McGraw-Hill, 1981.

Jones, G. R. & J. M. George, *Contemporary Management*, 7th ed., McGraw-Hill Irwin, 2011.

Katz, D. & R. L. Kahn, *The Social Psychology of Organizations*, 2nd ed., New York: John Wiley, 1978.

Katz, R., "Skills of an effective administrator", *Harvard Business Review*, Sept-Oct, 1974, pp.901-902.

Koontz, H. & H. Weihrich, *Essentials of Management*, 5th ed., McGraw-Hill, 1990.

Lawrence, P. R. & J. W., Lorsch, *Organization and Environment,* Homewood, Ill:

Richard D. Irwin, 1969.

Lewin, K., *Field Theory in Social Science*, New York: Harper & Row, 1951.

Likert, R., *New Patterns of Management*, NY: McGraw-Hill, 1961.

Maslow, A. H., *Motivation and Personality*, New York: Harper & Row, 1954.

McClelland, D. C., *The Achieving Society*, New York: Van Nostrand Reinhold, 1961.

McGregor, D., *The Human Side of Enterprise*, New York: McGraw-Hill, 1960.

Mitzberg, H., "The manager's job: Folklore and fact", *Harvard Business Review*, July-August, 1975, pp.49-61.

Mondy, R. W. & S. R. Premeaux, *Management: Concepts, Practices and Skills*, 7th ed., Prentice-Hall, Inc., 1995.

Peters, T. J. & R. H. Waterman, Jr., *In search of excellence: Lessons from America's best-run companies,* New York: Harper & Row Publishers, 1982.

Pierce, J. L. & A. L. Delbecq, "Organizational structure, individual attitudes and innovation," *Academy of Management Review*, Vol. 2, 1977, pp.26-37.

Porter, L. W. & E. E. Lawler Ⅲ, *Managerial Attitudes and Performance*, Homewood, Ⅲ: Richard D. Irwin, 1968.

Porter, M., "What is Strategy", *Harvard Business Review*, Nov.-Dec. 1996, pp. 61-78.

Quinn, R. E. & M. R. McGrath, "The transformation of organizational culture: A competing value perspective" in P. J. Frost et al., *Organizational Culture*, Beverly Hills, London Sage, 1985, pp.326-327.

Robbins, S. P. & M. Coulter, *Management*, 6th ed., Prentice-Hall, Inc., 1999.

Robbins, S. P., DeCenzo, D. A. & M. Coulter, *Fundamentals of Management*, 7th ed., Prentice-Hall, Inc., 2011.

Robbins, S. P., DeCenzo, D. A. & M. Coulter, *Fundamentals of Management*, 7th ed., Prentice-Hill, Inc., 2011.

Robbins, S. P., *Managing Today*, Prentice-Hall, Inc., 1997.

Schein, E. H., *Organizational Culture and Leadership*, San Fransisco: Jossey Bass Publishers, 1985.

Shadur, K. & M. A. Kienzle, "The relationship between organizational climate and employee perceptions of involvement", *Group & Organization Management*, Vol. 24 Issue 4, 1999, pp.479-503.

Simon, H. A., "Rational Decision Making in Organization", *American Economic Review*, Vol. 69, 1979, pp.493-513.

Simon, H. A., *Administrative Behavior*, N. Y: McMillan, 1945.

Stogdill, R. M., *Handbook of Leadership: A Survey of Theory and Research*, New

York Free Press, 1974.

Tannenbaum, R. & W. H. Schmidt, "How to Choose a Leadership Pattern", *Harvard Business Review*, May-June, 1973.

Vroom, V. H., *Work and Motivation*, New York: John Wiley, 1964.

Weber, M., *The Theory of Social and Economic Organizations*, ed. T. Parsons, trans A. M. Henderson and T. Parsons, New York: Free Press, 1947.

West, F., "Innovation at work: Psychological perspectives", *Social Behavior*, Vol. 4, 1990, pp.15-30.

찾아보기

[저자 약력]

이 규 만

상지대학교 경영학과 졸업
동국대학교 대학원 경영학과 석사과정 수료(경영학석사)
서강대학교 대학원 경영학과 박사과정 수료(경영학박사)
상명대학교, 상지대학교, 서강대학교, 서울시립대학교, 연세대학교, 홍익대학교 강사역임
(전) 동중앙아시아경상학회 편집위원장
(현) 한국개발원 경제전문가 자문위원
지방공기업 평가위원
한국경영교육학회 상임이사
한국경영컨설팅학회 상임이사
상지대학교 경영학과 교수

〈주요 저서 및 논문〉

문화가치관과 조직행동 (한국학술정보, 2006)
“부하의 체면중시가 상사–부하간 교환관계 및 조직행동에 미친 영향”
“심리적 계약위반이 구성원의 태도에 미치는 영향”
“리조트직원의 감정노동이 감정고갈에 미치는 영향”
“조직정치지각과 조직성과의 관계 및 심리적 계약충족의 조절효과”
“중국 국유기업의 조직공정성, 관시작용(guanxi practice)과 조직시민행동 간의 관계”
“군(軍) 조직에서의 비공식적 멘토링 영향요인과 직업몰입 및 관계지속기간의 조절효과”
“비인격적 감독이 정서적 고갈과 이직의도에 미치는 영향 : 직장–가정 갈등의 매개효과”
“비인격적 감독이 구성원의 행동에 미치는 영향: 조직동일시의 매개효과”
“윤리적 리더십이 혁신행동과 지식공유에 미치는 영향: 조직동일시와 자기효능감의 조절효과” 외 다수

개정판
경영학의 이해

개정판발행 2022년 6월 30일

지은이 이규만
펴낸이 박노일

총괄기획 최준규
편 집 심성보 · 김인숙

펴낸곳 pnc publishing and culture 피앤씨미디어
경기도 고양시 일산동구 강송로 153 310-1501
등록 제396-2012-000203호
전 화 070)7550-3758 팩 스 02)718-8554
홈페이지 www.pncmedia.co.kr 이메일 pnc@pncmedia.co.kr
ISBN 979-11-5730-839-2 93320

정 가 26,000원